한국고전번역원 한국문집번역총서 / 성신여자대학교 고전연구소 · (사)해동경사연구소

노주집 3

老洲集

오희상 지음
吳熙常

김창효
연석환 옮김

일러두기

1. 이 책의 번역 대본은 한국고전번역원에서 간행한 한국문집총간 제280집에 실린《노주집(老洲集)》으로 하였다. 번역 대본의 원문 텍스트와 원문 이미지는 한국고전종합DB(http://db.itkc.or.kr)에서 확인할 수 있다.
2. 내용이 간단한 역주는 간주(間註)로, 긴 역주는 각주(脚註)로 처리하였다.
3. 한자는 필요한 경우 이해를 돕기 위하여 넣었으며, 운문(韻文)은 원문을 병기하였다.
4. 맞춤법과 띄어쓰기는 한글 맞춤법과 표준어 규정을 따랐다.
5. 이 책에서 사용한 부호는 다음과 같다.
   ( ) : 번역문과 음이 같은 한자를 묶는다.
   〔 〕: 번역문과 뜻은 같으나 음이 다른 한자를 묶는다.
   " " : 대화 등의 인용문을 묶는다.
   ' ' : " " 안의 재인용 또는 강조 문구를 묶는다.
   「 」: ' ' 안의 재인용을 묶는다.
   『 』: 「 」 안의 재인용을 묶는다.
   《 》: 책명 및 각주의 전거(典據)를 묶는다.
   〈 〉: 책의 편명 및 운문·산문의 제목을 묶는다.

노주집

이 책은 2020년도 정부(교육부)의 재원으로 한국고전번역원의 지원을 받아
수행된 '권역별거점연구소협동번역사업'의 결과물임.

This work was supported by Institute for the Translation of Korean Classics-Grant funded by the Korean Government.

차례

노주집 제10권

서書

노주집 제11권

서書

노주집 제12권

서書

노주집

제9권

서書

박원득[1] 종여 에게 줌

與朴元得 宗輿

세월이 달리는 말처럼 빨리 흘러 선부군(先府君) 선생의 상사(常事 소상(小祥))가 어느덧 지나가니, 엎드려 생각하건대 망극하신 효심이 다시 더욱 새로워질 것입니다. 삼가 생각하건대, 저와 같이 불초(不肖)한 자가 선생을 크게 속여, 선생께서 지우(知遇)와 사랑을 잘못 저에게 가하시어 한번 보시고는 저를 두려울 만한 후생(後生)이라고 허여하였습니다.

계묘년(癸卯年 1783, 정조7)에 제가 천륜(天倫)의 스승[2]을 영결하여 곡(哭)한 뒤에 지극한 슬픔이 마음을 태우고 질병이 몸을 녹여, 몸과 마음이 상하고 꺾이고 저상되어 실로 이 세상에 뜻이 없었습니다. 이에 선생께서는 저를 생각하고 가엾게 여기시어 차마 대번에 멀리하지 못하시어 관대하게 타일러 주신 뒤에 또 번번이 선형(先兄)을 생각하라는 말로 권면해 주셨습니다.

저는 10년 동안 가까운 이웃에 살면서 훈도(薰陶)의 은덕을 크게 입었지만, 다만 폐고(蔽痼 자신의 사정에 집착하여 고질화 됨)됨이 너무 심해

1 박원득(朴元得) : 박종여(朴宗輿, 1766~1815)로, 원득은 그의 자이고 호는 냉천(冷泉)이다. 근재(近齋) 박윤원(朴胤源)의 아들로, 음보(蔭補)로 강릉 참봉(康陵參奉)에 제수되고 벼슬이 서흥 부사(瑞興府使)에 이르렀다.

2 천륜(天倫)의 스승 : 오희상의 친형인 영재(寧齋) 오윤상(吳允常)을 이른다. 오희상은 오윤상에게 학문을 익혔으므로 이렇게 말한 것이다. 여기의 천륜은 형제간을 이른다.

서 덕스러운 뜻의 만분의 일도 우러러 받들지 못하였습니다. 그러나 다소나마 선(善)한 생각을 부지하여 대죄(大罪)를 짓는 것을 면하였으니, 이것이 누구의 은혜이겠습니까.

연래에 당한 상(喪)으로 병들고 여위어 문을 걸어 잠그는 것이 버릇이 되어 선생의 가르침을 자주 받들지는 못했으나, 우러러 존경하는 마음이 단 하루인들 조금이라도 바뀐 적이 있었겠습니까. 매양 더욱 장수를 누려 우리 도(道)의 울타리가 되시기를 묵묵히 기도하였습니다. 그런데 이제는 끝이 났으니, 안방(安放)의 애통함[3]이 어찌 다만 저의 사사로운 감정이 될 뿐이겠습니까.

지난번 심형(沈兄)을 만나 들으니 상주(喪主)께서 장차 유문(遺文)을 수습하고자 하는데, 교정(校正)하고 편집하는 일을 저에게 맡길 생각이 있어서 그 뜻이 매우 간곡하고 진실하다고 하였습니다. 그러나 저는 부끄럽게도 적임자가 아니니 어찌 감히 감당하겠습니까.

그러나 늦게 죽는 자가 스스로 자신의 정성을 바칠 수 있는 방도는 오직 여기에 있으니, 그렇다면 말석(末席)에서 남을 따라 의론에 참여하여 듣는 것을 또한 감히 사양할 수 없습니다. 다만 이처럼 몸이 무너지고 정신이 혼란한 것이 옛날에 비하여 더욱 심해져서 실로 문자를 대조하고 검토할 만한 정신이 없으니, 장차 어찌한단 말입니까.

3 안방(安放)의 애통함 : 스승이 별세하여 의지할 곳이 없어진 데에 따른 애통함을 가리킨다. 공자께서 세상을 떠나기 전에 "태산(泰山)이 무너지려는가. 대들보가 꺾이려는가. 철인(哲人)이 쓰러지려는가."라고 노래하였는데, 자공(子貢)이 이 노래를 듣고 "태산이 무너지면 우리가 장차 어디를 우러러보며, 대들보가 꺾이고 철인이 쓰러지면, 우리가 장차 어디에 의지하겠는가.〔則吾將安放?〕"라고 탄식한 구절에서 왔다. 《禮記 檀弓上》

작년에 또 제가 영남(嶺南)을 오고가면서 길에서 분망(奔忙)하여 집에 돌아오자 곧바로 병이 나서 정신이 가물가물한 채 병석에 누워 있다가, 일전에야 비로소 병을 무릅쓰고 상주(喪主)의 집에 달려갔습니다. 그러나 공교롭게도 박마(樸馬)[4]를 타고 산소 아래로 가셨기 때문에 끝내 헛되이 돌아오니, 서글피 한탄하는 마음이 어찌 끝이 있었겠습니까.

삼가 상자 안을 뒤져 선부군께서 보내신 편지 24장을 찾았는데, 손때가 아직도 새로워서 마치 어제의 일처럼 망연합니다. 이미 찾으시는 요청을 받았기에 공경히 이에 봉함하여 보내니, 등사 하신 뒤에 원본을 다시 내려 보내 주시는 것이 어떻겠습니까? 편지를 간직하여 완상(玩賞)하면서 사모하는 마음을 붙이고자 해서입니다.

삼가 묻노니, 애통하게 곡하고 돌아오심에 기상하고 취침하는 일에 탈은 없으십니까? 슬픔을 절제하여 스스로 몸을 보호해서 구구한 이 몸의 마음에 부응하기를 오직 바랄뿐입니다. 나머지는 이만 줄입니다.

4 박마(樸馬) : 갈기를 다듬지 않은 말로 상주(喪主)가 부득이한 일로 출입할 때 탄다. 《家禮 卷4 喪禮 成服》

이중순[5] 장영 에게 답함

答李仲淳 章英

이번 여행에 강과 산의 바위와 물에 대한 취미를 지극히 하였고 또 노장(老丈)과 우연히 만나 시종(始終) 함께 응대하며 지냈으니, 완상하는 마음과 즐거웠던 일을 오래되어도 잊을 수가 없었노라고 말할 만합니다.

네 군(郡)에 대한 품평은 편지에서 말씀하신 것이 참으로 옳으니, 마땅히 단양(丹陽)을 최고로 삼아야 합니다. 구담(龜潭)과 옥순봉(玉筍峰), 운계천(雲溪川)과 사인암(舍人巖), 삼선암(三仙巖)은 단점과 장점을 서로 보완하면 충분히 해산(海山)[6]의 여러 경치와 기이함을 다툴 만하고 그 나머지 청풍(淸風)과 영춘(永春)과 제천(堤川)은 특별히 칭찬할 만한 것이 없습니다. 비록 네 군(郡)에 들지는 않았으나, 영월(寧越)의 산수는 마땅히 단양의 버금이 될 것인데, 금강정(錦江亭)의 한 쪽은 평평한 호수가 비춰서 진실로 여주(驪州)의 청심루(淸心樓)에 비해 손색이 없으며, 심원하고 기이하고 수려함에 있어서는 도

5 이중순(李仲淳) : 이장영(李章英)으로 중순은 자로 보이나 자세한 인적사항은 확인되지 않는다. 《승정원일기(承政院日記)》 순조(純祖) 31년 3월 18일 기사에 "첨지중추부사(僉知中樞府事) 이장영"이라는 기록이 보이는데 동일 인물인지는 미상이다.

6 해산(海山) : 강원도 고성군(高城郡)에 있는 해산정(海山亭)을 이른 것으로 보이나 분명하지 않다. 해산정은 서쪽으로는 금강산과 마주하고 동쪽으로는 창해(滄海)가 보이고 남쪽으로는 긴 강이 빙 둘러 있어 경관이 매우 뛰어나다. 《新增東國輿地勝覽 卷45 江原道 高城郡》

리어 더 뛰어난 점이 있습니다. 다만 험준하고 궁벽하고 단절된 곳에 있어서 이 때문에 이름을 날리지 못하고 보는 자들도 그다지 기이하게 여기지 않으니, 세상 사람들이 명성을 따른 지가 오래 되었습니다.

마치 이 정자처럼 걸출하고 뛰어난 사람이 험준한 바위 속에 깊이 매몰되어 있어서 남에게 인정을 받지 못하는 자가 또 얼마나 많겠습니까. 조용히 찾아 한 번 만나지 못하는 것이 한(恨)스럽습니다.

이이중[7] 화 에게 답함
答李而中 墷

문 아버지가 먼저 별세한 뒤에 어머니 상을 당했을 경우, 대상(大祥) 뒤에 어머니 신주를 사당에 모실 적에 마땅히 선고(先考)의 신위(神位) 곁에 봉안해야 할 듯합니다. 그런데 혹자는 말하기를 "협제(祫祭)[8]를 지내기 전에는 마땅히 증조모(曾祖母) 신위에 부위(祔位)로서 봉안하여야 한다."라고 하니, 알지 못하겠습니다. 어떻게 해야 예(禮)의 바름을 얻습니까? 저의 집은 사당 안이 매우 좁고 또 감실(龕室)이 없으니, 증조모에게 부(祔)하고자 하나, 매우 불편합니다. 바로 한 항렬에 봉안하는 제도를 따르는 것이 예(禮)에 크게 어긋나지는 않을런지요?

답 아버지가 먼저 별세한 뒤에 어머니 상을 당했을 경우, 대상(大祥) 뒤에 어머니 신주를 사당에 들이는 예절은, 《상례비요(喪禮備要)》에 두 가지 설이 있습니다. 이 중 구준(丘濬)의 설은 선고의 신위에 합부(合祔)하는 것이고, 혹자의 설은 증조비(曾祖妣)에게 부(祔)하는 것입니다. 혹자의 설에서 자세히 살펴보아야 한다고 끝맺은 것은, 아직

7 이이중(李而中) : 이화(李墷, 1770~?)로 이중은 그의 자이고 본관은 연안(延安)이다. 1801(순조1) 신유(辛酉) 증광 문과에 급제하고 벼슬이 병조 참의(兵曹參議)에 이르렀다.

8 협제(祫祭) : 협은 합(合)의 뜻으로, 사당 안에 모시고 있는 4대의 신주(神主)를 다 한곳에 모셔 놓고 지내는 제사인데, 삼년상의 담제(禫祭)가 끝나면 새 신주를 사당에 모시고 난 뒤에 협제를 지낸다.

결정하지 못했다는 말입니다. 그러나 선고의 신위가 이미 소목(昭穆)의 바른 자리에 차례를 이었으니, 새 신주를 비록 사당에 들이더라도 선고의 신위와 합독(合櫝)하기 전에는 아직도 부위(祔位)에 있어서 선고의 신위와 한 항렬로 나란히 앉힐 수가 없습니다. 그렇다면 마땅히 부할 자리에 -증조비의 신위- 부했다가, 협제를 지내기를 기다려서 선고의 신위에 나란히 배향하는 것이 완전(宛轉)하게 예(禮)의 뜻을 얻는다고 이를 만합니다.

사계(沙溪 김장생(金長生)) 이래로 선배들이 혹자의 설을 취한 분이 많은 것은 아마도 이 때문인 듯합니다. 저의 집안에도 연전(年前)에 어머니 상이 끝났을 때에 감히 구준의 설을 따르지 못했습니다. 사당에 만약 감실을 만들어 놓은 것이 없으면 부(祔)함에 있어 지형을 따르지 않을 수가 없는데, 동쪽 벽 아래에 놓되 서쪽을 향하게 하는 뜻을 잃지 않는 것이 마땅할 듯합니다.

문 《상례비요》의 초우제(初虞祭)의 축식(祝式) 주(註)에 "소상(小祥)에는 '밤이 깊이시아 잠들며〔夜處〕'의 아래에 '조심하고 삼가서 몸가짐을 나태하게 하지 않았으며〔小心畏忌不惰其身〕'라는 8자가 있다."라고 하였는데, 대상(大祥)의 축(祝)에도 마땅히 이 8자를 써야 합니까? 대상의 조(條)에는 다만 "그 다음날에 행사(行事)하기를 소상(小祥)의 의식과 같이 한다."라고만 말하고 축은 논하지 않았으니, 매우 의심할 만합니다.

답 '조심하고 삼가서 몸가짐을 나태하게 하지 않았으며〔小心畏忌不惰其身〕'라는 8자는, 본래 〈사우례(士虞禮)〉의 기(記)에 보이는 부제(祔祭)의 축사(祝辭)인데, 《서의(書儀)》에서 이것을 가져다가 소상(小

祥)의 축(祝)에 썼으며 《가례(家禮)》에서 그대로 따랐습니다.

《가례》〈대상(大祥)〉 장(章)에 이르기를 "축판(祝板)에 소상을 바꿔 대상이라고 하고, 상사(常事)를 바꿔 상사(祥事)라고 한다." 하였고, 〈담제(禫祭)〉 장에는 또 "축판에서 대상을 바꿔 담제(禫祭)라고 하고, 상사(祥事)를 바꿔 담사(禫事)라고 하였다." 하였습니다. 그렇다면 대상과 담제의 축문이 모두 소상의 축문을 이어받아 이 8자를 사용함을 알 수 있습니다. 그런데 《상례비요》에서는 다만 말하기를 "소상에서는 운운(云云)"이라고만 하였으니, 참으로 의심할 만합니다.

그러나 대상은 소상에 비해서 슬픔이 줄어들고 담제는 점점 더 길(吉)해지는데, 축사에 글을 얽은 것이 도리어 우제(虞祭)와 졸곡(卒哭)보다 더 무거운 것에 대해서는 삼가 일찍부터 그 뜻을 알 수가 없었습니다. 이전에 도암(陶菴) 어른의 설을 보니, 이르기를 "《상례비요》의 소상의 축문에 '소심외기'라는 구절이 비록 실려 있으나, 사대부 집안에서는 이 구절을 대부분 쓰지 않는다. 이 몸 또한 일찍이 감히 쓰지 않았다."라고 하였습니다. 도암 어른께서 대상제·담제·연제(練祭 소상제)를 막론하고 모두 이 8자를 쓰지 않았으니, 그 뜻은 아마도 여기에서 나온 듯합니다.

이이중에게 답함
答李而中

편지에 보여주신 김씨 어른의 예설(禮說)에 "부부의 자리에는 곡좌(曲坐)[9]하는 뜻이 없으니, 나란히 봉안하는 것이 마땅하다."라고 한 것은 대상(大祥)에 신주를 사당에 들이는 것이 옛사람이 부(祔)하는 예(禮)를 만든 뜻과는 차이가 있다고 말한 것입니다. 그러나 아버지 상의 대상 뒤에 사당에 신주를 들일 적에, 비록 소목(昭穆)의 차례를 잇더라도 곧바로 정감(正龕)에 들일 수는 없습니다.

그러므로 주자가 말씀하기를 "그 신주를 우선 마땅히 할아버지 감실 동쪽 가에 부(祔)하되 서쪽을 향하게 했다가 협제(祫祭)가 끝나기를 기다린 뒤에 제자리로 옮긴다."라고 하셨으니, 어머니 신주를 부(祔)하는 예(禮)가 어찌 이와 다르겠습니까. 대저 부(祔)하는 것이 한 가지 일이고, 소목의 차례로 옮기는 것은 또 한 가지 일이니, 새 신주와 옛 신주를 합하는 즈음에 유의(留意)하는 것이 완진(宛轉)하고 은미하며 치밀합니다.

장례를 지내고 우제(虞祭)를 치를 때에는 협사(祫事)[10]로써 옮기고 졸곡(卒哭)하고 부사(祔祀)를 행하며, 협제를 치르고서 소목의 차례로

9 곡좌(曲坐) : 마주 앉을 때에 공경하는 뜻으로 똑바로 보고 앉지 않고 옆으로 조금 돌아서 앉는 것을 이른다.

10 협사(祫事) : 조상의 신주를 함께 모시고 올리는 제사로, 죽은 자의 혼령과 선조(先祖)의 혼령이 합하게 하는 것이므로 '협사'라고 한다. '협(祫)'은 합(合)한다는 뜻이다.

신주를 옮기는 예(禮)를 행하는 것이니, 부제(祔祭)한 뒤와 협제하기 전에는 신주가 마땅히 부(祔)한 자리에 있어야 함이 어찌 분명하지 않습니까. 만일 조예(祖禰)의 종(宗)[11]이라서 응당 부(祔)할 자리가 없다면 진실로 마땅히 형편을 따라 사당 동쪽 가 자리에 봉안하여 부(祔)하는 뜻을 따르고 협제를 기다려야 할 것입니다.

구준(丘濬)의 설의 본의(本意)는 제가 감히 억측으로 판단할 수가 없습니다. 《상례비요(喪禮備要)》란 책은 실로 《가례》를 따라 대부분의 의절(儀節)을 취하고 여기에 첨가하고 보충하였기 때문에 이 조(條)에 있어 구준의 설을 먼저 기재한 것입니다. 그러나 혹자의 설로 뒤를 잇고 다시 자세히 살펴보아야 한다고 한 것에서 사계(沙溪) 어른의 뜻을 또한 희미하게나마 볼 수가 있으니, 자세히 살펴보아야 한다는 말이 아직 결정하지 못한 말이라는 핑계로 버려져서는 안 될 듯합니다.

선배들 중에 혹자의 설을 취한 분은 구봉(龜峰) 송익필(宋翼弼)과 도암(陶菴) 이재(李縡)이며 우암(尤菴) 또한 마땅히 대상 날에 대번에 어머니 신주를 사당에 들여 아버지 신주와 나란히 앉혀서는 안 된다는 설을 말하였으니, 부디 널리 참고하여 재량(裁量)하여 취하는 것이 어떻겠습니까.

11 조예(祖禰)의 종(宗) : 할아버지나 아버지의 신주만을 모시고 있는 소종(小宗)을 가리킨다.

이이중에게 답함

答李而中

문 길제(吉祭) 뒤에 신주를 사당에 들이는 예(禮)를 근래 사대부 집안에서 많이 행하고 있는데, 근거가 무엇인지 알지 못하겠습니다. 고견은 어떠십니까? 듣자하니 근재(近齋) 박윤원(朴胤源) 어른은 일찍이 이 예(禮)를 취하지 않았다고 하는데, 사실입니까?

답 길제 후에 신주를 사당에 들이는 예(禮)를 임녹문(任鹿門)이 강력히 주장하였는데, 원용한 근거가 자세하게 갖추어져 있어 좋아할 만합니다. 다만 주자(朱子)의 양설(兩說)이 있으니, 모두 상고하면 알 수 있습니다. 사계 어른은 "대상이 끝난 뒤 궤연(几筵)을 철거하고 할아버지 감실에 부(祔)하는 예(禮)야말로 -이 내용은 주자가 이계선(李繼善)에게 답한 편지에 보입니다.- 용의(用意)가 완전(宛轉)하니, 후인(後人)들이 어겨서는 안 된다."라고 하였습니다.

사계 어른께서는 이미도 '사당에 신주를 들이는 것은 큰 예절이니, 먼저 부(祔)하고 뒤에 체천(遞遷)하는 것이 주밀하고 점진적이어서 실로 신(神)의 도리에 맞으니, 설령 이것이 고례(古禮)가 아니더라도 본래 성밀한 의리가 있다. 후인들이 이미 순수하게 고례를 쓸 수 없으면 진실로 이것을 어겨서는 안 된다'고 생각하신 것입니다.

일찍이 이런 의문을 세워 근재 어른께 질문했더니, 대답하시기를 "녹문이 살아 있을 때 이 이치를 매우 자세하게 강(講)하였으니, 비록 이 설의 근거가 없지 않음을 알고 있으나, 끝내 마음속에 조심스럽게 여기는 바가 있어서 감히 따르지 못했다."라고 하셨으니, 이 어른이 이 설을 따르지 않은 것은 실로 훌륭한 소견이 있어서입니다.

대저 《가례》라는 책은 고금(古今)을 참작해서 가감(加減)하였습니다. 설령 주자가 다시 수정(修正)하지 못했다고는 하나 《가례》를 따라 행한 지가 이미 오래되었습니다. 본래 그 내용이 예(禮)의 뜻에 어긋남이 있어서 고례를 참작하여 쓰지 않을 수 없는 경우가 아니라면, 어찌 별도로 의견을 내어서 섣불리 변동시키고 바꿀 수 있겠습니까.

만약 사람들이 예(禮)의 본의에 통달하지 못하고 오직 고례만을 따르려고 하면, 때로 반쯤 올라갔다가 아래로 떨어지는 경우가 있을 것이니, 예(禮)를 좋아하는 자는 또 이러한 병폐를 몰라서는 안 됩니다.

이이중에게 답함
答李而中

가랑비가 내려 번민을 씻어줍니다. 바람을 막아 주는 기둥 뒤에 편안히 앉아 있음에 참으로 그리운 마음이 간절하였는데, 갑자기 손수 쓰신 편지가 멀리서 이르니, 거의 정신이 서로 통하는 듯합니다. 편지를 보고 근일에 기거가 깨끗하고 건승하심을 살필 수 있었으니, 더욱 소식을 듣고 싶어 하던 제 마음을 흡족하게 하였습니다.

저는 교외로 돌아온 지가 여러 날이 되니, 생활이 다소나마 편안해졌습니다. 또 오랫동안 수고롭게 지내다가 이 한가로움을 얻어 때로 자신의 말과 행실을 살피고 헤아려 보는데, 실로 후회와 부끄러움이 많아 참으로 스스로 놀라 마음을 편히 갖지 못하고 있습니다.

차제(此際)에 귀댁(貴宅)의 종장(宗丈)께서 저의 글에 대한 변설(辯說)로 지으신 것을 보여 주시니,[12] 저를 외면하지 않음에 깊이 감사드립

12 차제(此際)에……주시니 : 귀댁(貴宅)의 종장(宗丈)은 연안 이씨인 이이중 집안의 어른을 가리키나 누구인지는 미상이다. 일찍이 도암 이재가 간행하였던 《율곡전서(栗谷全書)》를 그의 손자인 화천(華泉) 이채(李采)가 다시 중간하려고 할 때에, 이도중(李度中, 1763~?)이란 이가 이를 《이자전서(李子全書)》로 개칭하여야 한다고 주장하였다. 이에 대해 이채가 오희상에게 질문하자 오희상이 주변 사람들과 의논하여 굳이 그럴 필요가 없다는 반대의 의견을 낸 편지를 보냈는데, 이채가 이 편지를 공개하여 세상에 알려지자 이에 대해 이도중이 신랄하게 비판을 가하여 논변이 이루어졌는바, 여기의 '저의 글'은 오희상이 이도중의 비판에 대해 해명한 글을 이른다. 이도중은 자가 시중(時仲), 본관이 연안(延安)이며 음직으로 세마(洗馬)를 지냈다. 저서로는 《율곡전서》 가운데서 성리설(性理說)을 발췌하여 수록한 《이자성리서(李子性理書)》가 있다.

니다. 또 "이 글이 있지 않았으면 어찌 저 사람의 변론이 있었겠느냐.'라는 말씀에 이르러서는 참으로 정문(頂門)의 일침(一針)이니, 감히 그 말씀을 절하고 받아들이지 않을 수 있겠습니까.

다만 생각하건대, 구구한 이 몸이 이 일에 있어 처음부터 이 어른과 의견이 똑같지 않았으나, 제 마음은 저울대처럼 사람에 따라 경중(輕重)을 만들어 내지는 못하였으며 다만 경계(警戒)가 입조심에만 있어서 또한 일찍이 그 사이에 의론을 세우지 않았습니다.

제가 교정(校正)하는 일에 참여하였기 때문에 이로 인해 지난번에 이장(李丈 화천(華泉) 이채(李采))의 질문을 받았는데, 질문이 있으면 감히 대답하지 않을 수가 없고 대답하면 감히 정직하게 하지 않을 수가 없었습니다. 이것은 바로 절박하면 이에 나온다는 의리이지, 남과 더불어 장점과 단점을 다투고 비교하려고 한 것은 아닙니다.

그러나 한결같은 고심(苦心)은 있었으니, 저의 변변치 못한 힘을 헤아리지 못하고 이러한 의론을 보존하여 쇠락한 말세의 문식(文飾)을 숭상하는 병폐를 다소나마 만회하려는 욕심에, 상대방이 제 말을 따를지 어길지를 계산할 겨를이 없었습니다.

지금 이것을 망발(妄發)이라고 여기시니 망발이라면 망발이지만, 일찍이 평소에 마음을 알지 못하는 처지에 있었으니, 이처럼 꾸짖고 비방하는 것이 이상할 것이 없습니다. 다시 어쩌겠습니까. 그러나 이외에 허다한 실정(實情) 밖의 말에 이르러서는 어쩌면 이리도 심합니까.

모든 말이 놀랄 만하고 두려울 만하여 노쇠하고 겁 많은 제가 감당할 수 있는 바가 아니나, 만일 이것을 변론하고자 하면 곧 변론한 뒤에 또 이에 대한 변론이 이르러 끝날 시기가 없을 것입니다. 참으로 이른바 하나의 물결이 솟구쳐 많은 물결을 만들어내고 작은 일을 희롱하여

큰일을 만든다는 것이니, 혹시라도 변장자(卞莊子)가 이 기회를 틈탈까 두렵습니다.[13]

구구한 이 몸은 이에 대해 실로 말을 잊고자 합니다. 다만 평소 마음을 함양(涵養)하는 일에 소질이 없고 또 수사(修辭)를 잘못하여, 이미 참지 못하고 말을 내었고 말을 냄에 또 제대로 가리지 못해서 이처럼 낭자(狼藉)하게 사람들의 지적을 받았습니다. 자신을 돌이켜 반성함에 부끄러워서 스스로를 용서할 수가 없으니, 이러한데 어찌 남을 원망하겠습니까.

다만 노형 때문에 흉중(胸中)에 가지고 있는 마음을 간략히 털어놓았는데, 이것도 오히려 종이와 먹이 많음을 혐의합니다. 이만 줄입니다.

13 변장자(卞莊子)가……두렵습니다 : 변장자는 용맹하기로 이름난 춘추시대 노(魯)나라 대부이다. 호랑이 두 마리가 소를 두고 싸우자 옆에서 기다렸다가 기운이 다한 두 마리를 모두 잡은 고사가 있으므로 이렇게 말한 것이다. 《史記 卷70 張儀列傳》 여기서 변장자는 당론이 다른 소론이나 남인을 비유한 것이다. 오희상과 이도중의 집안은 모두 노론이다.

이이중에게 답함

答李而中

어제 마침 잠시 외출했다가 돌아오니, 그대의 편지가 책상에 있었습니다. 편지를 펴보고 숙직하시는 체후가 더욱 평안하심을 알았으니, 위로되고 감사한 마음이 어찌 다하겠습니까. 보내주신 편지는 별지까지 다 잘 보았습니다. 이 일이 만약 과연 서리가 내리고 수위(水位)가 떨어지는 기후[14]에 있다면 제가 비록 망령된 말이더라도 혹 이전의 소견을 다소나마 다시 펼 수 있지 않겠습니까.

돌아보건대 불초는 일찍이 나이가 어리고 몽매할 때로부터 이 학문이 할 만하다는 것을 대략 알았으나 학문에 힘쓰지 않았습니다. 지금에 이르러 나이는 이미 늙었고 사우(師友)들이 세상을 버려서, 뜻과 기운이 꺾였고 풍류와 운치는 깨져버렸습니다. 이에 자기 한 몸도 스스로 다스릴 수가 없는데, 어찌 바깥일에 미쳐 남과 더불어 오르내리며 의론하겠습니까.

다만 평소 선배들에게 들은 한두 가지 여론(餘論)이 있으니, '근본을 돈독히 하고 실제에 힘쓴다〔敦本務實〕'는 네 글자가 우리 유가(儒家)의 학문에 정법안장(正法眼藏)[15]이 됨을 압니다. 처음 하학(下學)[16]으로

14 서리가……기후 : 시비가 완전히 가려지고 진면목이 다 드러난 뒤를 말한 것으로 보인다.

15 정법안장(正法眼藏) : 불가에서 말하는 진여(眞如)의 세계, 또는 더 이상의 경지가 없는 최고의 깨달음을 말한다. 석가모니가 영산회상(靈山會上)에서 강설할 때 연꽃을 꺾어 들자 대중이 모두 침묵하는 가운데 오직 가섭(迦葉)만이 환하게 미소를 지었다.

부터 마음을 세워 지극히 해서 천덕(天德)과 왕도(王道)[17]에 이르고 가까이로는 어버이를 섬기고 형을 따르는 것으로부터 멀리는 스승을 높이고 벗을 친애함에 이르기까지, 이 돈본무실(敦本務實)로 밑바탕을 쌓지 않는 것이 없습니다. 또한 우주 간의 수많은 물명(物名)과 문물(文物)이 또한 모두 돈본무실에 힘입어 성립되는 것이니, 그렇지 않은 것들은 다만 얼음에 조각하고 기름에 그림을 그리는 것처럼 허망한 것일 뿐입니다.

이러한 뜻을 마음으로 체인(體認)하고 몸으로 실천하여 실제로 제 자신이 소유하지는 못했으나, 오직 이 말을 독실히 믿고 견고히 지켰는데, 마침 이장(李丈)께서 율곡 어른의 책을 가지고 질문하신 일로 인하여 이 뜻을 미루어 넓게 하고 싶은 대로 말을 냄을 면치 못하였습니다. 적이 생각하기를 "의론이 비록 서로 어긋남이 있고 언어가 혹 바름을 손상시킴이 있더라도 율곡을 함께 높이고 함께 사모하는 처지에 일호(一毫)라도 혐의와 간격을 두어 스스로 말을 막음이 있어서는 안 된다."고 여겼습니다.

이에 석가가 "나에게 있는 정법안장(正法眼藏)·열반묘심(涅槃妙心)·실상무상(實相無相)·미묘법문(微妙法門)·불립문자(不立文字)·교외별전(敎外別傳)을 마하가섭(摩訶迦葉)에게 부촉하노라."라고 한 말에 보인다. 《聯燈會要》 여기서는 최고의 가르침이란 의미로 쓰였다.

16 하학(下學) : 하학인사(下學人事)의 줄임말로, 아래로 인간의 일을 배운다는 의미이다. 《논어》〈헌문(憲問)〉에 공자께서 "아래로 인사(人事)를 배우고 위로 천리(天理)에 통달하노니, 나를 알아주는 것은 하늘일 것이다."라고 한 데서 온 말이다.

17 천덕(天德)과 왕도(王道) : 천덕은 자신의 덕을 닦는 것으로 《대학》의 명명덕(明明德) 공부에 해당되고, 왕도는 백성을 잘 다스리는 것으로 신민(新民)에 해당된다.

뜻밖에 일이 마침내 크게 잘못되어서 풍파(風波)가 평지에서 일어나고 더러운 욕(辱)이 온 몸에 이르러, 친지들이 위문하고 옆에서 보는 자들이 저 대신 부끄러워하였습니다. 이에 자신에게 돌이켜 원인을 찾아보았는데, 스스로도 미치지 못하는 말을 가지고 똑같지 않은 의론을 절충하고자 한 것은 지극히 자신을 헤아리지 못한 것이었으니, 의당 바로잡는 것은 적고 잃는 것은 컸던 것입니다. 지난번 노형께서 경계한 '말하고 침묵함에 마땅함을 잃었다'는 훌륭한 말씀을, 제 스스로 일찍 받들어 쓰지 못한 것이 한스럽습니다마는 어쩌겠습니까.

편지 말미에 "이 일은 끝내 저절로 일어났다가 저절로 소멸됨에 귀결될 것이니, 굳이 이것을 가지고 서로 협의할 것이 없다."라고 하신 말씀에 이르러서는 노형의 고심(苦心)이 어디에 있는지를 알 수 있으니, 저로 하여금 감탄하게 합니다. 대저 일의 잘잘못은 본래 공정한 안목을 가진 자가 있어야 이를 아니, 자신의 입으로 옮기고 바꿀 수 있는 바가 아닙니다. 그렇다면 이것들이 마음속에서 가로막아 화평하고 광대한 진체(眞體)를 헛되이 손상시켜서는 안 될 것입니다.

더구나 이 일 말고도 본래 허다한 도리(道理)가 있는데 만일 이것들을 행하여 밝게 알고 익혀서 잘 살피고자 한다면[18] 날마다 해도 부족함이 있을 것이니, 또 어떻게 이것을 가지고 해를 넘기고 세월을 보내는 계책으로 삼겠습니까. 이러한 도리는 참의(參倚)[19]해야 할 뿐만이 아닙

18 행하여……한다면 : 이 내용은 《맹자》 〈진심 상(盡心上)〉의 "행(行)하면서도 밝게 알지 못하고 익숙하면서도 살피지 못한다.〔行之而不著焉, 習矣而不察焉.〕 그러므로 종신토록 행하면서도 그 도(道)를 모르는 자가 많은 것이다."라는 구절을 원용한 말이다.

19 참의(參倚) : 모든 경우에 항상 잊지 않고 그 마음을 간직한다는 말이다. 《논어》

니다. 그러므로 저는 비록 시비가 막 일어나고 막 생기는 때라도 일찌감치 잊고자 하니, 이 일이 잠잠해진 뒤에 어찌 다시 둘이 서로 협의할 리가 있겠습니까. 짐작하건대 구구한 이 몸의 뜻을 종전에 대화를 나누던 즈음에 이미 아셨을 터인데, 지금 어찌 굳이 편지에 거듭 말씀하실 것이 있겠습니까.

명일에 산중으로 돌아가려 하여 장차 오랫동안 뵙지 못할 것이니, 자못 이 때문에 서글퍼집니다. 나머지는 이만 줄입니다.

〈위령공(衛靈公)〉의 "일어서면 충신(忠信)과 독경(篤敬)이 앞에 참여함을 볼 수 있고, 수레에 있으면 그것이 멍에에 기대고 있을 때에 볼 수 있어야 하니, 이와 같이 한 뒤에야 행해지는 것이다."라는 구절에서 원용한 말이다.

송공회[20] 계형 에게 답함
答宋公晦 啓馨

문 "선친의 기제(忌祭)는 시제(時祭)와 달라서 어머니의 장례가 끝난 뒤에 마땅히 행해야 하고, 장기(杖期)[21]가 비록 3년의 체(體)를 갖추고 있다고 하나, 다만 상례(喪禮)의 기년장(期年章)에 있으니, 그렇다면 삼헌(三獻)을 갖추어 기제를 지내는 것에 결단코 다른 의심이 없을 것입니다."라고 운운한 것에 대해

답 《의례》 상복(喪服)의 서열(序列)은 경중(輕重)을 가지고 차례를 만들어서, 아내를 위하여 입는 기년복은 비록 3년의 체(體)를 갖추고 있으나, 기년은 기년입니다. 이것이 자최(齊衰) 3년의 다음과 부장기(不杖朞)의 위에 있으니, 이 차례는 당연한 것이지만 상장(喪杖)과 소상(小祥)과 담제(禫祭)와 대상(大祥)을 다 갖추고 있으니, 그렇다면 어찌 기년장에 있다고 하여 다른 기년복과 나란히 논할 수 있겠습니까.

또 옛날의 제례(祭禮)는 내외(內外 부부(夫婦))가 맡은 직분이 가장 무거워서 내외가 맡은 직분이 갖추어지지 않으면 예(禮)가 구비되지

20 송공회(宋公晦) : 송계형(宋啓馨, 1768~?)으로 공회는 그의 자이고 본관은 은진(恩津)이다. 1792년(정조16) 식년 생원시에 합격하고 공조 정랑(工曹正郞), 포천 현감(抱川縣監) 등을 지냈다.

21 장기(杖期) : 상장(喪杖)을 짚고 1년간 거상(居喪)하는 상복(喪服)을 이른다. 부친이 생존 시에 당한 모친상과 승중손(承重孫)이 조부 생존 시에 당한 조모상 때에 입는다. 상장을 짚지 않는 기년상은 부장기(不杖期)라고 한다.

않습니다. 이것을 가지고 말하면 예(禮)를 구비해야 하는 기제를 주부(主婦)의 상중(喪中)에 행하는 것은, 신(神)의 도리와 사람의 정(情)으로 참작해 볼 때 모두 편치 않은 바가 있습니다. 시제와 기제를 막론하고 삼헌(三獻)은 예(禮)가 구비된 것이고, 일헌(一獻)은 예(禮)를 줄인 것입니다. 선친의 기제가 시제와 다르다고 말씀하신 것은 예(禮)를 줄여서 자신의 정을 펴려고 하시는 것이니, 만약 기제에서 예를 구비하여 삼헌을 한다면 시제 또한 어찌 반드시 폐할 것이 있겠습니까. 장기의 상(喪)의 일이 15개월에 끝나니, 끝나기 전에 시제는 폐하고 기제는 줄여서 행하는 것이 예(禮)에 어긋나지 않을 듯합니다.

김이선[22] 가순 에게 줌

與金而善 可淳

벗들을 떠나 쓸쓸이 홀로 지내며 해를 넘기는 중에 그대를 그리워하는 마음 더욱 깊어졌는데, 지난번에 은혜롭게 찾아 주신 것을 보면 거의 정신(精神)으로 저를 이해하는 듯하니, 위로되고 감사함이 모두 지극합니다. 다만 너무 바삐 헤어져서 남은 회포가 있는 것이 한스럽습니다. 근래에 추위가 더욱 심해졌는데, 어버이 모시며 체후를 더욱 삼가고 계시리라 생각합니다.

귀댁의 선조(先祖)이신 삼연 선생(三淵先生)의 연보를 외람되이 보여주시니 높이 받들어 읽은 뒤에, 늦게 태어나서 당일(當日)에 공경히 옷자락을 치켜들고 찾아뵙고 배우지 못한 것이 더욱 한스럽게 여겨집니다.

아! 삼연 선생은 세상에 드물게 나오는 대학자입니다. 다만 젊은 시절에 일찍부터 숭상한 것이 시문(詩文)과 산수(山水)의 사이에 출입하는 데에 있었습니다. 그러므로 뒤에 선대(先代)의 고인(古人)을 논한 것이 혹 여기에 많은 분수(分數 비율(比率))를 차지하여, 말년에 도(道)가 이루어지고 덕(德)이 확립된 바탕이 본래 다른 데에 있음을 사람들이 알지 못합니다. 만약 이 책이 인쇄되고 반포되어 선생의 시종

22 김이선(金而善) : 김가순(金可淳, 1771~1811)으로 이선은 그의 자이고 호는 선연재(善淵齋), 본관은 안동(安東)이다. 1801년(순조1) 증광 진사시에 합격하고 헌릉 참봉(獻陵參奉)을 지냈다.

과 본말이 세상에 밝게 드러난다면 거의 후학들이 상고하고 믿을 바가 있게 될 것이니, 어찌 사문(斯文)의 큰 다행이 아니겠습니까.

다만 이 책을 보건대, 큰 강령의 종지(宗旨)와 범례(範例), 분주(分註)의 자세하고 간략함이 아직도 정밀하고 합당하지 못한 부분이 많으니, 마땅히 처음부터 일일이 대조하고 검토하여 조목에 따라 수정하여야 비로소 유감이 없을 것입니다. 그런데 스스로 제 자신을 돌아보건대, 어리석고 비루해서 안목이 미치지 못하고, 또 우환(憂患)으로 애를 태워서 실로 다른 일을 점검(點檢)할 만한 정신이 없습니다. 그러나 저는 노선생에 대해 삼가 광세지감(曠世之感)[23]이 있어서 구구하게 충성하기를 원하는 마음이 보통 사람들에게 비할 바가 아닙니다.

그러므로 병을 치료하는 여가(餘暇)에 참람하고 경솔함을 잊고 보이는 대로 지적하여 여쭈나, 절로 종이와 먹이 너무 번다해지니, 저의 말이 모두 틀리지 않음을 어찌 알겠습니까. 보시고 헤아려서 거취(去取)하는 것이 어떻겠습니까.

지금 삼연 선생의 시대와 멀리 떨어져 있어서 선생의 은미한 말씀이 땅에 떨어졌습니다. 노형이 가학(家學)의 연원(淵源)을 이어 이 일에 뜻을 두고 계시니, 제때에 학문에 힘써서 사문(斯文)으로 하여금 끝내 의뢰함이 있게 하시기를 간절히 바랍니다. 나머지는 이만 줄입니다.

23 광세지감(曠世之感) : 동시대에 태어나지 못해 만나지 못한 것에 대해 안타까워하는 감회를 말한다.

남문보[24] 주헌 에게 답함

答南文甫 周獻

일전에 왕림해 주시어 이미 감사한 마음 지극한데, 더하여 저에게 부치신 편지의 뜻이 매우 간절하고 정중하시니, 이것을 감당하지 못함이 부끄럽습니다. 시간이 너무 짧아 총망해서 속에 있는 마음을 다 드러내지 못하였으니, 그리운 마음을 어쩌지 못합니다. 이번에 안부 편지를 받아 일간에 일상생활을 더욱 삼가고 진중히 지내심을 알았으니, 구구한 마음이 위로되고 후련해짐을 이루 다 형언할 수가 없습니다.

보여주신 그대의 원고는 명민하고 간결하며 내용이 풍부하고 통창(通暢)해서 얼핏 보아도 이미 문재(文才)가 발군(拔群)임을 알 수 있으니, 가까이 두고 즐겨 보느라 항상 손에서 놓지 못하고 있습니다. 다만 완벽하기를 구하고자 한다면 문체(文體)에 있어 혹 전아(典雅)함과 장중(莊重)함이 모자라고 문기(文氣)에 있어 질박함과 중후함이 부족하니, 언어의 화려함은 유여하나 법도가 확립되지 못한 듯합니다.

더욱더 육경(六經)에 근본을 두고 양한(兩漢 전한(前漢)과 후한(後漢))을 참작해서 그 근기(根基)에 물을 대고 그 범위를 넓혀서 근세의 작가들을 본받지 말고, 고인(古人)들과 근사(近似)한 기미(氣味)를 구해야 합니다. 이렇게 하면 우뚝하게 성취되는 바가 있어서 선조의 유업을

24 남문보(南文甫) : 남주헌(南周獻, 1769~1821)으로 문보는 그의 자이고 호는 의재(宜齋), 본관은 의령이다. 1814년(순조14) 정시 문과에 급제하고 벼슬이 형조 참의(刑曹參議)에 이르렀는데, 문장과 시부(詩賦)에 능하였다.

잇는 일을 의심할 것이 없게 될 것입니다.

그러나 일찍이 듣건대 문장은 작은 도(道)이니, 설사 마음과 생각을 다하고 정신을 수고롭게 하여 고인의 당(堂)과 실(室)에 충분히 들어갈 수 있다고 하더라도 문장이 고인과 같음에 그칠 뿐이니, 어찌 이를 귀하게 여길 것이 있겠습니까.

문자 외에 본래 우리들이 해야 할 사업이 있으니, 족하의 아름다운 자질로 일찍 본말(本末)과 대소(大小)의 구분을 스스로 연구하고 '마음을 보존하여 성(性)을 기르고〔存心養性〕', '덕을 진전시키고 학업을 닦는 일〔進德修業〕'에 매진해서 날마다 부지런히 힘쓰되, 장구한 세월을 두고 기약해야 합니다. 이렇게 하면 장차 언행(言行)과 표리(表裏)가 순연(純然)하게 고인과 같아짐을 보게 될 것이니, 또 어찌 문장에 대해 굳이 말할 것이 있겠습니까. 이 두 가지를 가지고 저울질하고 헤아려보면 지혜가 밝은 분은 선택할 바를 알 것입니다.

저는 어렸을 때에 고인의 문장을 다소 사모해서 자못 아까워할 만한 세월을 허비하였는데, 그 뒤에 어려움으로 인하여 싫증이 나서 포기하고 다시 하지 않은 지가 또한 지금 10년이 되었습니다. 지금에 이르러 돌이켜 생각해보니, 저도 모르게 웃음이 나옵니다.

비록 도(道)를 얻은 바가 있지 못하나, 이것에 대해서는 제가 이미 경험해 본 바가 있어서 혹 일부 작은 소견이 없지 않기에 지금 그대의 훌륭한 글을 돌려주면서 감히 한갓 찬미만을 할 수가 없습니다. 저의 정성을 다 쏟아서 말씀을 드리니, 부디 혜량하여 주시기 바랍니다.

이신로[25] 재수 에게 줌

與李新老 在秀

이번의 작별은 해를 넘겨야 하고 먼 바다를 건너가야 하고 노쇠한 시절에 일어나는 일이니, 한밤중에 촛불을 잡고 만남에 심정이 암담할 뿐입니다. 돌아와 산재(山齋)에 누우니, 더욱 망연해집니다. 바로 생각하건대 일간에 영감의 체후는 더욱 건강하시며 제주로 떠나갈 시기는 변동이 없습니까? 태연하여 근심하는 기색이 없음은 이미 얼굴빛에서 알 수 있으나, 친애하는 마음에 간절히 그립지 않을 수가 없으니, 또한 한갓 이별만을 서글퍼하는 것이 아닙니다.

저는 도성(都城) 안을 오가면서 감기가 더욱 심해져서 지금 자리에 누워 시름하고 있으니, 노쇠한 기운이 따르지 못함은 어쩔 수가 없는 일입니다.

고인(古人)들이 작별할 때에 좋은 말을 전해 주는 뜻이 있습니다. 제주도 한 섬의 역(逆)을 변화시켜 순(順)으로 만들고 위태로움을 바꿔 편안함으로 만드는 것이 영감의 이번 걸음에 달려 있으니, 돌아보건대 엄중한 일이 아니겠습니까.

아끼고 도와주고 싶은 마음이 간절해서 삼가 일득지우(一得之愚)[26]

25 이신로(李新老) : 이재수(李在秀, 1770~1822)로 신로는 그의 자이고 본관은 연안(延安)이다. 1809년(순조9) 별시 문과에 급제하고, 벼슬이 경상도 관찰사에 이르렀다. 1813년(순조13) 12월 제주 찰리 겸 위유사(濟州察理兼慰諭使)에 차임되어 제주도를 순행(巡行)하였다.

26 일득지우(一得之愚) : 어리석은 자가 천 번을 생각하여 한 번 얻어 낸 것이란 의미

를 바치고자 하나, 총망하여 문자를 엮을 겨를이 없어서 이에 다섯 조항의 제목을 만들어 애오라지 이것을 써서 올리니, 바다를 건너신 뒤에 곧 바로 살펴보시면 이 늙은이의 진실한 정성을 천 리의 큰 파도 밖에서 거의 양찰하실 수 있을 것입니다.

천만 가지 이야기를 어찌 글로 다 말할 수 있겠습니까. 오직 신령이 돕고 보호해서 바다를 건너는 길이 길(吉)하고 이로워서 국사(國事)를 잘 마치고 빨리 돌아오실 수 있기만을 기원합니다.

첫 번째. 주색(酒色)을 물리칠 것. 사명(使命)을 받은 자는 마땅히 먼저 자신을 다스려야 하고 자신을 다스림은 마땅히 먼저 주색으로부터 시작하여야 합니다.

두 번째. 지나친 덕(德 마음)을 경계할 것. 《서경》에 말하기를 "천리(天吏)로서 지나친 덕은 사나운 불보다 더 맹렬하다."라고 하였으니, 모름지기 백성을 가엾게 여기고 공경하는 마음을 항상 가슴속에 보존하여야 합니다.

세 번째. 난(亂)의 근본을 징계할 것. 난의 근본은 바로 탐욕스러운 관리와 탐욕스러운 수령이, 조정과 멀리 떨어져 있다고 하여 자신의 마음속의 욕심을 멋대로 부려서 백성들로 하여금 제대로 살 수 없게 하여 난을 일으키도록 만든 것입니다. 이에 대해 자신의 마음에 거슬러 올라가 엄하게 자제하여 통렬히 징계하지 않으면 한 섬의 백성들

로 자신의 생각에 대한 겸사이다. 《사기(史記)》 권92 〈회음후열전(淮陰侯列傳)〉에 "지혜로운 사람도 천 번 생각에 반드시 한 번쯤의 실수가 있고, 어리석은 사람도 천 번 생각하면 반드시 한 번은 얻는 것이 있다."라고 보인다.

이 화답하지 못할 것입니다.

네 번째. 후일의 도모를 삼갈 것. 옛말에 이르기를 "가혹한 정사(政事)가 맹호(猛虎)보다 더 사납다." 하였으니, 묵은 폐단(弊端)과 잘못된 정사로 백성의 고통에 관계되는 모든 것을 마땅히 곡진히 살펴서 제거해야 합니다. 그런데 이에 있어서는 반드시 완급(緩急)과 대소(大小)에 유의하여 힘써 행해서 원대한 계획을 도모하고 당장을 위한 계획을 일삼아서는 안 됩니다.

다섯 번째. 문교(文敎)를 펼 것. 문교는 비록 우활(迂闊)하고 느슨한 듯하나, 크고 작은 난(亂)을 막론하고 난을 평정한 뒤에는 반드시 이 문교로써 백성을 인도해서 백성들로 하여금 윗사람을 친해하고 어른을 위해 죽는 의리를 알게 해야 합니다. 이것이 바로 근본을 지극히 하는 바꿀 수 없는 방도요, 또한 왕명(王命)을 받아 교화를 펴는 책임이 되니, 일시적인 사명(使命)을 받들었다고 하여 대수롭지 않게 여겨서는 안 될 것입니다.

이신로에게 줌
與李新老

지난번 고요한 밤에 산방(山房)에서 흉금을 열어 놓고 대화를 나누느라 촛불의 심지가 다 타고 닭이 우는 것을 깨닫지 못했습니다. 노년(老年)에 이 일은 이미 잊기가 어렵고, 게다가 영감께서 은거할 한 구역을 조치한 것을 보고 평소의 뜻이 어디에 있는지를 알 수 있었음에 있어서이겠습니까.

벼슬길이 막 형통(亨通)하게 열린 영감과 같은 분이 종(鍾)이 울리고 물시계가 다하기[27]를 기다리지 않고 먼저 쉬고 머물 곳을 차지하였으니, 명예와 이익을 다투는 마당에서 사람들은 대소(大小) 간에 어두워지고 정신이 혼미해지는데, 다시 어떤 사람이 이렇게 하는 이가 있겠습니까. 거듭 이 때문에 감탄하고 칭찬하여 마지않는 것입니다.

주자께서 말씀하기를 "모름지기 우선 나 자신이 좋아야 당류(黨類)들 또한 좋아지며 비로소 우리 임금님도 좋아지고 천하와 국가도 좋아지는데, 이른바 좋아진다는 것은 또 허실(虛實), 대소(大小), 구근(久近)의 같지 않음이 있다. 만약 나 자신이 스스로 좋아지는 것을 미루어 나가면 이른바 좋아진다는 모든 것이 다 실(實)이 되고 대(大)가

27 종(鍾)이……다하기 : 이 내용은 노년에 이르기까지 구차하게 관직을 차지하고 있음을 비유하는 말이다. 삼국 시대 위(魏)나라 전예(田豫)가 "나이가 70이 넘었는데도 벼슬자리에 있는 것을 비유하자면, 통행금지를 알리는 종이 울리고 물시계의 물이 다했는데도 밤길을 쉬지 않고 가는 것과 같으니, 이는 죄인이다."라고 한 데서 유래하였다. 《三國志 卷26 魏書 田豫傳》

되며 또 구원(久遠)이 된다. 만약 나 자신으로부터 스스로 미루어 나가지 못하면 잘못을 미봉(彌縫)하고 가리고 덮어서 비록 한 때에는 구차히 영합할 수 있으나, 이른바 모든 좋아진다는 것이 후일에 좋지 않은 병의 뿌리가 된다."[28]라고 하셨는데, 주자의 이 말씀이 십분 명쾌합니다.

그러나 만일 나 자신이 좋아지고자 하면 또 모름지기 국외(局外)에 두어서 외물(外物)에 동화되지 말고 또 책을 읽고 이치를 밝혀 식견(識見)과 도량(度量)을 향상시켜야 비로소 좋아짐〔好〕을 말할 수 있습니다.

그러나 영감 또한 노쇠하였으니, 여러 가지 책을 많이 읽어서는 안 됩니다. 모름지기 서둘러 한 질의 주자의 책을 취하여 만년(晩年)에 의귀(依歸)할 바탕으로 삼아야 하니, 이렇게 하면 나아가서는 군주를 바로잡고 백성들을 비호하며, 물러나서는 명예를 힘쓰고 절개를 힘쓰는 것을 달리 구하지 않고도 또한 여기에 손을 빌릴 수 있을 것입니다.

지난날 제가 받들어 권면한 말이 많았던 것은, 제가 영감을 아끼고 돕고 싶어서 그러했던 것임을 양찰해 주시고 부디 깊이 유념해 주시기 바랍니다. 나머지는 이만 줄입니다.

28 모름지기……된다 : 이 내용은 《주자대전(朱子大全)》 권36 〈진동보에게 답함〔答陳同甫〕〉에 보인다.

한자수[29] 경리 에게 줌

與韓子綏 景履

근간에 서리와 찬바람이 추위를 재촉하는데, 고요히 공부하며 지내는 체후가 매우 좋을 것으로 생각하네. 산방(山房)에는 외부의 시끄러움이 없으니, 지금 어느 책을 열심히 공부하면서 심장한 풍취(風趣)를 계속 누리고 있는가? 학업의 근태(勤怠)는 기(氣)에 달려 있고, 또 기가 모이고 흩어짐은 뜻에 달려 있으니, 학업이 태만하면 기를 책망하여야 하고 기가 흩어지면 뜻을 책망하여야 하네. 뜻이 서서 기를 통솔하면 기가 저절로 응집되어 학업을 부지런히 할 수 있을 것이네.

또 일찍이 들으니 농암(農巖) 어른은 일생동안 책을 읽을 적에 과정(課程)을 가장 중시(重視)했다고 하는데, 이는 과정을 두지 않으면 부지런히 하고자 하더라도 오래 지속하고 누적시킬 수가 없어서 그런 것이네. 모름지기 책을 보거나 소리 내어 읽는 것을 막론하고 반드시 과정을 정해 놓고 마음을 디하여 힘써야 하네.

처음에는 얽매이고 활발하지 못할 듯하나, 오래되어 몸에 배어 숙달되면 자연 여유가 생겨 그만두고자 하여도 그만두지 못하는 묘함이 있을 것이네. 이와 같으면 다만 학업에 전념할 수 있을 뿐 아니라, 이 마음이 유지되어서 외물의 유혹이 또한 들어올 곳이 없게 될 것이네.

29 한자수(韓子綏) : 한경리(韓景履, 1772～?)로 자수는 그의 자이고 본관은 청주(淸州)이며 오희상의 매제(妹弟)이다. 1809년(순조9) 증광 생원시에 합격하고 김화현감(金化縣監), 광주 판관(廣州判官) 등을 역임하였다.

족하(足下)는 나이가 젊고 아름다운 자질을 가졌으나 다만 편안함과 즐거움을 깊이 탐하여 좋은 세월을 헛되이 보낸 것이 많았는데, 이번 걸음에 능히 스스로 분발하여 일체의 공부를 통렬히 하고자 함을 알았네. 이에 마음으로 사랑해서 애오라지 이런 어리석은 소견을 올리니, 천만 더욱 유념해서 후일에 서로 만나볼 때 나로 하여금 괄목상대(刮目相對)하게 하는 것이 어떻겠는가? 나머지는 이만 줄이네.

한자수에게 줌
與韓子綏

부탁한 상(殤)[30]의 지문(誌文)은 근래에 겨우 초고(草稿)를 엮었네. 장(璋)이 부서지고 옥(玉)이 깨짐[31]은 고금에 걸쳐 누구나 함께 슬퍼할 일이지만, 이번 상(殤)에 있어서는 더욱 지극하네.

나의 누이는 다만 한 명의 자식만 있어서, 이 아이를 돈독히 길러서 다른 사람이 열 명의 자식을 기르는 정도의 노고(勞苦)가 있었는데, 눈앞에서 자식이 요절하는 것을 보고 끝내는 또 자신이 뒤따라 죽었네. 이는 실로 간절히 슬퍼할 만한 일이니, 다만 아이의 죽음을 애도해서일뿐이 아니네.

내 누이의 어짊이 옛날 명철한 여인들에게 부끄러움이 없는데, 자신의 모습이 그대로 남아 있는 자식이 없게 되었으니, 이 지문은 바로 그 어미를 애도하는 것이네. 슬프고, 슬프네.

30 상(殤) : 성인(成人)이 되기 전에 일찍 죽는 것을 이르는바, 16세에서 19세까지를 상상(上殤), 12세에서 15세까지를 중상(中殤), 8세에서 11세까지를 하상(下殤)이라 하여, 이들에게까지만 상례(喪禮)를 행한다.

31 장(璋)이……깨짐 : 아들의 상(殤)임을 말한 것이다. 《시경》〈소아(小雅) 사간(斯干)〉에 남자를 낳으면 구슬〔璋〕을 가지고 놀게 한다는 내용이 있으므로 이렇게 말한 것이다.

이성로[32] 존수 에게 줌

與李性老 存秀

지난번 난보(爛報)[33]에 나온 대신들의 거조(擧條 신하가 임금에게 아뢰는 조항)를 보고서 비로소 영남에도 사학(邪學 천주교(天主教))이 있음을 알았습니다. 사학이 세도(世道)의 무궁한 우환이 된 지가 지금 수십 년의 오랜 세월이 흘렀습니다. 처음에는 샘물이 흘러나오듯 미약하더니, 끝내는 홍수가 되어 산을 휘감고 구릉을 삼켰는데,[34] 오직 영남 70주(州)에서는 들리는 바가 없었습니다.

이에 저는 생각하기를 "이 지역의 풍기(風氣)가 돈후(敦厚)해서 사람들이 모두 실제를 힘쓰고 또 선현의 유택(遺澤)이 아직도 흘러넘치고 없어지지 않았기 때문에, 간사한 말과 요망한 술법에 속임을 당하고 그릇되지 않을 수 있었다."라고 여겼는데, 신유년(辛酉年 1801, 순조1)

32 이성로(李性老) : 이존수(李存秀, 1772~1829)로 성로는 그의 자이며 호는 금석(金石), 본관은 연안(延安), 시호는 문익(文翼)이다. 1794년(정조18) 정시 문과에 급제하고 벼슬이 좌의정에 이르렀다. 1814년(순조14) 경상도 관찰사에 제수되어 흉년을 구제하는 선정을 베풀어 생사당(生祠堂)이 세워졌다. 왕에게 직언하며 아첨하지 않았으며 시문에도 능했다.

33 난보(爛報) : 본래 청나라 조정에서 관원들에게 통보하는 관보(官報)를 이르는데 여기서는 조선조의 조보(朝報)라는 의미로 쓰였다. 조보는 승정원(承政院)에서 처리한 사항을 매일 아침 서리(書吏)가 베껴서 소속 군사(軍士)로 하여금 조정의 관원들에게 배포케 하는 문서를 이른다.

34 홍수가……삼켰는데 : 이 내용은 《서경》 〈요전(堯典)〉에 "넘실대는 홍수가 폐해를 끼쳐서, 산을 휘감고 구릉을 삼켜〔懷山襄陵,〕 질펀하게 하늘까지 번진다."라고 보인다.

에 크게 이를 징계[35]하였으나, 뜻밖에 뒤에 남은 종자와 남은 싹이 은밀히 자라고 몰래 뻗어나서 영남의 깨끗한 땅에까지 미쳤으니, 아! 두려울 만합니다.

저 이단의 부정한 학설이 예로부터 어찌 한계가 있었겠습니까마는, 인륜을 어지럽히고 기강을 없애며 인의(仁義)를 해치는 것으로 보면 이처럼 심한 것이 있지 않았습니다. 아마도 이는 운수(運數)가 이렇게 만든 것으로, 뒤에 나오는 것이 더욱더 독해져서 그런 것일 것입니다.

정자(程子)가 말씀하기를 "이교(異敎)의 설이 이처럼 성(盛)한 것은 또한 반드시 운명이 있는 것이지만, 군자는 이를 운명이라고 하지 않는다." 하셨으니, 이것을 만약 '그렇게 하려 하지 않아도 절로 그렇게 되는 것〔莫之然而然〕'이라고 핑계를 대어 제때에 깨끗이 소탕하지 않으면, 장차 하늘과 땅이 뒤집어져서 인류가 멸망할 것입니다. 어찌 백성을 교화하는 관찰사의 자리에 있는 사람이 대단찮게 볼 수 있는 일이겠습니까.

연전에 호서(湖西) 지방에 이 사학이 다시 일어났는데, 당시 도백(道伯 관찰사)이 어리석고 겁이 많아서 엄하게 조사하여 다스리지 못해서 법망(法網)에서 빠져나간 자가 많았습니다. 이에 식자(識者)들이 속으로 탄식하며 이르기를 "반드시 씨가 뿌려져 씨가 나서 뒤에 도모하기가 어려울 것이다.〔必有種下生種, 而後之難圖.〕"라고 하였는데, 과연 저

35 신유년(辛酉年)에……징계 : 신유년에 일어난 신유박해(辛酉迫害)를 이른 것으로, 이때 즉위한 순조가 어려 수렴청정을 하게 된 대왕대비 정순왕후 김씨가 천주교를 크게 탄압하여 이승훈(李承薰), 정약종(丁若鍾) 등을 처형하고 정약용(丁若鏞), 정약전(丁若銓) 등을 유배 보냈다.

멀리 남쪽지방에 이러한 화란(禍亂)의 싹이 있게 되었습니다.

아! 사학의 책[36]은 나라의 금서(禁書)가 되었기 때문에 비록 그 원류(源流)를 한번 섭렵해 보지 못했으나, 국안(鞫案 죄인을 국문한 사실을 기록한 문서)에서 나온 것을 따라 연구해보면 그 중요한 부분을 대략 알 수가 있습니다. 대저 그 사상(思想)은 불교의 여론(餘論)을 찾아 모은 것에 불과합니다. 그들이 말하는 영혼(靈魂)과 영성(靈性), 천당(天堂)과 지옥(地獄)은 불교의 사상과 합치하지 않는 것이 없는데 또 기이한 기예(技藝)와 사람을 속이는 기술을 가지고 그 사이에서 아름답게 꾸미고 매우 정교한 기교와 허탄함을 가지고 사람들을 미혹시켜 마음을 빼앗습니다.

그러나 불교는 두발을 깎고 몸을 훼손시키며 군주와 아버지를 떠나고 처자(妻子)를 끊어서 보통 사람들과 분명한 한계가 있으니, 그 도(道)를 가지고 천하를 바꾸고자 하나 될 수가 없습니다. 그러나 이 사학(邪學)과 같은 것은 이와 달리 궁실과 의복이 우리와 같고 혼인하고 벼슬하는 것이 우리와 같습니다. 이에 외면에서 관찰해보면 보통사람과 털끝만큼도 구별이 없는데, 암암리(暗暗裡)에 전수(傳授)하는 것을 논하면 지극히 요망하고 지극히 사악하며 매우 참혹하고 매우 사특하여 지혜로운 사람과 어리석은 사람이 함께 달려가고, 귀한 사람과 천한 사람이 함께 들어가게 하니, 이는 불교에서는 없었던 일로 폐해가 됨이 더욱 심합니다. 또 깊은 어둠 속에서 괴이하고 비밀스러워 귀신과 같고 물여우[37]와 같아서 필경 큰 도둑의 소굴을 이루고야 말 것이니,

36 사학의 책 : 사학은 천주학(天主學)을 가리킨 것으로 중국에서 들여온 《천주실의(天主實義)》 등을 이른다.

어찌 두렵지 않겠습니까.

그러나 이 사설(邪說)이 이처럼 창궐한 것은 다른 이유가 아니라, 오로지 성인(聖人)의 시대와 멀어지고 성인의 가르침이 해이해져 올바른 학문이 밝아지지 못함에 연유합니다. 그러므로 주자가 매번 이단을 물리치는 일을 논할 때마다 반드시 내수외양(內修外攘 안으로 국정을 잘 닦고 밖으로 오랑캐를 물리치는 것)을 말씀하신 것입니다. 내수(內修)라는 것은 경도(經道)를 바로잡는 것으로 근본이 되니 마땅히 먼저 해야 하고, 외양(外攘)이라는 것은 말로써 이단을 물리치는 것으로 말단이 되니 마땅히 뒤에 해야 합니다.

그러나 돌아보건대 이단이 사람에게 화(禍)를 끼치는 것이 홍수와 화재보다 더 위급해서 늦출 수가 없어서, 의가(醫家)에서 이른바 "위급하면 드러난 병증을 다스린다.'는 방법을 바로 써야 하니, 그렇다면 또한 어느 겨를에 내수를 먼저하고 외양을 뒤에 할 수 있겠습니까.

마땅히 법으로 종사(從事)해서 반드시 엄한 형(刑)과 큰 벌(罰)로써 빨리 저들을 섬멸시켜서 우리나라에 종자를 옮기지 못하게 하여야 거의 일 푼이라도 구원할 수 있을 것입니다. 이렇게 하지 않으면 요원(燎原)의 불이 장차 여기에서 박멸되더라도 다시 저쪽에서 일어나서 다함이 없을 것이니, 이 지경에 이르면 비록 지혜로운 자를 시켜 도모하게 하더라도 또한 어쩌지 못할 것입니다.

37 물여우 : 사람을 해치는 일종의 요물로 《시경집전》〈소아(小雅) 하인사(何人斯)〉의 주자의 주에 "물여우는 단호(短狐)이니, 강(江)과 회수(淮水)에 모두 살고 있다. 모래를 머금었다가 물속에 비친 사람의 그림자에 쏘면, 사람이 곧 병이 드나 그 형체는 보이지 않는다."라고 보인다.

혹자는 말하기를 "옥사(獄事)가 너무 지나쳐서는 안 되니, 마땅히 수범(首犯)과 종범(從犯)을 나누어 법을 적용해야 한다."라고 하는데, 이 말이 그럴듯한 것 같으나, 실제는 그렇지 않습니다.

수범과 종범의 등급을 나누는 것은, 역모를 하여 난을 일으키고 간악한 일을 저질러 죄과를 범하는 것에 따른 옥사를 가리켜 말한 듯하나, 이 옥사와 같은 경우는 한 번 그 가운데 들어가면 오장(五臟)이 바뀌고 마음이 변해서 이미 같은 유(類)의 사람이라고 말할 수가 없습니다. 잘못 깊이 빠져들지 않아 참으로 참회해서 외면과 마음을 함께 고친 자가 아니라면 모두 용서하지 말아야 할 큰 죄에 해당됩니다. 이에 종범이 바로 수범이고 수범이 바로 종범이니, 오히려 논할 만한 무슨 분별이 있겠습니까.

대감이 큰 흉년이 든 해에 영남의 관찰사가 되어 대대적인 진휼(賑恤)을 잘 끝내시어 백성들의 칭송이 성대하여 충분히 후세에 할 말이 있게 되었습니다. 그러나 이어서 이 옥사를 당했으니, 요컨대 모름지기 길이 생각하고 멀리 도모해서 빨리 화(禍)의 뿌리를 끊어서 상도(常道)로 돌아오게 하면, 영남 백성들에게 만대(萬代)의 은혜가 될 것입니다. 어찌 구구하게 구휼을 잘한 일에 비하겠습니까.

옛사람이 말하기를 "그 지위에 있지 않으면 그 정사를 도모하지 않는다.〔不在其位, 不謀其政.〕"라고 하였으니,[38] 진실로 제가 드리는 이 말이, 말하고 침묵함에 있어서의 떳떳한 예절이 결코 아님을 잘 알고 있습니다. 그러나 이 사도(邪道)와 정도(正道)가 사라지고 자라는 기

38 옛사람이……하였으니 : 옛사람은 공자를 가리킨다. 공자의 이 말씀은《논어》〈태백(泰伯)〉에 보인다.

미는 실로 국가의 성쇠와 사문(斯文)의 흥망에 관계되어 작은 일이 아닌데, 지위에 있는 사람들을 돌아보건대 한 사람도 이 뜻을 알아서 염두에 두는 사람이 없습니다.

삼가 자나 깨나 두렵고 탄식하는 마음을 이기지 못하여 이에 대감에게 이 말씀을 올리니, 부디 잘난 체한다고 여기지 말아주시기 바랍니다.

이성로에게 줌
與李性老

일전에 계방(桂坊 세자익위사(世子翊衛司)의 별칭)의 한 관원을 통해 주연(胄筵)[39]의 소식을 들었습니다. 그가 이르기를 대감께서 나아가 세자 저하의 질문에 답할 적에 항상 장엄하고 단정한 몸가짐으로 선언(善言)을 간곡하게 올렸으며 또 답하기 편한 생(栍)[40]을 뽑아 세자 저하의 비위를 맞추지 않고 자못 엄정한 자세를 가져 세자 저하께서 어렵게 여기시니, 여러 빈객(賓客)들이 미치지 못한다고 하였습니다.

이 말을 듣고 저는 기뻐서 잠을 이루지 못하였으나, 이런 일은 오로지 언어(言語)에 의지해서는 안 됩니다. 모름지기 먼저 내 스스로가 좋아야 하니, 그런 뒤에야 비로소 우리 군주께서 좋아질 수 있는 것입니다. 이 뜻으로 항상 스스로 힘쓰고 힘쓰는 것이 어떻겠습니까.

39 주연(胄筵) : 왕세자에게 경학(經學)을 강론하는 자리로 서연(書筵)이라고도 한다.

40 생(栍) : 강경(講經)을 하기 위하여 글귀를 적어 통에 꽂아 두는 대쪽들을 이르는데 강생(講生)이 이 대쪽을 뽑아서 그 글귀에 따른 장(章) 또는 편(篇)을 암송하였다. 여기서는 세자에게 강론할 때 세자가 뽑던 대쪽을 가리켰다.

이성로에게 답함
答李性老

나라의 근본인 백성이 장차 무너지게 된 것을 평소 알고 있었으나, 그래도 깊이 있게 알지는 못했습니다. 그런데 향리에 거처한 이후로 백성들이 가난 속에 의지할 곳이 없어 시름하고 원망하는 참상을 눈으로 직접 보게 되니, 생각하면 슬프고 가슴이 아파서 차라리 죽어서 말을 듣지 못했으면 했습니다.

금년 농사가 끝내 흉년이 되니, 내년에는 민심이 더욱 악화되어 마지않을 것입니다. 그렇다면 약한 자들은 죽어 구덩이를 메우고 강한 자들은 도둑이 되는 것이 필연적인 형세인데도, 얼핏 듣건대 의정부에서 웃으며 귀를 막아서[41] 백성들을 구제하고 구휼할 계책을 세우지 않는다고 합니다. 이에 번번이 주자가 지으신 시(詩)의 "만약 백성들이 원래 죄가 없음을 안다면 마땅히 인간의 부모 된 마음을 가질 것이다.〔若知赤子元無罪, 合有人間父母心.〕"라는 구절[42]을 외우면서 지붕을 바라보면서 탄식합니다.

다만 생각하건대 '수령을 가려 뽑는다〔擇守令〕'는 세 글자가 그래도

41 의정부에서……막아서 : 이 내용은 《시경》 〈패풍(邶風) 모구(旄丘)〉에 "숙(叔)이여, 백(伯)이여. 웃으며 귀를 막은 듯하도다.〔褎如充耳.〕"라고 보이는데, 주자는 《집전(集傳)》에서 "유(褎)는 웃음이 많은 모양이고 충이(充耳)는 귀를 막는다는 뜻이니, 귀먹은 사람은 항상 웃음이 많다."라고 주하였다.

42 주자가……구절 : 이 시는 제목이 '삼목장간(杉木長澗)'으로 《주자대전》 권10 〈시(詩)〉에 실려 있다.

일시적이나마 한 푼이나 반 푼의 효과가 있는 대책을 세우는 방도가 될 것이니, 이는 실로 전가(銓家)[43]의 책임입니다. 대감께서 이에 대해 고심(苦心)과 열혈(熱血)이 있음을 알기 때문에 구구한 이 몸 또한 일찍이 누차 뵙고 말씀을 올렸는데, 지금 이미 그 지위에 계시니 이를 실행할 조짐이 충분합니다. 부디 허리를 꼿꼿이 펴고 시종 변치 마시어 의연히 저의 소망에 부응해 주시기 바랍니다.

한 사람의 훌륭한 수령을 얻으면 한 고을 백성들의 마음을 펴줄 수 있고 두 사람의 훌륭한 수령을 얻으면 두 고을의 백성들의 마음을 펴줄 수 있게 될 것이니, 또한 어찌 조그마한 보탬이라고 할 수 있겠습니까.

과부가 베 짜는 북 실이 끊어질 것을 걱정하지 않는 것[44]과 같으니, 생각이 그 지위를 벗어남을 스스로 알고 있으나, 흉금(胸襟)에 부촉(付屬)하여 이 근심을 제대로 함께할 만한 사람이 적습니다. 이에 애오라지 대감에게 망발을 부리니, 부디 써놓은 글씨 밖의 뜻을 밝게 알아주시기 바랍니다.

43 전가(銓家) : 전조(銓曹)와 같은 말로 조선조 때 문관(文官)의 전형(銓衡)을 맡은 이조(吏曹), 무관(武官)의 전형을 맡은 병조(兵曹)의 통칭이다.

44 과부가……것 : 분수에 지나친 근심을 비유하는 표현인데, 여기서는 벼슬하지 않는 선비가 국사를 걱정하는 마음을 나타내는 겸사로 쓰였다. 《춘추좌씨전(春秋左氏傳)》 소공(昭公) 24년에 "과부가 베 짜는 북 실이 끊어질 것은 걱정하지 않고서 천자의 나라인 주(周)나라가 망할 것을 걱정한다는 말이 있는데, 이는 그 재앙이 자기에게도 미칠 것이라고 여겨서이다."라는 말에서 나왔다.

이성로에게 줌
與李性老

어제 난보(爛報)에서 대감이 빈대(賓對)에서 거론한 조목을 보았습니다. 성상(聖上)께서 양전(量田)[45]이 편한지의 여부를 두루 하문(下問)하시자, 대감께서 먼저 궁궐에서 쓰는 잡비와 면세를 받는 것이 너무 지나친 것에 주의를 기울이시어, 비용을 절약하고 백성을 여유롭게 하는 근본과 근본을 바르게 하고 명령을 미덥게 하는 방도가, 균전(均田)하는 일과 서로 필요가 되고 서로 구제한다고 말씀하셨습니다. 이는 구구절절이 정곡을 찌르고 또 간절하게 사리(事理)에 맞는 말이니, 옛날 정치의 대체(大體)를 아는 명석(名碩)으로 하여금 이 일을 논하게 하더라도 또한 이보다 더 잘할 수 없을 것입니다.

만일 성상께서 체납(採納)하신다면 백성과 나라의 다행임을 이루 말로 다할 수가 없을 것이요, 비록 체납하지 않으시더라도 충분히 후일의 조짐이 될 수 있습니다. 뜻밖에 대감께서는 독서가 그다지 싫지 않는데도 도리어 이처럼 훌륭한 식견이 있으시니, 더욱 공경하고 감탄하는 마음을 이기지 못하겠습니다.

근래 과거(科擧)나 경연(經筵)에서 그런대로 마음에 들 만한 계책이 하나도 없어서 저의 가슴속이 심란하고 심란하였는데, 마침 이 상주(上奏)를 보니, 저도 모르게 눈이 열리고 마음이 깨어나서 애오라지 이처

45 양전(量田) : 국가재정의 기본을 이루는 전세(田稅)의 징수를 합리적으로 하기 위하여, 전국의 전결(田結) 수를 측량하고 실제 작황을 파악하는 제도를 이른다.

럼 말하는 것입니다.

국가의 일은 이것 말고도 아직 마땅히 주의를 기울여야 할 것이 많으니, 부디 대감은 더욱 식견과 도량을 늘리는데 힘쓰고, 더욱 허리를 꼿꼿이 세워 사우(士友)들의 바람에 부응하시기 바랍니다.

이성로에게 줌

與李性老

돌아보건대 지금 교육이 폐해져 풍속이 야박해지고 유학(儒學)이 단절되었습니다. 이에 인재를 양성하는 일에 있어서 명성과 이욕을 다투는 마당이 된 서울은 이미 가망이 없고, 형편 상 장차 곤궁한 백성들과 한미한 선비들 중에서 인재를 찾아야 할 것입니다. 광활한 8도를 비록 두루 살펴보지는 못했으나, 풍기(風氣)가 물든 바가 완전히 서로 부합하여 8도가 일색(一色)임을 미루어 알 수 있습니다.

오직 북로(北路 함경도)는 인문(人文)이 뒤에 개발되었고 또 노봉(老峯 민정중(閔鼎重))과 농암(農巖 김창협(金昌協))이 서로 이어 도학(道學)을 창명(倡明)해서 재지(才智)가 특출하여 발군(拔群)인 선비들이 전후로 서로 이어졌습니다. 근간에 이르러서는 알려진 인물이 비록 드물지만 간혹 뜻이 있어 책을 읽고 행실을 가다듬는 자가 없지 않으며 북방은 풍기가 강하고 굳세어 일을 추진함에 과감해서, 다른 지역에 비하여 가장 가망(可望)이 있습니다.

북로의 관찰사로 간 선배들은 인재를 양성하는 것이 풍화(風化)의 근원이 됨을 알았기 때문에 이를 급선무로 여기지 않은 분이 없었는데, 후배들은 지식과 생각이 여기에 미치는 자가 없어 전혀 유의하지 않습니다. 이 때문에 끝내 인재들의 자취가 사라져 알려진 자가 없으니, 애석함을 금할 수 있겠습니까.

대감이 북로의 관찰사가 된지 겨우 몇 달 만에 선정(善政)을 베푼다는 소문이 사방에 들리고 있습니다. 다만 홀아비와 과부에게 은혜를 베푸는 것은 일시적인 은택에 불과하고 인재를 양성하는 일은 이익이 구원(久遠)하니, 고인(古人)들이 부임하는 초기에 몸을 굽히는 것을 꺼리지 않고 어진 이에게 예(禮)를 갖추고 선비들에게 자신을 낮춘 것이 어찌 공연히 그러셨던 것이겠습니까. 바로 그 사람들을 풍동(風動)시켜서 진작시키고자 하셨던 것일 것입니다.

옛날 정이천(程伊川)께서 한지국(韓持國)[46]에게 선비를 천거할 적에 반드시 한지국이 묻기를 기다리고, 묻지 않으면 천거하지 않았으니, 이 이치가 매우 좋습니다. 그러므로 불초도 북로의 선비 중에 혹 보고 들은 자가 있으나, 이들의 성명(姓名)을 번거롭게 아뢰지 못하고 이처럼 범연(泛然)히 논하는 것입니다. 부디 아끼고 도와주고자 하는 고심(苦心)에서 나온 것임을 양해해 주시고, 우활한 선비의 진부한 말이라고 하여 소홀히 여기지 않는 것이 어떻겠습니까?

무릇 인물을 구할 때에 매번 너무 완벽하기를 요구하고 너무 가혹하게 살핌에 잘못되어서 심지어는 거의 소장(所長)을 가지고 그 단점을 가림에 이르고 도리어 그 부족한 것을 가지고 그 장점을 말살함에 이르고 있습니다. 이와 같이 하고서 어떻게 한 세상의 인물을 거두어 취할 수 있겠습니까. 대감 또한 혹 이런 병통이 있음을 면치 못하기 때문에 함께 언급하는 것입니다.

46 한지국(韓持國) : 북송(北宋)의 문신인 한유(韓維 1017~1098)로, 지국은 그의 자이고 호는 남양(南陽)이다. 천거로 출사하여 벼슬이 태자소부(太子少傅)에 이르렀다.

이성로에게 줌

與李性老

대감이 매복(枚卜)[47]되었다는 말을 들은 이후 공적으로는 성조(聖朝)에서 훌륭한 정승을 얻은 것을 기뻐하고 사적으로는 큰 책임을 부응하기 어려운 것을 근심하였는데, 곰곰이 생각해보니 끝내 근심이 기쁨보다 더 깊습니다.

아! 왕권(王權)의 기강이 이미 무너져서 국세(國勢)가 위태로우니, 참으로 주자가 말씀하신 "억만 백성들이 막 물이 새는 배 위에 있으니, 적합한 사공(沙工)이 아니면 구제를 바라기가 어렵다."[48] 라고 한 것과 같습니다. 세상을 돌아봄에 대감처럼 명석하고 민첩하며 과감하고 통달(洞達)하며 국사(國事)에 마음을 다하는 사람이 없으니, 그렇다면 당금(當今)에 뱃사공의 임무를 대감 아니면 누가 하겠습니까.

물러나 강가의 집에서 칩거하고 있는데 여러 사람들이 칭송하는 말을 얼핏 들으니, 곤궁한 백성들 또한 모두 기뻐하면서 손을 이마에

47 매복(枚卜) : 원래 대신을 임명할 적에 하나하나 점(占)을 쳐서 그 가운데서 가장 길(吉)한 자를 선택한다는 뜻인데, 여기서는 정승의 후보로 올랐다는 의미로 쓰였다. 조선조에서 정승은 국가의 중임이므로 후보자를 한 명 한 명 점쳐서 길한지를 확인한 다음 임금에게 의망(擬望)하였다.

48 억만……어렵다 : 이 내용은 《주자대전》 권34 〈여백공에게 답한 편지〔答呂伯恭書〕〉에 보이는 주자의 말을 요약 원용한 것이다. 부수(副手)는 우암 송시열이 지은 《주자대전차의(朱子大全箚疑)》 진책(辰冊)에 '적합한 사람〔的當之手〕'이라고 풀이한 것을 따라 번역하였다.

대고, 장차 대감이 기우는 나라를 붙들고 위태로운 나라를 부지시키는 공(功)을 세우는 것을 보고자 한다고 하니, 대감은 무슨 방법으로 그들의 바람에 부응하실지 모르겠습니다.

큰 임무를 담당하는 자는 모름지기 마음과 도량이 커서 천하의 선(善)을 모아 자신의 쓰임으로 삼는 본령(本領)이 있어야 비로소 일을 이루고 사업을 안정시킬 수 있으니, 《대학》에서 〈진서(秦誓)〉 한 구절을 가지고 평천하장(平天下章)을 맺은 것은 그 뜻이 깊고도 은미합니다.

이 때문에 옛날 명철(名哲)들께서 정승에 제수되면 모두 백(伯)을 불러 자신을 도와달라고 청할 생각[49]을 가졌습니다. 이에 마음을 비우고 뜻을 겸허히 해서 널리 자문을 구하고 두루 상의하면서도 오히려 사람들이 자신을 만족하게 여기지 않을까 염려하였고, 사람들 또한 선(善)으로써 고하는 것을 즐거워하였습니다. 이 때문에 정승의 지위에 있을 적에 계책과 공적(功績)이 역사에 기술될 만큼 우뚝하여 후세에 충분히 알려질 만한 것이 있었던 것입니다.

지금 정승들은 이러한 도리가 있음을 알지 못하고 있습니다. 스스로 만족하고 자신의 지혜를 쓰면서 이러한 속에서 나왔다 들어갔다 하여 귀와 눈으로 보고 듣는바가 신발 밖을 벗어나지 못하고 심사(心思)를 운용하는 바가 작은 이해(利害)를 떠나지 못하니, 필경 하나의 사심(私心)이 나오는 본거지가 이루어질 것입니다.

49 백(伯)을……생각 : 이 내용은 《시경》 〈소아(小雅) 정월(正月)〉에 "그 수레에 짐을 싣고 마침내 보(輔)를 버리니 네 짐을 떨어뜨리고서야 백을 청하여 나를 도우라고 하리라.〔其車旣載, 乃棄爾輔, 載輸爾載, 將伯助予.〕"라고 보이는바, 장(將)은 청함이요 백(伯)은 어떤 사람의 자이다.

돌아보건대 지금 세도와 인물이 날로 저급(低級)한 데로 떨어져서 이끌어 구원할 수 없게 된 것이 어찌 다른 이유가 있겠습니까. 폐일언(蔽一言)하면 이것은 정승들의 책임이니, 이를 생각함에 어찌 고통스럽지 않겠습니까.

아직도 기억하건대, 지난해 대감이 정승이 되신다는 말이 있음을 마침 들었기에 이것을 가지고 대감에게 말씀드렸더니, 대감은 손을 저으며 "결코 아닙니다. 저에게 10년의 세월을 빌려주어 책을 읽을 수 있게 하면 혹시라도 정승이 되는 것을 의논하게 할 수 있지만 금일은 아닙니다."라고 하셨습니다.

바로 이 한 말씀에서 대감의 견해가 유속(流俗)보다 크게 뛰어남을 볼 수 있어서 옛 도(道)를 가지고 서로 권면할 수 있기에, 이에 주자가 유공보(劉共父)에게 준 편지와 도암(陶菴 이재(李縡)) 어른이 유 문익(兪文翼 유척기(兪拓基))에게 답한 편지를 별지에 기록하여 올립니다. 부디 반복하여 완역(玩繹)해서 마음속으로 깊이 생각하여 헤아려보시면, 거의 경연(經筵)에서 문답하고 의론하는 즈음에 보탬이 있을 것입니다.

저는 노쇠하고 병이 들어 문을 걸어 잠그고 지내고 있습니다. 물러나 은둔하는 것을 분수에 달게 여겨 당세(當世)의 일에 대해서는 참여하여 듣지 않고 있으며, 게다가 제가 먼저 기부(記府 의정부의 별칭)에 문안(問安)의 말을 통하는 것은 더욱 '말하고 침묵하는 절도'가 아닙니다. 그러나 대감을 아끼고 돕고 싶은 마음이 간절해서 이런 것을 따지지 않는 것이니, 이는 또한 합하(閤下)를 위한 것이 아니요, 실로 국가를 위한 것입니다. 바라건대 저의 이러한 고심(苦心)을 또 이해해 주실 것이라 생각합니다.

이성로에게 줌

與李性老

지난번에 한 대신(大臣)이 정승에 제수되었는데, 처음 경연에서 아뢰는 거조(擧條)의 처음에 먼저 인군(人君)의 덕(德)을 권면하는 내용을 들고 다음으로 시폐(時弊)와 백성들의 고통을 들어 한 통의 글을 만들어 그 당시 요로(要路)에 있는 한 재신(宰臣)에게 보여주었습니다. 재신이 답하기를 "그 가운데 인군의 덕을 권면하는 한 조항은 진부한 말 중에 진부한 말이니, 이를 빼면 도리어 참신한 의미가 생김을 깨닫게 될 것입니다."라고 했습니다. 대신이 그 말을 듣고 그 말을 빼버렸습니다.

그 뒤에 어떤 사람이 그 대신을 보고 이르기를 "대감이 이번에 경연에서 아뢸 적에 인군의 덕을 빼놓았는데, 이는 비유컨대 상에 진수성찬이 가득한데 도리어 한 사발의 밥이 없는 것과 같습니다."하니, 이 말을 들은 자들이 사람들에게 전(傳)하며 웃었습니다. 이 일이 충분히 야사(野史)에 실을 만하고 당시의 세태를 상고할 수 있습니다.

이성로에게 답함

答李性老

악대(幄對)[50]에서 대답할 초고(草稿)를 보내주시니, 저를 외면하지 않음에 깊이 감사드립니다. 옛날 청송(聽松 성수침(成守琛))께서 《맹자》를 읽다가 '대인(大人)이라야 군주의 나쁜 마음을 바로잡을 수 있다'는 설(說)에 이르러서는 그 내용 때문에 눈물을 흘렸습니다. 지금 보내온 초고를 보니 세자 저하의 학문이 성취하는 것에 대해 반복해서 그 뜻을 다하였는데, 이것이 군주의 마음을 바로잡는 뜻에서 나온 것임을 알 수 있으니, 저로 하여금 마음속 깊이 감격하게 합니다.

그러나 다만 방망이와 손바닥의 혈흔(血痕)[51]을 만드는 수단이 너무 밋밋하여 성상의 귀를 감동시키기 어려울 듯합니다. 예로부터 상신(相臣)이 처음 자리에서 직접 아뢸 적에 상하(上下)의 사람들이 모두 주목해서 후일 재상이 이룰 사업의 고실(故實 역사적 사실)을 점쳤으니, 다만 고사(故事)만을 따라서는 안 됩니다. 더구나 이번에 아뢰는 것의 득실이 또한 국가의 체통에 관계됨에 있어서이겠습니까. 이 때문에 자못

50 악대(幄對) : 임금에게 진대할 적에 유악(帷幄)을 쳐놓고 독대(獨對)하여 긴요한 계책이나 정사에 대해 의견을 나누는 것을 이른다.

51 방망이와 손바닥의 혈흔 : 이 내용은 본래 선종(禪宗)의 용어인데, 후대에 성현(聖賢)이 사람들에게 간절하게 일러 준 가르침, 혹은 그 가르침을 사람들이 간절하게 받아들여야 함을 비유하는 말로 쓰였다. 《주자어류(朱子語類)》 권34에 "대개 성인(聖人)이 하시는 일은 예를 들면 방망이로 내려쳐서 한 가닥 혈흔이 생기게 하고 손바닥으로 때려서 혈인(血印)이 생기게 하는 바로 그런 것과 같은 것이다."라고 보인다.

마음이 불안합니다.

군자의 '출처행장(出處行藏)' 이 네 글자는 능력과 분수와 형세와 시기를 가리킵니다. 능력이 충분히 훌륭한 일을 할 수 있어도 분수상 하여서는 안 되면 하지 않고, 형세가 충분히 훌륭한 일을 할 수 있더라도 시기상 나갈 수 없으면 나가지 않습니다. 알지 못하겠습니다마는 대감은 일찍이 이 네 글자를 가지고 거취의 즈음에 생각해보신 적이 있으십니까?

대관(大官)은 일반 관료와 달라서 훌륭한 일을 할 수 없으면 그만두는 도리가 있습니다. 그러므로 진퇴가 여유로운데도 녹봉을 생각하고 지위를 보존하려고 해서 머뭇거리고 차마 떠나가지 못하여, 잘못된 전철(前轍)이 서로 이어집니다. 그러나 대감에게야 어찌 이러한 일이 있겠습니까.

혹시라도 나아가 훌륭한 일을 하여 기울어지고 위태로운 나라를 부지(扶持)하게 할 수 있어서 국가의 형세를 반석의 터전에 두신다면 진실로 더할 것이 없으나, 그렇지 못하면 떠날 만한 기회를 일찍 찾아 선영인 안산(安山)에 사는 대신(大臣)이 되는 기회를 잃어버리지 않는 것만 못합니다. 이렇게 하면 어찌 노년에 영광이 되어 세도(世道)에 중(重)함을 더하지 않겠습니까. 구구한 이 몸이 집사에게 바라는 것은 바로 여기에 있습니다.

김덕수[52] 매순 에게 답함
答金德叟 邁淳

일찍이 속으로 생각하건대, 세상에 농암(農巖) 어른을 상론(尙論)하는 자들 중에 그 진면목을 아는 자가 드무니, 만년(晩年)에 성취를 이루어 도(道)의 오묘함을 꿰뚫어 보고 그 내용을 찾아 드러내고 발휘한 것과 같은 것은, 농암이야 말로 율곡(栗谷) 이후에 유일한 분이라고 여깁니다.

율곡과 농암은 타고난 자품이 모두 고명(高明)함에 속하는데, 율곡은 생이지지(生而知之)[53]에 가까워서 무릇 이 이(理)에 대해 어렵지 않게 터득하고 쉽게 말할 수 있었습니다. 그러므로 남과 논변하는 즈음에 혹 자신의 뛰어난 점에 얽매여 남의 말을 다 받아들이지 않는 점이 있었습니다. 하지만 농암은 천분(天分)은 비록 율곡에 미치지 못하나, 박문약례(博文約禮)[54]의 공부가 지극하고 남과 자신을 아울러 비추어

52 김덕수(金德叟) : 김매순(金邁淳, 1776~1840)으로 덕수는 그의 자이고 호는 대산(臺山), 본관은 안동(安東)이다. 삼연(三淵) 김창흡(金昌翕)의 고손(高孫)이 된다. 1795년(정조19) 문과에 급제하여 예조 참판과 강화 유수 등을 역임하였는데 뛰어난 학식과 문장으로 명망이 높았다.

53 생이지지(生而知之) : 태어나면서부터 인간의 도리를 저절로 아는 것으로, 성인(聖人)만이 가능한 것이다. 《중용장구(中庸章句)》 제20장에 "혹 태어나면서부터 알고 혹 배워서 알고 혹 쉽게 알지 못하여 애를 태운 뒤에 알기도 하나 그 앎에 미쳐서는 똑같다."라고 보인다.

54 박문약례(博文約禮) : 글을 널리 배우고 예로 행실을 요약함을 말한다. 《논어》 〈안연(顔淵)〉에 "부자(夫子)께서 차근차근히 사람을 잘 이끄시어 문(文)으로써 나의

모든 논저(論著)들이 마치 금으로 만든 저울과 옥으로 만든 자처럼 털끝만큼의 착오가 없으며, 또 문장의 훌륭함이 더욱 능사(能事)를 극진하게 만들었습니다.

이것을 가지고 말한다면 사문(斯文)을 도와 옛 성인(聖人)의 학문을 잇고 후학(後學)들의 길을 열어 준 공이 적이 율곡 아래에 있지 않을 듯하고, 이런 공을 저 송나라 후대의 여러 학자에게서 찾더라도 또한 많이 보지 못할 것입니다.

보내온 찌지에 이른바 '수백 년의 장구한 세월 동안에 이 한 분이 있었다'는 것은 거의 지나친 말씀이 아닙니다. 그러나 이것은 아는 자와만 더불어 말할 수 있고, 알지 못하는 자와는 더불어 말할 수가 없습니다. 또 저와 같이 어리석고 몽매한 말학(末學)이 또한 감히 대번에 이와 같은 설을 하는 것은 우리 조선조 제현(諸賢)의 우열을 논하는 것과 같으니, 이는 지극히 참람하고 망령됨에 해당합니다. 그러므로 찌지의 글을 순수하게 그대로 쓸 수가 없어서 바꾸어 썼습니다.

지식을 넓혀주시고 예(禮)로써 나의 행실을 요약해주셨다."라고 한 안연의 말이 보이는데, 주자는 《집주》에서 "문으로써 나의 지식을 넓혀주었다는 것은 치지(致知)와 격물(格物)이요, 예로써 나의 행실을 요약해주었다는 것은 극기복례(克己復禮)이다."라는 후씨(侯氏)의 설을 인용하였다.

김덕수에게 줌

與金德叟

저는 병으로 두문불출하여 세상의 일에 접하는 경우가 드뭅니다. 그러므로 애시(哀侍)[55]의 얼굴을 한 번도 뵙지 못했으나, 돌아보건대 정의(情誼)의 돈독함과 성기(聲氣)의 익숙함이 거의 오래전부터 잘 알아온 사이와 다름이 없게 느껴집니다.

애시께서 물러나 강호(江湖)에 은거하여 경서를 연구하고 도(道)를 구함에 이르니, 구구한 이 몸은 흠모(欽慕)하는 마음이 더욱 깊어져서 일찍이 단 하루도 마음에서 떠난 적이 없습니다. 지금 애시께서 불행히 상중에 있으니, 어찌 직접 여막(廬幕)에 가서 거상(居喪)의 노고로 검고 수척해진 얼굴을 받들어 위로하고 겸하여 옛날부터 만나기를 원했던 마음을 실제로 이루고 싶지 않겠습니까. 하지만 병든 몸이 더위를 겪자 더욱 기진(氣盡)하여 몇십 리 거리의 땅도 또한 제힘으로 갈 수가 없으니, 다만 스스로 멀리 바라보고 슬피 한탄할 뿐입니다.

이어 생각하건대 근래에 사문(斯文)의 운수(運數)가 꽉 막혀서 독서하는 종자가 거의 다 끊어졌으니, 믿는바 '먹히지 않은 큰 과일'[56]로

55 애시(哀侍) : 서간(書簡)에서 주로 쓰이는 어휘로, 양친(兩親) 중 한 분이 돌아가셔서 삼년상을 치르는 상주(喪主)를 호칭하는 말이다.

56 먹히지……과일 : 《주역》 〈박괘(剝卦) 상구(上九)〉에 "큰 과일은 먹히지 않는다.〔碩果不食.〕"라고 한 구절에서 유래한 말로 소인들이 판치는 세상에서 겨우 남아 있는 군자라는 의미를 지닌다. 박괘는 아래 다섯 효가 모두 음효이고 맨 위의 효 하나만 양효인바, 이 양효 하나만 남아 양의 기운이 외로운 것처럼 보이지만 결코 끊어지지

삼을 수 있는 것은 오직 애시가 있을 뿐입니다. 회옹(晦翁 주자)께서 말씀하신 "인물이 거의 없으니, 편지 종이에 엎드려서 눈물만 더한다."는 구절을 삼가 애시를 위하여 외웁니다.

간절히 바라건대, 변고에 순응하고 슬픔을 절제해서 부모께서 남겨 주신 몸을 더욱 보살펴서 때로 준회(遵晦)[57]하시어 힘써 대업(大業)을 추구하시기 바랍니다.

않고 계속 이어진다는 뜻을 가지고 있다.

57 준회(遵晦) : '준양시회(遵養時晦)'를 줄여 쓴 것으로 현재의 상황에 순응하며 역량을 축적하여 때를 기다림을 말한다. 《시경》 〈주송(周頌) 작(酌)〉에 "아, 성대한 왕사로서 도를 따라 힘을 길러 때로 감추어 크게 밝아진 뒤에야 이에 큰 갑옷을 쓰셨도다."라고 한 데서 유래한 말이다.

김덕수에게 줌

與金德叟

근래에 어버이 모시는 체후(體候)를 천만 보중(保重)하시고 벼슬을 버리고 한가로이 거처하는 중에 옛날 익힌 책들을 다시 깊이 연구하여 날로 의취(意趣)를 새롭게 하고 계시리라 생각합니다. 세월이 흘러 가을이 깊어짐에 울타리 밑에 국화가 꽃을 피우니, 바라보고 감회가 일어남에 그리운 마음 금할 수가 없습니다. 저는 쇠약한 몸이 쌀쌀한 기운을 만나 더욱 고단해지니, 다만 하는 일 없이 해 그림자를 보며 인사(人事)를 안타까워하고 있을 뿐입니다.

훌륭하신 원고를 보여주신 것은 참으로 저를 비루하게 여기지 않으시는 것이니 대단히 감사합니다. 이(理)를 말씀한 여러 조항들은 글의 맥락이 매우 바르고 말이 간략하면서도 뜻이 통창하며 역사에 대한 의론은 간혹 혜안(慧眼)으로 남들이 보지 못한 것을 꿰뚫어 보신 것이 있었습니다. 이에 받들어 여러 번 읽고 몽매하고 막힌 소견을 개발(開發)하였으니, 공경하고 감탄하는 마음을 어찌 다하겠습니까.

이어 생각하건대 근래에는 세상과 도(道)가 서로 잃어버린 중에[58] 유학(儒學)이 먼저 실추되어 성인(聖人)의 실이 황폐해져서 온갖 괴이한 일이 함께 일어나니, 이것은 아마도 인력(人力)으로 만회할 수 있는

58 세상과……중에 : 이 내용은 《장자(莊子)》 〈선성(繕性)〉의 "세상은 도(道)를 잃고 도는 세상을 잃었으니, 세상과 도가 서로 잃어버린 것이다."라는 구절을 원용한 말이다.

것이 아닐 듯합니다. 그러나 인인 군자(仁人君子)가 또한 어찌 꽉 막힌 운수(運數) 탓이라고 핑계를 대고 그 사이에 개의치 않을 수가 있겠습니까.

고명(高明)께서는 집안이 대대로 바른 연원(淵源)이 있어 일찍부터 스스로 학문을 쌓았습니다. 이 일에 있어 이미 팔구분(八九分 열 중에 여덟이나 아홉쯤 되는 정도)의 전지(田地)를 점유하고 있는데, 한산직(閑散職)에 버려진 것은 또 하늘의 뜻이 고명을 옥(玉)으로 만들려고 하는 것이니, 세도와 인물을 근심할 때마다 고명에게 마음이 가지 않을 수가 없습니다. 이에 농암(農巖)과 도암(陶菴) 두 분 현자께서 만년(晩年)에 성취한 것을 고명 또한 성취하리라 기대한 것이 진실로 하루 이틀이 아니었습니다.

지난번 파릉(巴陵)[59]에서 밤중에 촛불을 잡고 놀던 때에 잠시 화두(話頭)로 삼아 권면하였으나 고명이 애써 거절하시니, 돌아오는 길에 낙심하여 오랜 뒤에도 여전히 마음속에 풀리지 않습니다. 저 두 분 현자가 또한 어찌 구차하게 스스로 자신을 표방하고 자랑한 분이시겠습니까.

선비가 이 세상을 살아감에 등용되면 도(道)를 행하고 등용되지 않으면 은둔하는 것이 각각 도리(道理)가 있으니, 자신이 처한 상황에 따라 스스로 하늘이 자신에게 부여(賦與)해 준 명(命)을 다하고자 할 뿐입니다.

오늘날 고명에게 기대하는 것이 어찌 문호를 세워 당세를 창도(倡

59 파릉(巴陵) : 경기도 양근(陽根)의 이칭인데, 양근은 지평(砥平)과 합쳐져 지금의 양평이 되었다.

道)하라는 것에 있겠습니까. 남몰래 덕을 닦고 실천하여 일선(一線)의 학맥을 연장하고자 하고, 또 붕우들과의 강론과 토론 및 후생(後生)들의 인도에 있어 자신의 분수와 역량에 따라 남을 이루어주는 공(功)을 폐하지 않는다면, 절로 이루어지는 공효가 있을 것입니다. 어찌 한계(限界)에 멈춤[60]이 있어서 할 수 없는 이치가 있겠습니까.

옛날 농암 어른이 집안의 화(禍)[61]때문에 스스로 폐인으로 자처하시자, 임창계(林滄溪 임영(林泳))가 편지를 보내 학문에 전념할 것을 권면하였으니, 왕복한 서찰이 각각의 문집(文集) 가운데 실려 있습니다. 이것을 볼 때마다 감격하게 되니, 친구 간에 교유하면서 서로 권면하는 것이 어찌 옛날과 지금에 차이가 있겠습니까.

괴로운 심정이 있기에 종이를 앞에 두고 저도 모르게 손 가는대로 마음을 다 털어놓았는데 고명께서 어떻게 생각하실지 모르겠습니다. 고명의 원고를 삼가 보내면서 몇 개의 찌지를 달아 저의 의견을 올렸습니다. 이는 애오라지 저를 허여해 주시는 후의(厚意)에 감사하여 올린 것이나 짐작하건대 하자가 많을 것이니, 다시 따끔한 가르침을 내려주시면 다행이겠습니다. 나머지는 이만 줄입니다.

문 도(道)가 뻗어가 조수(鳥獸)와 초목(草木)에 미치는 것은 이미 세목 밖의 방설(旁說 곁가지 설)이나.

60 한계(限界)에 멈춤 : 이 내용은 《주역》 〈간괘(艮卦) 구삼(九三)〉의 "구삼은 한계에 멈춤이다.〔艮其限.〕"에서 온 말이다.

61 집안의 화(禍) : 농암의 부친인 김수항(金壽恒)이 1689년(숙종15) 기사환국(己巳換局)으로 진도(珍島)에 유배되었다가 사사(賜死)된 사건을 말한 것이다.

답 《중용》 한 편은 오로지 도(道)를 전하기 위해서 지어졌습니다. 그러므로 맨 먼저 거론한 성(性)과 도(道)와 교(敎)[62]는 실로 천지와 만물을 통틀어 말한 것이니, 만약 사람을 위주로 하면서 물건을 통합했다고 말하면 괜찮지마는 곧바로 '제목 밖의 방설'이라고 하면 말의 병통에 해당될 듯합니다.

문 성(性)과 도(道)는 비록 같으나, 기품(氣稟)이 혹 다르다고 한 것에 대해

답 《중용》 편 머리에 맨 먼저 들은 세 마디 말씀은 도(道)의 큰 근원을 밝힌 것이니, 범위와 기상이 지극히 광대하고 준절(峻截)해서 여기에 조금의 곡절(曲折)이 있는 것도 용납하지 않습니다. 그러므로 《장구(章句)》 또한 이 뜻을 체득하여 일찍이 상세(詳細)하게 풀이하지 않았습니다.

예컨대 《장구》에 이른바 "기품이 혹 다르기 때문에 과(過)와 불급(不及)의 차이가 없지 못하다.〔氣禀或異, 故不能無過不及之差.〕"라고 한 구절에서 '고(故)' 자를 보면 하나의 꿰미로 말해 내려가서 다른 뜻이 없음을 알 수 있으니, 어찌 사람과 물건을 억지로 분별할 필요가 있겠습니까. 무릇 물건(동물과 식물)을 재성(裁成)하고 보상(輔相)하는 것[63]과 저 소의 코에 코뚜레를 하고 말의 머리에 굴레를 씌우는 것은

62 맨……교(敎) : 《중용》 수장(首章)의 "하늘이 명하신 것을 성(性)이라 이르고, 성(性)을 따름을 도(道)라 이르고, 도(道)를 품절(品節)해 놓음을 교(敎)라 이른다."라는 세 구절을 이른다.

63 재성(裁成)하고……것 : 재성은 지나친 것을 억제함을 이르고 보상은 부족한 것을 보충해 주는 것으로, 《주역》 〈태괘(泰卦) 단(彖)〉과 〈태괘 상(象)〉에 보인다.

모두 과와 불급의 사이에서 가르침을 행하는 것입니다. 그런데 저들은 눈을 높이 두고 배포를 크게 하지는 못하고 한결같이 인물의 동이(同異)에 얽매여서 가지와 잎을 더 늘리고 보태서 성현이 말씀한 뜻을 도리어 어둡게 하고 분명하지 못하게 만드니, 탄식하지 않을 수 있겠습니까.

대저 성(性)과 도(道)는 자연 상태의 인력(人力)이 범하지 않는 곳에 나아가 말하였고, 교(敎)에 이르러서야 비로소 수위(修爲 인위적으로 닦고 행하는)의 공부가 있는데, 그 기틀은 사람에게 달려 있습니다. 그러나 이것 때문에 대번에 사람을 위주로 하여 말한 것이라고 해서는 안 됩니다. 제2절에 한 '도(道)' 자를 끄집어냄에 이르러 비로소 오로지 사람을 가지고 말하였는데, 그 아래의 허다한 도리가 '떠날 수 없다〔不可離.〕'는 한 구(句) 가운데 이미 포함되어 있으니, 이것이 자세히 보기에 가장 좋은 것입니다.

문 혹자가 말하기를 "'사람의 성〔人之性〕'의 성(性)과 '성선(性善)'의 성(性)은 같지 않다."라고 한 것에 대해

답 '성선(性善)'의 성(性)은 선(善)한 쪽만을 도려내어 이(理)만을 가리켜 말한 것이니, 바로 이른바 '본연지성(本然之性)'이라는 것이요, 개와 소와 사람의 성(性)이라는 것은 분수(分殊)에 나아가 겸하여 기(氣)를 가리켜 말한 것이니, 바로 이른바 '기질지성(氣質之性)'이라는 것입니다. 성(性)이 되는 것은 비록 같으나 말한 바의 지점이 다르니, 이것을 서로 엮어 말해서는 안 될 듯합니다.

문 남당(南塘)이 "이(理)와 기(氣)는 떨어지지도 않고〔不離〕 섞이지

도 않는다.〔不雜〕"라고 말한 것에 대해

답 '불리'와 '불잡'은 주자의 〈태극도해(太極圖解)〉에 처음 나오니, 이(理)와 기(氣)가 나뉘고 합하는 묘함을 형용한 것입니다. 불리를 말하면 섞임〔雜〕이 의심스럽고, 불잡을 말하면 떨어짐〔離〕이 의심스럽습니다. 그러므로 반드시 두 가지 말이 서로 필요한 것입니다. 이는 불리에 나아가 불잡을 보고 불잡에 나아가 불리를 보고자 한 것이니, 잘라 나누어 두 가지 일로 삼을 수는 없습니다.

남당(南塘)이 "오로지 불잡을 말했다."라고 말한 것과 같은 것은 불잡이 너무 지나쳐 떨어짐에 이르고, "오로지 불리를 말했다."는 것은 불리가 너무 지나쳐 섞임에 이릅니다. 바로 말했을 때의 득실은 논할 것이 없고, 잘라 나누어 말씀한 것은 이미 선현들이 말씀한 본래의 뜻이 아닐 듯합니다.

문 치중화(致中和)에 대해 《장구》에서 "지극히 정(靜)한 가운데에 편벽되고 치우친 바가 없다.〔至靜之中, 無所偏倚.〕"라고 한 구절에 대해

답 이 단락에서 논한 것은 마땅히 앞의 설(說)을 옳은 것으로 삼아야 할 듯합니다. 지극히 정(靜)한 것은 바로 미발(未發)이니, 어찌 말할 만한 '깊고 얕음〔淺深〕'과 '정밀하고 거침〔精粗〕'이 있겠습니까. 《중용혹문》에 "극진하게 하여 그 지극한 지경에 나아가 정(靜)함에 이르면 잠시도 중(中) 아님이 없다.〔致焉而極其至, 至於靜而無一息之不中.〕"라고 하였는데, 이것을 적이 자세히 보건대 계신공구(戒愼恐懼)[64]가

64 계신공구(戒愼恐懼) : 이 내용은 《중용》 제1장에 "군자는 보지 않을 때에도 경계하고 근신하며〔戒愼〕, 들리지 않을 때에도 조심하고 두려워하는 것이다.〔恐懼〕"라고 보인다.

이미 동(動)과 정(靜)을 다 통합하고 있으니, 그렇다면 이 치(致) 자는 가리키는 것이 넓습니다.

이는 보고 듣고 응접하는 때로부터 계신공구의 공부를 지극히 해서 미발(未發)의 지극한 정(靜)의 자리에 이르기까지, 잠시도 중(中)이 아님이 없는 것이니, -일식(一息) 두 글자를 자세히 음미해보면 그 동정을 통합하여 말한 것임을 알 수 있습니다.- 이는 계신공구가 밖으로부터 요약(要約)되어 안으로 들어온 것입니다.

신독(愼獨)하는 공부로 말하면 통체(統體)의 가운데에서 또 고요하게 홀로 거처함에 한 생각이 발할 때부터 잘라내고 -한 생각이 발함은 바로 이발(已發)의 처음 상태입니다.- 더욱 정밀하게 살펴 사물을 응접하는 곳에서 어긋남이 없는 바에 이르는 것이니, 이는 계신공구를 안으로부터 미루어 밖으로 나가는 것입니다.

이와 같이 간파한 뒤에야 동과 정이 순환하여 서로 의뢰해서 간단(間斷)과 누락(漏落)됨이 없어져 계신공구가 동과 정을 관통하는 묘함을 볼 수 있을 것입니다. 뒤의 설이 문구와 어세(語勢)에 급급한 것은 말에 집착하다가 본래의 뜻을 잃음을 면치 못한 듯합니다. 그러니 이것은 바로 성문(聖門) 공부의 본령(本領)으로 그 의리가 매우 정밀하니, 만일 평소 체인(體認)하는 공부가 없고 다만 말로만 한다면, 공부가 전혀 자신과 상관이 없는 일이 될 것입니다.

김덕수에게 답함

答金德叟

강(江)을 사이에 두고 서로 바라보다가 갑자기 먼 변방으로 떠나 긴 세월 동안의 작별을 하였으니, 참으로 이른바 '구름이 날고 비가 흩어지며 동쪽으로는 물이 흐르고 서쪽으로는 산이 우뚝하다'는 것입니다. 매양 생각이 여기에 이르면 개탄하였는데, 뜻밖에 연초에 보내주신 편지를 받고 봄기운이 막 피어나는 이때에 정무(政務)를 펴고 난 뒤의 동정(動靜)이 다복하심을 알았으니, 온 마음이 매우 즐거워서 참으로 직접 만나 뵌 듯합니다.

저의 집에 불행이 닥쳐 늙은 아내가 이승을 떠났습니다. 사람이 죽고 사는 것과 모이고 흩어지는 것은 낮에 밤이 있는 것과 같으니, 그 사이에 더 오래 있고 빨리 떠남을 어찌 깊이 따질 것이 있겠습니까마는 다만 이 노년의 짧은 여생이 의지할 곳이 없어 처량하고 서글프고 신산스럽게 되었으니, 이를 스스로 감당할 수가 없습니다.

일찍이 선산(先山)에 뼈를 묻고자 하던 계책이 술사(術士)에게 방해를 받아 다른 산에 새로 도모하여 만드는 일을 면치 못하니, 비통하고 산란한 마음을 말로 다하기 어렵습니다.

변경의 관문에 봄빛이 이르니, 조정으로 돌아오실 시기가 멀지 않았음을 참으로 알겠습니다. 매우 간절하게 넋이 나간 듯 기다리고 있는데 다만 이웃에 있는 정자가 이미 타인의 소유가 되어 이전에 상의한 것이 모두 이지러진 경계(境界)의 그림의 떡으로 돌아갔습니다. 사람의 일이 미리 모의하기 어려운 것이 마침내 이와 같으니, 또한 크게 한숨을 쉴 만합니다.

김덕수에게 줌

與金德叟

보내주신 증소(橧巢)[65]의 글은 제목이 참으로 가볍지 않습니다. 이 훌륭한 저술은 체제가 간결하고 엄중하며 글의 의취(意趣)가 시원스럽고 통창합니다. 또 편 끝의 한 단락의 의론은 또 무궁무진한 의사(意思)를 포함하고 있어서 저로 하여금 여러 번 반복하여 읽고 감탄하게 하니, 그 제목에 딱 들어맞는다고 이를 만합니다.

편이 이미 원만하게 이루어졌으니, 어찌 지적할 만한 하자가 있겠습니까마는 간곡한 가르침을 거절하기 어려워 몇 곳에 찌지를 붙여 아룁니다. 그러나 이것들은 억지로 찾아낸 것이니, 어찌 채택할 만한 것이겠습니까.

이어 생각하니, 이 어른은 건저(建儲)의 큰 계책에 있어 실로 협찬(協贊)한 공이 있는데, 이를 몰각(沒却)시켜서는 안 됩니다.[66] 그러나

65 증소(橧巢) : 김신겸(金信謙, 1693~1738)으로, 증소는 그의 호이고 자는 존보(尊甫), 본관은 안동(安東), 시호는 문경(文敬)이다. 부친은 노가재(老稼齋) 김창업(金昌業)이며, 숙부인 삼연(三淵) 김창흡(金昌翕)을 사사하였다 1721년(경종1) 진사시에 합격했으나, 일체 벼슬에 나아가지 않고 강원도 영월의 산중에 들어가 산수를 즐기면서 후진 교육에 힘썼다. 저서로는 《증소집》이 있다.

66 건저(建儲)의……됩니다 : 건저의 큰 계책은 경종(景宗)의 아우인 연잉군(延礽君, 영조)을 왕세제(王世弟)로 책봉한 일을 말하는데, 건저는 왕의 후사(後嗣)를 세우는 일이다. 김신겸은 큰아버지인 영의정 김창집(金昌集)이 노론 4대신의 한 사람으로 신임사화(辛壬士禍)에 거제도로 유배될 때 연루되어 함께 유배되었는바 이를 가리켜 말한 것이다.

자취가 은미하고 일이 분명하게 드러나지 않아서 장황하게 찬양하기에는 어려움이 있으니, 몇 구절로 그 글을 은미하고 완곡하게 써서 후인들로 하여금 간단한 말 속에서 깊은 뜻을 볼 수 있도록 하는 것 또한 한 방도입니다. 고견은 어떠신지 모르겠습니다.

이자전[67] 용수 에게 답함

答李子田 龍秀

보내주신 《혼의홀기(昏儀笏記)》[68]는 대체로 《주자가례》의 글을 따랐는데, 납채(納采)[69]의 한 절목을 제거한 것은, 짐작하건대 지나친 문식이라고 여겨서인 듯합니다. 그러나 납체를 제거하고 곧바로 납폐(納幣)를 행하는 것은 점진적인 진행이 없어서 위곡(委曲)한 뜻이 부족합니다. 또 혼례를 사당에 고하는 것은 큰 예절인데 실로 납체하는 때에 이를 행하니, 《주자가례》에 문명(問名)과 납길(納吉)[70]등의 예(禮)는 제거하고 다만 납폐만을 보존한 것은 적이 이 때문인 듯합니다. 지난번 저희 집 아이의 혼례에는 하루 전에 납체를 하고 다음날 아침 납폐(納幣)[71]를 하였으며 뒤이어 친영(親迎)[72]을 행하였으니, 일의 형편이

67 이자전(李子田) : 이용수(李龍秀, 1776~?)로 자전은 그의 자이고, 본관은 연안(延安), 시호는 효간(孝簡)이다. 1809년(순조9년) 증광 문과에 급제하고 벼슬이 형조판서에 이르렀다.

68 혼의홀기(昏儀笏記) : 혼례 의식의 구체적인 순서와 절차를 기록한 책을 말한다.

69 납채(納采) : 혼례 의식 중 첫 번째 절차로, 남자 집에서 혼인을 하고자 예(禮)를 갖추어 청하면 여자 집에서 이를 받아들이는 것을 말한다. 납채 이후 실질적인 혼인의 절차가 진행된다.

70 문명(問名)과 납길(納吉) : 문명은 혼례의 두 번째 절차로, 신랑 측에서 신부 어머니의 성명을 묻는 절차이다. 이는 신부 외가 쪽의 가계나 전통을 알기 위함이다. 납길은 혼례의 세 번째 절차로, 신랑 측에서 혼인의 길흉을 점쳐 길함을 얻으면 그 결과를 신부 측에 알리는 것이다.

71 납폐(納幣) : 혼례의 네 번째 절차로 신랑 측에서 신부 측에 보내는 예물, 또는

자연 서로 제약하지 않습니다.

또 신부가 시부모에게 음식을 공양할 적에 시부모가 신부를 대접하는 예(禮)에 있어, 《주자가례》에는 술 한 잔을 내리는 예(禮)를 쓰지 않고 평상시의 음식으로 대접하게 하였습니다. 비록 이것은 참작하여 제도를 정한 것이나, 고례(古禮)에 며느리가 특돈(特豚)으로 음식을 올림은 며느리의 순종하는 뜻을 밝힌 것입니다.[73] 예(禮)의 뜻이 매우 좋기 때문에 세속에서 이른바 밥상에다가 소반을 곁들여 놓는 것으로 특돈을 대신하여 옛 제도를 남겨 보존하는 뜻을 두었습니다.

저의 집안에서는 일찍이 이처럼 행하였으나, 다만 듣자하니 이 《홀기(笏記)》는 미호(渼湖) 어른께서 요약한 것이라고 합니다. 그렇다면 반드시 여기에는 거취(去取)한 법도가 있을 것이니, 이것을 참고하여 행하면 저절로 허물이 적을 것입니다. 더구나 지금 큰 흉년을 만나서 여러 가지를 되도록 줄이는 예(禮)를 따라야 하니, 또한 때에 따라 조처하는 도(道)가 됨에 무방할 것입니다.

예물을 보내는 일을 이른다. 흔히 푸른 비단과 붉은 비단을 보냈다.

72 친영(親迎) : 혼례의 마지막 절차로 신랑이 직접 신부의 집에 가서 신부를 맞아와서 교배례(交拜禮)를 행하는 일을 말한다.

73 며느리가……것입니다 : 이 내용은 《예기》 〈혼의(昏義)〉에 보인다. 특돈(特豚)은 돼지 한 마리를 이른다.

이자전에게 답함

答李子田

장차 진휼(賑恤)이 베풀어질 것이라고 하니, 나라를 살릴 수 있는 수단을 거의 조금은 드러낼 수 있을 것입니다. 그러나 예로부터 명철(名哲)들은 내직에 있든 외직에 있든 반드시 먼저 인물(人物)을 구하는 일에 유의해서 인재(人才)를 만들고 양성하는 방법을 생각하였으니, 이것이 바로 이익과 은택이 무궁한 후세에 미치는 것입니다. 어찌 하찮은 사공(事功)과 견줄 수 있겠습니까.

그러므로 《대학》의 평천하장(平天下章)에 〈진서(秦誓)〉 한 구절을 편의 끝에 인용하였으니, 그 뜻이 깊습니다. 그러나 근세의 재상들은 진실로 이처럼 큰 도량이 없어서 이미 인재를 구하는 일에 게으르고, 말을 하면 번번이 인재에게 죄를 줍니다. 설령 혹 인재를 구하더라도 매번 너무 지나치게 책비(責備)[74]하고, 너무 까다롭게 살피는 잘못을 저지르며 심지어는 장점으로 난점을 가리지 않고 도리어 난점을 가지고 장점을 말살함에 이릅니다. 이와 같이 하는데 오히려 어떻게 일세의 인물을 거두어 취할 수 있겠습니까.

지난번 성로(性老)가 북백(北伯)에 제수되어[75] 작별할 적에 이 일을

74 책비(責備) : 훌륭한 사람에게 조그마한 잘못도 통렬하게 지적하여 완전무결하기를 요구하는 것을 말한다.

75 성로(性老)가……제수되어 : 성로는 이존수(李存秀, 1772~1829)의 자이며 북백(北伯)은 함경도 관찰사를 이른다. 이존수는 1825년(순조25) 3월 함경도 관찰사에 제수되었다.

말해 주고 인재를 아끼고 선비에게 자신을 낮추는 마음을 갖기를 요구했더니, 성로 또한 흔쾌히 승낙하고 떠났습니다. 이때 마침 대감의 편지가 왔기에 애오라지 다시 망발(妄發)을 하니, 우활(迂闊)하다고 해서 능히 비웃지 않으실 수 있겠습니까?

지금 대감이 다스리고 있는 지역은 바로 옛날의 도읍입니다.[76] 아직도 돈후하고 질박한 풍기(風氣)가 있고, 선비들 또한 능히 학문과 명검(名檢)이 귀하다는 것을 알고 있으니, 다소라도 인물을 육성함에 뜻을 둔다면 그 효험을 보는 것이 거의 다른 지방보다 쉬울 것입니다.

76 대감이……도읍입니다 : 이용수(李龍秀)가 1824년(순조24) 4월에 개성부 유수에 제수되었기 때문에 이렇게 말한 것이다.

조카 이양여[77] 인부 에게 답함
答李姪亮汝 寅溥

문 저의 집안은 7대조의 유교(遺敎) 때문에, 비록 8대조의 사당이 친(親)이 다하여 신주를 매안한 뒤이지만, 사절일(四節日)[78]의 묘제(墓祭)를 종갓집에서 주관하여 행하고 애당초 세일제(歲一祭)[79]를 행하지 않았습니다. 7대조의 사당을 장방(長房)으로 체천(遞遷)하였으나,[80] 묘제(墓祭)는 또한 유교에 따라 종가에서 주관하니, 이 때문에 아버지의 장례 전에 묘제를 행해야 할지 말지를 우러러 여쭙니다.

답 만일 별자(別子)로서 부조(不祧)[81]가 있는 집을 제외하고는, 체천한 이후에는 종(宗)이 끝나니, 종이라고 칭해서도 안 되고, 또한 그

77 이양여(李亮汝) : 이인부(李寅溥, 1777~?)로 양여는 그의 자이고 본관은 한산(韓山)이다. 1813년(순조13) 증광 문과에 급제하고 벼슬이 대사간에 이르렀다.

78 사절일(四節日) : 정단(正旦 설날), 한식(寒食), 단오(端午), 중추절(仲秋節)을 가리킨다.

79 세일제(歲一祭) : 친(親)이 다한 5대 이상의 선조에게 1년에 한 번씩 지내는 묘제(墓祭)를 이른다. 친이 다했다는 것은 조상의 제사를 받드는 대수가 다한 것을 말하는데, 천자는 6대, 나머지는 4대까지 조상의 제사를 지낸다.

80 7대조의……체천(遞遷)하였으나 : 장방(長房)은 4대 이내의 자손 중에 항렬과 나이가 가장 높은 사람을 이른다. 봉사손(奉祀孫)에게 대수(代數)가 다한 신주는 장방에게 옮겨 제사를 받들도록 하고 이 장방이 죽으면 다음 장방이 모셔 가는데, 자손 중에 4대손이 다 죽은 뒤에는 무덤 옆에 그 신주를 매안하기 때문에 이렇게 말한 것이다.

81 부조(不祧) : 나라에 큰 공이 있는 사람의 경우, 대수가 지나도 신주를 체천하지 않고 영구히 사당(祠堂)에 모시고 제사 지내는 것을 가리킨다. 불천(不遷)이라고도 한다.

제사를 주관할 수도 없네. 상주(喪主)의 집안에서는 비록 종이 끝났더라도, 예전부터 여전히 이미 체천한 선조들의 묘제를 주관하였다고 하니, 이것을 가지고 논하면 제사를 주관하는 자가 바로 주인이네. 주인이 참최상(斬衰喪)의 장례 전에 어찌 제사를 행할 수가 있겠는가. 마땅히 제사를 폐해야 할 듯하네.

그러나 친(親)이 다한 신위(神位)에게 사절일의 제향을 함께 행하고, 체천한 신위의 사당과 묘제의 신주를 달리함은 예제(禮制)를 가지고 헤아려보면 크게 어긋나네. 또 친(親)이 다한 신위에게 절일의 제향을 함께 행하는 것은, 사세(事勢)를 가지고 말하면 오래되면 더욱 미루어 계속 행해 갈 수 없는 단서가 있게 되네.

《예기》에 이르기를 "예(禮)는 전할 수 있어야 하며 이을 수 있어야 한다.〔夫禮爲可傳也, 爲可繼也.〕" 하였으니,[82] 이처럼 인정(人情)이 우세한 곳은 예(禮)로써 재단하지 않을 수가 없으니, 이것이 허물을 적게 하는 방도가 될 것이네.

그러나 상주의 집안에서는 이미 선조의 유훈(遺訓)이 있어 이것을 행한 지가 오래되었고, 또 상주가 지금 막 의지할 곳 없이 외롭게 상중(喪中)에 있어서 3년 동안 아버지의 도(道)를 고치지 않는 의리를 지켜야 하니,[83] 갑자기 이것을 변경할 것을 의논할 수 없음을 압니다. 그러

82 예기에……하였으니 : 이 내용은《예기》〈곡례 상(曲禮上)〉에 "변(弁) 땅 사람 중에 그 어머니가 죽자 어린아이처럼 엉엉 우는 자가 있었는데, 공자가 말씀하기를 '슬퍼하긴 슬퍼하나 계속하기가 어렵다. 예(禮)는 전할 수 있어야 하며 이을 수 있어야 한다. 그러므로 곡(哭)하고 용(踊)하는 것에 절도가 있는 것이다.' 하셨다."라고 보인다.

83 3년……하니 :《논어》〈학이(學而)〉에 "상대방의 아버지가 살아 있을 때에는 그의 뜻을 관찰하고 아버지가 죽었을 때에는 그의 행동을 관찰할 수 있으나 3년을 아버지의

나 이미 나의 작은 소견이 있어 숨길 수가 없기에 애로라지 사사로이 내 견해를 편 것이네.

문 토지신(土地神)에게 제사 지내는 축문(祝文)[84]에 '모관 성명 모(某官姓名)' 운운은 망인(亡人)을 가리켜서 이름을 휘(諱)하지 않은 것입니까? 아니면 상주를 가리킨 것입니까?

답 "지금 모관 성명 모를 위하여〔今爲某官姓名〕"라는 구절에 대해 《서의(書儀)》에서는 상주를 말한 것이라고 하였는데, 선배들이 이것을 이미 의심하였네. 이 구절 아래에 곧바로 "묘역을 조성하니(營建宅兆)"라는 구절로 이어지는데, 묘역은 죽은 자의 묘역이니 그렇다면 죽은 자를 가리킨 것이지 상주가 아닌 듯하네. 《서의》에서 상주라고 말한 것은 어세(語勢)가 매우 통하지 않네. 또 죽은 자를 가리킨 것이라면 마땅히 이름을 칭하지 않아야 하고 또 상주를 가리킨 것이라면 마땅히 관직을 칭하지 말아야 하니, 두 가지 모두 의심할 만한 것에 속하네.

근래 도암(陶菴)의 설을 상고해 보니, 《의례》〈사상례(士喪禮)〉에서 날을 점칠 때 거북에게 명하는 말인 "애자 모(哀子某)가 그 아버지 모관 모보(某官某甫)를 위해"라는 글을 원용해서, 토지신 아래에 놓는

도에 고침이 없어야 효라고 이를 수 있다."라고 한 공자의 말씀이 보이므로 이렇게 말한 것이다.

84 토지신(土地神)에게……축문(祝文) : 토지신은 후토신(后土神)을 가리킨다. 이 축문의 전문은 아래와 같다. "유세차 모년 모월 삭일에 아들 모관 성명 모는 감히 후토씨의 신께 밝게 고합니다. 지금 모관 성명 모를 위하여 묘역을 조성하니, 신께서는 보우해 주시고 후일의 어려움이 없게 하소서. 삼가 맑은 술과 포와 육장을 신께 올리오니 흠향하소서."

말을 “지금 고자(孤子) 모가 아버지 모관 모공(某官某公)을 위하여 묘역을 조성하니,〔今孤子某, 爲其父某官某公, 營建宅兆,〕”라고 고쳤으니, 이것이 근거할 만한 것이 되네.

조카 이양여에게 답함
答李姪亮汝

조카가 이미 과거에 급제하였으니 장차 나아가 세상에 쓰일 것이나, 돌아보건대 지금 사사로운 욕심들이 흘러 넘쳐서 세상일이 백 갈래로 나뉘었으니, 무슨 방법으로 이것을 구제한단 말인가. 이익이 앞에서 유인하고 위세가 뒤에서 두렵게 하니, 만일 뜻과 절개가 강하고 굳센 자가 아니면 자신이 지키는 지조를 상실하지 않을 자가 드물 것이네.

그러나 강함은 거저 강해지는 것이 아니고, 모름지기 책을 읽고 이치를 밝혀서 기미(幾微)를 분명하게 살피고 분별함이 있은 연후에 비로소 흔들리지 않고 두려워하지 않을 수 있게 되네. 지금 그대는 전원(田園) 사이에 은거해서 참으로 외부의 소란(騷亂)이 없으니, 이 한가하고 느긋한 세월을 취해 평소 시문(詩文)을 너무 좋아하는 마음을 거두고 경전(經傳)의 의리(義理)의 실제에 뜻을 두어 그 근본을 배양하고 그 식견을 진전시켜야 하네. 이렇게 하면 《주역》〈계사전(繫辭傳)〉에서 말한 "기물을 몸에 보관하여 때를 기다린다."는 것이 이보다 더 나은 것이 있겠는가.

또 생각하건대 우리 외갓집은 평소 유학(儒學)을 전해왔으니, 그대가 만일 벼슬길의 진퇴(進退)와 취사(取捨)에 있어 이 법문(法門 방도)을 가까이 의지해서 변치 않고 잃지 않는다면 생각이 반을 넘은 것이네.

구구한 이 몸은 그대에 대해 한갓 친척으로서의 간절함이 있을 뿐이 아니요, 적이 내 마음속에 아끼는 바가 있기에 편지를 통해 진실한 정성을 다 피력하여 제재할 줄을 모르니, 부디 참람하다고 여기지 말게.

조카 이양여에게 답함

答李姪亮汝

문 외조부모의 복(服)은 비록 소공(小功)이지만 다른 소공과 다르니, 이미 신독재(愼獨齋 김집(金集)) 선생의 의론이 있습니다. 외조부모의 장례 전에 혼례를 행하는 것은 갑자기 논의하기 어려울 듯합니다. 다만 《문해(問解)》[85]에 보이는 관례(冠禮)와 혼례(婚禮) 중에 상(喪)을 만난 경우의 조문(條文)을 상고해 보면 '소공은 복이 가벼워서 혼례를 폐하지 않는다'는 말이 있는데, 이는 바로 《예기(禮記)》 〈증자문(曾子問)〉의 주석의 설입니다. 소공의 경중(輕重)을 구분하지 않고 말하였으니, 이는 매우 의심할 만합니다.

답 '소공은 복이 가벼워서 혼례를 폐하지 않는다'는 말은, 아마도 대공(大功) 이상은 중복(重服)이고 소공 이하는 경복(輕服)이라고 하여 경중(輕重)을 크게 구분한 것에서 나온 듯하네.

대저 고례(古禮)는 상복 중에 자식의 관례를 치르고 자식의 혼인을 치르는 것에 대해 모두 아버지만을 말하고 어머니는 언급하지 않았으니, 이는 아마도 예(禮)의 뜻이, 집안에 두 높은 분이 있을 수 없어서 부인의 사복(私服)이 남편의 집안과 관계될 수 없기 때문이 아니겠는가. 그러다가 《주자가례(朱子家禮)》에 이르러 어머니까지 함께 언급

85 문해(問解) : 《의례문해(疑禮問解)》로 사계(沙溪) 김장생(金長生)이 평소 문인(門人)들의 물음에 답했던 의례(疑禮)를 정리한 책이다. 아들 김집(金集)이 《의례문해》에서 다루지 못한 주제를 보완하여 《의례문해속(疑禮問解續)》을 편찬하였다.

되었는데, 이는 바로 주자께서 참작해서 제도를 정한 것이니, 이것을 어겨서는 안 될 것이네.

또 사람의 정리(情理)를 가지고 말하면 외조부모의 소공복은 비록 외갓집 복이라고 해서 굽힌 것이나, 그 높고 또 간절함이 과연 어떠한 것인가. 지금 막 영구(靈柩)가 빈소에 있는 때에 갑자기 혼인하고 장가를 가는 길례(吉禮)를 행하는 것은 실로 정리에 편안한 바가 아니네. 설사 어머니가 살아계시지 않다고 하더라도 장례 전에 혼인하는 것은 끝내 신중하고 어렵게 여길 일에 해당되네.

민예중[86] 치병 에게 줌

與閔禮仲 致秉

시랑(侍郞) 어른은 제가 불초하다는 것을 모르시고 임종 때에 고아를 부탁해서 그 남긴 편지가 참으로 슬프고 간절하니, 편지를 펴봄에 눈물이 쏟아져 차마 두 번 볼 수가 없었습니다. 부탁받은 제가 적임자가 아님을 스스로 알지만 유명(幽明)이 이미 막혀 사양할 곳이 없습니다. 구구한 이 몸이 스스로 맹세한 것은 오직 저의 심력(心力)이 미치는 바를 다해서 후일 지하로 돌아갔을 때 보답할 계책으로 삼으려고 할 뿐이니, 필경의 이해(利害)에 이르러서는 계교(計較)할 것이 없습니다.

그러나 아이의 집안에서 집에서 떠나보내는 것을 어렵게 여겨 저의 처소로 보내고자 하지 않고 저 또한 강제로 끌고 올 방법이 없어서 이처럼 어긋나고 있으니, 제가 자신의 정성을 다 바치고자 하나 또한 어느 곳에 힘을 쓰겠습니까. 부디 홍씨(洪氏) 친구(홍직필(洪直弼))와 상의해서 의(義)로써 정(情)을 제재하는 뜻으로 잘 개도(開導)해서 저들로 하여금 속히 나루에서 배를 태워 보내게 하는 것이 어떻겠습니까.

또 아이가 비록 어리고 어리석더라도, 만일 한 푼의 분별과 판단력이 있다면 또한 어찌 아버지 말씀을 저버릴 수 없음을 모르겠습니까. 이

86 민예중(閔禮仲) : 민치병(閔致秉)으로 예중은 자로 보이고 본관은 여흥(驪興)이다. 정선 군수(旌善郡守) 등을 지냈다.

일은 마땅히 원리(元履 민치복(閔致福))와 상의해야 하는데 원리가 멀리 있어서 소식을 전할 길이 없습니다. 이에 그대를 번거롭게 하니, 부디 양찰해 주시기 바랍니다.

조카 이현재[87]에게 줌

與李姪顯在

가을의 서늘한 날씨에 어머니 모시는 몸이 평안하리라 생각되네. 여러 해 동안 얼굴을 보지 못했고, 소식 또한 소원(疏遠)하여 세상일을 함께하는 것과는 같지 않으니, 늘 서글프게 그리워할 뿐이네. 척말(戚末)[88]은 세월을 보내며 구차히 목숨을 이어와 어느덧 대상(大祥)이 끝났는데 땅을 굽어보고 하늘을 우러러봄에 의지할 곳이 없으니, 지극한 애통이 새로워지는 듯하네.

봄 무렵에 병에 걸려 40여 일 동안 사람과 귀신 사이를 오고가다가 다행히 죽지 않았으나, 정신과 형체가 모두 바뀌어 더욱 허약하고 파리해졌으니, 이번 삶은 알 수 없네. 한 세상을 헛되이 보낸 사람이 될까 두려우나 또한 다시 어쩌겠나.

그러나 병들어 폐인이 되었다고 하여 차마 갑자기 어진 이와 호걸을 생각하는 마음을 해이하게 할 수가 없고 또 지금 세상에 인물이 매우 드무니, 이에 그대의 아름다운 자질에 뜻을 쏟음이 참으로 본래 얕지 않았네. 그러나 그대가 한결같이 시골에 거처하여 함께 만날 기약이 없어 근래에 그대의 지취(志趣)가 어디에 있는지와 학업의 조예가 어떠한지를 자세히 물어 알 길이 없으니, 자못 이 때문에 답답하네.

87 이현재(李顯在) : 1779~? 자는 가회(可晦), 본관은 한산(韓山)으로 사재감 봉사(司宰監奉事) 등의 벼슬을 지냈다.

88 척말(戚末) : 성(姓)이 다른 겨레붙이를 상대하여 자신을 낮추어 이르는 말이다.

지금 세도(世道)가 쇠퇴하여 사람들이 모두 명리(名利)의 길로 치달려서 자신의 몸의 신령함이 만물보다 귀하다는 것을 아는 자가 거의 드무네. 조카는 이미 고요한 곳에서 스스로 지조를 지켜 참으로 외물(外物)과 세속의 유행에 유혹되어 마음을 빼앗김이 없으나, 어찌 한갓 이것만을 편안히 여겨 기뻐할 수 있겠는가.

율곡 선생의 말씀에 이르기를 "사람이 이 세상에 태어나서 학문이 아니면 사람이 될 수 없다.〔人生斯世, 非學問無以爲人.〕"라고 하셨으니, 율곡 선생께서 어찌 우리를 속이셨겠는가. 학문하는 방도는 다른 것이 없고, 잃어버린 마음을 거두어들이고 책을 읽어 이치를 밝혀 일상생활까지 미루어 가서 사사로운 욕심의 폐단을 제거하고 하늘이 부여한 선(善)을 가득 채우되, 눈앞의 효과를 구하여 조장(助長)하지 말고 또 어려움을 꺼려서 간단(間斷)하지 말아야 하네. 이와 같음이 숙달되어 오래되고 나면 자연히 위로 천리(天理)에 통달하는 곳에 이를 것이네.

돌아보건대 이 몸은 어릴 때부터 부형(父兄)의 말씀을 익숙히 들어서 이 학문이 사람이 되는 틀임을 대강 알고 있었네. 이에 몸을 맡겨 이 학문에 종사하고 싶은 소원이 없지 않았으나, 오직 기질(氣質)이 어둡고 나약해서 굳세게 입장을 정하지 못하였고 병을 앓고 상(喪)을 당하여 따라서 뜻이 저지되고 흩뜨려져서 지금에 이르러 멸렬(滅裂)하여 어느덧 궁려(窮廬)의 감회[89]가 있게 되었네.

89 궁려(窮廬)의 감회 : 허송세월을 한 것에 대한 비통한 감회로 궁려는 초라한 오두막을 이른다. 제갈량(諸葛亮)의 〈계자서(誡子書)〉에, "나이는 시간과 더불어 흘러가고 뜻은 세월과 더불어 떠나가 마침내 고락(枯落)해지면, 초라한 오두막에서 슬퍼하며

아! 기다리며 망설이고 꾸물거리는 사이에 세월이 나를 기다려 주지 않으니, 간절히 바라건대 그대는 나를 경계로 삼아서 제때에 미쳐 학문에 힘쓰고 바른길로 출발해서 우뚝하게 수립함이 있게 하게. 이렇게 되면 어찌 우리 당(黨)에 다행이 되지 않겠는가.

구구한 불초는 그대의 선대인(先大人)께서 잘못 관대하게 보아 주시어 외람되이 옛 도(道)로 서로 교유하였네. 그런데 불행히 선대인께서 늙기도 전에 갑자기 세상을 떠나 거문고 줄이 끊기고 칼날이 부러지니, 이 세상에 외로운 몸이 된 것을 매양 스스로 슬퍼하고 있네. 연래에 그대의 두각(頭角)이 높이 드러나는 것을 보고 나도 모르게 마음속으로 서글퍼하였으며, 또 선대인의 전형(典刑)이 남아 있음을 기뻐하였네.

속으로 다시 옛날의 우호를 이어서 선(善)으로 서로 살펴서 옛날 선대인에게 바라던 것을 가지고 끝내 그대에게 의뢰함이 있기를 바랐네. 이 회포를 잊지 못해서 한번 그대에게 펴서 알리고자 하였으나, 서로 아득히 멀리 떨어져 있어서 또한 결행하지 못하였네. 이제야 비로소 편지를 통해 나의 심정을 토로하니, 부디 이 지극한 심정을 양찰해 주기 바라네. 천만 가지는 이만 줄이고 오직 학문에 진전을 이루고 자중자애(自重自愛)하기를 바라네.

탄식한들 장차 무슨 소용이 있겠는가."라고 한 데서 나온 말이다.

김사의[90] 난순 에게 답함

答金士猗 蘭淳

대상(大祥) 뒤에 국상(國喪)을 만난 자는, 담제(禫祭)의 경우 마땅히 '시기가 지나면 제사를 지내지 않는다〔過期不祭.〕'[91]는 글을 따라 제사하지 않습니다. 또 협제(祫祭)는 늦추어 국상의 졸곡(卒哭) 뒤를 기다리되, 다만 수조(受胙)[92]하는 절차를 폐하여 변고(變故)를 보여야 하니, 신주를 개제(改題)하는 것과 체천(遞遷)하는 일 또한 마땅히 이때에 있어야 합니다. 협제를 행하지 않고 먼저 신주의 개제를 행하는 것은 예(禮)에 근거가 없습니다.

벼슬에 나아가는 것에 이르러서는 초상으로부터 담제까지 27개월로 이것이 상기(喪期)의 실제 수이니, 이것을 넘으면 정사(政事)에 종사해도 괜찮을 듯합니다. 그러나 반드시 협제를 기다리는 것은 아마도 공자께서 "한 달만 넘겼더라면 좋았을 것이다.〔踰月則其善也.〕"라고 하신 뜻[93]을 취한 듯하고 - 왕숙(王肅)은 '한 달을 사이하여 담제를 지낸다〔中月而

90 김사의(金士猗) : 김난순(金蘭淳, 1781~1851)으로 사의는 그의 자이고 호는 벽곡(碧谷), 본관은 안동(安東)이다. 1813년(순조13) 증광 문과에 장원급제하고 벼슬이 이조 판서에 이르렀다. 문장과 글씨가 모두 뛰어나 명망이 높았다.

91 시기가……않는다 : 이 내용은 《예기》 〈증자문(曾子問)〉에 "제사는 시기가 지나면 제사를 지내지 않는 것이 예이다.〔祭過時不祭, 禮也.〕"라고 보이는 공자의 말씀을 말한 것이다.

92 수조(受胙) : 제사(祭祀) 의식의 하나로, 제사를 마치고 제육(祭肉)을 나누어 받는 의식을 이르는데, 제사의 음복(飮福)을 바로 수조라고도 한다.

禫.〕'는 것은 '대상을 지내는 달 안에 지낸다〔祥月之中〕'는 의미라고 하였습니다. 그렇다면 대상에서 한 달을 넘긴다는 것은 담제의 다음 달인 것입니다.- 상주가 평상(平常)을 회복하는 절차가 모두 이때에 있기 때문이니, 길제(吉祭)를 가지고 벼슬에 나아가는 큰 한계로 삼은 것은 아닙니다. 만약 혹 사세(事勢)에 구애됨이 있어 한 달 안에서 미루고자 한다면 -예를 들면 상순(上旬)에 변고가 있어서 중순과 하순으로 늦추는 경우입니다.- 굳이 길제(吉祭) 전에 벼슬에 나아갈 것이 없습니다.

이것을 넘는 경우는 곧 오래 끄는 것에 해당합니다. 만일 승중(承重)한 자가 대상에 어머니 상(喪)을 당해 장차 어머니의 상이 끝난 뒤로 길제를 미룬다면, 그 지자(支子)들이 평상을 회복하는 절차 또한 승중하는 자의 길제를 기다려야 된단 말입니까. 이는 충분히 반우(反隅)[94] 할 수 있는 것입니다. 저의 뜻은 지촌(芝村 이희조(李喜朝))의 "담제를 지낸 다음 달에는 비록 길제를 행하지 않더라도 또한 벼슬에 나아갈 수 있다."는 의론이 따를 만한 주장일 듯하다는 것입니다.

93 공자께서……뜻 : 이 내용은 《예기》 〈단궁 상(檀弓上)〉에 "노(魯)나라 사람이 아침에 대상제를 지내고 저녁에 노래하는 자가 있었는데, 자로(子路)가 이를 비웃자 부자(夫子)가 말씀하기를 '유(由)야! 너는 남을 책망함을 끝내 그만둘 수 없느냐. 3년의 상(喪)도 이미 오래이다.'라고 하셨다. 자로가 나가자, 부자가 말씀하기를 '더 많이 할 것이 있겠는가. 한 달만 넘겼더라면 좋았을 것이다.'라고 하셨다."라고 보인다.

94 반우(反隅) : 한 가지를 알면 이를 미루어 그와 유사한 것을 유추하여 안다는 뜻으로, 《논어》 〈술이(述而)〉의 "한 귀퉁이를 들어 보여줌에 이것을 가지고 남은 세 귀퉁이를 반증하지 못하거든 다시 더 일러주지 않는다."라는 구절에서 유래하였다.

이경박[95] 광문 에게 답함

答李景博 光文

문 후사(後嗣)가 없는 사람의 상(喪)에 궤연(几筵)을 철거함은 복(服)이 다한 사람을 기준으로 삼으니, 사계(沙溪)와 우옹(尤翁)의 말씀이 진실로 정론(正論)이 됩니다. 그러나 유 문익공(兪文翼公)의 질문에 대해, 선조(先祖)께서 특별히 동춘(同春)의 "노복(奴僕)이 있으면 3년을 행할 수 있다."는 말을 들어 답하셨습니다.[96] 이 주장이 명백하게 근거할 만한 증거가 있다고 말하는 것은 아니나, 끝에 또 말씀하기를 "인정(人情)과 부합하게 되면 따르지 않을 수 없다."라고 하셨으니, 이는 아마도 또한 예(禮)는 후(厚)한 쪽을 따른다는 뜻일 듯합니다.

지금 망자부(亡子婦)의 상에 진실로 이 준례를 원용하였으나, 그래도 감히 자신할 수 없어서 어제 우러러 질문한 바가 있었습니다. 이미 궤연을 철거하는 일을 복이 다하는 날에 행하지 못하였고 지금에 이르러 추후에 철거함은 다만 차마 못하는 마음을 더한 것이요 또 이미

95 이경박(李景博) : 이광문(李光文, 1778~1838)으로 경박은 그의 자이고 호는 소하(小華), 본관은 우봉(牛峰)이며 도암(陶菴) 이재(李縡)의 증손(曾孫)이다. 1807년(순조17) 식년 문과에 급제하고 벼슬이 이조 판서에 이르렀다.

96 그러나……답하셨습니다. : 선조는 증조인 도암 이재를 이르고 유 문익공(兪文翼公)은 시호가 문익인 유척기(兪拓基)를 가리키며 동춘(同春)은 송준길(宋浚吉)의 호이다. 동춘의 이 말은 《상변통고(常變通攷)》 권19 〈상례(喪禮) 소상(小祥)〉에 "후사가 없는 사람의 상에는 곧장 궤연을 거두는데, 차마 그러지 못하고 3년에 이른다면 지나친 듯하다. 그러나 만약 3년을 행할 만한 노복(奴僕)이 있다면 행하니, 어찌 한 잣대로 논할 수 있겠는가."라고 보인다.

선조(先祖)의 말씀이 있습니다. 그렇다면 불초의 경우는 또한 선조의 의리를 따르는 것이니 무방하지 않겠습니까?

답 《예기》〈상복소기(喪服小記)〉에 "대공복(大功服)을 입는 자가 남의 상을 주관할 때, 삼년복(三年服)을 입는 자가 있을 경우에는 반드시 두 번의 제사를 지낸다." 하였는데, 주(註)에 이르기를 "3년인 자가 있다는 것은 아내와 어린 자식을 말한 것이다."라고 하였습니다.

아내와 어린 자식이 비록 상을 주관하지는 못하나, 상복 입는 기간은 3년이기 때문에 반드시 두 번 제사하는 것입니다. 노복(奴僕)의 경우는 다섯 가지 복에 나열되지 않으니, 세속에서 이른바 시자복(侍者服)이라는 것입니다. 이것은 다만 윗사람의 복을 따르는 것으로, 그 기간을 채우고 줄이며 길게 하고 짧게 하는 것을 오직 윗사람을 보니, 이것을 가지고 삼년복을 입는 자라고 말할 수 없음이 분명합니다.

또 세상에는 한 명의 노복도 없는 사대부가 없으니, 그렇다면 모든 상에 장차 3년을 할 수 없는 자가 없을 것이니, 이것이 어찌 예(禮)이겠습니까. 이는 상사(喪事)의 큰 예절에 관계되니, 사옹(沙翁)과 우암(尤庵)의 의론이 실로 예(禮)의 바름을 얻은 것이 되고, 춘옹(春翁)의 말씀은 삼가 우연히 예문(禮文)을 잘못 검사한 듯합니다.

세상에서는 이것을 따라 많이 행하니, 평소 제가 의혹이 없지 못하였습니다. 어제 대면하여 질문하셨기에 바른대로 대답하지 않을 수 없었는데, 지금 또다시 편지로 거듭 물으시니, 그 뜻이 매우 간곡합니다.

다만 그대의 자부(子婦) 상은 이미 대공복이고 삼년복을 입는 자가 없으니, 그렇다면 마땅히 9개월에 궤연을 철거했어야 했습니다. 잘못 그 시기가 지났다면 추후에라도 철거하는 것이 그래도 나중에 잘못을 보완하는 것이 됩니다. 예(禮)는 후한 쪽을 따른다는 말씀과 같은 경우는 소소하여 변통할 수 있는 절목(節目)에 대해 말할 수 있는 것이요, 큰 예절에 있어서는 이처럼 말해서는 안 될 듯합니다.

그러나 이미 노선생(老先生)께서 동춘 어른의 가르침을 따랐다면 또한 제가 감히 질정하여 대답할 수가 없는 점이 있으니 오직 헤아려서 잘 대처하여야 합니다. 스스로 돌아보건대 몽매하고 보잘것없는 자가[97] 경솔하게 여러 선정(先正)께서 의론한 사이에서 끼어들어 말하였으니, 지극히 황송합니다.

97 몽매하고……자가 : 저본에는 '몽유(蒙諛)'로 되어 있으나 문맥을 감안하여 '몽소(蒙謏)'로 보고 번역하였다.

이경박에게 답함
答李景博

해가 저물어 가는 강가에서 병을 앓으니, 문을 걸어 닫고 단교 화상(斷橋和尙)[98]이 되는 것으로 살아가는 계책을 삼고 있었는데, 뜻밖에 대감의 아우가 왕림하여 소매 안에 대감의 편지를 가져와 한겨울에 대감의 체후가 신명(神明)의 보호로 더욱 보중함을 알았으니, 구구한 이 몸은 위로되는 마음을 이루 다 말할 수가 없습니다.

다만 문정공(文正公 도암(陶菴) 이재(李縡)) 노선생의 묘표(墓表) 문자를 부탁하셨는데, 저는 노선생에 대해 실로 높은 산처럼 우러르고 큰길처럼 따라가려는 생각[99]이 있습니다. 매번 늦게 태어나서 선생이 도(道)를 강론하던 날에 물 뿌리고 청소하며 곁에서 모시지 못한 것을 한하였으니, 지금 묘표를 짓는 일에 스스로 정성을 바칠 수 있다면 어찌 감히 작은 수고로움을 꺼려서 굳이 사양하겠습니까.

글을 쓰는 자는 반드시 자신에게 보존되어 있는 것을 충분히 자신할 수 있는 뒤에 발하여 문장을 지어야만 비로소 지금 사람들을 믿게 하고

98 단교 화상(斷橋和尙) : 다리〔橋〕를 끊고 참선에 집중하는 스님을 가리키는 말이다. 우암 송시열의 8대손인 송근수(宋根洙)가 지은 《송자대전수차(宋子大全隨箚)》 권4 〈권41 서〔卷之四十一書〕〉의 단교승(斷橋僧) 주에 "옛날에 어떤 승려가 다리〔橋〕를 끊고 참선하였기에 단교 화상이라 칭하였다."라고 보인다.

99 높은……생각 : 이 내용은 높은 산과 큰길처럼 훌륭한 인품을 사모함을 말한다. 《시경》 〈소아(小雅) 거할(車舝)〉의 "높은 산처럼 우러르고 큰길처럼 따라간다.〔高山仰止, 景行行止.〕"라는 구절에서 연유하였다.

후세에 전할 수 있을 것입니다.

불초의 경우는 어려서 부형(父兄)께서 내려주신 가르침을 가슴에 새겨 이 학문이 사람들을 위한 도리가 됨을 대강 알고 있으나 행하기를 힘쓰지 못하였으니, 참으로 주부자(朱夫子)께서 말씀하신 "헛된 이름을 듣고 도(道)를 향한다."는 것입니다. 이에 실로 유속(流俗)에서 행해지는 것들에서 스스로 벗어나지 못하고 있습니다.

지금 서리 내리고 수위(水位)가 떨어지는 시절에 이르러 제 마음속을 다시 돌아보면 텅 비어 한 가지도 자신할 만한 것이 없습니다. 이런 기량(技倆)을 가지고 글을 쓰기를 자처해서 대현(大賢)의 문자를 논찬(論纂)해서 성대한 덕의 찬란함을 발휘하려는 것은 어리석음이 아니면 망령된 것입니다. 그러므로 전부터 참으로 어쩔 수 없어서 사양한 것인데도 끝내 저의 뜻을 널리 살펴주지 않으시고 이처럼 거듭 말씀하시어 더욱더 간곡한 뜻을 보이시고 있습니다.

엎드려 생각하건대 묘표 문자는 저 신도비(神道碑)나 묘지(墓誌)에 비하면 체단(體段)이 조금 가벼우니, 그렇다면 끝내 사양하여 지극한 뜻을 저버려서는 안 될 것입니다. 다만 병이 덜하기를 기다려 삼가 연보(年譜)와 행장(行狀)을 가지고 가감하여 어리석은 정성을 바치려고 하였는데, 성신이 소모되고 식견이 쇠퇴하면서 필력도 따라서 보잘것없어졌으니, 선친의 아름다움을 천명하려는 집사의 효심을 어떻게 만족시킬 수 있겠습니까. 이 때문에 근심에 잠겨 마음이 위축되고 있습니다.

천한 이 몸은 병석(病席)에 몸을 맡긴 채 도규(刀圭)[100]로 목숨을

100 도규(刀圭) : 약(藥)의 양(量)을 헤아리는 기구로, 모양이 규(圭)와 비슷하여

부지하여 다만 귀신의 일을 날마다 재촉 받고 있습니다. 다만 하늘에 맡길 뿐인데, 부끄러운 것은 도(道)를 듣지 못한 채 죽는 것입니다. 나머지는 이만 줄입니다.

이러한 이름이 붙었는데, 약물(藥物)이나 의술(醫術)을 일컫는 말로도 쓰인다.

김원박[101] 기보 에게 답함

答金元博 基普

서건학(徐乾學)의 저서 《독례통고(讀禮通考)》[102]가 늦게서야 우리나라에 들어왔기 때문에, 예학(禮學)을 전공하는 선배들이 모두 미처 보지 못했습니다. 고금의 상례(常禮)와 변례(變禮)를 거의 빠뜨리지 않아서 그 자상하고 해박함이 《통전(通典)》의 배(倍)가 될 뿐만이 아니니, 예서(禮書)의 깊은 못이요 숲이라고 할 수 있습니다.

그러나 서건학은 본래 학문이 없어서 다만 함께 거두고 아울러 모았을 뿐입니다. 비록 간간이 안설(按說 자신의 의견을 쓴 것)이 있으나, 또한 그것이 하나하나 마땅함을 얻은 것인지는 알지 못하겠습니다. 그그 참작하여 선택하는 것은 자신의 마음속 저울에 달려 있는 것이니, 그렇지 않다면 그 해박함은 다만 사람 눈을 멀게 할 뿐입니다.

그러므로 저는 일찍이 말하기를 "《예기》의 〈증자문(曾子問)〉 한 편

101 김원박(金元博) : 김기보(金基普, 1757~?)로 원박은 그의 자이고 본관은 청풍(淸風)이다. 1783년(정조7) 증광 진사시에 합격하고 전의 현감(全義縣監)을 지냈다.

102 서건학(徐乾學)의……독례통고(讀禮通考) : 서건학(1631~1694)은 자(字)가 원일(原一), 호가 건암(健菴)으로 강희제(康熙帝)에게 문재를 인정받아 《명사(明史)》 등 여러 사책의 편찬에 참여하였고 많은 저술을 남겼는데, 벼슬은 형부 상서(刑部尙書)에 이르렀다. 《독례통고》는 총 120권의 예서(禮書)로 상기(喪期), 상복(喪服), 상의절(喪儀節), 장고(葬考), 상구(喪具), 변례(變禮), 상제(喪制), 묘제(墓制)의 8가지 강(綱)을 세우고, 그 아래 여러 세목(細目)을 두었는데 특히 표(表)와 도록(圖錄)을 활용하여 역대 예제(禮制)의 이동(異同)과 상복(喪服)과 상구(喪具) 등까지 두루 해설하였다.

은, 만일 마음에 터득함이 있는 증자의 학문이 아니라면 어떻게 공자의 말씀을 이어받기를 마치 메아리처럼 똑같이 할 수 있었겠는가." 하였으니, 예(禮)를 전공하는 사람은 이것을 알지 않으면 안 됩니다.

성순지[103] 삼렬 에게 답함

答成順之 三烈

문 《상례비요》를 보면 남편이 아내에게 고하는 축문에 '남편 아무 성씨 아무개〔夫姓某〕'라고 하지 않고, 다만 '남편 아무개〔夫某〕'라고만 하니, 어찌 성(姓)은 쓰지 않고 다만 이름만 쓴단 말입니까? 듣건대 사우(士友)들의 집에서는 성과 이름을 갖추어 쓰는 경우가 많다고 하는데, 고견(高見)은 어떠하십니까?

답 《상례비요》에 쓰인 글은 빠뜨리거나 생략한 것이 아닙니다. 부인(婦人)이 타성(他姓)으로 배필이 되어 사당에 들어온 것은 어머니와 아내가 똑같으니, 만약 어머니에게 고유할 때에 이미 자신의 성(姓)을 칭하지 않았다면 아내에게 어찌 자신의 성(姓)을 칭할 수 있겠습니까. 부인은 밖에서 인연이 이루어진 사람입니다. 어머니와 아내의 성을 쓰는 것은 자신의 성(姓)과 구별하기 위한 것입니다. 남편과 아들은 제주(祭主)이니, 한 사당 안에서 달리 부르는 명칭을 용납하지 않으니, 제주의 성을 쓰지 않는 것은 통일됨을 보이는 것입니다.

103 성순지(成順之) : 성삼렬(成三烈, 1763~1831)로 순지는 그의 자이고 본관은 창녕(昌寧)이다. 《승정원일기(承政院日記)》에 유학(幼學)이라는 기록만 남아 있다. 《芸窓集 卷13 省齋成公三烈墓誌銘》

성순지에게 답함
答成順之

호서(湖西)의 여러분은, 성(性)을 논하면 사람의 성과 물건의 성이 다르다고 말하고 미발(未發)을 논하면 선악(善惡)의 종자(種子)가 있다고 말하는데, 이것을 성현(聖賢)이 말씀한 본래의 뜻과 헤아려 보면 적이 서로 유사하지 않은 듯합니다. 차이가 나는 이유를 연구해 보면, 오로지 기(氣)에 본(本)과 말(末)이 있어서 본은 같고 말은 똑같지 않음을 알지 못한 데서 연유합니다.

그러므로 매번 말이 똑같지 않은 것을 가지고 근본이 동일함을 의심해서 성(性)이라고 하고 미발이라고 말한 것이 대부분 모두 형(形)과 기를 섞어서 말하여 분수(分殊)와 일원(一原)이 서로 관통되지 못하여 성선(性善)의 뜻이 어두워지니, 탄식함을 금할 수 있겠습니까.

무릇 의리를 볼 때에는 마땅히 처음부터 이해해야 하니, 만약 먼저 안배해서 지엽(枝葉)에 얽매인다면 잘못되지 않은 경우가 드뭅니다.

백 장령[104] 경해 에게 답함

答白掌令 慶楷

쌓인 눈이 사립문을 막고 있어 만상(萬象)이 그윽합니다. 때가 이러하니 더욱 애타게 보고 싶었는데, 갑자기 좌하(座下)의 편지가 거듭 이르러 한겨울에 기거(起居)가 바르고 편안함을 알았으니, 기쁘고 위로되는 마음이 지극해서 편지를 손에서 차마 놓을 수가 없었습니다.

편지를 가득 채운 말씀을 보니, 이미 제가 지나간 시절에 도(道)를 듣지 못한 것을 안타까워하시고 어리석고 천박한 저 같은 사람에게 도움을 구하시는 것이 더욱 정성스럽고 간절하여 모두 단순한 구설(口舌)에서 나온 것이 아니었습니다. 좌하께서 사람을 대하는 것이 세속에서 겉으로만 사모하는 척하는 자들에게 비할 바가 아님을 여기에서 알 수 있었습니다. 어찌 감탄하는 마음을 이길 수 있겠습니까.

그러나 구구한 이 몸은 좌하와 사귄 지가 채 1년이 되지 않아서 교분을 나눈 것이 깊지 못합니다. 다만 단정하고 성실하여 공경할 만함을 보았고 다른 것은 알지 못하니, 제가 마음을 다해 간절히 경계를 드리고자 하더라도, 곧 파악한 것이 없어서 전일에 일러드린 것에서 다시 더할 것이 없습니다. 어찌 다만 남의 밭을 김매는 것[105]을 누려워할

104 백 장령(白掌令) : 백경해(白慶楷, 1765~1842)로 자는 성익(聖翊), 호는 수와(守窩), 본관은 수원이다. 1786년(정조10) 식년 문과에 급제하고 벼슬이 한성부 좌윤(漢城府左尹)에 이르렀다. 백경해가 1816년(순조16)에 사헌부 장령에 제수되었으므로 이렇게 칭한 것이다.

105 남의……것 : 자신의 병통은 제대로 치료하지 못하면서 남의 병통을 지적하여

뿐이겠습니까. 그러나 항상 담론을 나누던 즈음에 삼가 마음속에 은밀히 헤아려 본 것이 있습니다.

증자(曾子)가 말씀하시기를 "선비는 마음이 넓고 뜻이 굳세지 않으면 안 된다.〔士不可以不弘毅.〕"라고 하셨는데, 정자(程子)가 이것을 해석하기를 "너그럽기만 하고 굳세지 못하면 규모(規模)가 없어 서기 어렵고, 굳세기만 하고 너그럽지 못하면 좁고 비루하여 인(仁)에 처할 수가 없다."라고 하셨습니다.[106] 이것을 가지고 좌하가 마음속에 보존하고 있는 것을 찾아보면, 자신을 잡아 지키는 것에는 정고(貞固 마음이 곧고 굳음)의 상(象)이 있으나, 마음을 개척하여 넓히는 공부는 혹 부족한 바가 있는 듯합니다.

알지 못하겠습니다. 좌하께서 스스로 자신을 아는 것이 어떠십니까? 제 스스로 미치지 못하면서 간곡한 질문에 감동해서 망령되이 제 속내를 다 털어놓았으나 어찌 이치에 맞음이 있을 수 있겠습니까. 참으로 부끄럽고 죄송합니다.

저는 자주 질병에 걸려 쇠약한 몸이 더욱 손상을 당해 몸을 검속하고 책을 읽는 일을 둘 다 모두 소홀히 하니, 끝내 이와 같은 상태로 죽어 아는 사람들에게 수치를 끼칠까 우려됩니다. 만일 저를 버리지 않으신다면 때로 덕음(德音)을 주시는 은혜를 베풀어 일깨워주시기를 삼가

치료하려 함을 가리키는 말이다. 《맹자》 〈진심 하(盡心下)〉에 "사람들의 병통은 자기 밭을 버려두고 남의 밭을 김매는 데에 있으니, 남에게 요구하는 것은 중하고 스스로 책임지는 것은 가볍다."라고 보인다.

106 증자(曾子)가……하셨습니다 : 증자의 말은 《논어》 〈태백(泰伯)〉에 그대로 보이고 정자의 말은 주자의 《논어집주(論語集註)》 장하주에 보이는데, 원전에는 '규모(規模)'가 '규구(規矩)'로 되어 있다.

크게 바라는 바입니다.

만나서 이야기를 나누는 것이 쉽지 않으니, 오직 철에 따라 몸을 보중하시기를 바랍니다.

백 장령에게 답함
答白掌令

한 해가 이미 다하였습니다. 멀리서 그리워하며 애를 태우고 있다가, 보내주신 편지를 받고 한겨울에 정사(政事)를 살피는 체후가 두루 편안하심을 공손히 알았으니, 위로되는 마음이 어찌 다함이 있겠습니까. 다만 금년 농사가 크게 흉년이 들어서 백성들의 목숨이 경각에 달렸으니, 목민관(牧民官)의 처지에 어떻게 계책을 세우고 계십니까?

그러나 이것은 그래도 눈앞의 근심일 뿐입니다. 고인(古人)이 말하기를 "나라에 어진 이와 덕 있는 이가 없으면, 나라가 텅 비게 된다." 하였으니,[107] 나라가 텅 비게 되는 근심이 가장 심하게 저로 하여금 눈물을 흘리게 합니다. 현재 서울의 세실(世室)과 고가(故家)[108]의 유풍(遺風)과 여운(餘韻)이 땅을 쓸어내듯 다 사라져 버렸고, 궁벽한 향리와 멀리 떨어진 벽지의 빈한한 농가에도 또한 아무것도 있지 않습니다.

인물의 태어남이 세류(世類 문벌(門閥))와 무관하니, 장련(長連) 지방이 비록 궁벽하고 외지나 열 가구쯤 사는 작은 마을에도 혹 몸을

107 나라에……하였으니 : 이 내용은 《맹자》 〈진심 하(盡心下)〉의 "인현(仁賢)을 믿지 않으면 나라가 텅 빈다."는 구절을 말한 것으로 보인다. 신안진씨(新安陳氏)는 "인현을 나누어서 말하면 인은 인한 사람이고, 현은 덕(德)이 있는 사람이며, 합하여 말하면 인과 덕이 있는 현인(賢人)이다."라고 하였다.

108 세실(世室)과 고가(故家) : 대대로 벼슬하여 국가와 운명을 함께하는 훈구세가(勳舊世家)들을 가리킨다.

닦고 삼가며 스스로의 지조를 아끼는 사람이 있을 것이니, 이런 사람을 찾아가 만난 적이 있습니까? 좌하께서 다스리는 요체(要諦)를 깊이 알아 고을을 다스릴 적에 반드시 유학(儒學)의 교화를 먼저 행하실 것을 평소에 알고 있으니, 점차적으로 갈고 닦고 인도하여 또 몇 명의 훌륭한 선비를 이루어 내셨습니까? 편지를 통해 알려 주시는 것이 어떻겠습니까?

저는 예전처럼 궁벽하게 살고 있는데, 눈이 더욱 어두워지고 치아(齒牙)가 더욱 흔들리며 근간에는 또 귀가 울리는 증세가 더하여 나이가 노년에 이르기도 전에 피폐하고 잔약해짐이 갑자기 이와 같은 지경에 이르렀으니, 이번 인생을 마침내 알 만합니다. 나머지 이야기는 편지를 가지고 온 하인이 서둘러 간다고 하여 총총 이만 줄입니다.

남 흡곡[109] 양용 에게 답함

答南歙谷 陽龍

지난번 노원(蘆原)에 있을 적에 천 리 멀리서 소식을 부쳐 주셨는데, 종이를 가득 채운 글이 지극히 간곡하니 이 뜻을 어찌 잊을 수 있겠습니까. 저는 연래로 경향(京鄕) 각지를 전전하고 질병이 이어져서 해가 지나도록 답장이 지체되었습니다. 하늘 가 멀리서 목을 길게 빼고 기다리면서 다만 스스로 서글피 탄식하고 있었는데, 마침 종성(鍾城)의 김 참봉(金參奉)이 방문하여 근래의 동정을 알았으니, 자못 위안이 됩니다.

농사일에 힘쓰고 자식들을 가르쳐서 전인(前人)의 기업(基業)을 이어 지키는 것이야말로 참으로 말년에 해야 할 궁극의 법이 되는데, 더구나 뜨락 사이에 있는 옥수(玉樹)[110]의 지취(志趣)가 범상치 않음에 있어서이겠습니까. 동춘당(同春堂 송준길(宋浚吉)) 어른이 말씀하시기를 "인간의 만사(萬事) 중에 좋은 자손을 두는 것보다 더 좋은 것이 없다."라고 하셨으니, 삼가 좌하를 위하여 축하합니다.

109 남 흡곡(南歙谷) : 흡곡 현령(歙谷縣令)을 지낸 남양룡(南陽龍)을 칭한 것으로 본관은 의령(宜寧)이고, 함경도 종성(鍾城) 출신이다.

110 옥수(玉樹) : 훌륭한 인물이나 뛰어난 자제(子弟)를 가리키는 말로, 진(晉)나라의 명재상인 사안(謝安)이 여러 자제에게 "왜 사람들은 모두 자기의 자제가 출중하기를 바라는가?" 하고 묻자, 아무도 대답하지 못하고 있었는데, 조카 사현(謝玄)이 "이것은 마치 지란(芝蘭)과 옥수(玉樹)가 자기 집 정원에서 자라나기를 바라는 것과 같습니다." 한 데서 유래하였다. 《晉書 卷79 謝安傳》

돌아보건대 지금 현자(賢者)가 멀어져 유택(遺澤)이 인멸되니,[111] 온 세상이 영화와 명예, 녹봉과 이익의 길로 치달려서 독서하는 종자가 거의 끊어졌습니다. 근심하고 번민하는 나머지에 생각하건대, 관북(關北) 지방은 서울과 거리가 매우 멀어서 이미 영화와 이익의 유혹이 없고, 또 송암(松巖)[112]이 남긴 유풍이 거의 없어지지 않아서 반드시 이 일에 뜻을 두고 남몰래 몸을 닦고 돈독히 실행하는 선비가 있을 것입니다. 그러나 그 빛나는 음성과 용모를 접할 길이 없으니, 이를 매번 한탄하고 있습니다.

그런데 지금 듣고 보니 다른 사람이 아니라 바로 대대로 우리와 우호를 지켜온 집안에 이런 선비가 있다고 하니, 부러워하고 감탄하는 마음이 더욱 마땅히 어떻겠습니까. 그러나 이 일은 결코 그냥 그럭저럭 세월을 보내는 자가 이룰 수 있는 바가 아닙니다.

주자께서 말씀하기를 "학문을 하는 일은 마땅히 불을 끄듯이, 도망가는 자를 쫓듯이 해서 행여 따라가지 못할 듯이 하여야 하며, 마치 자신이 소유한 찬란한 보물을 남에게 빼앗기면 이를 찾아 쫓아가 잡아서 반드시 얻고자 하는 것처럼 하여야 한다."[113] 하셨으니, 이 말씀이

111 현자(賢者)가……인멸되니 : 《맹자》 〈이루 하(離婁下)〉에 "군자의 유택(遺澤)도 5세(世)면 끊긴다."라고 한 구절을 원용한 것이다.

112 송암(松巖) : 이재형(李載亨, 1665~1741)으로 송암은 그의 호이다. 자는 가회(嘉會), 본관은 전주(全州), 시호는 문간(文簡)으로 함경도 경성(鏡城)에서 태어나, 함경도 출신으로 우암 송시열의 제자가 된 학암(鶴菴) 최신(崔愼)을 사숙(私淑)하고, 1685년(숙종11) 북평사(北評事)로 부임한 농암(農巖) 김창협(金昌協)을 찾아가 수학하였다. 천거로 장악원 주부(掌樂院主簿)를 지냈다.

113 학문을……한다 : 이 내용은 《주자어류》 권121 〈훈문인(訓門人) 9〉에 보인다.

지극히 통절(痛切)해서 경계하는 마음을 유발시키기에 애오라지 외워 들려 드리니, 그 뜻이 현자를 좋아하여 도우려는 데에 있습니다. 부디 뜰을 지날 때에 저의 구구한 말을 아드님께 전달해주시는 것이 어떻겠습니까?

졸렬한 이 몸은 여러 번 상(喪)의 화(禍)를 겪어 형체만 남은 채 정신이 없어져서 참으로 해그늘을 보며 흐르는 세월을 아까워하고 있으니, 멀리서 아끼는 분을 위해 좋은 말을 할 만하지 못합니다. 천만 가지 이야기는 이만 줄입니다.

서중서[114] 서생에게 답함

答徐生重瑞

지난해 천 리 멀리서 방문해 주시니, 곡진한 감사의 마음을 오래도록 잊지 못하고 있습니다. 한 번 작별한 뒤에 산천(山川)이 아득히 멀어서 한 통의 편지로 뜻을 보이는 일을 지금까지 하지 못하였으니, 매번 스스로 부끄럽고 답답하였습니다. 그런데 뜻밖에 먼저 편지를 보내주시어 근자에 기거(起居)를 보중(保重)하고 학문을 진전시키는 일에 게으르지 않음을 알았으니, 이에 깊은 위로를 받았습니다.

저의 운명이 곤궁해서 상(喪)의 화(禍)를 혹독히 겪고 이어 질병에 걸려 정신과 지혜가 모두 사라지고 텅 빈 껍데기만이 남아 있을 뿐입니다. 근본에 돌이켜 수습하려는 생각이 없지 않으나, 거의 늙은 소에게 채찍질을 가하여도 일어나지 못하는 것과 같아서 다만 스스로 몸을 어루만지며 서글피 탄식할 뿐입니다.

편지에서 문호를 열어 제자를 받으라고 말씀하셨는데, 이는 덕(德)이 성대한 분이 하는 일이니, 나처럼 어리석고 누추한 자가 감히 받들어 들을 수 있는 것이 아닙니다. 게다가 영식(令息)을 저에게 부탁하시어 더욱 저로 하여금 부끄럽고 위축되게 하시니, 대답할 방도를 알지 못하겠습니다.

구구한 이 몸은 치아와 머리털이 비록 쇠하였으나, 되돌아보면 마음이 몽매하여 아직도 동자(童子)의 생각에서 벗어나지 못하고 있습니

114 서중서(徐重瑞) : 오희상 주변의 인물로 보이나 인적 사항은 미상이다.

다. 참으로 다른 사람의 담금질을 기다리고자 하여도 가능하지가 않으니, 이런데도 어찌 남을 가르칠 수 있겠습니까. 이 때문에 평소 스스로를 속이고 남을 속여서는 안 된다는 경계를 깊이 지켜, 일찍이 친구들 사이에서 혹 밥 한술을 남보다 일찍 떴다고 해서 외람되이 걸맞지 않은 칭호를 가하고자 하면 번번이 모두 사양하여 마침내 그만두게 하였습니다. 지금 훌륭한 가르침을 주심에도 또한 감히 대번에 바꿀 수가 없으니, 부디 용서하고 양찰해 주는 것이 어떻겠습니까?

이로 인하여 생각해보건대 근세 인가(人家)의 자제들은 부형들이 의로운 방법으로 가르치는 일이 전혀 없어서 훌륭한 사람이 되지 못합니다. 하지만 영식과 같은 경우는 바로 문정(門庭)에서 몸으로 솔선하는 가르침이 있어서 거의 법도의 가운데에 무젖었을 것이니, 문을 나가 그림자를 쫓으며 한갓 겉으로만 사모하는 것으로 돌아가는 자들과 어찌 견줄 수 있겠습니까.

오직 바라건대, 스스로 두텁게 학문을 수립하여 선대로부터 내려온 가업(家業)의 명성과 선조의 뜻이 이어지게 하십시오. 후일의 기약이 아득하니, 다만 철마다 몸을 보중하시기를 바라고 이만 줄입니다.

현 참봉 익수 에게 답함

答玄參奉[115] 翊洙

그대를 만나 식형(識荊)의 소원[116]을 만족시킬 수 있었는데, 이어 연(燕)나라와 월(越)나라처럼 서로 멀리 떨어졌습니다. 이에 목을 길게 빼고 천애(天涯) 멀리 바라보면서 다만 노쇠한 회포를 위로하고 있었는데, 초여름에 보내주신 편지가 어느 곳에선가 갑자기 전달되고 또 반복되었습니다. 놀라고 기뻐서 마치 그대의 '아름다운 얼굴〔芝宇〕'[117]을 직접 접하는 듯하였으며 더하여 편지를 가득 채운 내용이 간곡해서 저를 허여해 주시는 두터운 마음을 알 수 있었습니다.

어찌 감히 그 지극한 뜻을 잊겠습니까마는 다만 저를 칭찬한 것이 너무 지나치니, 얼굴을 붉히며 일어나 그대의 실언(失言)을 개탄하였습니다. 소식을 들은 뒤로 여름이 가을로 계절이 바뀌었는데 동정(動

115 현 참봉(玄參奉) : 현익수(玄翊洙, 1766~1827)로 호는 회당(晦堂)이며 함경도 경성에 거주하며 후학들을 양성한 구암(龜巖) 이원배(李元培)의 제자이다.

116 식형(識荊)의 소원 : 평소 흠모하던 사람을 만나보고자 하는 소원을 말한다. 이백(李白)이 한조종(韓朝宗)에게 준 편지에, "살아서 만호후(萬戶侯)에 봉해짐은 굳이 원하지 않고 다만 한 번 한 형주(韓荊州)를 면식(面識)하기를 바랄 뿐이다."라고 한 데서 온 말이다. 한 형주는 한조종으로, 그가 당시 형주장사(荊州長史)로 있었기 때문에 쓴 말이다. 《古文眞寶後集 卷2 與韓荊州書》

117 아름다운 얼굴〔芝宇〕 : 이 내용은 당나라 때 재상(宰相) 방관(房琯)이 자가 자지(紫芝)인 원덕수(元德秀)를 보면 항상 감탄하며 "자지의 눈썹을 보면〔見紫芝眉宇〕, 명리(名利)의 마음이 다 사라진다."라고 한 데서 나온 말이다. 《新唐書 卷194 元德秀列傳》

靜)이 더욱 좋으시고 덕(德)을 진전시키고 학업을 닦는 것이 날로 새로워지고 있습니까?

사람이 학문을 하는 것은 다만 하늘이 나에게 명(命)해 주신 것을 행하면서 이 가운데에서 분수를 따라 직분을 다하기 위해서인데, 후세에 학문의 허다한 병폐는 모두 이 일을 별다른 일로 보기 때문에 발생합니다. 평소 배우는 자들에게 이를 말해주어도 깊이 성찰하는 자가 있음을 보지 못했는데, 지금 편지에 쓴 한 단락의 말씀을 보니 실로 마음에 서로 부합하는 것이 있어서 저도 모르게 감탄하였습니다.

저는 금년 들어 노쇠함이 더욱 심해지고 병이 더욱 고질이 되어서 다만 해그늘을 바라보며 흐르는 세월을 아까워하고 있을 뿐입니다. 스스로 생각하건대 평소에 선(善)을 좋아하는 한 생각이 없진 않으나, 마음을 긴요(緊要)하게 쓰지 못하고 입과 귀를 따를 때가 많아 도리어 실제로 얻는 것이 적습니다.

지금 만년에 미쳐 머리를 돌려보니 망연(茫然)하여 스스로를 구제할 방법을 알지 못합니다. 추성(鄒聖 맹자)이 말씀하기를 "학문하는 길은 다른 것이 없다. 그 방심을 찾을 뿐이다.〔學問之道無他, 求其放心而已矣.〕"라고 하셨습니다. 예로부터 이 글을 봄에 이것이 우리 유가의 정법안장(正法眼藏)[118]이 됨을 모르지는 않았으나, 그래도 철저하게 체득하여 이해하지는 못했는데, 근일 병중에 이 글을 읊어봄에 이것을 본령(本領)으로 삼지 않으면 학문할 수 없다는 것을 더욱 잘 알게 되었습니다. '무타(無他)'란 글자를 놓고도 부족해서 또다시 '이이(而已)'라는

118 정법안장(正法眼藏) : 불가에서 말하는 진여(眞如)의 세계, 또는 더 이상의 경지가 없는 최고의 깨달음을 말한다. 자세한 내용은 32쪽 주15 참조.

글자를 놓아 이해를 충족시켰으니, 그 정성스럽고 간절하게 사람에게 보여준 뜻이 어찌 깊지 않습니까.

주자가 만년에 이 말을 가지고 문인(門人)들에게 신신당부한 것이 당연합니다. 좌하께서는 돈독한 식견으로 응당 이것을 묵묵히 이해하셨을 것으로 짐작되기에 애오라지 저의 어리석은 생각을 바치니, 만년의 공부에 더욱 힘을 쓰시면 이것이 저의 진실한 마음에서 나온 것임을 거의 양찰하실 수 있을 것입니다.

돌아보건대 지금 명성과 이익을 좇는 이 세계에는 유학이 끊겨서 경향(京鄕) 각지를 오르내려 보아도 또한 남아 있는 곳이 없습니다. 오직 함경도 한 도는 봉액(縫掖)[119]을 입은 선비들이 아직도 이러한 일이 있음을 아니, 어찌 명성과 이익에서 멀리 있어서 그런 것이 아니겠습니까.

예컨대 관남(關南)의 박계립(朴季立)과 관북(關北)의 남천강(南天降)[120]은 발군(拔群)의 인물들로 믿을 만하다고 이를 만합니다. 좌하가 이미 한 도(道)에 같이 사시니, 함께 우리 유학을 창도(唱導)하고 강명(講明)해서 그 맥(脈)이 실추되지 않게 해주시기를 구구한 이 몸은

119 봉액(縫掖) : 봉액(縫腋)으로도 쓰는바, 소매가 큰 홑옷으로 도포의 일종인데 옛날 공자(孔子)가 젊어서 노(魯)나라에 계실 때에 입었다 한다. 《禮記 儒行》

120 관남(關南)의……남천강(南天降) : 관남은 마천령 이남이란 말로 지금의 함경남도를 이르며 관북(關北)은 함경북도를 이른다. 박계립(朴季立)은 박명벽(朴命璧, 1773~1827)으로 계립은 그의 자이고 호는 금호(錦湖), 본관은 영해(寧海)로 오희상의 문인이다. 1813년 진사시에 합격하고, 벼슬이 사헌부 감찰에 이르렀다. 남천강은 남대임(南大任)으로 천강은 그의 자이고 호는 부암(涪菴), 본관은 의령(宜寧)이며 종성(鍾城) 사람이며 의금부 도사를 지냈다.

크게 바랍니다.

천만 가지 남은 이야기는 멀리서 보내는 편지로 다 할 수 있는 것이 아니니, 오직 덕(德)을 높이고 스스로 몸을 아끼기를 바랍니다.

허무[121] 서생에게 답함

答許生懋

문 주자가 말씀하기를 "같은 것은 이(理)이고, 같지 않은 것은 심(心)이다." 하셨으니, 이 말씀을 가지고 말하면 또 어찌 심과 성(性)이 일치한다고 말할 수 있습니까.

답 이(理)에는 본(本)과 말(末)이 없기 때문에 성(性)은 하나일 뿐이요, 기(氣)는 본과 말이 있기 때문에 마음 또한 본과 말이 있습니다. 그 본에 나아가 말하면 마음과 성이 일치되고, 그 말에 나아가 말하면 성은 같으나 마음은 똑같지 않으니, 주자께서 말씀하신 '같은 것은 이(理)이고, 같지 않은 것은 심이다.'라는 것은 바로 이것을 가리켜 말씀한 것입니다.

마땅히 말씀한 바의 그 지점을 보아야 하고 대번에 이것을 가지고 근본이 하나임을 의심해서는 안 됩니다.

문 이(理)는 함〔爲〕이 없고 기(氣)는 함〔爲〕이 있습니다. 그러므로 성은 또한 동(動)과 정(靜)이 없으나, 마음이 동하고 정할 수 있기 때문에 성과 정이라는 명칭이 정해진 것입니다. 주자가 말씀하기를

121 허무(許懋) : 1771~1835. 자는 면여(勉汝), 호는 숭하(崧下), 본관은 하양(河陽)으로 성담(性潭) 송환기(宋煥箕), 나산(蘿山) 조유선(趙有善)의 문하에서 수학하였다. 1831년(순조31)에 천거로 분교관(分敎官)에 제수되었다.《初庵集 卷13 崧下許公行狀》

"만약 이(理)에 동과 정이 없다면 기가 어떻게 동하고 정하겠는가." 하셨으니, 만약 이와 같다면 성 또한 동과 정이 있다고 말할 수 있습니까?

답 성은 동과 정이 없고 마음은 적(寂)과 감(感)[122]이 있으니, 성의 동하고 정함은 마음의 적과 감으로 인하여 나타납니다. 고요할 때는 이 성을 갖추고 있고, 감동할 때는 이 정을 행하니, 성은 날줄이 되고, 마음은 씨줄이 됩니다. 주자가 "이(理)에 동과 정이 없다면 기가 어떻게 스스로 동하고 정하겠는가."라고 말씀한 것은 근원을 미루어 말한 것입니다. 한 번 감동〔感〕하고 한 번 고요한〔寂〕 것이 바로 이 이(理)이니, 여기에서 또한 이(理)가 주재(主宰)가 되는 의사를 볼 수 있습니다.

문 근세의 성리설(性理說)은 하나가 아니어서 혹은 분수(分殊)를 고집하고 혹은 일원(一原)을 고집해서 하나로 합치되지 못하니, 적이 분비(憤悱)[123]함을 이기지 못하겠습니다.

답 지금 사람들이 성을 논할 적에 대부분 분수(分殊)의 자리에서 성

122 적(寂)과 감(感) : 적은 적연부동(寂然不動), 감은 감이수통(感而遂通)을 줄인 말로, 각각 정(靜)과 동(動)에 대응하는 성리학의 용어인데, 마음의 체(體)와 용(用)을 비유할 때에도 쓰인다. 《주역》 〈계사전 상(繫辭傳上)〉에 "역(易)은 생각이 없고 함이 없어 적연히 동하지 않다가〔寂然不動.〕 감동하여 마침내 천하의 원인에 통한다.〔感而遂通天下之故.〕"라고 보인다.

123 분비(憤悱) : 분(憤)은 마음으로 알기를 구하나 되지 못하여 애태우는 모양이고 비(悱)는 입으로 말하려 하나 제대로 표현하지 못하여 안달하는 모양으로, 《논어》 〈술이(述而)〉에 "분하지 않으면 일러주지 않고 비하지 않으면 열어주지 않는다〔不憤不啓, 不悱不發.〕"라고 보인다.

자를 보아 활간(活看)하지 못합니다. 심한 경우는 성은 다만 심을 따르고 생(生)을 따르는 것이라고 여겨 이 성을 마음 안에 국한시키고 다시는 일정한 방소(方所)와 형체도 없으며 소리와 냄새도 없는 오묘함을 구하지 않으니, 성현(聖賢)이 성을 논하신 것이 어찌 일찍이 이와 같이 편협(偏狹)하겠습니까. 분수는 기에서 나와서 비록 크고 작음과 넓고 좁음이 있으나, 성의 온전한 체(體)가 있지 않음이 없어서 일원(一原)으로 관통되니, 그 동과 정 때문에 이 두 가지의 다른 명칭이 있으나, 그 성은 동일합니다. 이것이 바로 성명(性命)의 심오한 함의(含意)이니, 거친 마음으로 구해서는 안 됩니다.

남명렬[124] 서생에게 답함

答南生命烈

기해년(己亥年 1659, 효종10) 나라의 예(禮)[125]에 우암(尤菴) 어른이 가공언(賈公彦)의 소(疏)에 보이는 사종설(四種說)의 체이부정(體而不正)[126]을 취하여 효종(孝宗)에 대한 복제를 기년(期年)으로 정했습니다. 그러나 가공언 소의 '3대가 모두 적자(適子)와 적자로 서로 계승한다〔適適相承三世.〕'는 설에 이르러서는 도리어 깊이 믿은 적이 없었습니다. 농암 어른도 일찍이 이 말을 의심하여 말씀하기를 "다만 전(傳)의 글에 '위로 정과 체가 된다.〔正體於上.〕'는 네 글자를 근거할

124 남명렬(南命烈) : 오희상 주변의 인물로 보이나 인적 사항은 미상이다.

125 기해년(己亥年)……예(禮) : 기해년은 효종(孝宗)이 승하한 해이다. 이 국상에 효종의 모후(母后)인 자의대비(慈懿大妃)가 어떠한 복(服)을 입어야 하는지에 대해 서인과 남인이 의견이 갈렸는데 송시열(宋時烈)과 송준길(宋浚吉) 등 서인 측은 기년복을 주장하고 허목(許穆)과 윤휴(尹鑴) 등 남인은 삼년복을 주장하였다.

126 사종설(四種說)의 체이부정(體而不正) : 사종설은 비록 종통을 이은 아들이라도 부모가 그를 위해 삼년복을 입지 않는 네 가지 경우를 말하고 체이부정은 친자식〔體〕이기는 하지만 적통〔正〕이 아닌 경우를 이른다. 《의례주소(儀禮註疏)》 권29 〈상복(喪服)〉의 가공언(賈公彦)의 소(疏)에 "비록 승중(承重)을 했어도, 삼년복을 입지 않는 네 가지 종류가 있다. 첫째는 정(正)·체(體)이기는 하나 전중(傳重)하지 못한 것〔正體不得傳重〕이니 적자가 폐질이 있어서 종묘를 주관할 수 없는 경우요, 둘째는 전중은 했으나 정·체가 아닌 것〔傳重非正體〕이니 서손(庶孫)이 뒤를 이은 경우요, 셋째는 체이기는 하지만 정이 아닌 것〔體而不正〕이니 서자(庶子)가 뒤를 이은 경우요, 넷째는 정이기는 하지만 체〔正而不體〕가 아닌 것이니 적손이 뒤를 이은 경우를 말한다."라고 보인다.

뿐이요, 반드시 '3대가 적자와 적자로 서로 계승한다'는 뜻이 있음을 보지 못하겠다."라고 하였습니다. 그 뒤에 제현들이 가타부타하는 즈음에 실로 서로 다른 의론을 많이 말했으나, 오직 현석(玄石 박세채(朴世采))만이 가공언 소의 말을 홀로 믿었습니다.

이는 예가(禮家)의 큰 쟁론(爭論)에 해당되고 또 저는 평소 예학(禮學)에 대한 식견이 부족하니, 비록 간곡한 하문(下問)을 받았으나, 감히 제 소견을 가지고 그 사이에서 함부로 논할 수가 없습니다.

조카 이관부[127]에게 답함
答李姪寬溥

문　증손(曾孫)이 승중(承重)[128]함에 대하여

답　증손이 승중한 경우, 증조모(曾祖母)와 조모(祖母)는 남편을 위하고 시아버지를 위함에 본래 삼년복을 입고 증손의 처는 남편을 따라 승중복(承重服)으로 삼년복을 입는데, 증손의 자모(慈母)는 승중의 의리가 이미 없으니, 마땅히 본래의 복을 입어야 할 듯하네.

사계(沙溪 김장생(金長生))께서는 《예기》 〈상복소기(喪服小記)〉의 "속종(屬從)[129]은 따르는 사람이 비록 죽고 없더라도 복을 입는다.〔屬從所從雖歿也服.〕"는 글을 근거해서 마땅히 삼년복을 입어야 한다고 하셨네. 그러나 삼가 〈상복소기〉의 글을 자세히 살펴보면 이것은 속종의 본복(本服)을 통틀어 가리켜 말한 것이지 복을 더하라고 말한 것은 아니네. 지금 만약 남편이 살아 있다면 마땅히 승중해야 하는데, 복을

127　이관부(李寬溥) : 본관은 한산(韓山)으로 오희상의 이종 4촌인 이원명(李源明)의 아들이다. 《老洲集 卷16 內舅司憲府大司憲李公墓誌銘》

128　승중(承重) : 상제(喪祭)나 종묘(宗廟)의 중한 책임을 적장(嫡長)에게 전함을 이른다. 옛날 종법(宗法)은 적서(嫡庶)의 구별이 아주 엄하여 적자(嫡子)가 죽었을 경우 다른 서자에게 종통을 전하지 않고 바로 손자에게 전하였는데, 이를 할아버지의 입장에서는 '전중(傳重)'이라 하고, 손자의 입장에서는 '승중'이라고 한다.

129　속종(屬從) : 친속 관계를 따져서 상복을 따라 입는 것으로, 따라 입는 그 사람〔所從〕이 죽어도 그대로 복을 입는다. 세 가지 종류가 있는데, 첫째는 아들이 모친을 따라 모친의 일가를 위해 복을 입는 경우이고, 둘째는 처가 남편을 따라 남편의 일가를 위해 복을 입는 경우이고, 셋째는 남편이 처를 따라 처의 일가를 위해 복을 입는 경우이다.

더한다는 것은 실로 지나치게 미룬다는 의심이 있네. 그러나 이미 선현의 정론(定論)이 있으니, 어찌 감히 내 자신의 소견을 자신하겠는가.

문 삼상(三殤)[130]의 신주(神主)를 세우는 예(禮)에 대하여

답 고례(古禮)에 상(殤)의 경우는 혼(魂)을 부르지 않고 기물을 장만하여 장례하고 우제(虞祭)를 지내고는 영좌(靈座)를 철거했는데, 정자(程子)와 주자(朱子)에 이르러 비로소 상(殤)에도 신주를 세우는 예(禮)가 있게 되었네. 이는 아마도 〈상복소기(喪服小記)〉의 "적상(適殤)은 할아버지를 따라 부식한다.〔適殤從祖祔食.〕"[131]는 글을 가지고 미룬 것인 듯하네.

만일 그대가 이 예(禮)로써 일을 행하고자 한다면 어찌 감히 그 뜻을 어기겠는가마는 나의 생각에는 불편한 단서가 허다하게 오게 될 것이니, 이는 참으로 보내온 편지에서 말한 바와 같을 것이네.

신주를 세우지 말고 형제들이 죽을 때까지, 사절일(四節日)의 묘제(墓祭)[132]와 기일(忌日)에 지방(紙牓)으로 제사를 행하는 것이, 고례의

130 삼상(三殤) : '성인(成人)이 되기 전에 요절한 자〔殤〕'를 나이에 따라 세 가지로 구분한 것을 이른다. 8세에서 11세까지를 하상(下殤), 12세에서 15세까지를 중상(中殤), 16세에서 19세까지를 장상(長殤)이라 한다.

131 적상(適殤)은……부식한다 : 《예기》 〈상복소기〉에는 이런 내용이 보이지 않는다. 다만 "서자는 일찍 죽은 자나 후사가 없는 조카의 제사를 지내지 않으니 일찍 죽은 자나 후사가 없는 자는 할아버지를 따라 부제를 받아먹는다.〔庶子不祭殤與無後者, 殤與無後者, 從祖祔食.〕"라는 구절이 있는바, 이를 가리킨 것으로 보인다.

132 사절일(四節日)의 묘제(墓祭) : 사절일은 정단(正旦), 한식(寒食), 단오(端午), 중추절(仲秋節)을 가리키고 묘제는 조상의 묘소에 직접 가서 지내는 제사를 말하는바, 사절일의 묘제는 우리나라의 고유한 풍속이다.

"상(殤)의 상(喪)은 예의 형식이 번다하지 않다.〔殤喪不縟.〕"[133]는 글과 은연중에 부합하여 문제가 되지 않을 듯하네. 그러나 이 일이 예(禮)에 없어 의(義)로써 일으킴에 해당되니, 어찌 감히 단정하여 말할 수 있겠는가.

133 상(殤)의……않다 : 이 내용은 《의례》 〈상복(喪服)〉 전(傳)의 "성인이 되지 못하고 죽은 자의 상에는 그 예의 형식이 번다하지 않다.〔喪未成人者, 其文不縟.〕"는 내용을 줄여 말한 것으로 보인다.

신상목[134] 서생에게 답함

答申生相穆

문 병자년(丙子年 1636, 인조14) 강도(江都 강화도)에서의 전란의 겁화 중에 5세조비(五世祖妣)이신 주촌공(舟村公)[135]의 부인(夫人)께서 여 참판(呂參判) 부인과 함께 화(禍)를 당하셨습니다. 염장(殮葬)할 적에 형해(形骸)를 구분할 수가 없어서 부득이 한 곳에 쌍분(雙墳)을 썼으니, 바로 양근(楊根) 땅이었습니다. 그리고 정리(情理)와 예의(禮義)에 급박하여 주촌공의 묘 왼쪽에 별도로 혼단(魂壇)을 축조하니, 이것은 예법에 없는 예를 쓴 것입니다. 이미 다른 장소에 장례하고 여기에 별도의 단을 축조하는 것은 혹 온당치 않은 것입니까? 이번에 건위(乾位 남편 주촌공의 묘)를 천장(遷葬)하는 날을 맞아 비로소 바른길로 돌아가고자 하기에 감히 이것을 우러러 여쭙니다.

답 일찍이 들으니 오 충렬공(忠烈公)[136]의 집안에서는 체백(體魄 시신)

134 신상목(申相穆) : 오희상 주변의 인물로 보이나 인적 사항은 미상이다.

135 주촌공(舟村公) : 신만(申曼, 1620~1669)으로 주촌은 그의 호이고 자는 만정(曼倩), 시호는 효의(孝義)이며 영의정 신흠(申欽)의 증손이고 우암 송시열의 문인이다. 1658년(효종9) 송시열이 효종의 부름을 받자 함께 올라가 송시열을 도왔으나 송시열이 벼슬을 사직하자 함께 낙향하였다.

136 오 충렬공(忠烈公) : 병자호란 때 삼학사(三學士) 중의 한 명인 오달제(吳達濟, 1609~1637)로 충렬은 시호이고 자는 계휘(季輝), 호는 추담(秋潭), 본관은 해주(海州)이다. 1634년(인조12) 별시 문과에 장원으로 급제하고 벼슬이 부교리(副校理)에 이르렀다. 병자호란이 일어나자 인조를 호종하여 남한산성에 들어가 청나라와의 화의를 끝까지 반대하였다. 인조가 청군에 항복하자, 청나라에서는 전쟁의 책임을 척화론자

이 돌아오지 못했다고 하여 허장(虛葬)[137]하는 것은 예(禮)가 아니라고 하여 단을 설치하고 제사를 행한다고 하니, 이는 실로 애통하고 간절한 마음에 절박하여 어쩔 수 없는 데에서 나온 것입니다. 그러나 또 이것이 과연 옳은지는 알 수가 없습니다.

귀댁에서 당한 일로 말하면, 애당초 이미 화(禍)를 함께한 다른 집안의 부녀와 한 곳에 쌍분을 쓴 것은 비록 시신을 구별할 수가 없어서 부득이하게 이렇게 조처한 것이나, 요컨대 형해를 이미 염장하여 묘가 있으니, 충렬공의 집안에서 행하는 것과는 매우 다릅니다.

묘가 있는데 또다시 단을 만드는 것은 비단 경(經)에 근거가 없을 뿐만 아니라, 넋은 땅에 묻히고 혼은 사당으로 돌아오니, 그렇다면 혼단이라는 칭호도 심히 맞지 않는 칭호인 듯합니다.

에게 돌려 이들의 신병을 요구하니, 윤집(尹集)과 함께 자진하여 나서서, 평양에서 회군하는 청군에게 잡힌 홍익한(洪翼漢)과 함께 심양(瀋陽)에 끌려갔다. 이들은 청나라의 회유와 협박에 굴하지 않고 척화의 대의를 끝까지 주장하다가 모두 심양 성 서문(西門) 밖에서 처형당하였다.

137 허장(虛葬) : 시신이 없는 경우에 망자의 옷가지나 유품으로 장례를 치르는 것 또는 그 장례를 이르는 말이다.

함진태[138] 서생에게 줌

與咸生鎭泰

보여주신 예서(禮書)는 고금의 예(禮)를 망라하여 빠뜨린 것이 없으며 해박하고 자세하고 치밀하니, 예가(禮家)의 대전(大全)이라고 이를 만합니다. 어찌 서건학(徐乾學)의 《독례통고(讀禮通考)》에 많이 뒤지겠습니까. 다만 이 몸은 평소 예학(禮學)에 조예가 없고 게다가 근년에 노쇠함과 질병으로 정신이 온전하지 못합니다. 비록 철저하게 다 살펴보지는 못했으나, 뛰어난 학자의 고심(苦心)을 오히려 심상(尋常)하게 펴보는 즈음에서 알 수 있었으니, 깊이 감탄하고 숭상합니다.

그러나 주자가 말씀하기를 "예는 때가 중요하니, 성인(聖人)이 나오시면 반드시 장차 지금의 예를 가지고 그 중도(中道)를 재량하고 참작할 것이요, 굳이 다시 고인(古人)들의 번거로운 예를 취하여 지금에 시행하지는 않을 것이다. 고례(古禮)가 이와 같이 자질구레하고 번잡하니, 이제 어찌 이것을 행할 수 있겠는가. 또한 우선 시대에 따라 재량하여 줄일 뿐이다."라고 하셨습니다.

삼가 이 말씀을 자세히 살펴보면 주자 또한 고례를 하나하나 인습(因襲)할 수 없음을 아신 것이니, 이것이 《가례(家禮)》를 지으신 이유입니다. 후세에 예를 공부하는 자들은 마땅히 한결같이 《가례》를 위주로 하고 고례를 참작해서 옛날의 대의(大義)를 잃지 말아야 할 뿐입니다.

지금 보내주신 책을 보니 그대의 의사(意思)가 옛것을 좋아함에 치

138 함진태(咸鎭泰) : 오희상 주변의 인물로 보이나 인적 사항은 미상이다.

우쳐서 득실을 논변(論辨)하는 즈음에 때로 억지로 끌어 맞추고 조리가 없어 반쯤 올라가다가 아래로 떨어지는 병통을 면치 못했습니다. 이에 그 흐름이 재능을 과시하고 해박함을 다투어 글을 자신의 지혜를 써서 마음대로 해석함으로 돌아가기가 쉬우니, 이는 경계할 만한 일입니다.

스스로의 소견이 있는데 서로 외면할 수 없어서 이처럼 속내를 다 털어놓으니 고견은 어떠신지 모르겠습니다.

춘방의 상번과 하번 문학 한용의, 사서 이익회 에게 줌[139]

與春坊上下番 文學韓用儀, 司書李翊會

지난번의 서연(書筵)에서 삼가 하루의 책임을 바치고자 하여, 망령되고 외람됨을 헤아리지 않고 책을 펴놓고 진강(進講)하면서 대략 아뢴 내용이 있었습니다. 그런데 물러날 때 빈객(賓客)[140]이 저를 돌아보고 이르기를 "세자 저하께서 지금 막 어린 나이이시니 글의 뜻에 대해 아뢸 적당한 시기가 아닙니다. 어찌 잘 새겨들을 수 있겠습니까."라고 하였습니다. 이에 제가 대답하기를 "만일 세자 저하께서 잘 새겨들을 때를 기다리고자 한다면 반드시 막고 받아들이지 않는 근심이 있게 될 것입니다. 그러므로 양정(養正)[141]의 방도는 이를수록 좋습니다. 더구나 세자 저하의 연치(年齒)가 이미 스스로 식사할 줄 알고 스스로 말을 할 수 있을 때를 넘었으니, 또한 늦었다고 할 수 있습니다. 이러한

139 춘방(春坊)의……줌 : 춘방은 세자시강원(世子侍講院)의 별칭이다. 상번(上番)과 하번(下番)은 서연(書筵)에 두 명의 관원이 한 조를 이루어 진강(進講)할 때 직급이 높은 자를 상번, 직급이 낮은 자를 하번이라고 부른다. 한용의(韓用儀, 1772~?)는 자는 백우(伯羽), 본관은 청주(淸州)로 1801년(순조1) 증광 문과에 급제하고 벼슬이 병조 참지(兵曹參知)에 이르렀다. 이익회(李翊會, 1767~1843)는 자는 좌보(左甫), 호는 고동(古東), 본관은 전의(全義)로 1811년(순조11) 정시 문과에 급제하고 벼슬이 한성부 판윤에 이르렀다.

140 빈객(賓客) : 세자시강원 소속의 정2품 관직으로, 좌・우빈객 각 1인이 있으며 겸관(兼官)이었다.

141 양정(養正) : 어렸을 때 바름을 기른다는 말이다. 《주역》〈몽괘(蒙卦) 단(彖)〉에 "어릴 때에 바름을 길러줌〔蒙以養正〕은 성인(聖人)이 되는 공부이다."라고 보인다.

때에 미리 먼저 하는 방법을 쓰지 않고 다시 어느 때를 기다린단 말입니까?"라고 하였습니다.

이로 인하여 생각해보니, 정숙자(程叔子 정이(程頤))께서 태왕태후(太皇太后)에게 올린 글에 이르기를

"고인들은 자식을 낳아, 스스로 식사할 줄 알고 스스로 말을 할 수 있으면 소학(小學)의 법도로써 가르쳐서 미리 하는 것을 우선으로 삼았습니다. 사람이 어릴 때에는 지식과 사고에 아직 주관(主觀)이 없으니, 바로 마땅히 격언(格言)과 지론(至論)으로 날마다 앞에서 말해 주어야 합니다. 비록 그 말들을 깨우쳐 알지 못하더라도 우선 훈도하고 계속 말하여[142] 귀에 차고 뱃속에 가득하게 하여야 합니다. 오랫동안 이렇게 하면 자연히 편안하고 익숙해져서 마치 원래부터 그랬던 것처럼 될 것이니, 비록 아무리 다른 말로 유혹하더라도 이 말들이 능히 들어가지 못할 것입니다. 만약 가르치기를 미리하지 않았다가 점점 장성함에 이르러 사사로운 뜻에 편벽되게 좋아하는 것이 안에서 생기고 여러 사람들의 변론하는 말이 밖에서 침식하면, 순수하고 완전하기를 바라나, 될 수 없을 것입니다. 그러므로 급선무로 여길 바는 미리 가르치는 데 있으니, 어찌 가르치는 데 너무 이르다는 것이 있겠습니까."

라고 하였습니다.

예로부터 세자의 보도(輔導)를 논한 것이 어찌 한(限)이 있겠습니까마는, 정자의 이 말씀처럼 깊고 간절하고 명쾌해서 후세의 법도가 될

142 훈도하고……말하여 : 저본에는 '훈활(薰聒)'로 되어 있으나 《근사록》에 의거하여 '훈괄(薰聒)'로 고쳐 번역하였다.

만한 것이 있지 않으니, 빈객의 말은 아마도 이 말을 상고하지 못한 잘못에서 나온 듯합니다. 삼가 이것을 아침저녁으로 받들어 보필하는 자리에 있는 분들에게 외워서 들려드리니, 부디 제공들은 자세히 연구해 보시기 바랍니다.

노주집

제10권

書서

홍백응 직필[1] 에게 답함

答洪伯應 直弼

편지에서 말씀하신 연평(延平)[2]의 지결(旨訣)은 삼가 선형(先兄 오윤상(吳允常))에게서 전수받은 바가 있는데, 평소 이 노인의 학문의 올바른 법도를 가장 사모하였습니다. 돌아보건대 저는 타고난 자질이 어둡고 약하고 조급하고 경망해서 능히 단 하루의 공력을 쓰지 못하고 다만 이 글을 얻어 보고 사랑하고 좋아할 뿐이었는데, 어느덧 이미 노년의 나이가 되어 한갓 궁벽한 오두막에서 지내는 감회[3]가 절실할 뿐이니, 어찌하겠습니까.

이 노인의 견해가 지극히 고명하고 깨끗합니다. 또 착수하여 공력을 쏟은 것으로 말하면 오로지 일상생활에 나아가 병통의 뿌리를 추구(推

1 홍백응(洪伯應) 직필(直弼) : 백응은 홍직필(1776~1852)의 자로, 호는 매산(梅山), 본관은 남양(南陽)이다. 오희상과 오랫동안 교유하였다.

2 연평(延平) : 송나라 문인인 이통(李侗, 1093~1163)의 호로, 자는 원중(愿中)이고 검남(劍南) 사람이다. 정호(程顥)·정이(程頤)의 학문이 주자(朱子)에게 이어지는 교량적 역할을 하였다. 이통은 특히 미발함양(未發涵養) 공부를 주장하고 미발 시의 기상을 체인할 것을 강조하였는데, 주자는 이 공부가 허무(虛無)하고 고원(高遠)한 데 빠질 위험이 있다고 하였고, 오희상과 홍직필은 주자의 견해를 극구 칭송하였다.

3 궁벽한……감회 : 노년이 되어 젊었을 때 부지런히 학문에 힘쓰지 않은 것을 후회하며 슬피 탄식하는 것을 이르는바, 촉한(蜀漢)의 승상 제갈량(諸葛亮)이 자식들을 경계하여 지은 글에 "나이가 시절과 함께 더해지고 의지가 세월과 함께 사라져 마침내 쇠락하고 시들어지게 되면, 궁벽한 오두막에서 슬피 탄식한들 장차 무슨 소용이 있겠는가.〔悲歎窮廬, 將復何及?〕"라고 한 데서 온 말이다. 《小學 嘉言》

究)해서 마음을 함양하고 병통을 제거했으므로 명백하고 단적(端的)하며 활발하고도 진실해서 편견(偏見)에 빠지지 않았음을 볼 수 있습니다. 이 때문에 주부자(朱夫子)의 문로(門路)을 빛나게 열어놓을 수 있었으니, 이것을 또 알지 않으면 안 됩니다.

두 통의 편지는 삼가 잘 받았습니다. 이 일은 다만 한 번 웃을 거리를 제공할 뿐인데, 저 사람이 없는 가운데에서 일을 만들어낸 것이 이처럼 극심한 지경에 이른 것은 참으로 그 이유를 알 수 없습니다. 그러나 저 사람은 굳이 나무랄 것이 못 되지만, 이미 유자(儒者)의 이름이 있으면서 이런 낭패를 만들었으니, 한 마디로 단정하면 "이것은 우리 당(黨)의 불행이다."라고 하겠습니다. 지금부터 유속(流俗)들이 유자(儒者)를 싫어하고 박하게 여기는 것이 반드시 전일(前日)보다 배나 더 심할 것이니, 이것은 참으로 작은 변고가 아닙니다. 이러한 때에 좌하(座下) 같은 분은 나이가 젊고 뜻이 한창 예리하니, 담당하여 분발해서 드높게 성취하여 유가(儒家)의 한 맥을 붙들어 사람들로 하여금 의뢰(依賴)할 바가 있게 하는 것이 구구한 저의 바람입니다.

홍백응에게 줌
與洪伯應

요즈음 추운 겨울에 어버이 모시며 지내는 몸이 진중하고 진중합니까? 한 해가 저물었습니다. 짐작하건대 삼여(三餘)의 훌륭한 공부[4]가 많은 성취가 있었을 것인데, 어찌하여 한두 가지의 실마리라도 보여주어 몽매한 저를 경계하지 않습니까?

저는 오랜 병으로 산송장처럼 지낸 탓에 많은 인연이 모두 끊어져 공허하고, 오직 자나 깨나 어진 이와 호걸(豪傑)에 대한 생각이 없애고자 하여도 없앨 수가 없는데, 세상을 돌아봄에 마음 맞는 이가 별로 없습니다. 그렇다면 일찍이 어진 그대와 자강(子岡)[5] 같은 분에게 마음이 달려가지 않을 수가 없으나, 두 분이 각각 마치 세상을 꺼리고 두려워하는 바가 있는 것처럼 두문(杜門)하고 칩거하여 멀리 떨어져 만나기 어려움이 마침내 이와 같으니, 이 또한 도덕이 쇠퇴한 세상의 일입니다.

매번 옛사람이 붕우 간의 교우에 뜨거운 마음과 생동하는 뜻이 있었던 것을 생각해보면 저도 모르게 개연히 감탄이 일어나지만, 돌아보건대 노쇠한 저의 남은 생이 너무 짧아 같은 세상에서 살고 있는 현사(賢

4 삼여(三餘)의……공부 : 학문하기에 좋은 세 가지 여가(餘暇)로, 해의 여가〔歲之餘〕인 겨울, 하루의 여가〔日之餘〕인 밤, 계절의 여가〔時之餘〕인 장마철을 이르는데, 여기서는 겨울에 하는 공부를 가리킨다. 《三國志 魏書 卷13 王肅 註》

5 자강(子岡) : 홍직필과 친분이 두텁고 오희상에게 수학한 이봉수(李鳳秀, 1778~1852)의 자로, 호는 대은(大隱), 본관은 연안(延安)이다.

者)에게 바람이 없을 수 없으니, 서로 버리지 않았으면 합니다. 다만 저에게는 이미 서로 견주어 도움을 줄 수 있는 것이 없으니, 저를 만족스럽게 여기지 않을까 두렵습니다. 어찌하겠습니까. 병중에 회포가 있어 애오라지 이렇게 답장을 썼습니다. 나머지는 이만 줄입니다.

홍백응에게 답함
答洪伯應

문 첩의 아들의 아들은 자기 조모(祖母)를 위해서 승중(承重)할 만한 것이 없습니다. 그렇다면 아버지가 비록 죽었으나, 다만 기년복(期年服)을 입고 신주 쓰는 것은 마땅히 '망조모(亡祖母)'라고 칭해야 합니다. 그런데 이미 방친(傍親 방계(傍系)의 친족)이 아니면 방제(傍題)[6]를 해서는 안 되는 의리가 없으니, '효(孝)'자는 가하지 않고 다만 '손(孫) 아무개'라고 하는 것이 어떨지 모르겠습니다. 제사를 받들어 모시는 대수(代數)의 경우 마땅히 《경국대전(經國大典)》의 "서인(庶人)은 고비(考妣)를 제사한다."는 글을 따라 손자에 이르러 그 신주를 매안(埋安)하는 것입니까? 아니면 마땅히 정자(程子)의 "비록 서인이더라도 반드시 고조(高祖)를 제사해야 한다."라는 가르침에 따라 제사를 현손에서 그쳐야 합니까?

이미 아버지의 사당과 할아버지의 사당을 받들 수 없어 세대(世代)를 전하는 것으로 논할 수가 없으니, 정(情)에 차마 하지 못하는 바가 있으면 손자가 오히려 봉사(奉祀)할 수 있다는 것에 대해서는 천옹(泉翁)[7]의 설이 정밀한 뜻을 갖춘 듯합니다. 다만 참조할 만한 것이 없으

6 방제(傍題) : 신주(神主)의 아래 왼쪽에 제사를 받드는 사람의 이름을 쓰는 것을 말한다.

7 천옹(泉翁) : 이재(李縡, 1680~1746)로, 호가 한천(寒泉)이기 때문에 이렇게 높인 것이다. 이재는 자가 희경(熙卿), 또 다른 호는 도암(陶菴), 본관은 우봉(牛峰), 시호는 문정(文正)이다.

니, 이것이 따르기 어려운 점입니다. 한 가지 근거를 얻어 증거로 삼아도 충분할 것입니다.

《예기》〈상복소기(喪服小記)〉에 "첩모(妾母)는 대대로 제사하지 않는다."라고 하였으니, 이것이 아들만 제사하고 손자는 제사하지 않는 증거가 됩니다. 그러나 이 예는 아마도 첩모로서 자식이 없는 자가 적자에게 제사 받는 것을 말한 것이고, "대대로 제사하지 않는다."는 글은 또 윗글의 "첩은 첩조고(妾祖姑)에게 부(祔)한다."는 글과 서로 어긋날 듯합니다. 한 편 가운데에서 위와 아래의 대처가 모두 곤란하니, 어떻게 보아야 각각 의리에 맞겠습니까?

답 첩의 아들의 아들이 그 조모를 위해서 아버지가 비록 죽었더라도 복(服)은 기년복을 입고 신주를 쓸 때에는 '망조모(亡祖母)'라 칭하며, 방제에는 다만 '손(孫) 아무개'라고 칭하는 것은 모두 선배들의 의논이 있으니, 진실로 의심할 만한 것이 없으나, 봉사(奉祀)하는 대수(代數)에 대해서는 참으로 말하기가 어렵습니다. 〈상복소기〉의 "첩모(妾母)는 대대로 제사하지 않는다."라는 것이 올바른 뜻이 될 듯합니다. 그러나 윗글의 "첩을 첩조고에게 부한다."라는 글과 서로 모순되므로 남당(南塘 한원진(韓元震))이 첩모가 아들이 없어서 적자에게 제사를 받는 것[8]으로 해당시켰으니, 얼핏 보면 이 말씀이 비록 통할 수 있으나 끝내 한 가지 의심이 있습니다.

만약 이것을 가지고 첩모(妾母)를 대대로 제사하는 증거로 삼는다면 이른바 "한 대(代)의 중간을 띄워 부(祔)해서 첩고조고(妾高祖姑)에게

8 첩모(妾母)가……것 : 이 내용은 《예기》〈상복소기(喪服小記)〉의 "첩은 첩조고에게 부(祔)한다.〔妾祔於妾祖姑〕"라는 내용에 대한 한원진의 견해에 보인다. 《南塘集 卷25 家禮源流疑錄》

부(祔)한다."는 것은 또한 마땅히 사당이 있어야 하는 것인데, 이미 세대(世代)를 전하는 의리가 없으면 길게 늘려 여기에 이르러서는 결코 안 됩니다. 저의 생각에 공영달(孔穎達)의 소(疏)에 이른바 "마땅히 단(壇)을 만들고 부(祔)한다."는 것은 소의 내용이라고 해서 버려서는 안 될 듯합니다. 조고와 고조고를 막론하고 이미 대대로 제사하지 않는다면 두 사람이 모두 사당이 없으니, 마땅히 전부 단(壇)을 만들고 부(祔)해야 할 것입니다. 이와 같이 보면 한 편에서 위와 아래의 글 뜻이 거의 서로 해설이 될 수 있어서 어긋남이 없을 것입니다.

그러나 주자(朱子)가 이에 대해 일찍이 의심하고 결정하지 못하셨으니, 저 또한 어찌 감히 질언(質言)을 하겠습니까. 《경국대전》에서 말한 것의 경우 근세 사대부의 집에서 이미 《경국대전》의 "삼대만 제사한다."라는 법제(法制)를 따르지 않고 정자(程子)의 "반드시 고조(高祖)를 제사한다."라는 가르침을 원용해서 4대를 제사하니, 이제 어찌 유독 첩의 아들에게만 《경국대전》을 강하게 고집하여 그로 하여금 매안하게 할 수 있겠습니까.

손자에 대해서 오히려 봉사(奉祀)할 수 있다는 천옹(泉翁 이재(李縡))의 의논은 아마도 의(義)로 일으킨 예(禮)[9]인 듯합니다. 주자가 "대대로 제사하라."고 했는지의 여부에 대해서는 알 수 없으나, 만약 제사하게 되면 '조모(祖母)'라고 칭하고 자기를 '손(孫)'이라고 칭한다는 가르침을 참작해서 서로 연관 지어 말해야 할 듯합니다. 이 한 가지 근거를 가지고 행한다면 허물이 거의 적어질 것입니다.

9 의(義)로……예(禮) : 선왕이 지은 예문(禮文)에 없더라도 당시의 의리에 합당한가를 따져 새로 만든 예를 이른다. 《禮記 禮運》

홍백응에게 답함
答洪伯應

마침 조현(潮眩)[10]을 앓아 베개를 베고 번민하였는데, 손수 쓰신 편지가 갑자기 이때 이르러 반복하여 보노라니, 저도 모르게 마음과 눈이 모두 생기(生氣)를 회복하였습니다. 다만 색우(色憂)[11] 때문에 오랫동안 띠를 풀지 못하였다고 하시니, 놀랍고 염려스러워 간절히 그리운 마음 견딜 수 없습니다.

천한 이 몸은 질병과 우환이 계속되어 마음 쓰는 곳이 없다가, 우연히 《남헌집(南軒集)》[12]을 얻어 대충 한 번 읽어보았습니다. 도무지 마음에 이해되는 곳이 없었으나, 오직 주자와 더불어 왕복한 편지에서 숨겨진 것으로는 심술(心術)과 드러난 것으로는 일상생활에 대해 마음을 다하여 타이르고 절차탁마(切磋琢磨)해서 조금의 가차(假借)도 없었음을 보았습니다. 이와 같이 한 뒤에야 비로소 붕우의 도리를 다하여 하늘이 명(命)한 바를 저버리지 않았다고 이를 수 있습니다.

아! 회옹(晦翁 주희(朱熹))이 '공자(孔子) 후 1인(人)'이 되신 이유는

10 조현(潮眩) : 무슨 병증인지 자세하지 않다.

11 색우(色憂) : 어버이에게 병환이 있음을 가리키는 말로, 《예기》 〈문왕세자(文王世子)〉에 "왕계(王季)가 편치 않은 때가 있어 내시가 문왕에게 알리면 문왕은 얼굴에 근심하는 기색을 띠고 걸음을 똑바로 걷지 못하였다.〔其有不安節, 則內豎以告文王, 文王色憂, 行不能正履.〕"라고 한 데서 유래한다.

12 남헌집(南軒集) : 송나라 학자인 장식(張栻)의 문집으로, 남헌은 장식의 호이다. 장식은 이학(理學)에 뜻을 두어 호굉(胡宏)에게 배웠고 주자(朱子)와 친하였다.

진실로 하늘이 낸 대현(大賢)이셨기 때문입니다. 그러나 연평(延平)[13]에 의해 관건(關鍵)을 열고 남헌(南軒)과 이택(麗澤)[14]을 하였음을 또한 속일 수가 없습니다. 더구나 수준이 그보다 낮은 자는 비록 이 도(道)에 발원(發願)하고자 하더라도 만일 스승과 벗의 도와 인도함이 없다면 오히려 어떻게 덕업(德業)을 성취하겠습니까.

이 《남헌집》을 펼쳐본 뒤에 위연(喟然)히 감흥이 생겨 천 년의 세월이 멀다는 것을 알지 못하였습니다. 만약 타고난 자품이 영민하고 밝고 통달함과 학문의 체(體 본체)와 용(用 작용)을 온전히 구비한 것으로 말하면 거의 명도(明道 정호(程顥))에 버금가므로 다른 사람이 견줄 수 있는 것이 아니었는데, 애석하게도 수명이 길지 못하였으니, 이것도 불행히 명도와 비슷하였습니다.

주머니에 넣어서 올린 봉사(封事)와 경연에서 대답한 글이 문집 가운데 모두 실려 있지 않은 것은 무슨 이유인지 모르겠습니다. 우연히 기억하건대 제가 젊었을 때 지암(止菴)[15] 어른을 여강(驪江) 가에서 뵌 적이 있는데, 그때 말씀하시기를 "남헌의 문집 전체가 아직도 동방

13 연평(延平) : 송나라 문인인 이통(李侗)의 호로, 명도 정호와 이천 정이의 학문이 주자(朱子)로 이어지는 교량적 역할을 한 인물이다.

14 이택(麗澤) : 두 개의 연못이 서로 붙어 있다는 뜻으로, 붕우 간에 서로 도움을 주며 학문을 토론하고 덕을 닦는 것을 의미하는바, 《주역》 〈태괘(兌卦) 상(象)〉에 "두 못이 붙어 있는 것이 태(兌)이니, 군자가 이를 보고서 붕우 간에 강습한다.〔麗澤, 兌, 君子以, 朋友講習.〕"라고 보인다.

15 지암(止菴) : 김양행(金亮行, 1715~1779)의 호로, 자는 자정(子靜), 본관은 안동(安東)이며, 김신겸(金信謙)의 아들이다. 민우수(閔愚洙)의 문인으로, 벼슬에 뜻을 두지 않고 오직 학문 연구에 전념하여 성리학을 비롯해 예학과 역학에도 조예가 깊었다.

에 오지 못하였으니, 이것은 실로 크게 잘못된 일이다. 만일 연경(燕京)의 책 가게에서 사온다면 우리의 문헌(文獻)에 큰 도움이 될 것이다."라고 하셨습니다. 그 뒤에 때때로 역관(譯官)을 통해서 책을 구해 봤으나 끝내 사 오지 못하였습니다. 지옹(止翁 김양행)이 과연 남헌의 전서(全書)가 있음을 분명히 알았으나 다만 미처 보시지 못한 것인지, 혹 있을 것이라고 생각해서 이런 말씀을 하신 것인지 알지 못하겠습니다. 당일에 세세히 여쭤보지 못한 것이 한스럽습니다.

홍백응에게 답함
答洪伯應

보내주신 편지에 누누이 지적해준 말씀에는 어둡고 게으른 저를 경계한 것이 많습니다. 다만 추대하여 인정한 것이 너무 과해서 저로 하여금 부끄러워 땀이 나게 합니다.

구구한 저는 십수 년 전에 《희경(羲經)》[16]을 읽었으나 다만 대략 한 번 지나가듯 읽었을 뿐입니다. 마음속으로 "성현의 가르침 중에 평이하고 명백한 것은 대부분 사서(四書)와 《시경(詩經)》, 《서경(書經)》에 있으니, 이 책들에 마음을 집중하여 침잠해서 도리(道理)를 익숙히 안 뒤에야 비로소 비(費)로부터 은(隱)으로 들어가서[17] 거의 신화(神化)[18]의 상면(上面)을 엿볼 수 있겠다."라고 생각하여 《주역》을 제쳐 두고 다시는 연구하지 않았습니다.

16 희경(羲經) : 복희(伏羲)가 팔괘(八卦)를 만들었다고 한 데서 유래하여 《주역》을 가리킨다.

17 비(費)로부터……들어가서 : '비'와 '은(隱)'은 《중용장구》 제12장의 "군자의 도는 비하고 은하다.〔君子之道, 費而隱.〕"라는 구절에서 온 말인데, 주자의 주에 따르면 '비'는 도의 작용이 천지에 흐르고 있다는 뜻이고 '은(隱)'은 도의 본체가 천지 사물에 은미하게 내재해 있다는 뜻으로, 눈으로 확인할 수 있는 사물을 제대로 관찰하여 그 작용에 내재해 있는 도의 본체를 깨닫는다는 말이다.

18 신화(神化) : 《주역》 〈계사전 하(繫辭傳下)〉의 "신묘하게 변화하여 백성으로 하여금 마땅하게 하였다.〔神而化之, 使民宜之.〕"라는 말에서 연유하여 신묘한 변화를 뜻하기도 하고, 또 신(神)의 덕화(德化)를 가리키기도 하는데, 여기서는 후자를 가리킨 것으로 보인다.

어느덧 노년이 임박해서 정력이 다 소모되었는데, 사서(四書)의 의리에 대해서도 오히려 거칠고 졸렬하여 이것을 손에 들고 가서 의미를 말할 수가 없습니다. 그래서 《주역》 한 질을 가지고 장차 천고(千古)의 세월에 빛을 남기게 되었으니, 이것을 생각하면 참으로 분하고 한탄스럽습니다. 일찍이 공부하던 〈문언전(文言傳)〉과 〈계사전(繫辭傳)〉의 경우 근일에 우환과 질병으로 무료하게 지내던 중에 때때로 예전에 공부했던 것을 반복하여 읽어보니, 구두(句讀)도 빠트리거나 착오를 일으킨 것이 많았습니다. 그래서 부질없이 수십 번을 읽어보았으나 마음 써서 읽지 않은 지가 오래되어 생각과 입이 서로 합치하지 못하여 천근(淺近)한 글 뜻도 이해하지 못하는 것이 있으니, 어떻게 결정정미(潔淨精微)한 깊은 이치[19]를 헤아려 의논할 수 있겠습니까. 요컨대 입에 올리고자 할 뿐이니, 불가(佛家) 수련법의 차례 중에 불경(佛經)을 외우는 것이 수준이 가장 낮다는 말이 아마도 이와 유사할 것입니다.

그러나 혹 마음이 맑고 한가할 때 《주역》을 펴놓고 외우다가 우연한 기회에 비로소 하늘과 인간과 《주역》이 한 이치로 융합함을 보고서 홀연히 하늘과 땅이 크고 이 몸은 작다는 것을 알지 못하였습니다. 그리하여 자연스럽게 정신과 기운이 통창해져 저도 모르게 손이 춤을 추고 발이 들썩거리니, 그제야 이 《주역》이 실로 신명(神明)이 있음을 알았고, 신명이 사람을 감동함이 성인과 범인(凡人)의 차이가 없고 다만 깊고 얕음의 차이가 있을 뿐임을 알았습니다.

〈문언전〉과 〈계사전〉이 마땅히 십익(十翼)에 있지 않아야 한다고

19 결정정미(潔淨精微)한……이치 : 《주역》의 가르침을 이르는바, 《예기》 〈경해(經解)〉에 "결정(潔淨)하고 정미(精微)한 것은 《주역》의 가르침이다."라고 보인다.

의심하셨는데, 과연 선인(先人 선친)의 논저(論著)가 있으니, 보내온 편지에서 네 가지 의심을 가설한 것이 바로 그 증거입니다. 또 근일 《주역》을 외고 읽을 적에 그 문체가 십익(十翼)과 유사하지 않아 문자가 매우 난만(爛漫)하고 화려하고 요동쳐서 끝내 대성인(大聖人)의 제작과 같지 않은 듯함을 발견하였습니다. 이는 혹 부자(夫子)의 말씀을 자사(子思)가 기술하기를 《대학》의 경(經) 1장의 공자의 말씀을 증자(曾子)가 기술한 것[20]과 같이 한 것이 아니겠습니까. 《대학》의 경(經) 1장은 비록 공자가 직접 지은 것은 아니나 아직도 '공씨(孔氏)의 유서(遺書)'[21]라고 말합니다. 그렇다면 〈문언전〉과 〈계사전〉이 부자(夫子)의 말씀이라면 비록 부자께서 직접 지은 것이 아니더라도 곧바로 부자의 책이라고 연결 짓는 것이 어찌 나쁘겠습니까.

선인(先人)이 평소 말씀하시기를 "《주역》은 천지(天地)와 똑같아 의리가 무궁해서 인자(仁者)와 지자(智者)의 견해가 다르다.[22] 그러나

20 대학의……것 : 이 내용은 《대학장구(大學章句)》 경(經) 1장의 주에 "이상은 경 1장이니, 공자의 말씀을 증자가 기술한 것이고, 전(傳) 10장은 증자의 뜻을 그 문인이 기록한 것이다.〔右經一章, 蓋孔子之言, 而曾子述之, 其傳十章則曾子之意, 而門人記之也.〕"라는 주자의 해설을 두고 한 말이다.

21 공씨(孔氏)의 유서(遺書) : 이 내용은 《대학》에 대한 《대학장구》의 수석에 "자정자(子程子)가 말씀하였다. '《대학》은 공씨가 남긴 글이니, 처음 배우는 자가 덕에 들어가는 문이다.'〔子程子曰: 大學, 孔氏之遺書, 而初學入德之門也.〕"라고 보인다.

22 인자(仁者)와……다르다 : 이 내용은 《주역》 〈계사전 상(繫辭傳上)〉에 "한 번 음(陰)하고 한 번 양(陽)하게 함을 도(道)라고 이르니, 계속하게 함은 선(善)이요, 갖추어져 있음은 성(性)이다. 인자는 이를 보고서 인이라고 이르고 지자는 이를 보고서 지라고 이르며〔仁者見之, 謂之仁; 智者見之, 謂之智.〕 백성들은 날마다 쓰면서 알지 못한다. 그러므로 군자의 도가 드문 것이다."라고 보인다.

정자(程子)와 주자(朱子) 두 현자(賢者)가 의리의 대체(大體)와 상(象)과 점(占)의 대강(大綱)에 대해 이미 가르침을 만들어 놓았으니, 후학은 다만 그 말씀을 삼가 따라서 한 걸음 한 걸음 미루어 가면 저절로 옛 법도를 준수하는 선비가 되는 데 해롭지 않을 것이다. 만약 스스로 자기의 총명을 믿고서 자기의 견해를 창안한다면 별도로 병폐(病敗)가 생긴다."라고 해서 친절하게 경계하고 가르쳐 주셨습니다. 그러므로 〈십익변(十翼辨)〉[23]은 비록 일설(一說)을 대비하는 뜻으로 선인(先人)의 문집에서 삭제하지 않았으나, 삼가 부친의 평소 뜻을 체득해서 감히 정주(程朱)가 정(定)한 가르침을 대번에 버리지 못하였습니다.

민우(閔友)와 왕복한 편지[24]를 보고 싶다고 부탁하셨습니다. 그 당시 《녹문집(鹿門集)》[25]이 처음 세상에 간행되었는데, 이것을 펼쳐보고서 의심이 없지 못하여 속으로 "녹문은 기(氣)를 주장함이 너무 과해서 다만 정견(正見)의 누가 될 뿐만 아니고, 이 설이 세상에 유전(流傳)하면 사람들의 안목을 어둡게 할 것이다."라고 생각하였습니다. 그리하여 애오라지 민우에게 이것을 말하였는데, 제가 편지로 말한 내용이

23 십익변(十翼辨) : 이 글은 오희상의 부친인 오재순(吳載純)의 《순암집(醇菴集)》 권9 〈잡저(雜著)〉에 실려있다.

24 민우(閔友)와……편지 : '민우'는 '민씨 벗'이라는 뜻으로 민치복(閔致福, 1766~1814)을 가리키는바, 오희상이 보내거나 답한 편지가 《노주집》 권7과 권8에 걸쳐 36편이 실려있는데, 녹문(鹿門) 임성주(任聖周)의 성리설에 대해 논한 편지도 몇 편 보인다. 민치복은 자가 원리(元履), 호는 확재(擴齋), 본관은 여흥(驪興)이다. 《老洲集 卷16 擴齋閔公墓誌銘》

25 녹문집(鹿門集) : 녹문 임성주(任聖周)의 문집이다. 임정주(任靖周, 1727~1796)의 행장, 임육(任焴)의 발문 등의 내용으로 보아 1794~1795년 즈음에 발간된 것으로 판단된다. 《雲湖集 卷6 仲氏鹿門先生行狀》《鹿門集 鹿門集跋》

지극히 참람하고 망령됨을 스스로 알고서 편지를 책상 속에 던져두고 감히 남에게 보일 계책을 하지 못했습니다.

좌하(座下)와는 인연이 있기 때문에 비록 이것을 숨기지는 못하나 "말이 많으면 마침내 곤궁해진다."[26]는 경계가 있으니, 간절히 바라건대 이것을 숨겨두어 남에게 번거롭게 보여 저의 허물이 더 많아지지 않도록 하는 것이 어떻겠습니까. 또 제가 지은 말은 애당초 깊고 성실하게 체인(體認)해서 충실(充實)하게 축적하여 터득한 것이 아니고, 한때의 생각으로 어림짐작한 견해에 불과하니, 참으로 이른바 "맹인이 코끼리를 더듬어서 안다."는 것입니다. 여기에는 반드시 하자가 많을 것이니, 부디 하나하나 지적하여 가르쳐 주시기 바랍니다.

이어서 생각하건대 제가 어렸을 때 부형에게 가르침을 받은 것은 바로 '근본을 돈독히 하고 실제를 힘쓰라.[惇本務實]'는 네 글자였습니다. 이것을 귀에 익숙하도록 들었을 뿐만 아니었는데도, 장성해서는 기질(氣質)에 지고 습관에 동요된 탓에 매번 문자를 짓고 언어를 구사하는 데로 분주히 치달리느라 가르침의 만에 하나도 능히 받아들여 감당하지 못할까 근심하였습니다.

늙어서는 혈기가 점점 쇠하여 예전의 가르침을 바꿀 수 없다는 것을 더욱더 알게 되니, 마음속으로 일찍이 명성을 사라지게 하고 화려함을 떨어버리고 방심(放心)을 거두어 "행할 것을 먼저 실천하고 뒤에 말을 한다."[27]는 참된 가르침에 종사하고자 하지 않은 적이 없었습니다. 그러

26 말이……곤궁해진다 : 이 내용은 《주역》 〈곤괘(困卦) 단(彖)〉에 "무엇을 말해도 남이 믿지 않으니, 말이 많으면 마침내 곤궁해진다."라고 보이는바, 말이 많으면 곤궁한 지경에 처한다는 말이다.

나 기질이 거칠고 도량이 작아 끝내 수렴하고 겸양하여 함축하는 분수(分數)가 부족해서 처하는 곳마다 허물을 만드니, 이루 다 점검할 수 없음을 어찌하겠습니까. 그리하여 능력을 벗어난 말이 때때로 말하지 않아야 할 자리에서 입 밖으로 튀어나와, 안으로는 말하고 침묵하는 절도를 잃고 밖으로는 남의 비방과 꾸짖는 치욕을 불러왔는데, 이번의 일이 그러한 일 중에 하나입니다.

근래 다행히 늦게나마 그대 같은 현자(賢者)와 사귀게 되었으니, 원컨대 저의 이런 기량(伎倆)을 밝게 비추어 일에 따라 약이 되는 침을 놓아주신다면 말년의 다행 중에 무엇이 이보다 크겠습니까. 바라는 것이 커서 저도 모르게 말이 길어졌으니, 부디 저의 마음을 밝게 살펴 주시기 바랍니다.

27 행할……한다 : 말보다 실천이 중요함을 말한 것으로, 자공(子貢)이 군자(君子)에 대해 묻자, 공자가 "먼저 그 말할 것을 실천하고, 그 뒤에 말이 행동을 따르게 하는 것이다.〔先行其言, 而後從之.〕"라고 한 말을 원용한 것이다. 《論語 爲政》

홍백응에게 답함
答洪伯應

일전에 노원(蘆原)의 교외에서 돌아오는 길에 영장(潁丈)[28]을 찾아뵈었다가 들으니, 근간에 또 좌우(左右)와 함께 손씨 별장[孫庄]의 천석(泉石)에서 질탕(跌宕)하게 놀았다 하시던데, 그 뒤를 좇아 동릉(東陵)에서 미진했던 그윽한 흥을 이어가지 못한 것이 한스럽습니다. 지금 보내온 편지를 받고서 장마철 무더위에 부모님을 모시면서 덕스러운 몸이 진중하심을 살펴 알았으니, 구구한 저의 위로되고 감사한 마음이 참으로 직접 만난 것과 똑같습니다.

지난번에 저의 편지를 보겠다고 찾으시기에 감히 숨기지 못했던 것은 우연한 뜻에서 그렇게 한 것이 아닙니다. 바로 저의 잘못된 것을 바쳐 약이 되는 가르침을 받고자 해서였습니다. 그런데 보내주신 편지를 받으니, 한갓 장려하는 말씀만 하고 한마디도 반복하는 의논이 없어서 유익함을 구하려던 뜻이 저상(沮喪)되고 말았습니다.

돌아보건대 저는 자질도 지둔(遲鈍)하고 학문도 부족하여 훌륭한 옛사람의 울타리도 엿보지 못하니, 오히려 어떻게 방령뇌이 스스로 저의 설(說)을 세워 선배들의 잘잘못을 논하겠습니까. 그러나 의리의 대강은 어렸을 때부터 대충이나마 선형(先兄 오윤상(吳允常))에게 전수받은 바가 있습니다. 그 뒤에 비록 단 하루의 공력도 실제로 쓰지 못했

28 영장(潁丈) : 호가 영서거사(潁西居士)인 임로(任魯, 1755~1828)로, 자는 득여(得汝), 본관은 풍천(豐川)이다. 학문적으로 녹문 임성주의 계통을 이었다.

으나, 또한 일찍이 마음속으로 생각하지 않은 적이 없었습니다. 그러므로 매번 선배들의 글을 볼 때마다 부질없이 마음과 생각을 허비하기도 하였으나, 이미 회통(會通)하는 것을 살펴보지 못하였으면 단지 입으로 말하고 귀로 들은 것에만 의지하는 탓에 자신의 분수에 털끝만큼의 유익함도 없으니, 번번이 반성하고 징계하고 후회할 따름입니다.

그러나 공자(孔子)가 별세한 뒤에 우주 안의 허다한 의리가 주자(朱子)에 이르러 한번 점검되었으나, 또다시 후대 여러 학설에 방해를 받았습니다. 이것은 바로 주자가 이른바 "비유하건대 촛불 채롱에 한 가닥의 골자를 더하면 한쪽으로 비치는 빛을 막는다."[29]는 것이니, 이 일이 참으로 고통스럽습니다.

예로부터 성인(聖人)들이 성(性)과 천도(天道)를 말씀하실 적에 융통성 있게 말씀해서 일찍이 이(理)와 기(氣)를 분별하지 않았습니다. 그런데 정자(程子)와 주자(朱子)에 이르러 '이(理)'자를 도려내어 기(氣)와 상대하여 말씀하되 매우 고심하여 발휘(發揮)하셨으니, 이것이 어찌 공연히 하신 것이겠습니까. 이 또한 쇠퇴한 세상을 염려하신 뜻입니다. '이(理)'라는 이름은 본래 사물을 따라 만들어졌습니다. 그러나 사물이 있은 뒤에 비로소 이(理)가 있다고 말할 수는 없습니다. 근본을 미루어 말하면 모든 사사물물(事事物物)이 마땅히 있어야 해서 있는 것 아님이 없는 것이 바로 이(理)이고, 이미 있은 뒤에는 또 당연하여 바꿀 수 없는 떳떳한 법이 있지 않음이 없는 것이 또한 이(理)입니다. 이(理)가 어찌 허공에 헛되이 만들어진 것이겠습니까.

29 비유하건대……막는다 : 이 내용은 《주자어류(朱子語類)》 권67 〈역(易)〉에 보인다.

상고시대(上古時代)에는 가르침이 융성하고 풍속이 순박해서 사람들에게는 다른 배움이 없고 배움에는 다른 스승이 없었습니다. 그래서 복습하여 나날이 쓰는 것이 민이(民彝)와 물칙(物則),[30] 3백과 3천[31]에 지나지 않아서 굳이 별도로 '이(理)'자를 설명하지 않아도 천리(天理)의 정당함이 여기에 있었습니다. 그러므로 성인(聖人)이 후세에 남겨 가르침을 세운 것이 시서(詩書)와 예악(禮樂)에 지나지 않았고, 일찍이 '이(理)'라는 한 글자를 절실하게 말씀하지 않으셨습니다.

그런데 후대에 이르러서는 가르침이 해이해지고 풍속이 무너져 기질(氣質)이 용사(用事)하고 이욕(利慾)이 올바른 길을 가득 채우고 있으므로 현명(賢明)과 지식이 과한 자는 이단(異端)에 빠지고 어리석고 불초하여 현명과 지식이 부족한 자는 속학(俗學)에 빠지는데, 도도(滔滔)하여 구원할 수가 없습니다. 이것은 다른 이유가 없습니다. 기(氣)만 보고 이(理)에는 터득함이 없으며, 기만 따르고 이(理)에는 기준이 없어서 중화(中和)의 대도(大道)에 회극(會極)[32]하지 못했기

30 민이(民彝)와 물칙(物則) : 사람의 도리와 사물의 법칙을 말하는바, 《시경》〈대아(大雅) 증민(蒸民)〉의 "하늘이 뭇 백성을 내었으니, 사물이 있으면 법칙이 있네. 백성이 떳떳한 본성을 갖고 있으므로 이 아름다운 덕을 좋아하네.〔天生蒸民, 有物有則. 民之秉彝, 好是懿德.〕"라는 구절에서 온 말이다.

31 3백과 3천 : 큰 예법 3백 가지와 자잘한 예법 3천 가지를 말하는바, 《예기》〈예기(禮器)〉에 "기본적인 큰 예가 3백 가지요, 구체적인 작은 예가 3천 가지인데, 그 이치는 하나이다.〔經禮三百, 曲禮三千, 其致一也.〕"라고 보인다.

32 회극(會極) : '극(極)'은 세상을 돌아가게 하는 준칙(準則)을 뜻하는바, 이 말은 《서경》〈홍범(洪範)〉에 "편벽됨이 없고 편당함이 없으면 왕의 도가 탕탕(蕩蕩)하며, 편당함이 없고 편벽됨이 없으면 왕의 도가 평평(平平)하며, 상도(常道)에 위배됨이 없고 기울어짐이 없으면 왕의 도가 정직(正直)할 것이니, 그 극(極)에 모여 그 극에

때문입니다.

이에 자사(子思)가 이것을 걱정하여 《중용(中庸)》을 지어 천지간에 본래 하나의 불편불의(不偏不倚)와 과불급(過不及)이 없고 평상적인 도리가 있음[33]을 보여주셨으니, 그 체(體)를 '대본(大本)'이라 하고 용(用)을 '달도(達道)'라 하였습니다.[34] 가까이는 한 몸의 동정(動靜)으로부터 멀리는 천지가 도수(度數)를 따름과 해와 달의 운행과 사시(四時)가 절기를 교대함과 만사(萬事)와 만물(萬物)이 각각 품휘(品彙)가 있어서 떳떳함을 잃지 않음에 이르기까지 《중용》의 이(理)가 있지 않음이 없습니다. 그래서 상하(上下 하늘과 땅)에 기강이 되고 고금에 유행해서 모든 기(氣)의 본(本)과 말(末), 정(精)과 추(粗)가 끝내 이(理)의 범위를 벗어나지 못합니다.

정자(程子)와 주자(朱子) 두 부자(夫子)가 《중용》을 보고서 성인(聖人)의 도(道)를 전수한 책이라 주장하시고, 《중용》의 가르침을 받아쓰면서 이 이(理)가 형체도 없고 행위도 없으면서 형체가 있고 행위가 있는 기(氣)의 근간이 됨을 발명하셨습니다. 그리하여 태극(太極)

돌아올 것이다.〔會其有極, 歸其有極.〕"라고 한 데서 온 것이다.

33 불편불의(不偏不倚)와……있음 : 이 내용은 주자가 《중용장구(中庸章句)》에서 《중용》을 해설하면서 "'중'은 치우치지 않고 기울지 않으며 과와 불급이 없는 것을 이름한 것이고, '용'은 평상을 말한다.〔中者, 不偏不倚無過不及之名. 庸, 平常也.〕"라고 한 것을 가리킨다. '치우치지 않고 기울지 않음'은 '중'의 본체를 가리키고, '과와 불급이 없는 것'은 행하는 일을 가지고 말한 것으로, '용'에 해당한다.

34 그 체(體)를……하였습니다 : 《중용장구》 수장(首章)에 "중(中)은 천하의 대본(大本)이고 화(和)는 천하의 달도(達道)이다."라고 하였는데, '대본'은 큰 근본이란 뜻으로 인(仁)·의(義)·예(禮)·지(智)의 본성을 가리키며, '달도'는 '누구나 공통으로 행하여야 할 도'란 뜻으로 오륜을 가리킨다.

과 음양(陰陽)을 논할 적에 또한 먼저 실리(實理)를 따라 말씀하지 않음이 없어서 차라리 이 이치를 찾다가 이(理)와 기(氣) 두 물건으로 나눌지언정 한 물건으로 만들어 기에 편중시키고자 하지 않으셨으니, 어찌 이(理)와 기의 근원을 몰라서 그렇게 하신 것이겠습니까. 후세를 걱정하심이 지극히 깊고 간절하다고 이를 만합니다.

명(明)나라의 여러 학자 중에 왕석담(汪石潭)[35] 같은 무리는 지혜가 여기에 미치지 못하고, 이(理)의 근본을 얼핏 보고는 망령되이 스스로 홀로 천고(千古)에 전하지 않는 비결을 알았다고 생각하였습니다. 그리하여 시끄럽게 다투어 변론하고 자기 견해를 고집스럽게 주장해서 이것을 가지고 정주(程朱) 제현(諸賢)보다 크게 뛰어나고자 하였으니, 이는 대체로 자기의 분수를 알지 못함을 나타낸 것일 뿐입니다.

녹문(鹿門 임성주(任聖周))의 이기설(理氣說)의 경우 처음 보았을 적에는 삼가 대체로 깊고 독창적인 조예(造詣)가 많아서, 표절하여 승습(承襲)하는 세상 유자들의 견해보다 나은 점을 좋아했습니다. 그런데 뒤에 다시 살펴보니, 점점 정주(程朱)의 정(定)한 가르침과 차이가 없지 않음을 알았습니다. 그러나 차이가 있는 곳에 또한 간혹 대략 자기 나름대로 터득한 견해가 있으니, 이치를 밝힘이 어렵고 입론(立論)하기는 더욱더 어렵다는 것을 더 크게 알았습니다.

녹문은 기(氣)의 근원이 하나인 것에 대해서 먼저 자기 소견이 있었습니다. 초년에 미호(渼湖 김원행(金元行))와 '명덕(明德)'을 논한 편지

35 왕석담(汪石潭) : 석담은 명나라 때 왕준(汪俊)의 호로, 자는 억지(抑之)이다. 정주(程朱)의 학문을 존숭하였고 왕수인(王守仁)과 교유하였는데, 주장한 학설은 차이가 있었다. 《明史 卷191 列傳 汪俊》

에 '능(能)'자를 잘 설명해서 찬란하고 통투하게 밑바닥에 있는 내용까지 다 말하였습니다.[36] 다만 기(氣)가 거의 이(理)와 다름이 없는 점이 과당(過當)한 곳이니, 이는 자기 견해를 바꾼 원인입니다. 그런데 만년의 소견은 한결같이 기(氣)에서 이(理)를 미루어 겨우 봉사가 코끼리를 더듬어 아는 정도의 근거가 있었으나, 이리 맞추어도 부합하고 저리 맞추어도 통함을 보고는 마침내 이것을 한 물건으로 인식해서 심하게 고수(固守)하였습니다.

그러나 삼가 '이(理)'라고 설명한 것을 자세히 살펴보면 요컨대 이 이(理)의 본색이 아니고, 바로 관민(關閩)의 제현(諸賢)[37]이 말씀한 '신(神)'자의 자리입니다. 신(神)은 기의 한 근원이니, 비록 이(理)와 더불어 합하여 간격이 없으나, 본래 형이상(形而上)·형이하(形而下)의 구분이 있습니다. 그래서 작위(作爲)가 있는 형이하와 작위가 없는 형이상의 분별이 있어서, 하나이면서 하나가 아니고 둘이면서 둘이 아닙니다. 하나도 아니고 둘도 아닌 지점에서 바로 마땅히 마음을 깨끗이 씻어내고 신중히 생각해야 하니, 어찌 한 가지만 보고서 그 사이에서 마음대로 말하여 한쪽으로 치우침에 빠져서야 되겠습니까.

36 초년에……말하였습니다 : 임성주가 나이 28세 때인 무오년(1738 영조14)에 김원행에게 답한 편지에서 "하늘에 있으면 신(神)이라고 하고 사람에게 있으면 심(心)이라고 하는 것일 뿐, 사실은 모두가 일개(一箇) 능(能)일 뿐이다. 그러므로 하늘을 가지고 말하면 생장수장(生長收藏)하는 것은 기(氣)요 생장수장할 수 있게 하는 것은 신(神)이라고 할 것이며, 사람을 가지고 말하면 희로애락(喜怒哀樂)하는 것은 기(氣)요 희로애락할 수 있게 하는 것은 심(心)이라고 할 것이다."라는 논지로 '능(能)'자를 설명한 것을 가리킨다.《鹿門集 卷2 答渼湖金公》

37 관민(關閩)의 제현(諸賢) : 송나라 유현(儒賢)들을 가리키는바, 횡거(橫渠) 장재(張載)는 관중(關中)에, 주자(朱子)는 민중(閩中)에 살았으므로 이렇게 칭한 것이다.

육구연(陸九淵)이 음양(陰陽)을 '태극'이라 하고 왕수인(王守仁)이 양지(良知)를 '천리(天理)'라 한 것[38]은 기를 잘 보지 못한 것이 아니고, 이(理)와 기가 하나로 합하는 묘(妙)함에 또 "소견이 있었다."고 말할 수 있습니다. 그러나 끝내 성문(聖門)에 죄를 얻었으니, 이는 돌아보고 깊이 생각하지 않을 수 없습니다.

나정암(羅整菴)[39]의 경우는 또한 이(理)와 기(氣)가 하나로 합하는 견해를 주장하였는데, 때때로 자기 장점에 곤궁을 당하여 저절로 병통이 생겼습니다. 또 주자의 여러 설에 대하여 간혹 말에 집착하다가 본지(本旨)를 잃어 마땅히 의심하지 않아야 할 곳을 곧바로 의심하였으니, 이는 참으로 매우 온당치 못합니다. 그러나 이(理)·기(氣)의 근원에 대해서는 가장 잘 연구하고 생각해서 선유(先儒)들이 미처 도달하지 못한 이치에 상당한 조예가 있었습니다. 예컨대 "무릇 하늘과 땅 사이에서 형체를 받은 것들은 한 음양의 기운을 똑같이 받아서 형체로 삼았고, 한 음양의 이치를 똑같이 받아서 성(性)으로 삼아 지각(知覺)이 있거나 없거나 간에 어떤 것도 하나의 근본에서 나오지 않은

38 육구연(陸九淵)이……것 : 육구연(1139~1192)이 음양을 태극이라고 한 것은 출진이 자세하지 않고, 왕수인(王守仁, 1472~1529)의 말은 《왕문성전서(王文成全書)》 권2 〈어록(語錄) 2〉에 "내 마음의 양지가 바로 이른바 천리이다.[吾心之良知, 卽所謂天理也.]"라고 보인다. 육구연은 남송(南宋) 때의 학자로, 자는 자정(子靜), 호는 상산(象山) 또는 존재(存齋)이다. 왕수인은 호가 양명(陽明)으로, 육구연의 영향을 받아 지행합일설(知行合一說)과 치양지설(致良知說)을 주장하여 주자학파(朱子學派)와 서로 논쟁하였다.

39 나정암(羅整菴) : 정암은 명나라 문인인 나흠순(羅欽順, 1465~1547)의 호로, 자는 윤승(允升), 시호는 문장(文莊)이다. 횡거(橫渠) 장재(張載)의 기일원론(氣一元論)을 계승하였다.

것이 없다."라고 하였고, 또 "성(性)은 하늘의 명(命)함에 따라 똑같고, 도(道)는 형체에 따라 다르다."라고 하였는데,[40] 이러한 말은 대단히 명쾌합니다.

그런데 녹문은 이와 기가 하나로 합치되는 뜻에 있어서는 나정암의 실마리를 인습하였으나, 홀로 이것에 대해서는 나정암을 크게 배척하여 심지어 "이기(理氣)의 좁은 길을 알지 못했다."라고 말하였습니다. 그리하여 마침내 평생토록 비방하였던 남당(南塘 한원진(韓元震))의 논리로 돌아가서 똑같이 말하기를 "이(理)는 같으나 성(性)은 다른 것은 사람에게 통하고 물건에게 국한된다."라고 하였으니, 이는 어째서이겠습니까?

남당은 기(氣)의 근본을 보지 못해서 도(道)와 기(器)를 나누어 둘로 떨어지게 함을 면치 못했으니, 심(心)을 말하고 성(性)을 말함에 하나도 옳은 것이 없음이 당연합니다. 그러나 녹문은 단지 기의 근본을 보기만 하였고, 사람과 물건이 형체를 받은 뒤에 곧장 대(大)・소(小)와 편(偏)・전(全)에 구속되어 저절로 혼돈을 이루었음을 통찰하지 못하였으니, 참으로 이해할 수 없습니다. 애석하게도 이 어른은 순수한 덕과 깊은 학문으로 일생 동안 생각하고 분변(分辨)하는 공력을 써서 유도(儒道)를 천명(闡明)하는 것으로 자임하였으나, 만년의 성취가 낭주(廊柱)의 의혹[41]을 면치 못해서 후인(後人)의 의심이 없을

40 무릇……하였는데 : 인용한 두 내용은 나흠순의 《곤지기 속록(困知記續錄)》 권상(上)에 보인다.

41 낭주(廊柱)의 의혹 : 사실로 믿어왔던 것을 공연히 의심하여 다시 문제 삼는 것을 이른다. 《近思錄 存養》

수 없습니다.

돌아보건대 지금 여러 사람의 말이 분분하여 정견(正見)이 땅에 떨어져 있으니, 우리는 모름지기 함께 토론하고 강명(講明)해서 유학의 한 맥을 보존하여야 합니다. 그런데 이 일은 사체(事體)가 크니, 비록 소견(所見)이 소로(小路)에서 어긋나지 않는다 하더라도 생각을 하고 논의를 세움에 있어서 또한 과연 모두 이치에 합당하여 잘못이 없을 것임을 어찌 알겠습니까. 또 이전 사람의 득실을 상론(尙論)하기는 쉽고 내 마음에 증험하여 꼭 맞게 하기는 어려우니, 회옹(晦翁 주자(朱子))이 말씀하기를 "지금 다만 고인(古人)의 옳지 못한 것을 점검할 줄만 알고 자신의 옳은 것만을 말하면, 이것은 바로 식견이 자라지 못하게 하는 것이다."[42]라고 하였습니다. 저로 하여금 이 말을 세 번 반복해 읽고 송연(悚然)해지게 합니다. 또 이것은 밖에서 이르는 우환을 초래하기 쉬운 경우이니, 더 말할 것이 있겠습니까.

보내신 편지에 이른바 "눈으로 본 것을 마음속에 꼭꼭 감추어두고 책에 쓴 것을 책 상자에 깊이 감추어 둔다."는 것이 실로 저의 마음을 아신 것이니, 감히 이 말씀을 가슴속에 새겨두지 않겠습니까. 나머지는 대면해서 다 말씀드릴 날을 기다립니다. 이만 줄입니다.

42 지금……것이다 : 이 내용은《주자어류》권94〈주자지서(周子之書) 태극도(太極圖)〉에 보인다.

홍백응에게 답함

答洪伯應

문　조주(祧主)를 장방(長房)으로 옮기는 것은 이미 고례(古禮)가 아니었는데, 주자(朱子)가 의(義)로 일으킴으로부터 유독 《가례(家禮)》에만 기재되었습니다.[43] 그러나 《주자어류(朱子語類)》에 '체천하는 신주'에 대한 물음에 답한 것이 많은데, 모두 "다만 신주를 매안(埋安)해야 한다."라고 말씀하고, "장방으로 옮겨 받든다."라는 의논이 없으니, 이것이 주자 만년(晩年)의 정론(定論)이 되는 듯합니다.

또 신도(神道)를 차례로 내려가서 제향(祭享)을 받게 하는 것은 구차함에 해당할 듯하고, 서얼(庶孽)의 경우는 지극히 외람된 짓입니다. 그러나 복(服)이 있는 친(親)이기 때문에 제사가 고조(高祖)에게 미친다는 것이 정자(程子)로부터 시작되는데, 주자가 이것을 《가례》에 기재하셨습니다. 그리고 똑같이 고손(高孫)이 되기 때문에 전전(展轉)하여 지차(之次)와 서자에게까지 미친다는 것이 주자로부터 시작되었는데, 사계(沙溪 김장생(金長生))가 이것을 《상례비요(喪禮備要)》에 편입하셨습니다. 이 두 가지가 어찌 의(義)가 정밀하고 인(仁)이 익숙한

43　조주(祧主)를……기재되었습니다 : '조주'는 봉사손(奉祀孫)과 대수(代數)가 다한 신주를 말하고, '의(義)로 일으킴'은 선왕(先王)이 만든 예문(禮文)에 없는 경우에도 의리에 합당하면 예를 새로이 만드는 것을 이르는데, '조주를 장방(長房)으로 옮기는 것'은 《가례》에 해당 내용이 자세하지 않다. 조주는 봉사손의 집에서 최장방(最長房)으로 옮기고, 최장방이 죽을 경우 다음 최장방으로 옮기는데, 그 자손 중에 4대 이내의 자손이 없게 되면 무덤 옆에 이 신주를 매안(埋安)한다.

가운데서 나온 것이 아님을 알겠습니까.

답 '체천하는 신주를 옮겨서 장방에 제사함'은 이미 경문(經文)에 근거가 없고 《가례》에 처음 보이니, 이것은 주자가 의(義)로 일으킨 것입니다. 그러나 《주자대전(朱子大全)》과 《주자어류》에 나온 것을 가지고 살펴보면 실로 마땅히 헤아려봐야 할 점이 있습니다.

호백량(胡伯量)과 이요경(李堯卿)의 질문에 답했을 때에는, 한편에는 "체천해서 고조를 버리는 것이 비록 인정상 편안하지 못하더라도 특별히 대처할 방법이 있지 않다."라고 하셨고, 한편으로는 "이 일은 다만 예문(禮文)을 삼가 지킬 뿐이고, 대번에 의(義)로써 일으켜서는 안 된다."라고 하셨습니다.[44] 엄정(嚴正)함이 이와 같은데, 《가례》의 글은 도리어 또 저와 같으니, 《가례》는 미처 재차 수정하지 못하여 그런 것이 아니겠습니까.[45] 실로 알 수 없는 점이 있습니다.

그러나 보내신 편지에 이른바 "복이 있는 친족이므로 제사가 고조까지 미치고, 똑같이 현손이기 때문에 전전하여 지차와 서손까지 미친다."는 것은 아마도 잘 보신 듯합니다. 그러나 지금 이미 처음부터 이해하여 종자(宗子)의 법을 밝힐 수 없다면 복이 있는 것을 한계로 삼아

44 호백량(胡伯量)과……하셨습니다 : 인용한 두 내용은 《주자대전》 권63 〈호백량에게 답함[答胡伯量]〉과 권57 〈이요경에게 답함[答李堯卿]〉에 각각 보인다. 백량은 주자의 제자인 호영(胡泳)의 자로, '동원선생(洞源先生)'이라 불렸다. 저서에 《사서연설(四書衍說)》이 있다. 요경은 이당자(李唐咨)의 자로, 장주(漳州) 사람인바, 주자가 지장주(知漳州)로 있을 때 초빙해 제생(諸生)의 모범으로 삼았다.

45 가례는……아니겠습니까 : 주자가 40세에 모친상을 당하여 시묘할 적에 《가례》를 편찬하였는데, 수정을 거치지 않은 초고 상태에서 어떤 아이에게 도난을 당하였다가 약 30년 뒤인 주자 별세 후에 다시 발견하였으므로 이렇게 말한 것이다. 이와 관련한 내용이 《성리대전(性理大全)》 권19 〈가례 2(家禮二)〉 서문의 부주(附註)에 보인다.

제사하는 것은, 요컨대 "먼 선조를 추모하면 백성의 덕이 후한 대로 돌아간다."[46]고 이를 수 있고, 또한 후현(後賢)이 의(義)로 일으킴이 됨에 무방합니다. 그러므로 호백령과 이호경의 물음에 답한 것을 사옹(沙翁 김장생)이 어찌 보지 못하셨겠습니까. 오히려 《가례》를 미정(未定)한 의논이라고 완고하게 주장하지 않고, 이것을 《상례비요》에 채택하여 넣어서 지금까지 많은 사람이 함께 행하는 정(定)한 예가 되어 이미 오랫동안 행해졌으니, 어찌 감히 대번에 제 마음대로 고치는 것을 그 사이에 용납할 수 있겠습니까.

문　지난번에 "장방(長房)으로서 아직 장가들지 않은 자에게 체천해야 되는가?"라는 하문을 받들었습니다. 삼가 생각해 보니 성인(成人)이 되지 못했으면 방(房)을 이루지 못한 것이고, 또 예(禮)에 "맡은 일이 갖추어지면 제구(祭具)가 갖추어진다."[47]라고 했는데, 이미 부부로서 친히 제사할 수가 없다면 어찌 제사를 갖출 수 있겠습니까. 이는 제향(祭享)을 이루지 못하였기 때문입니다. 그러므로 예에 '종자(宗子)가 늙었으나 재취(再娶)하는 것'은 내외의 관(官)을 구비하기 위해서입니다. 그렇다면 장가들지 않은 자가 마땅히 체천한 신주를 받들어서는 안 되는 것이 분명합니다.

답　"장가들지 않은 사람이 장방(長房)의 제사를 받들어서는 안 된다."

46　먼 선조를……돌아간다 : 이 내용은 《논어》 〈학이(學而)〉에 나오는 증자(曾子)의 말에, "어버이 상을 신중히 행하고 죽은 조상들을 정성껏 추모하면 백성의 덕이 후한 데로 돌아갈 것이다.〔愼終追遠, 民德歸厚矣.〕"라고 한 것을 원용하였다

47　맡은……갖추어진다 : 이 내용은 《예기》 〈제통(祭統)〉에 보인다.

는 것은 지난번에 훌륭한 말씀을 들었습니다. 저는 삼가 생각하건대 장방의 예는 종자(宗子)의 예와 차이가 있습니다. 다만 항렬이 높고 나이가 많은 자를 취하면 비록 장가들지 않아 부인이 없더라도 제사할 수 없는 의리가 없을 듯합니다. 다만 그 사람이 장가들지 않고 늙어서 이미 '형이 죽으면 아우를 형의 자리에 미치게 하는 은(殷)나라의 제도'[48]를 따라서 그 아우로 하여금 자기 아버지 제사를 받들게 했다면, 아버지 사당은 제사하지 않고 선조를 제사하는 것은 이치에 매우 어긋납니다. 이것은 장방의 제사를 받들 수 없는 단서가 될 것입니다.

문 《예기》〈잡기(雜記)〉에 이르기를 "여군(女君 적처(嫡妻))이 죽으면 여군의 당(黨 친족)을 위하여 복을 입는다."라고 했는데, 소(疏)에 이르기를 "'여군이 죽으면 여군의 당을 위해 복을 입는 것'은 비록 도종(徒從)[49]이라 하더라도 첩을 억누르기 때문에 여군의 당을 위해 복 입는 것은 첩이 정실(正室) 자리를 넘보는 것을 막는 것이다."라고 하였습니다.

"여군이 죽으면[女君死則]"의 '즉(則)'자는 마치 살아있으면 복이 없고 죽으면 복이 있는 것과 같은 점이 있습니다. 그러나 소(疏)의 설을

48 형이……제도 : 형이 죽고 그 아들이 없는 경우 아우가 형을 대신해서 종통(宗統)을 잇는 형망제급(兄亡弟及)의 예(禮)로, 은(殷)나라가 이 예를 따랐다. 《書經集傳 金縢》

49 도종(徒從) : 상복 제도 가운데 다른 사람을 따라 상복을 입는 종복(從服) 중의 하나로, 친속이 아니면서 괜히 따라서 입는 복이다. 예컨대 신하가 군주의 친족의 상에 군주를 따라 복을 입고, 아내가 군주의 친족의 상에 남편을 따라 복을 입고, 서자가 적모(嫡母)의 부모를 위해 복을 입는 것 등이 해당한다. 《禮記 大傳》

가지고 살펴보면 여군이 살아있으나 죽으나 모두 복을 입으니, 이 '즉(則)'자를 가벼이 보아넘긴 뒤에야 통할 수 있습니다. "여군이 죽으면 여군의 당(黨)을 위하여 복을 입는다."라는 것은 여군이 살아있을 때 미처 섬겼던 자를 가지고 말한 것입니다. 만약 애당초 미처 섬기지 못한 자는 말할 수 있는 도종이 없을 듯하고, 복(服)을 입을 만한 의리는 더욱더 없을 듯하니, 어떨지 모르겠습니다.

이 예는 주자(朱子)와 사계(沙溪 김장생(金長生))가 이미 《주자가례》와 《상례비요(喪禮備要)》에 기재하지 않았습니다. 근래 《녹문집(鹿門集)》을 보니 거기에 이르기를 "첩이 여군의 당에 대해서 종복(從服)을 입는 것이 의심할 것이 없는데, 《주자가례》와 《상례비요》에 모두 말하지 않았으니, 마땅히 이것을 첨가해 넣어야 한다."라고 하였으니, 이 말이 어떻습니까. '여군이 죽었다.'는 부분의 주(注)에 "첩은 여군의 친족에 대해서 자기 친족과 같이 한다."라고 말한 것은 녹문이 근거하여 설(說)로 삼은 것인데, 저는 일찍이 이 주를 따라서는 안 된다고 여겼습니다. 여군의 친족이 자기와 무슨 은혜와 의리가 있기에 친족처럼 여겨 친족의 복으로 복을 입는단 말입니까?

답 《예기》 〈잡기〉에 "여군이 죽으면 여군의 당을 위하여 복을 입는다. 운운"이라고 한 말에서 하나의 '즉(則)'자는 과연 "만약 살아있으면 복이 없고 죽으면 복이 있다."라고 한 듯한 점이 있습니다. 그러나 《예기》 〈상복소기〉의 소(疏)에 "여군이 비록 죽더라도 첩은 여전히 여군의 당을 위해서 복을 입는다.〔惟女君雖歿, 妾猶服女君之黨.〕"라고 했는데, 여기의 '수(雖)'자와 '유(猶)'자를 보면 살았을 때나 죽었을 때나 모두 복을 입음을 알 수 있으니, 보내온 편지에 이른바 "'즉(則)'자를 가볍게 본 뒤에야 통할 수 있다."라는 것이 참으로 맞습니다. 대저 옛날의 이 예는 바로 잉첩(媵妾)을 위하여 만든 것이므로 "비록 죽었으나 복을 입는다."라고 말한 것입니다. 또 "첩이 정실(正室) 자리를 넘보는 것을 막는 것이다.〔防覬覦〕"라고 한 것은 아마도 장강(莊姜)에 대한 대규(戴嬀)의 경우를 가리킨 것이고,[50] 후세에 성(姓)을 점치는 첩[51]과는 같지 않습니다. 주자와 사계가 그 내용을 《가례》와 《상례비요》에 채택하여 넣지 않은 것은 아마도 이 때문일 것입니다.

또 예경(禮經)의 주(註)에 이른바 "첩이 여군의 친족에 대해서 자기 친족과 같이 한다."라는 것을 가지고 보면 이것 또한 잉첩으로서 거취를 함께하는 자를 가리켜 말한 것임을 알 수 있습니다. 그렇지 않다면 어떻게 그 친족과 같이 할 수 있으며, 또 어찌 미처 섬겼느냐 미처 섬기지 않았느냐를 말할 것이 있겠습니까. 녹문이 반드시 이것을 근거해서 더 넣어 보충하고자 한 것은 아마도 이러한 곡절(曲折)을 미처 자세히 보지 못해서인 듯합니다. 아마 이 어른은 예에 대해 옛날을

50 장강(莊姜)에……것이고 : 장강은 정실(正室)이고 대규는 잉첩(媵妾)이었기 때문에 이렇게 말한 것이다. 춘추시대 위(衛)나라 장공(莊公)은 부인 장강과 차비(次妃)인 진후(陳侯)의 딸 여규(厲嬀)와의 사이에 소생을 두지 못하자, 대신 여규가 시집올 때 함께 온 동생 대규(戴嬀)와의 사이에 완(完)과 진(晉) 두 아들을 두었다. 그러나 장공은 또 다른 궁녀와의 사이에서 낳은 서자인 주우(州吁)를 총애하였고, 주우가 장공의 뒤를 이어 즉위한 환공(桓公) 완(完)을 죽이고 즉위하여 나라를 혼란에 빠트렸다. 결국 대규가 쫓겨나 친정인 진나라로 돌아가자, 장강은 자신이 의지하던 대규가 떠나는 것을 아쉬워하여 시를 지어 전송하였는바, 그 시가 바로 《시경》 〈패풍(邶風) 연연(燕燕)〉인데, 성품이 온화한 대규는 오히려 선군을 생각하라는 말로 장강을 위로하였다. 《春秋左氏傳 隱公》

51 성(姓)을 점치는 첩 : 예에서 동성과 결혼하지 않는 것은 혈연관계의 구분을 엄격히 하기 위한 수단이었는바, 첩을 얻을 때 혹 그 여자의 성을 모르면 길흉이라도 확인하기 위하여 점을 쳤던 것을 이른다. 《禮記 曲禮上》

좋아하는 데 너무 치우쳐 자연스럽게 거기에 집착할 수밖에 없었을 것입니다.

문 장자(長子)를 위하여 기년복(期年服)을 입는 자가 두 번째 되는 기년의 제사에 기제(忌祭)의 예를 사용한다면 말할 만한 담제(禫祭)와 길제(吉祭)가 없습니다. 그러나 할아버지는 손자를 누르지 않기 때문에 손자를 위해서 담제와 협제(祫祭)를 행하고 곧바로 복을 바꾸거나 벗지 않으니, 마땅히 예에 준해서 제사를 거행해야 합니다.

그런데 제사는 할아버지가 주관하고 축문은 할아버지가 마땅히 아버지가 자식에게 고하는 축사를 써야 합니다. 망령되이 제 의견을 아래쪽에 기록해 두었으니, 삼가 근정(斤正)해 주시기를 바랍니다.

《상례비요》의 '부위(祔位)의 길제(吉祭)와 시제(時祭)'에 모두 축문이 없어서 비록 부위(祔位)가 바른 지위에 부식(祔食)하는 제사와 차이가 있으나, 길제 때에 시제의 축문을 사용하는 것이 의리를 해치는 데에는 이르지 않겠습니까?

답 예(禮)에 "대공복(大功服)의 친척이 다른 사람의 상(喪)을 주관할 적에 아내나 손자나 자식으로서 삼년복을 입을 자가 있으면 반드시 두 번 제사한다."[52]라고 하였으니, "두 번 제사한다."는 것은 소상(小祥)과 대상(大祥)을 가리킨 것입니다. 이것을 근거해보면 비록 장자를 위해 기년복을 입더라도 만약 장자가 자식이 있으면 마땅히 소상과 대상과 담제를 갖추어야 합니다.

52 대공복(大功服)의……제사한다 : 이 내용은 《예기》 〈상복소기(喪服小記)〉에 보인다.

그런데 협제(祫祭)의 경우 지금 막 부위(祔位)에 있으므로 사당에 올려 배향하는 일이 없으니, 마땅히 '아내상이 끝난 뒤에 길제가 없는 것'과 비교해야 할 것입니다. 《상례비요》의 "부위에 시제와 길제에 모두 축사가 없음"과 같은 경우에는 글이 갖추어지지 않은 것이 아니고, 부위를 정해진 자기 자리로 미처 올리기 전에는 후손이 없어서 반부(班祔)하는 예와 차이가 없을 듯합니다. 그러니 고하게 되면 옆에 붙여서 고하고, 축을 읽게 되면 축문에 이 내용을 덧붙여 넣어 읽을 뿐입니다.

편지에서 말씀한 '담제축(禫祭祝)'은 만약 우옹(尤翁 송시열(宋時烈))의 "부친은 비록 상복을 벗었으나, 대상과 담제의 여러 제사를 아버지가 그대로 주장한다."라는 설을 근거해보면 마땅히 이와 같이 축문을 만들어야 할 듯합니다. 길제축(吉祭祝)은 이미 논할 만한 길제가 없으나, 만약 혹 시제를 행한다면 또한 마땅히 축문에 덧붙이고 축문을 따로 쓰지 않을 듯합니다.

홍백응에게 줌

與洪伯應

어제 좌하가 지으신 담제(禫祭)의 축문을 보여주셨는데, 이것은 진실로 우옹(尤翁)의 "아버지는 비록 복(服)을 벗었으나, 대상(大祥)과 담제의 여러 제사를 아버지가 그대로 주관한다."라는 설을 근거한 것임을 아니, 다시 의논할 필요가 없습니다. 다만 상복을 벗은 지가 이미 오랜 뒤에 대상제와 담제를 주관하는 것은 제사의 이름과 뜻이 이미 걸맞지 않고 축문에 기제(忌祭)의 축문을 그대로 따라 쓰는 것 또한 매우 모호(模糊)합니다. 그래서 망령되이 저의 뜻을 가지고 별도로 한 본(本)을 지었습니다. 말을 첨가해서 변통하여 이렇게 받들어 질정하지만 실로 근거 없이 마음대로 만든 점이 두려우니, 근정(斤正)하여 가르쳐 주시는 것이 어떻겠습니까?

【오희상이 지은 축문】 유세차(維歲次) 운운(云云). 아버지가 죽은 아들 아무개에게 고하노라. 나의 기년복 예제(禮制)는 이미 끝났으나, '할아버지는 손자를 누르지 않는다.'라는 것이 예에 분명한 가르침이 있다. -만약 망자(亡者)가 아내만 있고 자식이 없으면 마땅히 "삼년복을 입는 자는 예에 두 번 제사하는 것을 허락한다."라고 해야 합니다.- 세월이 흘러가 어느덧 담제(禫祭)에 이르렀으니, -재기(再朞)일 경우에는 "대상(大祥)"이라고 해야 합니다.- 감정이 비통해져 슬픈 감회를 능히 제어할 수가 없다. 이에 청작(淸酌)과 서수(庶羞)를 진열하여 이렇게 담사(禫事)로 제사를 지낸다. -재기(再朞)일 경우에는 "상사(祥事)"라고 해야 합니다.- 운운.

홍백응에게 답함
答洪伯應

지난번에 송추(松楸)[53]에서 돌아오니, 그대의 편지가 책상 위에 올려져 있었는데, 편지에 가득 채워진 훌륭한 의논이 저를 경계하고 개발한 바가 많습니다. 보고 또 보고서 오래되어도 오히려 손에서 놓지 못하고 있습니다. 근간에 이미 양(陽)이 회복되었는데,[54] 이때 어버이를 모시는 여가에 학문하는 몸이 때에 따라 더욱 새롭고, 슬하에 천연두(天然痘)를 앓는 우환도 아름답고 길한 경지로 돌아갔습니까? 그대에게 쏠리는 여러 가지 마음이 절로 그쳐지지 않습니다.

말씀하신 "성(性)은 도(道)의 형체이고, 심(心)은 성(性)의 외성(外城)이다."[55]라는 것은 저도 일찍이 소강절(邵康節 소옹(邵雍))의 말씀이라는 것을 알고 있었는데, 지난번에 기억이 나지 않아서 받들어 질문한 적이 있었습니다. 대저 이 말씀은 다만 이 심(心)과 이(理)를 허(虛)와

53 송추(松楸) : 소나무와 가래나무로, 선영(先塋)에 많이 심는 나무여서 선조의 산소가 있는 고향 또는 선산(先山)을 가리킨다.

54 양(陽)이 회복되었는데 : 동지가 되었다는 말로, 《주역》의 〈복괘(復卦)〉에 "동지에 양효(陽爻) 하나가 회복된다."라고 한 데서 유래한다

55 성(性)은……외성(外城)이다 : 이 내용은 강절(康節) 소옹(邵雍, 1011~1077)의 시집인 《격양집(擊壤集)》의 〈자서(自序)〉에 "성(性)은 도(道)의 형체이니, 성이 상하면 도 역시 상하게 된다. 심(心)은 성(性)의 외성(外城)이니, 심이 상하면 성 역시 상하게 된다.〔性者, 道之形體也, 性傷則道亦從之矣; 心者, 性之郛郭也, 心傷則性亦從之矣.〕 신(身)은 심의 구역이니, 신이 상하면 심 역시 상하게 된다. 물(物)은 신의 수레이니, 물이 상하면 신 역시 상하게 된다."라고 보인다.

실(實), 유(有)와 무(無)의 사이에서 형용하였을 뿐입니다. 말뜻이 탁월하여 본래 병통이 없으므로 주자(朱子)에게 받아들여진 것입니다. 그러나 끝내 상수(象數)를 말미암아 이치로 나아간 학문이기에 글을 쓸 적에 간혹 원숙하지 못한 흔적을 남길 수 밖에 없었습니다. 만약 이 글을 보는 자가 말 밖에서 뜻을 알지 못하고 한결같이 언전(言筌)에 빠진다면[56] 잘못되기가 쉽습니다.

녹문(鹿門)이 이 '외성(外城 부곽(郛郭))' 한 구(句)의 말씀에 집착해서 "심(心)은 편벽되고 성(性)은 온전하다. 성(性)은 심(心) 밖으로 초월한다."[57]는 여러 가지 설을 만들어내어 자기 견해를 성취하였으니, 이것을 깊이 생각하지 않으면 안 됩니다. 소옹(邵翁)이 마음에 보존한 바와 그 학문의 조예(造詣)에 대해서는 명도(明道)가 지은 묘지명과 회옹(晦翁 주희(朱熹))이 지은 화상찬(畫像贊)에 다 언급되었으니,[58] 어찌 후인이 다시 평할 수 있겠습니까. 한 시대의 호걸과 천고의 뛰어난 선비가 되었으므로 그 유풍을 들으면 완악한 자는 청렴하게 되고 나약한 자는 뜻을 세우게 되니, 요컨대 성문(聖門) 중의 사람입니다.

56 언전(言筌)에 빠진다면 : '언전'은 말의 통발이라는 뜻인바, 말을 듣고 그 속뜻을 알았으면 들었던 말을 잊어버려야 하는데 속뜻은 알지 못하면서 들은 말만 계속 기억하는 것을 말한다. 《莊子 外物》

57 심(心)은……초월한다 : 이 내용은 《녹문집(鹿門集)》 권26 〈미호의 〈신기음삼편〉에 차운하고, 다시 앞의 운을 사용해서 〈심성잡영〉을 짓다〔次渼湖神氣吟三篇 再疊因足成心性雜詠〕〉에 보인다.

58 소옹(邵翁)이……언급되었으니 : 소옹은 소옹(邵雍)으로, 자는 요부(堯夫), 호는 안락와(安樂窩), 시호는 강절(康節)인바, 명도(明道) 정호(程顥)가 지은 것은 〈소요부선생묘지명(邵堯夫先生墓誌銘)〉이고 주자가 지은 것은 〈강절선생화상찬(康節先生畫像贊)〉이다. 《二程文集 卷4》《朱子大全 卷85 六先生畫像贊》

장수(莊叟 장주(莊周))는 물건 밖에 마음을 두어서 가불매조(呵佛罵祖)[59]를 하였습니다. 통달한 식견과 탁월한 의논은 비록 유속(流俗)을 경계시킬 수 있었으나, 그 본령을 따져보면 다만 이단(異端)의 걸출한 자일뿐입니다. 삼연(三淵 김창흡(金昌翕))은 세상의 유자(儒者)들이 성현(聖賢)의 울타리 안을 엿보지 못하고 곧바로 자기주장을 내세워 명성을 좇고 밖으로 치달려 여기에 구속되어 옳은 것이 없음을 보고는 매우 크게 격발하였습니다. 그리하여 마침내 장수(莊叟)를 위로 올려서 그 폐단을 바로잡고자 하였습니다. 삼연이 소옹(邵翁)을 장수(莊叟)에 견준 것은 소옹을 억제한 것이 아니고, 다만 장수를 올려서 소옹의 반열에 놓은 것입니다. 이에 연옹(淵翁 김창흡)은 치우치거나 매인 바가 있어서 거울과 저울 같은 공평함을 잃을 수밖에 없었으니, 진실로 또한 정도에 지나칩니다. 그러나 만약 이것을 가지고 마침내 연옹이 이단을 물리치는 데 엄격하지 않은 것으로 의심한다면 또 어떻게 연옹을 충분히 아는 것이라고 말하겠습니까.

저는 선영(先塋)에 제사가 있어서 추위를 무릅쓰고 왕래하다가 병든 몸이 기운이 다 소진되어 남은 책을 읽지 않고 내버려 두고 있었는데, 세월이 이렇게 흐르는 물처럼 빨리 지나가니, 더욱 곤궁한 집의 감회[60]를 금할 수가 없습니다. 이만 줄입니다.

59 가불매조(呵佛罵祖) : 불교의 선종(禪宗)에서 쓰는 용어로, 부처를 비난하고 조사(祖師)를 꾸짖는다는 뜻인바, 유가(儒家)에서는 아무런 거리낌 없이 자기 멋대로 선현(先賢)을 비난하는 것을 뜻하는 말로 쓰인다.

60 곤궁한……감회 : 한창때에 공부하지 않았다가 뒤늦게 후회하는 것을 이르는바, 자세한 고사는 143쪽 주3 참조.

홍백응에게 줌

與洪伯應

사시(四時)의 경치 중에 오직 봄 경치에서 인자(仁者)의 기상을 가장 크게 징험할 수 있으니, 꽃을 찾아 앞 냇가를 지나는 것[61]에 적지 않은 흥을 붙이고 있습니다. 근년에는 해마다 한 번씩 영서(潁西)[62]에서 봄 나들이를 하였는데, 지금은 주인이 없어서 이 일이 참으로 적막하게 되었습니다. 금년에는 좌하(座下)를 주인으로 삼고서 꾀꼬리가 울고 초목이 푸른 계절이 되면 남산 기슭의 경치 아름다운 곳에서 진솔하게 한 번 모여 봄 풍광을 감상하고자 합니다만, 노쇠한 몸이 나무의 기운이 왕성한 봄에 병을 잘 앓습니다. 알지 못하겠습니다. 능히 마귀(魔鬼)의 장난이 없을 수 있겠습니까?

61 꽃을……것 : 송나라 명도 정호의 시 〈우성(偶成)〉에 "구름 하얗고 산들바람 부는 한낮에 꽃 찾아 버들 따라 앞 시내를 지나네.〔雲淡風輕近午天, 訪花隨柳過前川.〕"라고 한 구절을 인용한 말이다. 《二程文集 卷1》

62 영서(潁西) : 오희상과 친분이 있었고, 호가 영서거사(潁西居士)인 임로(任魯, 1755~1828)가 살았던 곳으로 보인다.

홍백응에게 줌
與洪伯應

증손(曾孫)으로서 승중(承重)한 자는 그의 아내가 따라 3년의 복(服)을 입는데, 그의 어머니가 망인(亡人)에게 손부가 되면 마땅히 무슨 복을 입어야 하겠습니까. 이 예에 대해서는 퇴계(退溪 이황(李滉))와 사계(沙溪 김장생(金長生))가 모두 논한 글이 있습니다. 퇴계가 인용한 《예기》〈상복소기(喪服小記)〉의 "속종(屬從)인 자는 비록 그 친속이 죽더라도 복을 입는다."라는 글이 참으로 분명합니다. 그러나 남편이 살아 있을 때에 이미 승중을 하고 그 아내도 또한 따라서 삼년복을 입은 자는 오히려 이 글을 끌어다 중(重)한 복을 입을 수 있습니다. 하지만 만약 그 남편이 자기 아버지가 살아 있을 때 이미 죽어서 일찍이 자기 할아버지에 대한 기년복을 입었는데, 일찍이 승중을 하지 않은 자가 이제 조모의 상에 이르면 그 아내 또한 이것을 원용하여 중한 복을 입을 수 있습니까?

제가 삼가 살펴보건대 이른바 '속종(屬從)'이라는 것은 바로 '도종(徒從)'을 상대해서 글로 쓴 것입니다.[63] 그렇다면 비록 본복(本服)을 입더라도 진실로 '죽더라도 복을 입는다.'라는 의리가 되는 데 무방합니다. 만약 이것을 가지고 "그 남편이 만약 살아 있으면 마땅히 승중을 하여

63 속종(屬從)이라는……것입니다 : 상복 제도 가운데 다른 사람을 따라 상복을 입는 것으로 모두 여섯 가지 종류가 있는데, 속종은 친속 관계에 따라서 입는 것을 이르고, 도종(徒從)은 친속이 아니면서 괜히 따라서 입는 것을 이른다. 《禮記 大傳》

복을 더 입어야 한다."라고 말하면 저는 끝내 감히 알 수 없는 점이 있습니다.

대저 전중(傳重)[64]은 마땅히 남자를 위주로 삼아야 하니, 부녀(婦女)는 다만 남편을 따르고 '전중'이라고 말해서는 안 됩니다. 사계(沙溪)의 이른바 "비록 전일(前日)에 종복(從服)한 부인이 아니더라도 반드시 다 정통(正統)의 복을 입은 뒤에야 대(代)의 순서가 비로소 이어지고 전중하는 것이 근본이 있다."라는 것은 너무 과하게 미루어간 듯합니다. 설령 그 아버지가 내외(內外)가 모두 죽었고 중한 복을 입고서 이을 자가 없으면 장차 "대신하는 순서가 끊겼다."고 해서 잇지 않을 수 있겠습니까. 또 전중(傳重)의 의리에 만약 부녀를 참여시키면 도리어 엄격하지 않은 혐의가 있습니다.

일찍이 종복(從服) 3년을 입은 경우에는 뒤에도 삼년복을 입고, 일찍이 종복 대공복(從服大功服)을 입은 경우에는 뒤에도 대공복을 입어 〈상복소기〉의 글을 따라야 하니, 엄격한 정통(正統)의 순서는 끝내 부녀의 복을 가지고 그 사이에 더하거나 빼는 바가 있어서는 안 될 듯합니다. 알지 못하겠습니다. 이 뜻이 이치에 어긋나지 않겠습니까? 제가 감히 자신을 믿고서 마음대로 근거 없는 판단을 할 수 없어서 외람되이 이것을 받들어 질문하니, 부디 생각하여 헤아려서 가르쳐주시기를 바랍니다.

64 전중(傳重) : 상제(喪祭)나 종묘(宗廟)의 중한 책임을 적장(嫡長)에게 전함을 이른다. 옛날에는 종법(宗法)에 있어서 적서(嫡庶)의 구별이 아주 엄하여 적자(嫡子)가 죽었을 경우 다른 서자에게 종통을 전하지 않고 바로 손자에게 전하였는데, 이를 할아버지의 입장에서는 '전중'이라 하고, 손자의 입장에서는 '승중(承重)'이라고 한다.

홍백응에게 줌

與洪伯應

할아버지가 살아 있을 때에 아버지가 장자(長子)를 위하여 복을 입는 것을 구구한 저는 예전에는 다만 "일체(一體)여서 한 대(代)를 띄운 것〔間世〕이 아니다."라고 보았습니다. 삼가 "적자(嫡子)만 있고 적손(嫡孫)은 없다."[65]는 글을 여기에 인용하는 것은 온당하지 못할 듯하다고 생각하였습니다. 또 할아버지는 압굴(壓屈)하는 의리가 없을 듯하므로 황후천(黃朽淺)[66]의 "마땅히 계체(繼體)[67]의 복을 입어야 한다." 라는 설을 생각할 만한 것으로 여겼습니다.

지난번에 이것을 가지고 받들어 질문을 하였더니, 고견도 우연히 저와 같았습니다. 그런데 근래 다시 생각해보니, "할아버지가 살아 있을 때에 할아버지가 상주가 되어 제사를 지낸다면 일체(一體)와 간세(間世)는 논할 바가 아니다. 적자만 있고 적손이 없다는 것을, 바로 이때 원용해서 삼년복을 입지 않아야 하니, 사계(沙溪)와 도암(陶菴 이재(李縡))의 정론을 어길 수가 없다."라고 여겼습니다. 이미 예전의 견해를 고쳤으므로 이에 받들어 고합니다.

65 적자(嫡子)만……없다 : 이 내용은 《예기》 〈상복(喪服)〉 '불장기(不杖期) 적손(適孫)'조에 "적자가 있으면 적손은 없다. 손부 역시 그와 같다.〔有適子, 無適孫. 孫婦亦如之.〕"라고 보인다.

66 황후천(黃朽淺) : 후천은 황종해(黃宗海, 1579~1642)의 호로, 자는 대진(大進), 본관은 회덕(懷德)이며, 한강(寒岡) 정구(鄭逑)의 문인이다. 김장생에게 예학(禮學)을 배웠고, 저서로는 《후천집》이 있다.

67 계체(繼體) : 선조의 대를 이은 적장자(嫡長子)를 이른다.

홍백응에게 답함

答洪伯應

문 '남의 양자가 된 자가 계모가 살아 있으면 계모를 따라 외갓집으로 삼는다.'라고 하였는데, 저도 십수 년 이래로 이러한 견해를 갖고 있었습니다. 그런데 근래 김씨(金氏 김종후(金鍾厚))의 설을 살펴보니, "남의 양자가 된 자는 본래 의(義)를 주장하니, 의는 모름지기 정(情)을 빼앗아야 한다."라는 한 구절은 말의 뜻이 탁연(卓然)합니다. 그가 "양자가 된 뜻은 끊어진 대를 잇는 것이 크고, 양육을 위한 것이 아니다."라고 하였고, 또 "끊어진 대를 잇는 것은 바로 대의(大義)이니, 모름지기 여기에 양육하는 은혜까지 겸하여 중(重)함으로 삼으려고 하면 양육한 은혜가 없는 자는 대의가 완전하지 못하게 된다."라고 하였는데, 이것은 제대로 본 것입니다. 아마도 이른바 "앞 세대의 사람이 발명하지 못한 것을 발명했다."라는 것이므로 내가 항상 외고 음미하고 찬탄해서 옛 견해를 씻어내고 따른 것이었는데, 이제 고명한 의논을 받아보고서 제가 낭주(廊柱)의 의혹[68]으로 돌아가지 않았음을 더욱 믿게 되었습니다.

이 양자(養子)의 예는 여기에 한 마디 말을 덧붙이기가 어렵습니다. 다만 끊어진 대를 잇는 의(義)가 크고 양육하는 은혜가 작으니, 참으로 의로써 은혜를 엄폐하여야 할 뿐입니다. 어찌 세속의 정(情)과 사사로

68 낭주(廊柱)의 의혹 : 그동안 사실로 믿었던 것을 공연히 의심하여 다시 문제 삼는 것을 말한다. 《近思錄 存養》

운 마음에 견제를 받아 바름으로 돌아가지 않을 수 있겠습니까.

답 이 양자(養子)의 예는 구구한 저도 일찍이 김씨(金氏 김종후(金鍾厚))의 설을 취함이 있었습니다. 그러나 경전(經傳)에 근거할 내용이 없기 때문에 감히 대번에 믿지 못했습니다. 그런데 근래 다시 생각해 보니, 원배(元配)와 계배(繼配)는 똑같이 체(體)를 함께하는 제체(齊體)[69]의 의리가 있으니, 부부의 인륜은 진실로 더하거나 줄임이 있는 것은 아니나, 선후의 순서로 말하면 또한 어찌 그 사이에 경중을 따질 것이 없겠습니까.

정(程)선생과 장(張)선생 두 분의 "계실(繼室)은 합장(合葬)을 해서도 안 되고, 부제(祔祭)를 해서도 안 된다."는 의논[70]은 또한 선후의 경중을 가지고 말한 것이니, 이것이 충분히 이 예의 참조가 될 수 있는 것입니다. -원배와 계배를 선후에 따라 경중을 삼는 것은 형제의 순서에 따라 경중을 삼는 것과 같습니다. 정(程)선생과 장(張)선생의 의논은 너무 과하게 미루어갔는데, 장선생의 경우 "계실(繼室)은 사당에 별도로 한 방을 만들어서 적처(嫡妻)와 첩의 등급이 있는 것처럼 해야 한다."고 까지 말씀하였으니, 이것은 주자(朱子)가 취하지 않은 이유입니다. 그러나 그 선후의 순서와 경중의 구분으로 말하면 주자 또한 어찌 두 선생의 말씀에 대해 흠을 잡으셨겠습니까.- 우리나라 풍속에서는 이 예에 대해 양육을 위주하여 선·후를 논하지 않고, 오직 어머니가 생존해 있느냐 별세하였느냐를 따져서 취사(取捨)를 하니, 이에 은혜가 중함이 되고

69 제체(齊體) : 몸을 나란히 한다는 말로, 부부간을 말한다. 《白虎通 嫁娶》

70 정(程)선생과……의논 : 정선생과 장(張)선생은 이천 정이와 횡거 장재로, 원용한 내용은 《이정유서(二程遺書)》 권18과 《장자전서(張子全書)》 권8 〈상기(喪紀)〉에 보인다. 이것을 보면 양자 간 사람은 적모(嫡母)의 외가를 자신의 외가로 삼아야 함을 알 수 있다.

의(義)가 가벼움이 되었습니다. 의는 모름지기 분명하여 바꿀 수 없는 부분이 있는데, 때에 따라 변동함은 남의 양자가 된 자가 의를 주관하는 도(道)가 아닐 듯합니다.

지금 성대한 가르침을 받으니, 약속하지 않고도 의견이 서로 부합하므로 어리석은 저의 견해가 잘못되지 않았음을 징험할 수 있었습니다. 그러나 온 세상 사람들이 이것을 행한 지가 이미 오래되었으니, 또한 어찌 하루아침에 입론(立論)하여 타파할 수 있겠습니까. 다만 이러한 의논을 보존해서 후일의 군자가 재량하여 취하기를 기다리면 될 것입니다.

홍백응에게 답함
答洪伯應

사적(邪賊)인 황사영(黃嗣永)의 백서(帛書)[71]를 보니, 지극히 흉악하고 지극히 패역(悖逆)합니다. 이는 문자가 있은 이래로 처음 있는 변고입니다. 마음을 쓰고 꾀를 낸 것이 다만 한 세상을 그르칠 뿐만이 아니고 거의 그 방법으로 온 세상을 바꾼 뒤에야 그만두고자 하였습니다. 만약 신유년에 크게 징계한 조처[72]가 없었다면 벌판을 태우는 불길이 장차 어느 지경에 이르렀을지 모를 일입니다. 이것을 가지고 말하면 정순성후(貞純聖后)[73]의 위대한 공렬(功烈)이 다만 우리나라를 아름답게 안정시켰을 뿐만이 아니니, 비록 사교(邪敎)를 물리치고 도

71 황사영(黃嗣永)의 백서(帛書) : 1801년(순조1) 신유박해(辛酉迫害)로 타격을 입은 조선 교회의 참상과 교회 재건책을 북경에 있는 주교에게 호소하는 장문의 편지를 이른다. 황사영은 다산 정약용의 맏형인 정약현(丁若鉉)의 사위이다.

72 신유년에……조처 : 신유년(1801 순조1)에 발생한 천주교 박해 사건으로, 신유박해 또는 신유사옥(辛酉邪獄)이라 한다. 천주교는 정조의 관대한 정책에 의해 18세기 말에 전국적으로 교세를 확장해 나갔으나 정조가 죽은 뒤 순조가 즉위하자 천주교를 사교(邪敎)로 규정하고 본격적으로 탄압하였다. 신유박해는 집권 세력인 노론 벽파(僻派)가 그 반대 세력인 남인 시파(時派)를 제거하기 위한 정권 다툼의 한 결과물이라고도 할 수 있다.

73 정순성후(貞純聖后) : 영조(英祖)의 계비인 정순왕후(貞純王后, 1745~1805)를 이른다. 본관은 경주(慶州)이고, 오흥부원군(鰲興府院君) 김한구(金漢耉)의 딸이다. 사도세자를 반대하는 벽파와 손을 잡고 반대파인 시파를 탄압하였으며, 순조가 즉위하자 수렴청정을 하면서, 천주교 금지령을 내리고 신유박해를 일으켰다.

(道)를 보호했다고 하더라도 또한 지나친 말이 되지 않을 것입니다.

그러나 때가 바뀌고 일이 지나가서 사람들 마음이 편안함에 익숙해졌습니다. 또 돌아보건대 천주교의 포교하는 방법이 요사(妖邪)하고 음험(陰險)하고 교묘(巧妙)해서 안으로는 군(君)・신(臣)과 부(父)・자(子)의 관계를 끊었으나 겉으로는 세상을 따르고 풍속을 따라 보통 사람들과 함께 거처하니, 누가 까마귀의 암놈과 수놈을 알겠습니까.[74] 두려워할 만한 것은 흉악한 무리들의 남은 종자가 부지불식중에 은근히 불어나고 뻗어 가서 다시 창궐하여 올바른 길을 가득 메우고 하늘까지 넘치는데, 지위에 있는 자들을 돌아보면 이것을 가지고 염려하지 아니해서 서로 잊는 지경에 내버려 두고 있으니, 저로 하여금 몹시 근심하게 합니다. 한 번 사서(邪書)가 나라의 금서(禁書)가 된 뒤로부터는[75] 그 책을 직접 제 눈으로 볼 수 없으니, 비록 제가 논척(論斥)하고자 하나 실로 그 책의 본말을 알 수가 없습니다.

일찍이 당신에게 "광성(廣城) 안정복(安鼎福)[76]이 이에 대해서 성심으로 배척하고 공격해서 지은 《천학고(天學考)》[77]가 있는데 그가 진장

74 누가……알겠습니까 : 서로 간의 시비와 선악을 밝히기 어렵다는 말이다. 《詩經 小雅 正月》

75 사서(邪書)가……뒤로부터는 : '사서'는 이벽(李檗, 1754~1786), 권철신(權哲身, 1736~1801) 등이 중심이 되어 조선에 천주교회를 성립하는 데에 큰 영향을 끼쳤던 마테오리치((Matteo Ricci)의 《천주실의(天主實義)》를 가리키고, 금서(禁書)가 된 때는 신유박해를 가리키는 것으로 보인다.

76 광성(廣城) 안정복(安鼎福) : 안정복(1712~1791)이 광성군(廣城君)에 봉해졌기 때문에 이렇게 칭한 것이다. 안정복은 자가 백순(百順), 호가 순암(順菴), 본관이 광주(廣州)로, 사헌부 감찰, 동지중추부사 등을 지내고, 광성군에 봉해졌다. 성호(星湖) 이익(李瀷)의 문인이다.

(眞贓)[78]의 단안(斷案)을 곧바로 더듬어 탐구하였으므로 여기에 더할 것이 없다."라는 말씀을 들었습니다. 평소 이 책을 보고자 하였는데, 일전에 우연히 그 문자를 얻어 대략 한 번 보니, 논변한 것이 매우 간략하여 일찍이 듣던 바와 같지 못하였습니다. 아마도 이것은 한 편일 뿐이고 전본(全本)이 아니기 때문이 아니겠습니까. 그러나 여기에 인용한 《천주실의(天主實義)》와 《진도자증(眞道自證)》[79]은 모두 사서(邪書)의 책 이름이니, 이 가운데 이른바 '원조(元祖)'와 '재조(再祖)'라는 칭호와 "천주(天主)가 직접 와서 세상을 구제한다."는 말은 바로 근본적인 종지(宗旨)인데, 차례도 없고 조리도 없어서 말이 되지 않습니다. 그러므로 결코 어리석은 부녀자나 어린 사람도 속일 수가 없는데, 고명(高明)한 자들도 왕왕 그 교(敎)에 빠지니, 이것은 별도로 사람을 속이는 방법과 요망한 기술이 있어서 사람의 이목을 어둡게 하고

77 천학고(天學考) : 1785년(정조9) 천주교의 배척을 위한 논리적인 문장으로, 안정복의 《순암집》 권17 잡저에 실려 있다. 서종태의 연구에 따르면, 안정복은 1785년 3월 《천학고》와 《천학혹문(天學或問)》 초고본을 완성하고 그해 12월에 그것을 수정·보완한 수정본을 완성하였으며, 1791년(정조15) 7월 20일 사이에 그 제목을 《천학문답(天學問答)》으로 바꾸었다고 한다. 《서종태, 順菴 安鼎福의 〈天學設問〉과 〈天學考〉·〈天學問答〉에 관한 연구, 敎會史硏究, 제41집, 한국교회사연구소, 2013.》

78 진장(眞贓) : 범행의 확실한 증거물이란 뜻인데, 여기서는 천주교 책자나 그림 같은 것을 가리킨다.

79 진도자증(眞道自證) : 예수회 소속 프랑스 선교사 샤바냑〔沙守信; Chavagnac, ?~1717〕이 저술하여 1718년 북경에서 간행한 천주교 교리서로, 4권 2책으로 되어 있다. 천주교 주요 교리의 해설과 불교에 대한 비판 등이 주요 내용이다. 조선에서는 18세기 중엽에 북경을 왕래하던 사신들에 의해 전해져 이승훈·이벽·권철신 등 한국교회 창설자들이 읽었는데, 안정복의 〈천학문답〉과 홍정하(洪正河)의 〈증의요지(證義要旨)〉 등을 통해 비판받기도 하였다.

마음을 빼앗기 때문이 아니겠습니까. 매우 괴이합니다.

그러나 만일 그 방법이 근거하여 법문(法門)[80]으로 삼은 것이 만약이 글에서 말한 바에 지나지 않는다면 또한 어찌 크게 논변할 것이 있겠습니까. 곧바로 상천(上天)을 속인 죄로 다스려서 주별하면 될 것입니다.

80 법문(法門) : 원래 불교 용어인바, 중생을 열반에 들게 하는 문이라는 뜻으로, 부처의 교법(敎法)을 비유하는데, 후세에는 성인(聖人)의 가르침을 비유하는 말로 사용되었다.

홍백응에게 답함

答洪伯應

《한정당집(閒靜堂集)》[81]에서 양학(洋學)을 논한 한 단락[82]은 참으로 무슨 책을 보고 말한 것인지 모르겠습니다. 뒤에 다른 무리에게 구실이 될까 두려우니, 이 책을 판각하던 때에 삭제해 버리지 못한 것이 애석합니다. 만일 이 어른이 생민(生民)에게 해독을 끼치고 남의 집안과 나라에 화를 끼치는 것이 이렇게 참혹함을 미리 보았더라면, 비록 칭찬할 만한 한두 가지를 보았더라도 결코 이것을 책에 쓰지는 않았을 것입니다. 일찍이 이러한 말을 가지고 송씨(宋氏) 여러 사람에게 "빨리 원판(原板)을 가져다 추가로 삭제하여 바로잡아야 한다. 그렇지 않으면 실로 누를 끼칠 우려가 있다."라고 말하였으나, 송씨들이 제 말을 크게 옳다고 여기지 않으니, 한탄스럽습니다.

81 한정당집(閒靜堂集) : 한정당 송문흠(宋文欽, 1710~1752)의 문집이다. 송문흠은 자가 사행(士行), 호가 한정당이고, 본관은 은진(恩津)이며, 동춘당(同春堂) 송준길(宋浚吉)의 현손이다. 형인 늑천(櫟泉) 송명흠(宋明欽)과 함께 당대의 학사로 이름났다.

82 양학(洋學)을……단락 : 송문흠이 송능상(宋能相, 1709~1758)에게 보낸 편지에 당시 북쪽에서 들어온 여러 종의 서적 가운데 '서양인(西洋人)의 천주학(天主學)'에 대해 얘기한 단락을 가리킨다. 천주학이 이일분수(理一分殊)의 묘리에 대해서는 식견이 없고 천당(天堂), 지옥(地獄), 화복(禍福)의 설도 말할 만한 것이 없으나, 불로(佛老)를 엄하게 배척하고 인륜(人倫)을 독실하게 실천하며 행실이 청고(淸苦)함은 오랑캐 학문 중에서 선(善)에 가까운 것인데, 마침내 이것으로 세상을 바꾸고자 하니, 중국의 유자(儒者)들이 차츰 신봉하고 있으며 우리나라에도 이미 여러 종의 관련 서적이 유행하고 있다고 한 것을 가리킨다. 《閒靜堂集 卷3 與宋士能》

홍백응에게 답함
答洪伯應

문 《한정당집(閒靜堂集)》에 김중척(金仲陟)과 '심(心)'에 대해 논한 편지를 어른께서는 일찍이 어떻게 생각하셨습니까? 여기에 이르기를 "'심(心)'의 체(體)는 '기(氣)'의 정상(精爽)만을 가리킨 것에 불과한데 사람들이 번번이 이것을 순선(純善)으로 돌립니다. 이와 같다면 《중용》에 이른바 '천명(天命)의 성(性)'이 어찌 군더더기 같이 쓸모없는 물건이 되지 않겠습니까. 그리고 맹자(孟子)가 입이 닳도록 발명한 것이 또한 무엇 때문이겠습니까."[83]라고 하였는데, 이는 아마도 아직 정해지지 않은 의논인 듯합니다.

성(性)에 있어서는 마땅히 '순선(純善)'이라고 칭해야 하고, 심(心)에 있어서는 마땅히 '본선(本善)'이라고 칭해야 합니다. 그런데 김씨의 설에서 '순선' 두 글자를 '심(心)'에 놓은 것은 참으로 합당하지 못하고, 또 '심(心)'의 체(體)가 본래 선(善)함에 대해 어찌 이론(異論)을 용납하겠습니까. '불과(不過)' 두 글자를 말한 것은 '심(心)'의 체(體)를 매우 가볍게 본 것이니, 포론(浦論)이 마음을 화장(火臟)이라고 인식할 뿐인 것[84]과 별로 다를 것이 없습니다. 이 말이 어찌 이설(異說)을 말하

83 심(心)의……때문이겠습니까 : 《한정당집》 제3권에 김중척(金仲陟)에게 보낸 편지가 여덟 편이 실려있는데, 이 내용은 그 가운데 여섯 번째 편지에 보인다. 중척은 김상무(金相戊, 1711~?)의 자로, 본관은 광산(光山)이다. 1776년(영조52) 기로 정시(耆老庭試)에 합격하여 승지에 제수되었다.

84 포론(浦論)이……것 : '포론'은 충청도 내포(內浦) 지역에서 남당(南塘) 한원진

는 자들의 자부(資斧)[85]가 되지 않을 줄을 알겠습니까.

답 송장(宋丈 송문흠(宋文欽))의 이 편지는 저도 일찍이 의심하였는데, 지금 훌륭한 말씀을 받아보니, 논변하여 해석한 것이 지극히 명쾌합니다. 그러니 어찌 공경하고 감탄하는 마음을 이루 다 말할 수 있겠습니까. 이 어른은 다만 맹자가 입이 닳도록 '성선(性善)'을 발명한 것만 알고, 입이 닳도록 발명한 것이 또 '호연지기(浩然之氣)'에 있음은 알지 못하였습니다. '성선'의 뜻을 모름지기 '호연지기'와 합쳐 보아야 뜻이 비로소 완비됩니다. 대저 기(氣)에는 본(本)이 있고 말(末)이 있으니, 본은 똑같으나 말이 똑같지 않으므로 심(心)에서는 '본선(本善)'이라고 칭하고, -심(心)의 체(體)는 바로 기의 근본이니, 이른바 '정상(精爽)'이라는 것이다.- 이(理)는 본(本)도 없고 말(末)도 없어서 하나일 뿐이므로 성(性)에서는 순선(純善)을 칭한 것이니, '본선(本善)'과 '순선(純善)'의 사이는 이(理)와 기(氣)로 나누어집니다.

그러므로 마음이 비록 선(善)하나, 성(性)이 없으면 선(善)이 기준으로 삼을 바가 없고, 성이 비록 선하나 심(心)이 없으면 선이 무슨 일을 할 수 없습니다. 이것은 바로 심(心)과 성(性)이 일치하는 묘리(妙理)입니다. 만일 불선(不善)을 하는 것으로 말하면 심(心)의 본연이 아닙니다. 이 때문에 "심(心)은 본래 선(善)하다."라는 의논은 후대(後代)의 유자(儒者)들이 지어낸 말이 아니고, 실로 정자(程子)와 주자(朱

(韓元震)을 중심으로 형성된 호론(湖論) 계열의 학파를 가리키는바, 한원진이 심(心)을 화기(火氣)의 심장(心臟)에서 발한 것으로 인식한 것을 말한다.《南塘集 卷35 雜識 內篇上》

85 자부(資斧) : 여행하다가 산이나 들에서 노숙할 경우 노숙에 필요한 형극(荊棘)을 벨 때 쓰는 도끼인데, 여기에서는 '사람을 위협하는 도구'라는 뜻으로 쓰였다.

子)로부터 모두 분명한 가르침이 있어서 바꿀 수가 없는 것입니다.

남당(南塘 한원진(韓元震)) 등 여러분은 매번 마음이 선(善)하다는 논(論)을 배척하여 강제로 불씨(佛氏)로 귀결하게 하니, 불씨가 이른바 "심(心)이 선(善)하다."라는 것은 이치를 갖추어 물건을 주재하는 묘함을 다 버려두고, 다만 마음 구멍의 신령스러운 곳을 가리켜 선(善)하다고 한 것일 뿐입니다. 그러므로 불교는 끝내 이단의 견해로 돌아가는 것입니다. 만일 세세히 연구하여 살펴본다면 어찌 일찍이 우리 유가(儒家)에서 말한 것과 비슷하였겠습니까.

이 어른은 천자(天資)가 총명하고 지혜로워 이치를 정밀하고 깊게 살펴보았으므로 일찍이 호론(湖論)과 낙론(洛論)의 옳고 그름을 분석한 것이 매우 통투(通透)하고 빼어났습니다. 그러나 우연히 여기에 대해서는 말씀할 때의 병통이 있으니, 참으로 총명으로 발명하는 것이 익숙히 강학(講學)하는 것만 못함을 알겠습니다.

홍백응에게 답함
答洪伯應

고고(顧高)[86]의 유서(遺書)는, 일찍이 《녹문집》에서 고양계(高梁溪)를 크게 칭찬한 것을 보고 한 번 보고자 하였으나 얻지 못하였는데, 이번에 이렇게 보여주시니 참으로 다행입니다. 제가 일찍이 생각하건대 명(明)나라 학자들은 송(宋)나라 여러분의 뒤에 태어나 잘잘못을 골고루 다 보았기 때문에 입론(立論)하기가 쉬웠습니다. 그러나 역량과 도량을 돌아보면 미치지 못함이 많습니다. 이러한 본령(本領)을 가지고 마침내 송나라 학자들을 크게 뛰어넘고자 하였으므로 학문을 논하면 지름길을 좋아하고 이치를 논하면 새로운 말을 창안하기를 좋아하였습니다. 이교(異敎)로 흘러 들어가지 않으면 편향되고 위태로운 것이 많았으므로 참된 유자(儒者)가 매우 드물었던 것입니다.

그러나 명나라 선비 중에서 하나하나 뽑아보면 호경재(胡敬齋)[87]의

86 고고(顧高) : 명나라 말기의 강소성(江蘇省) 무석(無錫) 사람 고헌성(顧憲成, 1550~1612)과 고반룡(高攀龍, 1562~1626)을 아울러 칭한 것이다. 고헌성은 자가 숙시(叔時), 호가 경양(涇陽)이다 고반룡은 자가 운종(雲從) 또는 존지(存之), 호가 양계(梁溪) 또는 경일(景逸), 시호는 충헌(忠憲)으로, 만력(萬曆) 17년(1589) 진사(進士)가 되어 출사하고 벼슬이 대리소경(大理少卿)에 이르렀으며, 엄당(閹黨)의 원한을 사서 삭적(削籍) 당하자 귀향하여 스승 고헌성과 함께 무석(無錫)의 동림서원(東林書院)에서 강학하며 동림학파(東林學派)를 일으켜 스승과 함께 영수가 되었다.

87 호경재(胡敬齋) : 경재는 명나라 초기의 성리학자인 호거인(胡居仁, 1434~1484)의 호로, 자는 숙심(叔心)이다. 스승 오여필(吳與弼)의 문하에서 정주학(程朱學)의 정통을 이어받고 백록서원(白鹿書院)과 동원서원(洞源書院) 등에서 강의하였다.

경우 습기(習氣)를 뽑아 버려 문로(門路)가 확실합니다. 그리고 나정암(羅整菴 나흠순(羅欽順))처럼 큰 근본에 식견이 있어 의논이 명투(明透)한 경우는 마땅히 최고가 되어야 합니다. 그런데 경재는 기국(器局)이 크지 못해서 크게 받아들이는 도량이 없었고, 나정암은 자신감이 너무 지나쳐 간혹 정주(程朱)의 정론(定論)과 어긋나는 점이 있었으니, 이것이 애석할 만합니다. 그러나 나정암이 말한 본말(本末)을 보면 정주와 어긋나는 곳은 요컨대 말씀을 제대로 알지 못한 것이지 다른 사람들처럼 일부러 기치(旗幟)를 내세운 것이 아닙니다. 그가 불씨(佛氏)를 배척하고 양명학(陽明學)을 배척한 것으로 말하면 저가 이치를 매우 분명하게 보았기 때문에 사사(士師)가 옥사(獄事)를 결단하는 것처럼 그들의 진장(眞贓)을 연구하고 따져 실정(實情)에서 도피하지 못하게 하였으니, 이는 정주(程朱) 이후로 일찍이 있지 않았던 것입니다. 성인(聖人)의 문하(門下)에 공(功)이 있다고 이를 만하니, 요컨대 경재가 미칠 수 있는 것이 아닙니다.

고경양(顧涇陽)과 고양계(高梁溪)의 글은 병중이어서 비록 다 보지는 못했으나, 때때로 한가한 틈을 이용하여 대략 엿본 바가 있습니다. 고경양은 고양계의 묘한 깨달음에 미치지 못하니, 고양계는 참으로 좋은 점이 많습니다. 이치를 논한 몇 단락은 지극히 정채(精采)가 있으므로 이와 같은 분은 얻기가 쉽지 않습니다. 그러나 좋은 점이 있음에도 불구하고 새로운 것을 좋아하고 지름길을 좋아함을 면치 못해서 편향되고 생경한 병통이 많고 주밀하고 원만한 뜻이 부족합니다. 그래서 육왕(陸王 육구연(陸九淵)과 왕수인(王守仁))을 배척한 것은 끝내 모호함에 해당하여 나정암(羅整菴 나흠순(羅欽順))의 명쾌하고 통절한 것만 못하니, 이것을 가지고 보면 그가 본 것이 나정암에게 몇 배를 미치지 못할 뿐만이 아닙니다.

노형은 동림당(東林黨)[88]의 여러 사람을 어떻게 생각하십니까? 저는 일찍이 생각하건대 하(夏)·은(殷)·주(周) 3대 이후로 정당하게 나라를 세운 것은 오직 한(漢)나라와 명나라뿐입니다. 그러므로 그 나라가 끝날 때에 반드시 인물들이 한 차례 나와 정기(正氣)로 끝을 맺었으니, 한나라 동경(東京)의 당고(黨錮)[89]와 명나라 말기의 동림당이 여기에 해당합니다. 그러나 동림당은 세상의 수준이 더욱 낮아져서 풍기가 쇠진하여 풍신(風神)과 기백(氣魄)이 한나라에 크게 미치지 못하였습니다. 그리하여 그 수준이 한나라의 이원례(李元禮 이응(李膺))와 범맹박(范孟博 범방(范滂)), 곽림종(郭林宗 곽태(郭泰))과 서유자(徐

88 동림당(東林黨) : 명나라 신종(神宗) 만력(萬曆) 연간에 고헌성 등이 동림서원을 중수(重修)하고 고반룡 등과 함께 이곳에서 강학(講學)하며 조정의 정사를 비평하며 의논하였는데, 그때 참여했던 사람들과 이에 동조했던 사람들을 통틀어 일컫는 말이다. 이 동림서원은 원래 송(宋)나라 양시(楊時)가 강학했던 곳으로, 지금의 강소성(江蘇省) 무석시(無錫市)에 있다. 이 동림학파의 명성이 점점 커지면서 적대 세력에 의해 동림당(東林黨)이라고 지목을 받았는데, 희종(熹宗) 천계(天啓) 연간에 환관(宦官)인 위충현(魏忠賢)이 전권(專權)을 행사하자 동림의 제인(諸人)이 끝까지 항거하다가 모두 혹독한 박해를 받았으며, 그 뒤에 숭정제(崇禎帝 의종(毅宗))가 즉위하자 위충현이 실세(失勢)하여 사살하면서 당금(黨禁)이 비로소 풀렸다.《明史 卷231 顧憲成列傳》《明史紀事本末 東林黨議》

89 동경(東京)의 당고(黨錮) : 동경은 후한(後漢)의 도읍인 낙양(洛陽)을 가리키는 바, 후한 때 당고의 화를 말한다. 환제(桓帝) 때 지사(志士) 진번(陳蕃), 이응(李膺), 범방(范滂) 등이 환관들의 전횡을 비판하다가 도리어 당인(黨人)으로 지목되어 종신토록 금고(禁錮)를 당하였다. 이후 영제(靈帝) 때에 또다시 대장군 두무(竇武)와 진번 등이 환관을 제거하려고 모의하다가 사전에 누설되어 절개 있는 선비 100여 명이 피살되거나 유배되었고, 수금된 자가 700여 인에 이르렀다고 한다.《後漢書 卷8 孝靈帝紀, 卷67 黨錮列傳》

孺子 서치(徐穉))에 필적할 자가 없고, 오직 고씨(顧氏)와 고씨(高氏) 두 현자가 학문한 사람으로서 영수(領袖)가 되었습니다. 그러므로 동림당의 여러 사람이 대부분 깨끗하고 열렬(烈烈)하여 우주 사이의 정기(正氣)를 붙들었던 것입니다. 왕조가 바뀌는 즈음에 절개를 지키다가 죽은 사람들이 이처럼 많은 것은 역사책에 일찍이 없던 일입니다. 그래서 백세(百世)의 뒤에도 오히려 사람들로 하여금 감개(感慨)의 마음을 일으키게 하는데, 세상에서는 이 사람들이 당화(黨禍)를 격하게 조성하여 나라를 위태롭게 하거나 멸망을 초래하게 하였다는 것으로 허물하는 자가 있으니, 이것은 무슨 뜻입니까?

홍백응에게 답함

答洪伯應

편지에 말씀한 명나라의 여러 유자(儒者)의 순수하고 순수하지 못함과 잘잘못은 옛사람을 논한 것이 구차하지 않고 하나하나 법도에 맞으므로 이치를 밝히는 한 단서를 징험할 수 있으니, 어찌 공경하고 탄복하는 마음을 이길 수 있겠습니까. "명나라의 적통이 멸망한 것은 틈적(闖賊)[90]에게 망한 것도 아니고 당화(黨禍)에 망한 것도 아니요, 학술에 의해 망한 것이다. 운운"이라고 한 경우는 "한 주먹의 혈흔과 한 회초리의 혈흔이 생긴다."[91]라는 말로도 그 통절(痛切)함을 다 비유할 수가 없으니, 고견(高見)의 탁월함을 더욱더 우러릅니다. 그런데 세상을 돌아보면 더이상 학술이 나라를 다스리는 큰 근본임을 아는 사람이 한 명도 없습니다. 어이하면 이런 고상한 의논을 가지고 사람들을 불러 깨울 수 있겠습니까. 이 때문에 크게 탄식합니다.

고씨(顧氏)와 고씨(高氏) 두 분의 학문은 '정(靜)' 한쪽에 치우처

90 틈적(闖賊) : 명나라를 멸망시킨 틈왕(闖王) 이자성(李自成, 1605~1645)을 이른다. 민란을 주도하여 1643년(의종16)에 서안(西安)을 점령하고 나라를 세워 국호를 '대순(大順)'이라 하였으며, 1644년에 북경(北京)을 공격하여 의종(毅宗)을 자살하게 하고 명나라를 멸망시켰다.

91 한 주먹의……생긴다 : 이 내용은 《주자어류》 권10 〈독서법(讀書法)〉의 "한 번의 회초리질에 어김없이 한 줄기 회초리의 혈흔이 생기고, 한 번의 주먹질에 어김없이 한 주먹의 혈흔이 생긴다.〔一棒, 一條痕; 一摑, 一掌血.〕"라는 말을 원용한 것으로, 공부에 혼신의 노력을 기울여 목표한 결과를 얻어낸 것을 이른다.

먼저 심(心)의 본체를 보고자 한 것입니다. 요컨대 그 뜻은 오로지 높은 경지로 나아가기를 힘써 곧장 간략한 지름길로 달려가서 외면을 버리고 내면을 급하게 함을 면치 못했습니다. 입을 열면 번번이 "심(心)이 이(理)와 하나이다."라고 말하여 이(理)를 빠트릴 수 없다는 것을 발명하였으나, 학문하는 것은 입으로 말하는 데 그쳤습니다. 심(心)은 형체가 없고 형상이 없는 것인데, 오로지 심(心)에 나아가 공력(功力)을 쓴다면 거의 어둠 속에서 더듬어 찾는 것과 같아 잘못되지 않는 경우가 드물 것입니다.

주부자(朱夫子)가 말씀하기를 "성현(聖賢)이 말씀한 학문하는 순서와 준례(準例)는 모름지기 먼저 외면의 형상이 있는 곳에서부터 잡아 붙들어 일으켜야 한다."[92]라고 하셨으니, 어리석은 저는 삼가 이 말씀이 재미가 있습니다. 일찍이 이 말씀을 가지고 찾아보았는데, 안자(顔子)의 '사물(四勿)'[93]과 증자(曾子)의 '삼성(三省)'[94]과 정자(程子)의 '정제엄숙(整齊嚴肅)'[95]과 같은 것이 형상이 있는 곳에서 공부를 하고 힘을

92 성현(聖賢)이……한다 : 이 내용은 《주자대전》 권47 〈여자약에게 답함〔答呂子約〕〉에 보인다.

93 안자(顔子)의 사물(四勿) : 안자는 안회(顔回)를 높여 칭한 것으로, 공자에게 인(仁)을 실천하는 조목을 묻자, 공자가 "예가 아니면 보지 말며, 예가 아니면 듣지 말며, 예가 아니면 말하지 말며, 예가 아니면 움직이지 말라.〔非禮勿視, 非禮勿聽, 非禮勿言, 非禮勿動.〕"라고 한 것을 가리킨다. 《論語 顔淵》

94 증자(曾子)의 삼성(三省) : 증자는 공자의 제자 증삼(曾參)을 높여 칭한 것으로, 그가 하루에 세 가지를 가지고 자신을 반성한 일을 가리키는바, 《논어》 〈학이(學而)〉에 "남을 위하여 일을 도모하면서 충성스럽지 못한가? 붕우와 더불어 사귀면서 성실하지 못한가? 전수받은 것을 복습하지 않는가?"라고 보인다.

95 정자(程子)의 정제엄숙(整齊嚴肅) : 정자는 이천 정이를 높여 칭한 것으로, '정제

쓰지 않음이 없어서 평이(平易)하고 명백(明白)하여 더이상 어렵거나 모호한 것이 없으니, 이것이 바로 유가의 정법(正法)이요 정수(精髓)로써 바꿀 수 없는 것입니다.

그러나 주자(周子)의 '정(靜)을 주장한다.'[96]라는 것과 연평(延平)의 '미발(未發) 때의 기상(氣象)을 체인(體認)한다.'[97]라는 것은 다만 정(靜)이 동(動)의 근본이 되어 정(情)을 잡아 본체로 돌아가는 묘함을 가리켜 보인 것입니다. 요컨대 배우는 자들로 하여금 말의 통발에 떨어지지 않고[98] 형기(形器)에 빠지지 않아 천리(天理)를 통달하는 향상(向上)의 일이 있음을 알게 한 것이고, 아래로 인사(人事)를 배우는 많은 단계를 거치지 않고 오로지 여기에 종사하게 하고자 한 것은 아닙니다. 그러므로 성인(聖人)이 사람을 가르칠 적에 아래로 인사(人事)를 배우

엄숙'은 그가 "다만 외면을 정제하고 엄숙히 하면 마음이 곧 전일해지니, 전일해지면 저절로 사악함이 침범하는 일이 없게 된다.〔只整齊嚴肅, 則心便一, 一則自無非辟之干.〕"라고 한 데에 보인다.《二程遺書 卷15 入關語錄》

96 주자(周子)의……주장한다 : 주자는 북송의 염계(濂溪) 주돈이(周敦頤)를 가리키고, 인용한 내용은 그의 〈태극도설(太極圖說)〉에 "성인은 중·정·인·의로써 정하되 고요함을 주장하시어 사람의 극을 세우셨다.〔聖人定之以中正仁義而主靜, 立人極焉.〕"라고 보인다.

97 연평(延平)의……체인(體認)한다 : 연평은 송나라의 학자 이통(李侗)의 호이고, 인용한 내용은《심경(心經)》권1 '천명지위성장(天命之謂性章)'에 "주자가 하숙경에게 답한 편지에 다음과 같이 말하였다. '이 선생(李先生 이통)은 사람을 가르칠 적에 「정(靜)한 가운데에서 대본(大本)이 미발(未發)한 때의 기상을 체인하기를 분명하게 하면 일을 처리하고 사물에 응함에 자연 절도에 맞는다.」고 하셨다.'"라고 보인다.

98 말의……않고 : 물고기를 잡고 나면 잡는 도구인 통발을 잊어야 하는데 잊지 못하는 것처럼, 말은 본뜻만 제대로 알면 되는데 그 말을 잊지 못하여 뜻을 잘못 이해하게 되는 것을 이른다.《莊子 外物》

는 곳에서 동(動)과 정(靜)을 아울러 기르고 지(知)와 행(行)을 함께 진전시켜 한 걸음 한 걸음 미루어 나아가 자연히 위로 천리(天理)를 통달하게 하였던 것이니, 일찍이 털끝만큼도 단계를 건너뛰지 않았습니다.

이 노인의 학문한 종지(宗旨)로 말하면 이미 배우는 초기부터 오로지 정(靜)한 가운데에 나아가 심(心)을 알고 성(性)을 보았으며, 이것으로써 입문(入門)하고 덕을 이루어 범인(凡人)의 단계를 뛰어넘어 성인으로 들어가는 묘한 도로 삼았습니다. 그러니 설령 일생 동안 정주(程朱)를 모범으로 삼았다 하더라도 끝내 반드시 공허함으로 흘러 점점 정백(精魄)을 희롱하여 단예(端倪)를 기르는 학문[99]에 빠져들 듯하니, 이것을 살피지 않으면 안 됩니다. 이 두 분은 비록 명나라 말기의 유명한 학자이나 오히려 습기(習氣)에서 벗어나지 못하여 도(道)의 참됨을 보지 못했습니다. 고양계(高梁溪)가 이치를 논한 여러 설은 간혹 초월한 견해가 있으나, 모두 상상하여 추측한 나머지에서 얻은 것이요, 원만하고 융화하여 자득한 지취(旨趣)가 없습니다. 그러니 마땅히 요강(姚江)[100]을 공격할 때에 번번이 주자(朱子)와 짝을 이루어

99 정백(精魄)을……학문 : 명(明)나라 중기의 학자인 진헌장(陳獻章, 1428~1500)이 한 말로, 《명유학안(明儒學案)》 〈발범(發凡) 진백사헌장(陳白沙獻章)〉과 《진백사집(陳白沙集)》 권2 〈하극공 황문에게 줌〔與賀克恭黃門〕〉에 보인다. 진헌장은 자가 공보(公甫), 호가 석재(石齋)이며, 백사에서 살았기 때문에 '백사 선생(白沙先生)'이라고도 한다. 그의 학풍은 상산(象山) 육구연(陸九淵)의 심성론(心性論)을 이었는바, 주자(朱子)의 학풍과 대치되었다.

100 요강(姚江) : '요강학파(姚江學派)'를 이르는바, 명나라 학자 왕수인(王守仁, 1472~1529)이 절강(浙江) 여요현(餘姚縣) 출신인데, 여요현의 경내로 요강이 흐르기 때문에 그의 학파를 '요강학파'라고 칭한다.

똑같이 포폄(褒貶)하여 비록 피차의 구분을 약간 두기는 하였으나, 필경에는 머뭇거리며 앞으로 나아가다가 퇴각하였으니, 완전히 통쾌하지는 못하였습니다.

이로 말미암아 말하면 두 분의 학술(學術)은 진실로 명절(名節)이 부족한 것입니다. 그리고 고양계가 못에 빠져 죽은 것[101]은 다만 자기 몸을 깨끗이 할 줄만 알고 임금이 내리신 명(命)의 중함을 알지 못해서 구독(溝瀆)의 작은 신(信)[102]을 성취하였습니다. 여기에서도 학문이 편벽되어 큰 성취를 얻지 못하였음을 징험할 수 있으니, 참으로 애석합니다.

101 고양계가……것 : 희종(熹宗) 천계(天啓) 연간에 환관(宦官)인 위충현(魏忠賢)이 전권(專權)을 행사하여 동림(東林)의 제인(諸人)이 혹독한 박해를 받을 때 고반룡은 위충현의 탄핵으로 인해 도찰원좌도어사(都察院左都御史)에서 파직되었는데, 고반룡에게 앙심이 있었던 간신(姦臣) 최정수(崔呈秀)가 고반룡이 탐오(貪汚)한 짓을 저질렀다는 서신 주본(奏本)까지 만들어 무함하자, 굴욕감을 견디지 못한 고반룡이 못에 빠져 자살하였는바, 이를 두고 한 말이다. 최정수는 환관으로서 총애를 얻어 전횡을 일삼은 위충현을 아버지라 칭하며 추종하여 병부 상서(兵部尙書)까지 올랐고, 동림당(東林黨)을 배척하고 수많은 선인(善人)을 해쳤다. 《東林列傳 卷2 高攀龍傳》

102 구독(溝瀆)의……신(信) : 소인(小人)들이 대의(大義)를 돌아보지 않고 작은 신의(信義)를 위해 죽는 것을 말하는바, 《논어》 〈헌문(憲問)〉에 공자가 "어찌 필부필부들이나 인정하는 조그마한 신의를 위하여 스스로 도랑에서 목매어 죽어서, 남이 알아주지도 않는 사람이 될 수 있겠는가.〔豈若匹夫匹婦之爲諒也, 自經於溝瀆, 而莫之知也?〕"라고 한 데서 온 말이다.

홍백응에게 답함
答洪伯應

사직소(辭職疏)의 초고본에 쪽지를 끼워 말씀해주시니, 저를 외면하지 않으신 것에 깊이 감사합니다. 말씀해주신 것이 거의 모두 법도에 맞으니, 삼가 많이 받들어 사용하였습니다. 그러나 "임금의 덕을 성취하는 것이 빠져 있다."라는 한 단락의 경우 문자의 체제를 가지고 말하면 보내온 쪽지의 내용이 비록 옳은 듯하나, 구구한 저의 어리석은 정성으로는 세자를 가르치는 한 가지 일에 더더욱 홀어미의 근심[103]을 이기지 못하였습니다. 그런데 마침 이번에 글을 올리는 기회를 만나자 가슴속에 있던 생각이 저도 모르게 솟아났으나, "몸이 관직에 나아가 있지 않으면 말을 내지 않아야 한다."라는 의리를 선철(先哲)들의 가르침에서 받들어 참의(參倚)[104]할 뿐만이 아니었습니다. 그러므로 감

103 홀어미의 근심 : 자신의 분수를 넘어 나라를 걱정하는 마음을 말하는바, 《춘추좌씨전(春秋左氏傳)》 소공(昭公) 24년에 "과부가 베틀의 씨실이 끊어질 것은 걱정하지 않고 천자의 나라인 주나라가 망할 것을 걱정한다.〔嫠不恤其緯, 而憂宗周之隕.〕"라는 말에서 유래한다.

104 참의(參倚) : 마음에 간직하여 항상 잊지 않는다는 뜻으로, 《논어》 〈위령공(衛靈公)〉에 "자장(子張)이 뜻을 펼칠 방도를 묻자, 공자가 말하였다. '말이 충신(忠信)하고 행실이 돈독하고 신중하면 야만적인 오랑캐 지역에 있더라도 뜻을 펼칠 수 있을 것이고, 말이 충신하지 못하고 행실이 돈독하고 신중하지 못하면 문화가 높은 중화 지역에 있더라도 뜻을 펼칠 수 없을 것이다. 서 있을 때에는 그것이 앞에 참여해 있음을 보고 수레에 타고 있을 때에는 그것이 가로대에 기대어 있음을 보아야 하니, 그런 뒤에야 뜻을 펼칠 수 있다.'〔立則見其參於前也, 在輿則見其倚於衡也, 夫然後行.〕"라고 한 데서 온 말이

히 말을 장황하게 늘어놓지 못하고 다만 사양하는 말을 가지고 풍간(諷諫)하는 뜻을 다소 붙여 한 푼이라도 임금께서 성찰함이 있기를 바랐습니다. 지금 만약 그 사이에 다른 구(句)의 말을 첨가한다면 이것은 형식적인 예(例)를 갖추는 데로 돌아가서 정채(精彩)가 없을까 우려되므로 고명(高明)의 가르침을 받들 수가 없는 것입니다. 그러나 알지 못하겠습니다. 세상 사이에서 어떤 사람이 저의 고충을 알아주겠습니까. 도리어 돌아보고 스스로 웃을 뿐입니다.

사관(史官)이 유시(諭示)를 전함은 바로 조종조(祖宗朝)에서 품계가 높은 유현(儒賢)을 우대한 특별한 예우입니다. 저처럼 천한 신하가 천거하는 글에 오르자마자 대번에 이 은혜를 받음은 매우 드문 일이니, 실로 조정의 거조(擧措)에 관계되는 것인데, 애석하게도 이것을 임금님께 아뢰는 사람이 없습니다. 이미 감히 당돌하게 부주(附奏)하는 계책을 세울 수 없었으나, 또한 모르는 체하고 한마디 말을 아뢰지 않을 수 없었습니다. 그러므로 사관이 돌아갈 적에 구두(口頭)로 '충정(衷情)이 놀랍고 황송하여 감히 준례를 따라 부주하지 못하고 삼가 글로써 스스로 아뢰겠다.'라는 뜻을 말해서 상께 전하여 아뢰게 하였습니다.

창졸간에 함께 의논할 만한 사람이 없기에 가슴속의 생각을 말했을 뿐인데, 마땅한지는 기필할 수 없습니다. 비록 이것은 지나간 일이지만, 그대의 뜻을 듣기를 원합니다.

다. 여기에서 '그것'은 말이 충신하고 행실이 돈독하고 신중함을 이른다.

홍백응에게 답함
答洪伯應

문 "개와 소와 사람의 성(性)이 똑같지 않다."라는 것을 주자(朱子)는 일찍이 "본연지성(本然之性)"이라고 단정하지 않으셨고,[105] 우암(尤菴 송시열(宋時烈))은 "맹자가 입을 열면 번번이 '성선(性善)'을 말씀하셨으나, '개의 성(性)', '소의 성'이라고 말씀한 것은 기질을 가지고 말씀하신 것이다."라고 하셨고, 쌍봉 요씨(雙峯饒氏)[106]는 "사람들이 '맹자가 성(性)만 논하고 기(氣)를 논하지 않았다.'고 하나, 만약 이 장을 가지고 보면 일찍이 기를 논하지 않은 것이 아니다."라고 하였으니, 증거 삼을 만한 각종 근거가 많을 뿐만이 아닙니다.

그런데 포론(浦論 호론(湖論))은 이 "기질지성(氣質之性)"을 "본연지성"이라고 부르고, 녹문(鹿門 임성주(任聖周))의 경우 매우 강력히 주장하여 "이른바 '개와 소와 사람의 성'을 '기질지성'이라고 말하는 자는

105 개와……않으셨고 : 이 내용은 《맹자》 〈고자 상(告子上)〉의 "그렇다면 개의 성이 소의 성이고, 소의 성이 사람의 성인가.〔然則犬之性, 猶牛之性; 牛之性, 猶人之性與?〕"라는 맹자의 말에 대해 주자가 설명한 것을 가리키는바, 《주자대전》 별집 권3 〈정윤부(程允夫)〉에 "'하늘이 명한 것을 성이라 한다.〔天命之謂性〕'는 것은 온 천하가 똑같이 타고나는 본연(本然)의 성일 뿐이니, 무슨 서로 비슷한 것이 있겠는가. '서로 비슷하다〔相近〕'고 말하는 것은 기질(氣質)의 성을 가리켜 말한 것이니, 《맹자》의 이른바 '개와 소와 사람의 성이 다르다.'라는 것도 이를 가리켜 말한 것이다."라고 보인다.

106 쌍봉 요씨(雙峯饒氏) : 남송의 성리학자 요로(饒魯)를 말한다. 자는 백여(伯輿) 또는 중원(仲元), 시호는 문원(文元)이다. 쌍봉은 그의 호이고 강서성(江西省) 요주(饒州) 여간(餘干) 사람이다. 주자의 문인인 황간(黃榦)과 이번(李燔)을 사사하였다.

다만 문리(文理)를 모르는 것이다."라고까지 말하였습니다. 또 말하기를 "이것을 '기질'이라고 말하는 것은 머리와 꼬리가 서로 연접되지 못하고 물음과 대답이 서로 맞지 않아서 전혀 말이 되지 못하고 전혀 의리를 이루지 못한다."라고 하였으니, 고견(高見)은 이 말을 어떻게 생각하십니까? 만일 이 말이 옳다면 우암과 쌍봉 여러분의 설을 장차 어떻게 대처해야 합니까?

답 말씀하신바 "개와 소와 사람의 성이 기질에 해당된다."는, 단지 우옹(尤翁 송시열)과 요씨가 이와 같이 말했을 뿐만 아니라, 주자도 일찍이 "맹자가 '기질지성'을 말씀하신 적이 없었으나, 개와 소와 사람의 성에 있어서는 그 단서를 약간 발명하였다."[107]라고 하셨으니, -본문은 자세히 기억하지 못하는데 대의는 이와 같습니다.- 그렇다면 우옹(尤翁)과 요씨의 설이 어찌 주자에게 전수받은 바가 없는 것이겠습니까.

그런데 나머지 분들 중에 의리를 연구하지 않고 옛말을 구사(驅使)하여 자기 견해에 맞추는 자는 진실로 말할 것이 없습니다. 녹문(鹿門) 같은 분은 의리의 같고 다름과 맞고 맞지 않음에 대해 연구를 매우 많이 하셨는데, 여기에 대해서는 "비록 주자가 이루어 놓은 가르침이리

107 맹자가……발명하였다 : 이 내용은 《사서혹문(四書或問)》 권36 〈맹자(孟子)〉에 보인다. 《맹자》 〈고자 상(告子上)〉에 고자가 "생(生)의 본능을 성(性)이라고 한다."라고 하자 맹자가 "생(生)의 본능을 성(性)이라고 함은 백색을 백색이라고 이르는 것과 같은 것인가?"라고 물었는데, 고자가 "그러하다."라고 답하였다. 이어서 맹자가 "그렇다면 백우(白羽)의 백색이 백설(白雪)의 백색과 같으며, 백설의 백색이 백옥(白玉)의 백색과 같은 것인가?"라고 묻자, 고자가 "그러하다."라고 답하였다. 그러자 맹자가 반문하기를 "그렇다면 개의 성이 소의 성과 같으며, 소의 성이 사람의 성과 같단 말인가.〔然則犬之性, 猶牛之性, 牛之性, 猶人之性與?〕"라고 하였는데, 주자의 말은 이 내용을 두고 한 말이다.

하더라도 우선 내버려 둔다."는 뜻[108]을 가지고 있을 수밖에 없어서 끝까지 이것을 "본연지성(本然之性)"이라고 주장하여 보니, 또한 이상합니다.

대저 《맹자》의 이 장에서 말씀한 세 가지 성(性)은 "분수가 다르다.〔分殊〕"는 것을 가지고 말한 것입니다. "분수가 다름"은 기(氣)에서 연유하는데 대본(大本)과 본연(本然)이 또한 각각 분수 가운데에 갖추어져 있으니, 이것이 바로 염옹(濂翁 주돈이(周敦頤))이 이른바 "뒤섞여 있으면서도 나누어져 있다.〔混闢〕"[109]는 묘함입니다. 녹문은 지혜가 여기에 미치지 못한 것은 아니었습니다. 그러나 형기(形氣)를 너무 무겁게 보아 한결같이 사람과 물건의 분수가 다르다는 것에 집착하여 한 번 형체를 받은 뒤로 이치가 여기에 있는 것이 그 치우침과 온전함〔偏全〕에 따라 서로 통할 수 없을 듯함을 보고서는 옆으로 구멍을 뚫어 분수를 대본(大本) 안에 안착시켰습니다. -녹문의 〈인물성도(人物性圖)〉[110]를 보면 알 수 있습니다.- 어디에 만물의 일원(一原)이 됨이 있습니까? 이는 기질을 대본(大本)에 안착시키는 것과 조항은 다르나 관통함은 똑같습니다.

만약 사람과 물건의 온전함과 치우침을 가지고 '본연(本然)'이라고

108 우선……뜻 : 오랫동안 연구하여 체계적으로 정리한 주자의 견해라 하더라도 우선 내버려 두고 자신의 새로운 견해를 정립하고자 하는 마음을 이른다.

109 뒤섞여……있다 : 북송의 학자 주돈이(周敦頤)의 《통서(通書)》에 "합하였다가 나누어지는 것이 다함이 없다.〔混兮闢兮, 其無窮兮.〕"라고 한 데에서 온 말로, 혼연한 전체와 그것의 나뉨을 의미하는바, 합벽(闔闢)을 반복하여 끊임이 없는 우주의 무궁한 운동을 가리켜 한 말이다.

110 인물성도(人物性圖) : 《녹문집》 권20 〈인물성도병설(人物性圖竝說)〉에 보인다.

한다면 사람의 선(善)과 악(惡)도 저절로 본연에 돌아갈 것이니, 옛 성현(聖賢)의 "성(性)이 선(善)하다."는 뜻을 따르는 데 있어 이 설(說)이 바르지 못한 기운이 될까 두렵습니다. 책을 읽으면서 마음을 겸허하게 하지 못하는 폐해가 이러한 지경에 이른 것이니, 우리가 경계할 줄을 알아야 합니다. 젊은 시절에 《맹자》의 이 장을 읽을 적에 우연히 기록해 둔 것이 몇 단락 있으므로 한 번 이렇게 써서 올리니, 이것을 보시면 저의 견해의 본말을 거의 아실 것입니다. 만일 저의 말이 이치에 합당하지 않을 경우 아낌없이 고쳐주신다면 참으로 큰 다행이겠습니다.

홍백응에게 줌
與洪伯應

짐작하건대 달포 전에 보낸 답장은 이미 받아 보셨을 것입니다. 봄눈이 추위를 일으키는데 덕스러운 몸이 더 진중하십니까?

지난번 편지에서 인용한바 "맹자가 일찍이 '기질지성(氣質之性)'을 말씀하지 않았으나, 개와 소와 사람의 성(性)에서 약간 단서를 발명하였다."는 내용은 일찍이 주자의 말씀인 줄은 알았습니다. 그런데 지금 생각해보니, 아득하여 어느 책에서 본 것인지 기억나지 않고, 또 참고할 만한 서책이 곁에 없으니, 혹 다른 선유(先儒)의 말씀인데 제가 잘못 알고 있었던 것이 아닙니까? 참으로 이것은 회옹(晦翁 주희(朱熹))의 이른바 "고사(故事)를 기억하지 못하는 시절이다."[111]라는 것과 같은 경우이니, 매우 답답하고 개탄스러울 만합니다.

이로 인하여 《주자대전》을 살펴보니, 정윤부(程允夫)에게 답한 편지에 이르기를 "'천명(天命)을 성(性)이라 한다.'는 것은 온 천하를 통틀어 똑같은 성이니, 어찌 서로 가까움[112]이 있겠는가. 그러니 '서로 가깝다.'고 말한 것은 '기질지성'을 가리켜 말한 것이니, 맹자의 이른바

111 고사(故事)를……시절이다 : 이 내용은 《주자대전》 권46 〈반숙창에게 답함〔答潘叔昌〕〉에 "중년 이후에는 기혈(氣血)과 정신이 얼마나 있겠습니까. 고사를 기억하지 못하는 시절입니다.〔中年以后, 氣血精神能有几何? 不是記故事時節.〕"라고 보인다.

112 서로 가까움 : 《논어》 〈양화(陽貨)〉에 "성은 서로 비슷하나, 습으로 서로 멀어진다.〔性相近也, 習相遠也.〕"라는 공자의 말이 나오는데, 이 성에 대해 주자의 주에 "여기에서 말한 성은 기질을 겸해서 말한 것이다.〔此所謂性, 兼氣質而言.〕"라고 하였다.

'개와 소와 사람의 성이 다르다.'라는 것도 '기질지성'을 가리켜 말한 것이다."라고 하였습니다. -이 내용은 《주자대전 별집》에 보입니다.- 따라서 이 내용이 명백하고 시원해서 단서를 약간 발명했다고 말할 수 있을 뿐만 아니라 자사(子思)와 맹자가 성을 논한 뜻이 가리킨 바에 따라 각각 해당하는 바가 있어, -자사는 본체를 가리켜 사람과 물건의 성이 동일함을 말하였고, 맹자는 용(用)을 가리켜 성이 다름을 말하였습니다.- 이 두 가지 말씀이 서로 방해되지 않고 모순되지 않음을 여기에서 더욱 잘 볼 수 있으니, 어찌 동(同)·이(異)와 분(分)·합(合)의 사이에서 복잡하게 파생한 말절(末節)들을 괴로이 찾을 필요가 있겠습니까.

이(理)와 기(氣)의 의논은 근세(近世)보다 더 구비한 적이 없고 또한 근세보다 더 혼란한 적이 없으니, 그 이유는 다른 것이 없습니다. '근원' 한 가지에 대해 끝내 마음을 깨끗이 하여 체득함이 없고, 다만 명칭의 뜻을 따라 억지로 힘써 탐색하기 때문에 잘못됨이 많이 생기는 것입니다. 그래서 말이 많아질수록 이치가 더욱 어두워지는 것입니다.

저는 일찍이 선형(先兄 오윤상(吳允常))을 통해 대강 이 이치에 대해 들은 바가 있었는데 갑자기 형님을 사별(死別)하는 애통함을 만나 학업을 끝마치지 못했습니다. 지금 늙어 백발이 되어 학문이 더이상 진전되지 못해서 의연(依然)히 예전 동자(童子) 때의 견해이니, 한밤중에 일어나 저도 모르게 슬피 탄식하곤 합니다. 그러나 우연한 시기에 제현(諸賢)의 의논을 보고 또 옛날 들은 것을 가지고 비교해보니, 대략 누구의 말이 옳고 누구의 말이 틀렸다는 것에 어렴풋이 짐작함이 없지 않으므로 이것을 지필묵(紙筆墨)으로 표현할 수밖에 없었습니다. 다만 동자 때의 식견으로 선각들을 비판하니, 지극히 황송한 줄을 알아 감히 남에게 드러내 보이지 못하였습니다. 그런데 고명(高明)이 물어주심으로 인해 기꺼이 반복하여 드러냈으니, 부디 양찰해 주시기 바랍니다.

나머지는 이만 줄입니다.

홍백응에게 답함
答洪伯應

농옹(農翁 김창협(金昌協))을 문묘에 종향(從享)하는 일은 이 몸이 평소 강한(江漢)과 추양(秋陽)[113]처럼 생각하는 것이니, 어찌 서로 도우려는 마음이 없겠습니까. 다만 어렵고 조심스럽게 여기는 저의 소견은 지난번 편지에서 말씀드린 것과 같습니다.

그동안 저는 율옹(栗翁 이이(李珥))에게 '자(子)' 자를 붙여 존칭하는 것을 신중히 해야 한다는 의논을 지키려고 하다가 거의 측량할 수 없는 화(禍)에 빠진 탓에, 시원한 냉채도 식혀 먹는 경계[114]가 없지 않습니다. 그러므로 일전에 상소한 유생(儒生)이 찾아왔을 적에 감히 이것을 가지고 얼굴빛과 말에 나타내지 못했던 것입니다. 그러나 만약 한 번 상소를 올려 하소연하는 이번 기회에 공안(公案)을 만들어 후일의 징조로 삼는다면, 이 또한 한 가지 방법이라고 해도 무방합니다. 그러므

113 강한(江漢)과 추양(秋陽) : '강한'은 중국의 장강(長江)인 양자강(揚子江)과 한수(漢水)를 가리키고, '추양'은 가을 뙤약볕을 가리키는바, 우러러 사모하는 돌아가신 스승을 뜻한다. 공자가 죽은 뒤에 제자들이 유약(有若)의 모습이 공자와 비슷하다고 하여 공자를 섬기던 예로 그를 섬기려고 하자, 증자(曾子)가 이를 반대하면서, "공자께서는 강한으로 씻는 것과 같으며, 가을볕으로 쪼이는 것과 같아서 깨끗하여 더할 수 없다."라고 한 데서 온 말이다.

114 시원한……경계 : 한번 신상에 위험을 느낀 뒤로는 매사에 지나칠 정도로 경계심을 갖는 것을 이르는바, 《초사(楚辭)》 〈구장(九章) 석송(惜誦)〉에 "뜨거운 국에 덴 뒤에는 냉채도 식혀 먹거늘, 어찌하여 이 뜻을 바꾸지 않는가.〔懲熱羹而吹韲兮, 何不變此志也?〕"라고 한 데서 온 말이다.

로 일찍이 한마디 말씀으로도 만류한 적이 없었던 것입니다.

다만 이 상소문을 저의 졸렬한 문장으로 올릴 것을 요구하셨는데, 저는 이 어른의 일에 대해 삼가 스스로 정성을 바치는 것을 다행으로 여기는 사람이니, 제가 만일 이 글을 지을 수 있다면 어찌 수고로움을 꺼리고 겉치레로 사양하겠습니까. 구구한 저는 글 짓는 일을 본래 괴롭게 여기는 데다 연래(年來)에 몸이 노쇠하여 지필묵을 더욱더 멀리하고 있습니다. 맨 처음으로 농암 선생의 도덕을 발휘하는 대문자(大文字)를 결코 담당할 가망이 없음이 이와 같습니다. 그러므로 찾아온 선비에게 "만일 사우들 중에 덕을 아는 분에게 상소문 한 본(本)을 구성하게 한다면 제가 마땅히 사양하지 않고 뜻을 다해 상의하고 헤아려 보겠다."라고 말해 주었습니다. '덕을 안다.'고 한 것은 저의 뜻이 실로 고명(高明)에게 있음을 말한 것인데, 입에 머금기만 하고 말로 드러내지는 않았습니다. 상소하려는 유생이 만약 다시 찾아오면 그때는 고명을 공공연히 말하고자 하는데, 제 생각이 어떨지 모르겠습니다.

홍백응에게 답함

答洪伯應

지난번 말씀하신 학생을 지도하는 한 가지 일은 우리 유가(儒家)의 올바른 법이니, 저도 일찍이 소홀하게 보지 않았습니다. 다만 평생 도(道)를 배웠으나 끝내 자신할 수 없어 감히 남이 나를 믿어주기를 바라지 못합니다. 또 말세의 풍속이 거짓이 더욱더 불어나 비록 한 사람이라도 와서 따라 배우고자 하는 자가 있더라도 진실한 마음으로 상대하는 것을 보지 못하였고, 그러한 경우는 대체로 일시적이고 표면적인 사모(思慕)에서 나온 것이었습니다. 또 만약 제가 구차히 따르고 억지로 부응하면 이것은 다만 자신을 속이고 남을 속이는 것이니, 옳지 못합니다. 그러므로 이와 같이 강력히 거절할 수밖에 없었으니, 비록 스스로 규모(規模)가 좁고 비루해서 큰 것을 말할 수 없음을 알고 있으나, 이 또한 약(約)으로써 실수를 줄이는[115] 한 방법이 될 수 있겠지요.

이생(李生)은 참으로 아름다운 선비인 데다 또 노형(老兄)이 그를 위해서 먼저 주선하셨으니, 동일한 기준으로 굳이 거절할 수가 없었습니다. 그래서 이미 여기에 남아서 《대학》 한 부(部)를 함께 보며 의논하고 있으나 스스로 돌아보건대 제가 학문이 공소(空疏)해서 멀리 찾

115 약(約)으로써……줄이는 : 잘난 체하며 제멋대로 행동하지 않으면 실수하는 일을 줄일 수 있다는 뜻으로, 《논어》 〈이인(里仁)〉의 "약(約)으로써 잃는 자가 적다.〔以約失之者, 鮮矣.〕"라는 공자의 말에서 온 것이다.

아온 뜻에 부응할 수 없음이 부끄럽습니다. 매번 그에게 "자네는 홍장(洪丈)에게 가르침을 받지 못해서 높여야 할 스승을 잃었다."라고 하고 그와 더불어 한 번 웃었으니, 다시 오게 되면 저는 스승의 자리를 거두고 그를 좌하에게 보내려고 합니다.

홍백응에게 줌

與洪伯應

불초는 농옹(農翁 김창협(金昌協))에 대하여 실로 광세(曠世)의 흠모하는 감회가 있어 일찍이 속으로 "만 가지 이치를 종합하고 여러 사람의 말을 분석해서 사도(斯道)에 공(功)이 있는 것으로 말하면 아마도 율곡(栗谷) 이후 이 한 분뿐일 것이다."라고 생각했습니다. 농옹은 집안에 화(禍)가 있었기 때문에 스스로 지조를 지켜 부자(父子)의 윤리를 다하여 이륜(彛倫)을 더욱 중하게 여겼는데, 이는 마땅히 하서(河西)가 군신의 의리를 다한 것[116]과 아름다움을 짝할 만합니다. 이것을 가지고 말하면 율옹(栗翁 이이(李珥))의 도학(道學)과 하서의 절의(節義)가 모두 농암(農巖) 한 분에 결집된 것이니, 아! 거룩합니다. 그런데 아직도 문묘에 배향되지 못함은 실로 사문(斯文)에 흠이 되는 일이니, 젊은 날에 한두 명의 붕우와 더불어 일찍이 사사로이 이 일을 강구(講究)하였습니다. 그러니 스스로 돌아보건대 지처럼 보잘것없는 사람이

116 하서(河西)가 …… 것 : 하서는 김인후(金麟厚, 1510~1560)의 호로, 일찍이 세자시강원의 관직을 맡아 당시 세자였던 인종(仁宗, 1515~1545)의 사부(師傅)가 되어 학문을 논하면서 인종에게 큰 신임을 받았다. 그러나 인종은 즉위하고서 김인후와 요순시대(堯舜時代)의 정치를 이루고자 하는 뜻을 제대로 펴보지도 못하고 9개월 만에 돌연사하니, 김인후는 인종의 붕어(崩御) 소식을 듣고서 가슴을 치고 여러 번 혼절하기도 하였으며, 이후로도 매년 인종의 붕어한 날이 되면 깊은 산으로 들어가 통곡하고 돌아왔고, 명종조에 누차 조정의 부름을 받았으나 일체 나아가지 않았다. 《河西集 卷1 河西先生全集序》

비록 감히 주장하여 입론(立論)하지는 못하나, 이 일에 대한 생각은 일찍이 마음속에서 끊임없이 동하였습니다.

이제 늙어서 장차 죽게 되었는데, 이 의논이 사림(士林)으로부터 나옴을 보게 되니, 어찌 기꺼이 도와주고 싶지 않겠습니까. 다만 제가 임금님의 은혜를 잘못 받아 정상(情狀)과 종적(蹤迹)이 십분 황송하고 위축되니, 이러한 의논을 앞장서서 담당하는 것은 고요히 자신을 단속하는 본래의 면목에 위배됩니다. 또 이 일은 바로 맨 처음에 하는 거조에 해당하니, 제가 상소의 초본을 짓는 것은 결코 경솔하고 간략하게 할 수가 없습니다. 스스로 헤아려 보건대 저의 식견과 문장력은 참으로 실정을 다 발휘할 수 없으니, 지난번 상소하려는 유생들이 찾아왔을 때 힘써 따르지 못했던 것은 어찌 감히 겉치레로 예의를 지켜 사양한 것이었겠습니까. 참으로 부득이해서였습니다.

또 한 가지 일이 지극히 난처한 점이 있습니다. 지난번에 찾아온 선비들에게 이것을 말해 줄 수 없었으나, 또한 고명에게 한 번 알리지 않을 수가 없으므로 이번에 끝내 말하는 것입니다. 일찍이 농암선생이 '이기(理氣)'를 논한 글 가운데 두서너 큰 의리인 '사칠설(四七說)에 대한 논변'[117]이 바로 한 가지 이유라고 생각했습니다. 이 글은 정밀하고 심오하여 이전 시대의 사람들이 발명하지 못한 것을 발명해서 실로 율옹(栗翁 이이(李珥))보다 빛나는 점이 있으니, 거의 우주 안에 몇 편 안 되는 훌륭한 문자입니다. 제가 평소 그 말씀을 독실히 믿었는데,

117 사칠설(四七說)에……논변 : 김창협이 주자(朱子), 이황(李滉), 이이(李珥) 등 제현(諸賢)의 사단(四端)·칠정(七情)에 대한 설을 논설한 글인 〈사단칠정설(四端七情說)〉을 가리킨다. 《農巖續集 卷下》

늘 이것이 본집(本集)에 누락된 것을 한스럽게 여겼습니다. 지금 만약 선생의 은미한 말씀을 천양(闡揚)하고자 한다면 이 한 단락의 의논을 빠트려서는 안 됩니다.

그러나 율옹의 의논에 대한 중압감 때문에 문집을 편찬할 당시 여러 공(公)도 오히려 율옹에게 이론(異論)을 제기하는 것으로 의심하여 선생을 비난했습니다. 하물며 불녕(不佞)은 율옹에 대해 아버지와 할아버지로 보는 처지이니, 율옹을 폄하하고 무함한다는 지목을 함부로 받을 수 있겠습니까. 예컨대 아무개[118]처럼 저를 모함하는 데 뜻이 있는 자가 이렇게 말하는 것은 진실로 말할 것이 못 됩니다. 그러나 아무 재상(宰相)이 평소 저와 원한과 증오가 없음에도 이것을 가지고 마음속에 깊은 의심을 만들어 편지나 말로 매우 낭자하게 비판하였으니, 불녕(不佞)이 평소 말과 행실이 남에게 믿음 받지 못함을 따라서 알 수 있습니다. 그런데 만약 외람되이 이 일을 담당했다가 지난날의 장서(長書)처럼 남의 지적을 받기라도 한다면 장차 큰 죄를 거듭 짓게 됩니다. 그러므로 비록 자공(子貢)의 뛰어난 언변[119]을 빌리더라도 스스로 벗어날 수가 없을 것이니, 사문(斯文)의 불행이 진실로 어떠하겠습니

118 아무개 : 이도중(李度中)을 가리킨 것으로 보인다. 이이의 《율곡전서(栗谷全書)》는 처음에 도암(陶菴) 이재(李縡)에 의하여 간행되었는데, 활자로 간행되었던 것을 뒤에 이재의 손자 이채(李采)가 주관하여 해주(海州)에서 다시 목판으로 간행하게 되었다. 이때 이도중이 《송자대전(宋子大全)》의 전례에 따라 책의 이름을 '이자전서(李子全書)'로 고칠 것을 주장하므로 이채가 오희상 등의 유자(儒者)들에게 편지를 보내어 이에 대해 자문한 일이 있다. 《老洲集 卷27 附錄 年譜》

119 자공(子貢)의 뛰어난 언변 : 공자 문하의 십철(十哲) 가운데 자공이 언어(言語)에 뛰어났기 때문에 이렇게 칭한 것이다. 《論語 先進》

까. 백세(百世)가 앞에 있고 천세(千世)가 뒤에 있으니, 가령 다른 말을 하는 자가 있더라도 진실로 농암선생을 일호(一毫)라도 감손(減損)할 수가 없습니다. 그러나 말세의 인심이 대부분 떳떳한 인정에서 벗어난 마음으로 남을 지적하니, 두루 삼가는 도리상 되돌아보고 멀리 염려하지 않을 수가 없습니다.

덕수(德叟)[120]가 "이 일은 우연한 것이 아니다."라고 한 말에 대해 구구한 저 또한 어찌 감격하는 마음이 없겠습니까. 다만 제가 염치를 무릅쓰고 담당할 수 없는 이유는 위에서 말한 것처럼 몇 가지 일이 있어서이니, 만약 우리 백응(伯應 홍직필(洪直弼))이나 덕수처럼 덕을 아는 사람이 상소문의 초고 한 본을 짓는다면 어리석은 저도 뜻을 다하여 헤아리고 수정해서 오랫동안 품어온 뜻을 조금이라도 바치겠습니다. 이는 참으로 자미(子美)의 이른바 "하필 우리 집까지 쟁기 자루를 잡고 나갈 것이 있느냐."[121]는 것이니, 이것이 깊이 바라는 바입니다.

120 덕수(德叟) : 김매순(金邁淳, 1776~1840)의 자로, 호는 대산(臺山), 본관은 안동(安東), 시호는 문청(文淸)이다. 당대의 문장가로 홍석주(洪奭周) 등과 함께 명성이 높았으며, 성리설에 일가견이 있어 호락논쟁(湖洛論爭)에 낙론(洛論)을 지지하였다.

121 하필……있느냐 : 이 내용은 주위에 훌륭한 사람이 많이 있으니, 자신은 물러나 지절(志節)을 지키면 이 또한 사문(斯文)에 보탬이 되는 길임을 말한 것인바, 두보(杜甫)의 〈대우(大雨)〉 시에 "사방의 이웃들 쟁기 메고 나가니 어찌 굳이 우리 집까지 쟁기 자루 잡아야 하리.〔四隣耒耜出, 何必吾家操?〕"라고 보인다.

홍백응에게 답함

答洪伯應

돌려 보여주신 미강(渼江)의 별지(別紙)[122]를 읽어보니, 매우 부끄럽고 두려워 저도 모르게 마음속에 갈등과 번뇌가 일어났습니다. 당초 이 일을 기어이 고사(固辭)하려고 했던 것은 겉치레로 예의를 지켜 사양하고자 해서가 아니고, 실로 많은 생각이 있어서였습니다. 그런데 중간에 서원의 유생들의 요청에 억지로 부응했던 것은 앞뒤로 견해가 변해서가 아닙니다. 다만 농암(農巖 김창협)을 높이는 광세지감(曠世之感)을 가진 상태에서 한두 명의 친구에게 권유를 받으니, 마음이 나약하여 능히 처음 견해를 굳게 지키지 못해서였습니다. 지금 다시 생각해보니 이미 스스로 지조를 지키는 것이 무겁고 승낙하는 것이 가벼웠음을 깨달아 감히 말을 반드시 신실(信實)하게 하는 것을 의체(義諦)로 삼지 못하였습니다. 그래서 부득이 지난번에 편지를 보내어 다시 사양한 조처가 있었던 것입니다.

그러나 말을 많이 하는 것을 경계해야 하므로 이러한 의사는 비록 노형에게는 약간 말하였으나, 일찍이 찾아온 선비에게는 기미도 보이지 않았으니, 많은 선비가 특별히 저를 의심하고 괴이하게 여겨 지의 행적을 가지고 논하는 것이 당연했습니다. 이것은 참으로 숨바꼭질이나 술래잡기 놀이를 하는 것과 같습니다. 이 때문에 저를 꾸짖는 말이

122 미강(渼江)의 별지(別紙) : 자세하지 않으나 미강은 한강의 상류인 미호(渼湖)를 가리키는바, 이곳에 거주한 김매순(金邁淳)의 편지의 별지로 보인다.

이르면 삼가 받아들이고 감히 사양하지 않았습니다.

지난번 택우(宅友)[123]의 편지에 이른바 "별도로 일이 있었다. 운운"에서 이 공(公)이 저를 믿어주지 않음을 알 수 있으니, 서로 아껴주는 사람이 없음이 절로 한탄스러워 거의 말을 잊고 싶었습니다. 그런데 이번에 미강의 편지는 내용이 전부 간곡하고 간절해서 반복하여 말함을 싫어하지 않았으니, 어리석은 저는 이제야 비로소 말할 수 있습니다. 구구한 제가 평소 자신에게 기약한 것은 오직 남과 접촉하는 것을 드물게 하고 조용히 숨어 지내며 스스로 수양하여 죄와 후회에서 다소 벗어나 문호(門戶)에 큰 수치를 끼치지 않고자 하는 것이었습니다.

지난번 일[124]은 그만두어도 될 것을 그만두지 않아서 스스로 남의 비난하는 말을 불러와 전후 5~6년 사이에 온 세상에 비난하는 말이 비등(飛騰)해서 일곱 성인(聖人)이 모두 혼미하였습니다.[125] 이는 아마도 단지 하루아침의 우환이 아닌 듯하니, 비록 '세도(世道)의 변고'라고 말하더라도 지나치지 않을 것입니다. 저는 일찍이 돌이켜 생각해보건대 사람들의 비난하는 말이 비록 심히 선량하지 못하나, 제 자신이 먼저 말하고 침묵하는 마땅한 도리를 잃었으니, 어찌 오로지 남을 허물하겠습니까. 그런데도 만약 도리어 남들의 비난을 횡역(橫逆)이라고

123 택우(宅友) : 자가 정택(正宅)인 김기서(金基敍, 1765~?)로, 호는 구우(邱隅), 본관은 청풍(淸風)이며, 잠곡(潛谷) 김육(金堉)의 후손이다.

124 지난번 일 : 《율곡전서》의 표기 문제로 이도중(李度中)과 오랫동안 갈등을 빚어온 일을 가리킨 것으로 보인다.

125 일곱……혼미하였습니다 : 이 내용은 《장자(莊子)》 〈서무귀(徐无鬼)〉의 "양성의 들판에 이르자 황제(黃帝)를 모시는 일곱 성인이 모두 길을 잃었다.〔至於襄城之野, 七聖皆迷.〕"는 말에서 온 것으로, 누가 옳고 누가 그른지를 모르는 것을 뜻한다.

대처해서 무심하게 마음에 새기지 않고 후일을 징계함이 없다면, 이것은 다만 정부자(程夫子)의 "자기 잘못을 닦고 살펴서 두려워하고 피하라."[126]는 가르침에 위배될 뿐만이 아닙니다.

율곡에 대해 '자(子)'를 칭하는 것은 어진 이를 높이는 것이고, 농암을 문묘에 종사하자는 것도 어진 이를 높이는 것입니다. 그런데 한 선현에 대해 '자(子)'를 칭하려고 할 적에 저는 정중한 의논을 지키고자 하다가 폄하하고 모함하는 비방을 혹독히 입었습니다. 그런데 얼마 지나지 아니한 시점에 한 선현을 문묘에 종사하고자 하여 팔뚝을 걷어붙이고 글을 짓는다면 그 기상(氣象)과 의사(意思)가 남의 비웃음과 지탄을 기다리지 않고도 스스로 내 자신이 경솔하고 천박하여 부끄러워할 만한 일임을 압니다. 자기 몸을 살펴 지키는 것이 이처럼 애매모호하다면 어진 이를 높이는 뜻을 오히려 어디에 붙이겠습니까. 그리고 그 말이 어찌 능히 사림(士林)에게 소중하게 여겨져 후대 사람에게 충분히 받아들여질 수 있겠습니까.

또 지난번에 지나치게 계산하는 근심을 말했습니다. 제가 일찍이 경험했던 것을 가지고 미루어 보건대, 주부자(朱夫子)의 이른바 "금일의 분분(紛紛)한 말들은 정씨(程氏) 때문에 나온 말들이 아니고, 오직 그 사람이 어느 무리에 속해 있느냐에 따라 공격할 뿐이다."[127]라는

126 자기……피하라 : 군자가 소인(小人)에게 침해당하거나 욕을 볼 경우 대처하는 방법인바, 《이정유서(二程遺書)》 권2상(上)에 보인다.

127 금일의……뿐이다 : 이 내용은 《주자대전》 권27 〈수사(帥司) 첨의(詹儀)에게 답한 편지〔答詹帥書〕〉에 보인다. 주자가 이정(二程)의 《유서(遺書)》와 《외서(外書)》를 수정(修正)하여 간행할 때 한 말로, '금일의 분분한 말들'은 한탁주(韓侂胄) 무리가 정자(程子)의 학문을 트집 잡아 논란하는 것을 가리키고, '그 사람'은 한탁주 무리가

일이 결단코 없을 것이라고 보장하기 어렵습니다. 더구나 저에 대해 불만을 품고 있는 자가 한 사람뿐이 아닌 경우에 있어서이겠습니까. 그렇다면 세월이 오래 지난 뒤를 기다리지 않고도 곧 이러한 효상(爻象 길흉(吉凶))이 동하여 드러나는 것입니다. 비록 농암 선생의 성덕(盛德)에는 손해될 것이 없으나, 혹시라도 맨 첫 번째로 올리는 이번 상소에 불초로 말미암아 위로 누를 끼친다면 또한 어찌 저의 사사로운 마음에 잠시라도 편안할 수 있겠습니까.

노형이 이 아우를 위해서 도모한 것이 지극하지 않은 것은 아니나, 끝내 자신이 직접 당한 것이 아니기 때문에 처음부터 대체(大體)를 견지하라고 힘써 말씀하고 정미(精微)한 곡절(曲折)은 다 말씀하지 않은 것입니다. 이것은 일찍이 호랑이에게 부상당한 적이 없는 사람이기 때문입니다.[128] 만일 노형이 몸소 저의 입장에 처하여 두 단서를 가지고 경중을 살핀다면 저의 이 말이 단지 화복(禍福)을 계교(計較)하는 사사로운 뜻에서 나오지 않은 것임을 거의 아실 것입니다. 그리고 "글을 다시 다른 곳에 청할 수 없다."라는 말씀의 경우 저의 소견으로는 참으로 이해할 수가 없습니다. 한 사람에게 청해서 그 사람이 들어주지 않을 경우 마치 저맹(詛盟 삽혈(歃血)하여 맺은 맹약)을 반드시 지키듯이

비난하고 배척하는 대상인 주자 자신을 가리킨다. 《朱子大全箚疑輯補 卷27》

128 일찍이……때문입니다 : 실제로 경험해보지 않았기 때문에 제대로 알지 못한다는 말로, 《이정유서(二程遺書)》 권15 〈입관어록(入關語錄)〉에 "다른 사람들은 범을 말할 때에 비록 삼척동자라도 모두 범이 두려울 만한 것인 줄을 알았으나, 끝내 일찍이 범에게 부상 당한 경험이 있는 자가 마음과 표정 모두 지성으로 두려워하는 것과는 같지 않았으니, 지성으로 두려워하는 것은 실제로 경험해 보았기 때문이다."라고 한 말을 원용한 것이다.

계획을 변경할 생각을 하지 않는 것은 삼가 사리(事理)상 당연함이 아닐 듯합니다. 그리고 사체(事體)가 중대한 금석(金石) 문자의 경우도 이러한 예(例)가 있다는 말을 듣지 못했는데 하물며 이러한 글이겠습니까.

지평(砥平)의 이장(李丈)은 학문이 깊고 문장이 높아 명망이 사우들 사이에 중한 것은 우리 무리에 비할 바가 아닌데, 당시에 제가 능히 어진 이에게 사양하지 못한 것은 진실로 제 불민(不敏)함의 소치입니다. 제가 기필코 사양하고자 하는 것은 그럴 만한 이유가 있지만 이장(李丈)은 사양할 만한 이유가 없으니, 어찌 제가 하는 것을 본받아 우리 무리와 똑같은 소리로 함께 농암을 높이는 입장에서 사양할 수 있겠습니까. 이러할 리가 없을 듯합니다. 그러나 혹시라도 제가 이미 승낙했다가 곧바로 사양한 것을 가지고 뒤돌아보고서 직접 짓지 않으려는 뜻을 가지신다면, 제가 차라리 몸소 그 집에 가서 권하여 일을 그르친 허물을 속죄하고자 하니, 부디 이러한 뜻을 가지고 전전(轉傳)하여 미강(渼江)에 알려 빨리 도모하게 하는 것이 어떻겠습니까.

음증(陰證)과 양증(陽證)의 비유로 말하면 참으로 잘 분변한 것이므로 제가 근심하는 바와는 다른데, 이것은 지나치게 염려하고 너무 깊게 말씀한 것인 듯합니다. 만약 미연(未然)의 상황에서 염려를 일으켜 도리어 현재의 의리에 소홀히 한다면 저는 감히 명령을 따를 수 없습니다. 지금 상황에서 헤아려 보건대 이미 나온 큰 의논을 중간에 철회할 수 없고, 이미 수합한 선비들의 통문을 공연(空然)히 돌려줄 수 없으니, 급급(汲汲)히 가서 지평(砥平) 어른에게 청하여 뒷일을 잘 처리하는 방도로 삼는 것만 못합니다. 그러니 더욱더 수습이 어려워지지 않게 하는 것이 참으로 큰 다행일 것입니다.

아! 이번 일로 이러한 갈등을 만든 것은 모두 응답하는 초기에 제대로 살피지 못한 불녕(不佞)에게 책임이 있습니다. 그래서 농암에게 오랫동안 충성하기를 원하는 저의 괴로운 심정이 도리어 결국 좌절하고 실패하게 만들었으므로 스스로 반성해보건대 부끄럽고 슬픈 마음뿐이니, 오히려 무슨 말을 하겠습니까.

홍백응에게 줌
與洪伯應

지금 서리가 내리는 쾌청한 계절에 덕스러운 몸이 더욱 건승하십니까? 두 사람이 사는 지역이 다소 멀어 소식이 뜸하니, 늘 그리워하는 마음이 흐르는 날짜와 더불어 깊어갑니다. 저는 고향 산천에 와서 분수에 따라 편안히 쉬고 있으나, 환절기를 당하여 적기(積氣)가 기승을 부리는 탓에 고생하고 있습니다.

이 기록은 바로 제가 젊은 날에 선형(先兄 오윤상(吳允常))에게 들은 것인데, 그 후 몇 년 동안 생각나는 대로 기록한 것이 없지 않아 종이와 먹을 꽤 많이 허비하였습니다. 정미(精微)한 이치에 대해서는 간혹 말을 너무 낭당(郎當)하게 하였고,[129] 또 선배들을 함부로 의논하기까지 하였습니다. 비록 이것은 잊을 것을 대비하고 득실을 검증하려는 뜻에서 시작하였으나, 지극히 참람하고 경솔함을 알아 책 상자에 숨겨 둔 지가 오래되었습니다

금년 여름에 종암(鍾巖)의 별장으로 피서를 갔는데, 이때 마침 윤생(尹生) 종섭(鍾燮)[130]이 따라왔습니다. 그래서 그로 하여금 정사(淨寫)해서 한 통을 만들게 하여 가져다 읽어보니, 비록 매우 거칠고 소략해

129 낭당(郎當)하게 하였고 : 낭당은 옷이 헐렁하여 몸에 맞지 않는다는 뜻인데, 여기서는 이치에 맞지 않는 논리를 전개한다는 뜻으로 쓰인 것으로 보인다.

130 윤생(尹生) 종섭(鍾燮) : 윤종섭(1791~1870)으로, 자는 양백(陽伯), 호는 온유재(溫裕齋), 본관은 파평(坡平)이며, 오희상의 문인이다. 성리학에 탁견(卓見)이 있어 오희상의 도(道)가 홍직필을 거쳐 그에게 전해졌다는 칭찬을 받았다.

서 장독 뚜껑을 덮는 데 사용해도 아까울 것이 없겠으나, 다만 그 노경(路逕 목적지로 가는 길)은 크게 어긋나지 않는 듯합니다. 그러나 참된 근원을 찾고자 한다면 아직도 몇 겹의 관문과 고개가 막혀 있는지를 알지 못합니다. 스스로 생각하건대 이 몸이 노쇠하고 병들고 비쩍 말라서 죽을 날이 머지않았으니, 비록 억지로 한 걸음을 나아가고자 하더라도 방법이 없을 듯합니다. 혹시라도 이 일에 뜻을 둔 자가 혹 저의 잘못된 말은 생략하고 좋은 뜻만 취한다면 행여 늙은 말의 지혜[131]가 됨에 무방할 것입니다.

현재 법문(法門 성인(聖人)의 가르침)이 쇠퇴하여 정견(正見)이 땅에 떨어져 한 줄기의 학맥(學脈)이 오직 노형에게 남아 있을 뿐입니다. 우리가 만년에야 비로소 교제를 논하였는데, 근래 또다시 별처럼 흩어져 있는 탓에 구구하게 만년에 서로 모여 함께 상량(商量)하고자 하는 것을 실로 기대하기 어려우니, 이것을 생각하면 참으로 서글픕니다. 근래 외떨어져 거처하며 더불어 말할 만한 사람이 없으므로 애로라지 이렇게 파계(破戒)를 하고 써서 올려 보내어 대면 토론에 대신하니, 절대로 남에게 번거롭게 보이지 말고 경서를 연구하는 여가에 때때로 이것을 가져다 펼쳐보십시오. 만일 내용이 완전히 버릴 정도가 아니거든 하나하나 연구하고 교감해서 반복하여 강명(講明)하는 단서를 계발

131 늙은 말의 지혜 : 늙은 말이 길을 잘 알듯이, 사람도 경험이 많은 노인이 일에 도움을 줄 수 있는 지혜가 있다는 의미로, 춘추시대 제(齊)나라의 관중(管仲)과 습붕(隰朋)이 일찍이 환공(桓公)을 수행하여 고죽국(孤竹國)을 정벌했는데, 봄에 갔다가 겨울에야 돌아오면서 옛 길을 잃어버리고 헤매게 되자, 관중이 말하기를 "늙은 말의 지혜를 쓸 만하다.〔老馬之智可用也〕" 하고, 이에 늙은 말을 풀어놓아 말 가는 대로 따라가다가 마침내 옛길을 찾게 되었다는 고사에서 온 말이다. 《韓非子 說林》

(啓發)해서 제가 아직 끝마치지 못한 수많은 문제에 대해 그 정오(正誤)를 수정해주신다면 진실로 큰 다행일 것입니다.

이어서 생각하건대 노형(老兄)은 불초에 대해서 전부터 너무 지나치게 추앙하고 칭찬하였습니다. 이는 아마도 제가 교제를 성실하게 하지 않아 현자(賢者)를 속인 것이 많아서일 것입니다. 삼가 일찍이 반성해 보고서 부끄러운 마음을 이길 수가 없었으나, 현자 또한 이것을 경계하지 않으면 안 됩니다. 만약 이번에도 한갓 용납하는 말씀만 많이 하여 제가 끝내 가르침을 받들지 못한다면, 이것이 더욱더 어찌 제가 진심을 다 쏟아 노형에게 도움을 구하는 뜻이겠습니까. 부디 양찰해주시기 바랍니다. 하고 싶은 말은 천만 가지로 많지만 이만 줄입니다.

홍백응에게 답함
答洪伯應

지난번에 "포은(圃隱 정몽주(鄭夢周))이 의(義)에 대처한 것은 석연치 못하다."고 말씀했습니다. 이 어른은 고려 말의 대신(大臣)으로서 자신에게 나라의 존망(存亡)이 달려있어 몸이 보존되면 나라가 보존되고 몸이 망하면 나라가 망하였습니다. -비록 단 하루라도 포은이 죽지 않았으면 조선조가 선양(禪讓)을 받는 일이 이루어지지 못했을 것입니다.- 고려의 임금을 폐하고 새 임금을 세울 때 은인자중(隱忍自重)하여 죽지 않았다가 사직(社稷)이 무너지게 되자 몸을 희생하여 자기 지조를 바친 것[132]은 실로 맹자가 말씀한 "사직이 중하고 군주가 가벼운 것이다."[133]라는 의리를 보았기 때문입니다. 이 어른의 목전(目前)의 도리가 바로 이것이었습니다. 만약 고려의 국운이 끊어지지 않아 공양왕(恭讓王)이 쇠잔한 고려를 일으켜 군주를 폐하고 새 임금을 세운 죄를 묻는다면 포은은 마땅히 조국이 끊어지지 않은 것을 다행으로 여겨서 법을 지켜 처벌을 받고 후회하지 않았을 따름입니다. 만약 또 불행히 사직이 망하기 전

132 고려의……것 : 정몽주는 고려의 대신(大臣)으로서 일찍이 이성계(李成桂)와 함께 우왕(禑王)과 창왕(昌王)을 섬겼는데, 이성계의 주장에 따라 우왕과 창왕을 승려인 신돈(辛旽)의 자식인 신우(辛禑), 신창(辛昌)이라 하여 폐위하고 공양왕(恭讓王)을 세웠다. 공양왕 4년(1392) 정몽주가 고려에 충절을 지키다가 이성계의 세력에 의해 피살당하였으므로 이렇게 말한 것이다. 결국 이성계는 이 해에 공양왕으로부터 선양을 받아 즉위하고 조선을 건국하였다.

133 사직이……것이다 : 이 내용은 《맹자》 〈진심 하(盡心下)〉에 보인다.

에 몸이 먼저 죽었다면 제가 어떻게 할 수 있는 일이 아닙니다.

만일 앞뒤가 모순되고 진퇴가 모호한 것에 급급하게 매달려 자기가 아는 의리를 스스로 다하지 않는다면, 이른바 "화복(禍福)을 계교(計較)하지 않았다."는 것은 바로 도리어 사사로이 계교한 것에 해당되지 않겠습니까. 의리는 참으로 무궁해서 경직된 말로 단정하기가 어렵습니다. 그러므로 인물을 논할 경우 군자라면 마땅히 그의 마음에 근원해서 행적을 용서해야 하고, 소인이면 행적을 가지고 마음을 용서해서는 안 됩니다. 포은이 만났던 때와 처지를 가지고 지극히 성실하고 측달(惻怛)한 심사(心事)를 상론(尙論)한다면 거의 은(殷)나라의 삼인(三仁)[134]에게 부끄러움이 없을 것입니다. 그러니 자취에 얽매여 잘잘못을 논해서는 안 될 듯하니, 퇴계(退溪)의 이른바 "허물이 없는 가운데에서 허물을 구하는 것은 마땅하지 않다."는 것[135]이 참으로 확실한 의논입니다.

고명(高明)이 책비(責備)의 의논[136]을 하고자 함은 혹시 원대한 시각

134 은(殷)나라의 삼인(三仁) : 은나라 말기에 있었던 세 사람의 인자(仁者)로, 미자(微子)와 기자(箕子)와 비간(比干)을 이른다. 기자와 비간은 각기 은나라 마지막 임금인 주(紂)의 백부와 숙부이고 미자는 그 서형(庶兄)인데, 미자는 주의 무도함을 보고 떠나서 종사를 보전하였고, 기자와 비간은 간쟁을 하다가 기자는 거짓으로 미친 체하여 욕을 당하고, 비간은 죽임을 당하였다. 이들의 행적을 두고 공자가 "은나라에 세 사람의 인자가 있다.〔殷有三仁焉〕"라고 칭송하였다. 《論語 微子》

135 퇴계(退溪)의……것 : 퇴계의 말은 《이정유서》 권21상(上) 〈사설(師說)〉의 말을 인용한 것인바, 일찍이 한강(寒岡) 정구(鄭逑)가 정몽주의 행적에 의문을 제기하자, 퇴계 이황이 정자(程子)의 이 말을 인용하고서 정몽주의 충절을 설명하였다. 《退溪集 卷39 答鄭道可問目》

136 책비(責備)의 의논 : '책비'는 '현자책비(賢者責備)'의 줄임말로, 어진 분의 미비

으로 이 어른을 보지 못한 것이 아닙니까. 그러나 만일 이 어른이 처한 바와 마음에 보존한 바가 있지 않고서, 아홉 분의 공신(功臣)[137]에 참여하여 "내가 장차 훌륭한 일을 함이 있고자 해서이다."라고 한다면, 가령 일이 이루어졌더라도 이 또한 요행일 뿐이니, 군자가 취하지 않는 바입니다. 그렇다면 고명이 오늘날 하는 의논은 참으로 경(經)의 한 쪽을 잡아 말한 것이니, 또 이것을 대번에 폐할 수가 없습니다.

한 점을 지적함을 이르는바, 예컨대 이천 정이가 맹자의 영기(英氣)를 비판한 것과 같은 따위이다. 《孟子集註 序說》

137 아홉……공신(功臣) : 고려 말기에 정창군 요(定昌君瑤 공양왕(恭讓王))를 왕으로 세우는 데 공이 있었던 아홉 공신으로, 이성계(李成桂)・정몽주(鄭夢周)・심덕부(沈德符)・지용기(池湧奇)・설장수(偰長壽)・성석린(成石璘)・박위(朴葳)・조준(趙浚)・정도전(鄭道傳)이다.

홍백응에게 답함
答洪伯應

지난번 잠시의 만남이 그대로 1년 동안 보지 못하는 이별이 되었으니, 늙은 회포가 서글퍼져 오래도록 마음을 진정하기가 어려웠습니다. 바로 이때 고명(高明)의 편지를 받고서 "치통이 다시 발작하여 글 읽는 데 방해가 된다."고 한 것을 살폈으니, 고명을 걱정하고 염려하는 마음이 매우 간절합니다.

일찍이 《맹자》 〈우산장(牛山章)〉을 보니, '산'에는 '성(性)' 자를 놓고 '사람'에게는 '정(情)' 자를 놓았는데,[138] 사람에게는 위에서 선(善)

138 산에는……놓았는데 : 이 내용은 《맹자》 〈고자 상(告子上)〉의 '우산장(牛山章)'에 "맹자가 말씀하셨다. '우산(牛山)의 나무가 일찍이 아름다웠는데, 대국(大國)의 교외(郊外)이기 때문에 도끼와 자귀가 매일 나무를 베니, 아름답게 될 수 있겠는가. 그 밤에 자라나는 바와 우로(雨露)가 적셔주는 바에 싹이 나오는 것이 없지 않건마는 소와 양이 또 따라서 방목된다. 이 때문에 저와 같이 탁탁(濯濯 나무가 없는 모양)하게 되었다. 사람들은 그 탁탁한 것만을 보고는 일찍이 훌륭한 재목이 있지 않았다고 하니, 이것이 어찌 산의 성(性)이겠는가.〔此豈山之性也哉〕 비록 사람에게 보존된 것인들 어찌 인의(仁義)의 마음이 없겠는가마는 그 양심(良心)을 잃는 것이 또한 도끼와 자귀가 나무에 대해서 아침마다 베는 것과 같으니, 이렇게 하고서 아름답게 될 수 있겠는가. 밤에 자라나는 바와 평단(平旦)의 맑은 기운에 그 선을 좋아하고 악을 미워함이 사람들과 서로 가까운 것이 얼마 되지 않는데 낮에 하는 소행이 또다시 이것을 곡망(梏亡)하니, 곡망하기를 반복하면 야기(夜氣)가 보존될 수 없고 야기가 보존될 수 없으면 금수(禽獸)와 거리가 멀지 않게 된다. 사람들은 그 금수와 같은 것을 보고는 일찍이 훌륭한 재질(材質)이 있지 않았다고 하니, 이것이 어찌 사람의 정(情)이겠는가.〔是豈人之情也哉〕'"라고 보인다.

을 좋아하고 악(惡)을 싫어한다는 말을 이어받았기 때문에 '정(情)' 자를 놓는 것이 더 부합할 것 같았습니다. 그런데 이제 보내온 편지를 읽어보니, "맹자가 글자를 사용한 데 구애되지 않으니, 이 장에서 성(性)을 말하고 정(情)을 말한 것은 호문(互文)이다. 이러한 곳은 융통성 있게 보아야 하고 글자 뜻에 너무 집착해서는 안 된다."라고 말씀하셨으니, 더욱더 매우 좋음을 알겠습니다.

무릇 글을 볼 때에는 만약 의리의 정미(精微)함에 관계되는 곳에는 부득불 힘을 다하여 우러러 연구하지 않을 수가 없습니다. 그렇지 않으면 각각 글을 쓴 대의(大義)가 있으니, 이것을 반복해서 함양하면 저절로 의미가 심장(深長)함을 깨달을 것입니다. 만약 먼저 자구(字句)의 사이에 뜻을 붙여 자질구레한 글자 뜻으로 안배하여 말을 한다면 가령 설명한 것이 모두 옳더라도 참된 뜻은 공허해지고 맙니다. 저는 일찍이 도연명(陶淵明)이 "독서를 좋아하였으나 깊이 해석하기를 구하지 않고, 마음에 맞는 곳이 있으면 흔연(欣然)히 밥 먹는 것도 잊었다."[139]는 말씀을 좋아하였는데, 연래에 노쇠하게 되니, 더욱더 이 말이 재미가 있음을 알겠습니다.

139 독서를……잊었다 : 도연명(陶淵明)의 독서 습관을 가리키는 말로, 이 내용은 그가 자신을 주인공으로 삼아 지은 〈오류선생전(五柳先生傳)〉에 보인다. 《古文眞寶後集 卷2》

홍백응에게 답함
答洪伯應

〈태극도설해의(太極圖說解義)〉의 "그 성(性)을 각각 따로 가지고 있다.〔各一其性〕"를 풀이한 뜻[140]에 대해 지난번에 자강(子岡 이봉수(李鳳秀))의 질문을 받고서 대략 말해준 바가 있었습니다. 지금 피차간에 문답한 것을 미루어 기억해보았으나, 아득히 기억나지 않습니다. 정신이 이러한데 오히려 어떻게 강론의 유익함을 받을 수 있겠습니까.

보내온 편지에 "이른바 '각(各)'이라는 것은 기(氣)가 다른 것이고, '일(一)'이라는 것은 성(性)이 같은 것이다."라고 하셨는데, 연옹(淵翁)도 이와 같은 말씀을 하셨습니다.[141] 그래서 저는 일찍이 그 말을 믿고 따랐으나, 이것은 굳이 달리 구할 필요가 없고, 《태극도(太極圖)》의 형체에 의거하여 보면 절로 많은 말을 허비하지 않고도 기쁘게 알 수 있습니다.

제1권(圈)은 바로 이른바 "음양(陰陽)에 나아가 본체〔태극〕가 음양

140 태극도설해의(太極圖說解義)의……뜻 : 〈태극도설해의〉는 염계 주돈이의 〈태극도설(太極圖說)〉에 대해 주자가 해설한 책으로, 〈태극도설〉의 "오행(五行)은 그 성(性)을 각각 하나씩 갖추고 있다.〔五行各一其性〕"라는 내용에 대해 주자가 〈태극도설해의〉에서 "오행이 생겨남에 그 기질에 따라 품부받은 것이 똑같지 않으니, 이른바 '각일기성(各一其性)'이다."라고 설명한 것을 가리킨다. 《朱子大全 補編 卷5》

141 연옹(淵翁)도……하셨습니다 : 연옹은 삼연(三淵) 김창흡(金昌翕)인바, 《삼연집》 권20 〈정언환의 문목에 답함〔答鄭彦煥問目〕〉에 "'각(各)'은 기(氣)이고, '일(一)'은 성(性)이다.〔各是氣, 一是性.〕"라고 보인다.

에 뒤섞이지 않음을 가리켜 말했다."는 것입니다. 제2권(圈) 중에 작은 권(圈)과 제3권(圈)의 아래 작은 권(圈)과 제4의 남녀권(男女圈)과 제5의 만물권(萬物圈)은, 제1권부터 곧장 아래로 내려와 하나의 똑같은 권(圈)이니, 또한 모두 본체를 가리켰으므로 실로 말로 표현할 수 있는 '정(精)'과 '추(粗)', '피(彼)'와 '차(此)'가 없습니다. 또 음양·오행의 두 권(圈)은 아래의 작은 권(圈)에 매여 이어져 있으므로 음양·오행이 본체를 떠날 수 없어 각각 하나의 성(性)이 되는 묘리를 나타낸 것입니다. 그렇다면 맨 끝의 남녀와 만물이 또 어떻게 태극을 떠나서 각각 한 성이 되겠습니까. 혹자가 '각(各)' 자에 너무 집착해서 융통성 있게 회통(會通)하지 못함은 견해가 국한됐다고 이를 만합니다.

"〈태극도설〉에서 '중정인의(中正仁義)로써 정(定)한다.'의 '정(定)' 자는 성인(聖人)이 스스로 정(定)하는 것으로 보아야 한다."[142]라고 한 농암(農巖 김창협)의 설이 바른 뜻을 얻은 듯합니다. 주자(朱子)의 〈태극도설〉의 주해(註解)를 가지고 살펴보면 "이는 성인이 동정(動靜)의 덕을 온전히 하는데 항상 정(靜)에 근본함을 말한 것이다."라고 하였고, 또 "성인의 중정인의가 동정(動靜)에 두루 유행하는데 동함은 반드시 정(靜)을 주장한다."[143]라고 하였습니다. 이는 모두 성인의 신상(身上)을 위주해서 말한 것이고 다른 사람을 범연히 가리킨 것이 아니

142 중정인의(中正仁義)로써……한다 : 이 내용은 《농암집(農巖集)》 권32 〈잡지(雜識) 내편2(內篇二)〉에 보인다.

143 이는……주장한다 : 이 내용은 모두 주자의 〈태극도설해의〉에 보인다. 《朱子大全 補編 卷五》

며, '인극(人極)을 세움'에 이르러서야 비로소 '타인을 정(定)한 것'으로 볼 수 있습니다. 주자(朱子)의 이른바 "이것은 성인이 '도를 품절(品節)해 놓음을 가르침이라 한다.'고 한 부분이다."[144]는 것은 바로 이것을 가리킵니다. 만약 소주(小註)의 주자의 여러 설 중에 "사람을 정(定)한다."고 말씀한 것은 다만 미루어 확대하여 말한 것인 듯하니, 이것을 가지고 본주(本註)를 의심해서는 안 됩니다.

보내신 편지에 "자정(自定)을 위주하여 보고서 남을 정(定)하는 뜻까지 포함하는 것은 마치 《대학》의 '명덕(明德)을 천하에 밝히는 것'이 천하 사람들로 하여금 모두 명덕을 밝힐 수 있게 하는 것인 것과 같다." 라고 하신 것은 잘 보셨다고 이를 수 있습니다.

144 이것은……부분이다 : 이 내용은 《주자어류》 권94 〈주자지서(周子之書) 태극도(太極圖)〉에 보인다.

홍백응에게 답함

答洪伯應

소본(疏本)에 찌를 붙여 가르침을 주셨는데, 그 훌륭한 뜻을 다 알았습니다. 졸수재(拙修齋)[145]는 요컨대 호걸의 선비이나, 학문에 득력했다고 말해서는 안 됩니다. 그 분의 본령(本領) 공부는 그리 분명하지 못하고, 경세제민(經世濟民)의 경우 패도(霸道)를 뒤섞음을 면치 못했으니, 반계(磻溪)[146]에 비하면 십가(十駕)[147]가 뒤질 뿐만이 아닙니다.

'궁리(窮理)'와 '격물(格物)'의 공부는 많이 축적하여 체인(體認)한 공력은 없고 억지로 찾거나 남을 초월하려는 생각이 있어 화담(花潭 서경덕(徐敬德))과 유사함이 있으므로 학문이 도리어 성현(聖賢)의 법도를 삼가 지킨 창계(滄溪)[148]만 못합니다. 그런데 자기 자신을 높이는

145 졸수재(拙修齋) : 조성기(趙聖期, 1638~1689)의 호로, 자는 성경(成卿), 본관은 임천(林川)이다. 성리학에 조예가 깊어 농암 김창협, 삼연 김창흡의 예우(禮遇)를 받았다.

146 반계(磻溪) : 유형원(柳馨遠, 1622~1673)의 호로 자는 덕부(德夫), 본관은 문화(文化)이다. 문과에 급제하지 못하자 벼슬하려는 뜻을 버리고 전라도 부안군(扶安郡) 우반동(愚磻洞)에 은거한 채 평생 학문에 전력하여 거의 20년에 걸쳐《반계수록(磻溪隧錄)》을 완성하여 후대 학자들의 흠모를 받았다.

147 십가(十駕) : 보통사람이 재주가 뛰어난 사람보다 10배 노력하는 것을 뜻하는바, 《순자(荀子)》〈수신(修身)〉에 "준마(駿馬)는 하루에 천 리를 가지만, 둔마(鈍馬)도 열흘 동안 부지런히 가면 역시 천 리를 갈 수 있다."고 보인다.

148 창계(滄溪) : 임영(林泳, 1649~1696)의 호로 자는 덕함(德涵), 본관은 나주(羅

것으로 말하면 외연(巍然)히 율곡(栗谷 이이(李珥)) 이상의 사람으로 자처하였으니, 자신을 알지 못한 것이 또한 심합니다. 다만 삼연(三淵 김창흡)은 젊었을 적에 문장을 통하여 도(道)로 들어가는 즈음에 마침 졸수재의 계도를 받았기 때문에 종신토록 그를 추앙하고 복종해서 칭찬하는 것이 정도(程度)를 크게 지나쳤습니다. 그런데 포음(圃陰)[149]은 한 번 보고서는 그리 좋아하지 않아 마침내 두 번 다시 보지 않았으니, 오직 농옹(農翁 김창협)이 평(評)한 것이 지극히 공정하였습니다.[150] 그러나 지금 농옹에 대한 글을 짓는데, 이 노인의 말씀은 농옹에게 크게 중요한 것이 못 됩니다. 더군다나 이 노인은 농옹의 초년만 보았고 만년의 성취는 보지 못했습니다. 그러므로 다만 농옹에 대해 대강만

州)이다. 정관재(靜觀齋) 이단상(李端相)과 남계(南溪) 박세채(朴世采)의 문인이다. 기호학파(畿湖學派)에 속했으나 이기론(理氣論)에 있어서는 퇴계 이황과 율곡 이이의 절충적인 입장을 취하였다.

149 포음(圃陰) : 김창즙(金昌緝, 1662~1713)의 호로, 자는 경명(敬明), 본관은 안동이다. 영의정 수항(壽恒)의 다섯 째 아들이며, 김창협과 김창흡의 아우이다. 문장과 훈고(訓詁)에 밝고 성리학에도 조예가 깊었다.

150 농옹(農翁)이……공정하였습니다 : 김창협이 조성기가 1689년 12월에 졸하였을 때 그 소식을 듣고 기록하기를 "이 공(公)은 학식이 깊고 넓었다. 사색과 궁리에 지극한 심력(心力)을 기울이고 강설과 논변이 고금을 꿰뚫었으니, 보통 사람들은 따라 미칠 수가 없다. 그리고 높은 풍류와 인륜에 대한 애호는 더욱이 지금 세상에 보기 드문 것이었으니, 공과 종유한 5~6년 동안 나 자신도 계발되는 유익함이 상당히 있었다. 다만 수렴하고 함양하는 공부가 부족하였으니, 처음 학문에 발을 들여놓기를 사학(史學)으로부터 했기 때문에 기본적인 틀과 생각이 아무래도 정당하지 못했던 것이다. 지난날 이 점에 대해 충고한 적도 꽤 있었지만 생각을 남김없이 다 개진하지 못했는데, 결국 유명(幽明)을 달리하였으니 더욱 한스럽다."고 적은 내용을 두고 한 말이다. 《農巖集 卷35 年譜》

알고 정밀한 것은 알지 못했으니, 또한 그 말을 인용할 수 있을지 모르겠습니다.

홍백응에게 답함

答洪伯應

편지에서 말씀하신 이소(二疏)의 출처는 《어류(語類)》에서 논한 것[151]

151 이소(二疏)의……것 : '이소'는 소광(疏廣)과 소수(疏受)로, 한 선제(漢宣帝) 때의 명신(名臣)들인바, 숙부인 소광은 태자태부(太子太傅)가 되고 조카인 소수는 태자소부(太子小傅)가 되었는데, 소광이 태자태부가 된 지 5년 만에 성만(盛滿)을 경계하는 뜻에서 병을 핑계로 상소하여 사직하고 소수와 함께 고향으로 돌아갔다. 이들이 떠날 때에 천자는 황금 20근을, 태자는 50근을 각각 하사하였고, 공경대부 및 지인들은 동도문(東都門) 밖에서 전별연을 베풀었는데, 이들을 전송하는 수레가 백여 대에 이르렀고, 도로에서 이를 구경하던 이들은 모두 어진 대부라고 칭찬하면서 눈물을 흘리는 사람까지 있었다고 한다. 《漢書 卷71 疏廣傳》
북송의 학자인 만인걸(萬人傑)이 소광과 소수에 대해 평가하기를 "한갓 작위를 누리고서 떠나간 것이 마땅하지 못하고, 또 강직한 선비를 천거하여 자기를 대신하여 태자를 보도하도록 하지 못한 것이 마땅하지 못하다."라고 하였는데, 주자가 이에 대해 "소광의 숙질에 대해서는 또한 굳이 심하게 책망할 필요가 없다. 비록 출처(出處)의 올바른 도리를 다하지 못하였지만 당시에 원제(元帝)가 나약하여 보도(輔導)할 수 없음을 직접 보았으니, 그는 다만 떠나가야 했을 뿐이었다. 이는 또한 화를 피한 것일 뿐이다. 그가 '떠나가지 않으면 뒤에 후회할 일이 생길까 두렵다.'라고 한 말씀을 살펴보면, 또한 본래 번잡한 일을 줄이고 염퇴(恬退)하는 자이니, 세상에 진실로 이러한 사람이 있다. 그 성품이 본래 염퇴할 줄을 알고 또 식견이 이와 같았으니, 다만 떠나가야 했을 뿐이다. 만약 떠나가지 않았다면 곧 소망지(蕭望之)의 꼴이 되었을 것이니, 소망지가 바로 '강직한 선비'이다."라고 하였다. 《朱子語類 卷135 歷代》
소망지는 한(漢)나라 원제(元帝) 때의 명신(名臣)으로, 원제가 태자로 있을 때에 태자태부가 되어서 옛 법도로 인도하여 바로잡은 것이 많았는데, 원제가 즉위한 초기에 유향(劉向) 등과 함께 당시 국정을 천단(擅斷)하던 환관인 홍공(弘恭)과 석현(石顯) 등을 제거하려고 하다가 누설되는 바람에 홍공 등에게 '붕당을 지었다.'라는 탄핵을을 나도 일찍이 보았는데, 심정이(沈靜而)[152] 형은 일찍이 이소(二疏)가 떠난 것을 불쾌하게 여겼습니다. 그러므로 지론(持論)이 이와 같은 것입니다. 심정이가 일찍이 "'이소(二疏)'는 당시의 충신이니, 만일 원제(元帝)의 유약(柔弱)함을 보았다면 더욱 마땅히 보도(輔導)하는 책임을 힘써 다해야 하는데, 어찌 결단하여 떠나기를 이와 같이 할 수 있단 말인가. 이것은 바로 그가 떠난 것이 원제 때문이 아니고, 아마도 몸을 편안하게 하고 화를 면하려는 계책에서 나온 듯하다."라고 했습니다. 이 말씀이 과연 이소의 심정(心情)을 안 것인지는 장담할 수 없으나, 말한 분의 심사(心事)는 대략 볼 수 있습니다. 그러므로 심형은 계방(桂坊 동궁(東宮))의 직책에 거한 지 1년 동안 관직이 미천하고 행적이 소원한 것을 가지고 스스로 저상(沮喪)하지 않았습니다. 그래서 나아가서는 충언을 다할 것을 생각하였고, 생각이 있으면 반드시 아뢰어 세자를 연모하는 뜻이 항상 말씀 밖에 넘쳐나서 저로 하여금 감탄함을 이기지 못하게 하였습니다. 그런데 지금은 이미 죽었으니, 다시 어떤 사람이 이러한 심사(心事)를 가지고 있겠습니까. 이것을 생각할 때마다 서글퍼집니다.

받고 하옥된 뒤 결국 독약을 마시고 자결하였다. 《漢書 卷78 蕭望之傳》

152 심정이(沈靜而) : 정이는 심능정(沈能定)의 자로, 본관은 청송(靑松)이다. 《노주집》에 오희상이 그에게 보내거나 답한 편지가 16편 실려있고, 제문 1편이 실려있다.

홍백응에게 답함

答洪伯應

편지로 물어주신 '추상(追喪)[153]의 절차'는 예서(禮書)에는 해당되는 글이 없고 선유(先儒)도 모두 옳지 않게 여겼으니, 감히 가벼이 의논할 수가 없습니다. 그러나 가슴 치며 통곡하고 복상(服喪)을 입는 것은 과연 도리어 사리에 가깝지 않으니, 감정대로 곧바로 행할 수가 없습니다. 그런데 심상(心喪)의 경우 고인(古人)이 이 한 가지 길을 열어준 것은 본래 예를 행할 수 없는 자가 스스로 슬픔을 펼 수 있도록 한 것입니다. 지금 이미 예제(禮制)를 벗어나 복상(服喪)하는 일을 행할 수 없고, 다만 정리(情理)가 절박하여 차마 아무것도 모른 체하지 못한다면, 의관(衣冠)과 기거(起居)에서부터 세상에 진출하고 일에 응함에 이르기까지 평상시에 변례(變禮)를 살피는 것도 효자의 지극한 마음에 부득이한 것이니, 어찌 금지할 수 있겠습니까.

판서 김유경(金有慶)[154]이 참포(黲布 검은 베)와 백삼(白衫 휘색 홑두루마기)을 갖추고 아침저녁으로 묘소에 올라 곡하고 3년 동안 벼슬에 나아가지 않은 경우는 참으로 지나친 듯하나, 여기에서도 애통하고 측달(惻怛)한 마음을 알 수 있으니, 비록 남보다 한 등급 높디고 하디라도

153 추상(追喪) : 부모상을 당했을 때 사정이 있어 상주 노릇을 하지 못한 경우, 후에 추급하여 복상(服喪)하는 것을 말한다.

154 김유경(金有慶) : 1669~1748. 자는 덕유(德裕), 호는 용주(龍洲), 본관은 경주(慶州)이다.

괜찮습니다. 대저 이 예(禮)는 일체 예제(禮制)로 세워 연한(年限)을 고정(固定)하여 사람들로 하여금 통행(通行)하게 할 수 있는 것이 아닙니다. 오직 당사자가 스스로 추모의 지극한 바를 헤아려 '3년' 또는 '어버이가 돌아가신 해가 끝나는 것'을 막론하고 스스로 그 중도(中道)를 다함에 달려있을 따름입니다. 주자(朱子)가 단지 그 뜻을 허락한 것도 거의 후(厚)하게 함에 가까우나, 예의(禮儀)의 형식을 말하지 않은 것은 삼가 이 때문인 듯합니다. 퇴계(退溪 이황)와 우암(尤菴 송시열)이 크게 배척한 것도 모두 추복(追服)을 가지고 말씀한 것이고, 심제(心制)와 아울러 할 수 없음을 이른 것이 아닌 듯한데, 어떨지 모르겠습니다.

홍백응에게 줌

與洪伯應

출계(出繼)한 사람이 본생(本生)의 제친(諸親)부터 내려와 복(服)이 없는 자의 상(喪)에 대해 전혀 모르는 체하여 하는 일이 없음은 정리(情理)상 끝내 서운한 일임을 알 수 있습니다. 근래에 한 가지 근거를 얻었으니, 《예기》〈분상(奔喪)〉에 "부인(婦人)이 강복(降服)하여 복(服)이 없을 경우 마질(麻絰)을 한다."라고 하였는데, 이것은 출가한 여자를 가리켜 말한 것입니다. 출계한 남자의 경우 강등하여 굽히는 의리가 장차 출가한 여자와 차이가 없으니, 어찌 이것을 원용하여 서로 증거로 삼아 '문(免)'을 추가할 수 없겠습니까. 그러나 이것은 바른 근거가 아니고 단지 방증(傍證)의 근거이니, 붕우(朋友) 간에 마질을 함이 예경(禮經)에 보이는 것과 차이가 있습니다. 단지 '3월'의 예제(禮制)를 사용하는 것도 지나칠 듯하니, 조상(弔喪)하는 복에 마질(麻絰)을 추가하여 초종(初終) 및 장례 이전과 상(喪)에 임할 때의 여러 절차에 쓰는 것이 마음과 형식에 합당할 듯합니다.

이로 인해 생각해보건대 출계한 자가 이미 이와 같다면 출계한 자의 아들과 손자 중에 부친과 조부의 본생 제친(諸親)에 대해 강등하여 복이 없는 자도 마땅히 이 예제를 써야 할 듯합니다. 그리고 본생 제친은 출계해서 강등하여 복이 없는 자에 대해 또 모두 마질을 하여 서로 보답하는 것이 옳을 듯합니다. 이것은 억측에 가까워 감히 자신할 수 없기에 이렇게 받들어 질문하니, 부디 분명하게 가르쳐주시기 바랍니다.

홍백응에게 답함

答洪伯應

지난번 종산(鍾山 종암동(鍾岩洞))에서 한 번 모였을 적에 마음 맞는 사람들이 모두 참석하여 못가의 누각에서 흐르는 물소리를 듣고 푸른 절벽에서 단풍을 본 것은 충분히 덧없는 인생에 마음에 맞는 훌륭한 일이라고 할 수 있었습니다. 그러나 돌아와서 빈 당(堂)에 누워 있으니, 옛날처럼 걸음걸이가 느릿느릿하여 마음이 쓸쓸하였습니다. 이러한 때에 삼가 은혜로운 편지를 받고서 요사이 도를 행하는 몸이 더욱더 건승함을 알았으니, 다시 만난 것처럼 마음이 매우 기쁘고 위로되었습니다.

《자치통감강목(資治通鑑綱目)》에 적인걸(狄仁傑)의 '졸(卒)'을 쓸 때에 관작과 시호를 모두 써서 한결같이 칭찬만 하였고,[155] 조금도 폄하를 보이지 않아서 《주자어류》에서 논한 것과 매우 다르지만, 평소 저는

155 적인걸(狄仁傑)의……하였고 : 《자치통감강목(資治通鑑綱目)》〈당기(唐紀) 중종(中宗)〉 경자년(700) 6월의 강(綱)에 "사공 양문혜공 적인걸이 졸하였다.〔司空梁文惠公狄仁傑卒〕"고 한 것을 가리키는데, 여기에서 '사공'은 추증한 관직이고, '양(梁)'은 추증된 작위인 '양국공(梁國公)'을 가리키고, '문혜공'은 시호이다. 적인걸(630~700)은 고종(高宗) 때에 대리승(大理丞) 등을 역임하며 강직하고 공정하다는 평가를 받아 고종의 신임을 얻었다. 고종이 죽자 측천무후(則天武后)가 정권을 장악하여, 아들인 중종(中宗)을 폐위한 뒤에 넷째 아들인 예종(睿宗)을 제위에 앉혔다가, 690년에 스스로 황제로 즉위하여 국호를 주(周)로 바꾸고 무씨(武氏)의 칠묘(七廟)를 건립하였다. 698년에 측천무후가 조카인 무승사(武承嗣)를 태자로 세우려고 하자, 적인걸은 자식과 조카의 차이를 가지고 측천무후를 설득하여 중종을 다시 불러들여 태자로 세우게 하였다. 《新唐書 卷115 狄仁傑列傳》《資治通鑑 唐紀》

이것을 의심해서 《주자어류》의 설을 정론(正論)으로 삼지 않을 수가 없었었습니다. 근래 율곡(栗谷)과 우계(牛溪 성혼(成渾))가 왕복한 편지를 보니, 우계가 '순수한 충성'이라고 인정함은 《자치통감강목》의 서법(書法)을 깊이 믿어서 그렇게 한 듯합니다. 그런데 율곡은 공(功)과 죄(罪)를 헤아려서 그의 공을 인정하면서도 측천무후에게 몸을 굽힌 것을 폄하하여 "몸을 굽힌 것과 절개를 잃은 것은 차이가 있다."라고 하셨습니다.[156] 삼가 몸과 절개는 둘이면서 하나이니, 둘로 나누면 옳지 않을 듯합니다.

지난날에 받들어 물었던 것은 이 때문이었는데 지금 분석하신 가르침을 받아보니, 매우 날카롭고 공정하여 저의 뜻에 크게 부합하였습니다. 그러니 어찌 공경하고 찬탄하는 마음을 이기겠습니까. 그러나 율옹이 비록 그의 마음이 당나라를 위했다 하여 그 충성을 인정하였으나, 결국에는 "적공(狄公 적인걸)을 배우다가 거기에 도달하지 못하는 부류들이 이로써 풍도(馮道)[157]가 된다."라고 단정하셨습니다. 그렇다면 율옹의 뜻을 알 수 있으니, 《주자어류》의 설과 서로 발명됨이 있습니다. 이에 적인걸이 몸을 굽혀 적(賊)을 섬긴 죄는 진실로 두 현사(賢者)의 붓에서 도피할 수가 없습니다.

156 근래……하셨습니다 : 이 내용은 《율곡전서》 권9 〈성호원에게 답함〔答成浩原〕〉에 보인다.

157 풍도(馮道) : 오대(五代) 시대의 재상(宰相)으로, 일생동안 당(唐)·진(晉)·거란(契丹)·한(漢)·주(周) 등 다섯 조정에서 재상을 지내고 여섯 임금을 섬겼는데 스스로 '장락로(長樂老)'라 자호(自號)하여 이를 영화롭게 여겼으나 일반적으로는 지조 없이 시류에 편승하여 변신을 거듭하는 인물의 전형으로 인용된다. 《新五代史 卷54 馮道列傳》

홍백응에게 답함
答洪伯應

지난번 우중(雨中)에 즐겁게 담소하고 석양에 배를 띄웠을 적에 경치가 모두 아름다워 세모(歲暮)의 그윽한 회포를 충분히 위로할 수 있었습니다. 한스러웠던 것은, 우리 세 사람이 함께 있었으나 실제적인 일에 있어서는 더불어 반복해서 한 단락도 강론하지 못했던 점입니다. 보내주신 책은 삼가 받아서 잠깐 보았는데, 범위가 넓고 내용이 많아서 저의 노쇠한 정력으로 미칠 수 있는 것이 아닙니다. 그러나 성현(聖賢)의 언어는 본래 간이(簡易)하고 깨끗한데, 다만 후인들이 사사로운 마음으로 탐구하고 빼어난 재기(才氣)로 밝혀서 거기에 가지를 덧붙이고 잎을 더하였습니다. 그리하여 곧 촛불의 채롱에 골조(骨條)를 이루니,[158] 크게 탄식함을 이길 수 있겠습니까. 주부자(朱夫子)가 말씀하기를 "우리는 강학할 적에 위로는 성현에게 죄를 얻지 말고 가운데로는 자신을 그르치지 말고 아래로는 후학들에게 해가 되지 말게 하고자

158 촛불의……이루니 : 의견이나 설명을 더하면 더할수록 본래의 뜻이 가려지게 된다는 의미로, 《주자어류》 권67 〈역(易)〉에 "근래에 조자흠(趙子欽)이 나에게 편지를 보내와서 '그대가 《논어》와 《맹자》를 설명한 것은 극히 상세하지만 《역경》을 설명한 것은 아주 간략하다. 이를 비유하면 이 채롱에 한 조각 골자를 더하면 한쪽을 비추는 빛을 막아버리게 되는 것과 같으니,〔譬之此燭籠添得一條骨子, 則障了一路明.〕 만약 그 막은 것을 다 제거하여 전체가 환하게 드러나게 한다면 더 좋지 않겠는가.'라고 하였는데, 이는 상세한 설명을 붙여서는 안 된다고 여겼기 때문이다."라고 한 데서 온 말이다.

한다."[159] 하셨으니, 매양 이 글을 볼 때마다 저도 모르게 송연히 땀이 납니다. 무릇 명리(名理 성리(性理))의 학문을 하는 자는 마땅히 이것을 두려워할 줄 알아야 할 것입니다.

159 우리들은……한다 : 이 내용은 《주자어류》 권107 〈잡기언행(雜記言行)〉에 보인다.

홍백응에게 답함
答洪伯應

지난번에 강가의 누각에서 술잔을 잡았고, 노강서원(鷺江書院)에서 강론을 들었는데, 이는 충분히 노년의 즐거운 일이 될 만하였습니다. 그 뒤에 소식이 뚝 끊겨 동정(動靜)을 듣지 못해서 스스로 늘 그리워하였는데, 일전에 13일에 보내주신 편지를 받고서 비로소 근간에 앓고 있는 종기가 오랫동안 낫지 않고 환부(患部)가 또 얕지 않음을 살펴 알았으니, 놀랍고 염려되는 마음이 심하여 밥을 먹거나 숨을 쉴 때에도 그치지 않습니다.

저는 고로(孤露)의 인생[160]이 이 세상을 지루하게 살다가 문득 환갑이 됨을 보았습니다. 부모가 수고하여 길러 주신 데 대한 감회와 풍수(風樹)의 애통함[161]을 의지하여 하소연할 곳이 없어서 달려가 송추(松楸 선영(先塋))에 의지해 보아도 아득하고 아득하니,[162] 더욱더 인생이

160 고로(孤露)의 인생 : 감싸 주거나 도와줄 사람이 없는 외톨이 인생이라는 뜻으로, 곧 아버지나 어머니, 또는 어버이를 모두 여읜 사람을 이른다.

161 풍수(風樹)의 애통함 : 세상을 떠난 어버이를 그리워하며 슬퍼하는 자식의 마음을 가리킨다. 공자(孔子)가 길을 가는데 고어(皐魚)라는 사람이 슬피 울고 있기에 그 까닭을 묻자, "나무는 고요하고자 하나 바람이 그치지 않고, 자식이 봉양하고자 하나 어버이는 기다려주지 않는다.〔夫樹欲靜而風不止, 子欲養而親不待.〕"라고 대답한 고어의 말에서 유래하였다. 《韓詩外傳 卷9》

162 아득하고 아득하니 : 이 내용은 《장자》 〈천하(天下)〉의 "아득하도다 어디로 가며, 아득하도다 어디로 향하는가.〔芒乎何之, 忽乎何適.〕"라는 표현을 원용한 것으로, 선한 자에게 복을 내리고 악한 자에게 화를 내리는 천도(天道)가 어긋나서 아득하여

서글프다는 것을 깨닫습니다. 며칠 전에 비로소 집으로 돌아왔으나, 도중에 무더위와 비를 고루 겪어서 몸이 안 아픈 곳이 없으니, 참으로 제 자신이 가련합니다. 수서(壽序 환갑을 축하하는 글)를 보내주셨는데, 그 지극한 뜻을 가슴에 간직하였습니다. 더구나 문장이 여유롭고 통창하고 깊고 깨끗해서 완연히 법도가 있으니, 반복해서 완상하며 손에서 놓지 못하였습니다. 그러나 저를 칭찬하는 것이 도에 지나치고 기대하는 것이 너무 많아 부끄럽게도 감당할 수 없었습니다. 그리고 '선생(先生)' 두 글자로 칭한 것은 더더욱 만만번 저의 분수에 맞지 않습니다.

옛날 퇴계(退溪) 선생이 말씀하기를 "무릇 자처하기를 너무 높게 하고 혹은 망령되이 타인을 추중(推重)하면 양쪽 모두에게 실질적인 소득이 없다."[163]라고 하셨으니, 이 말씀이 참되고 간절하여 마음에 새길 만합니다. 노형처럼 독실한 분이 사람을 비견함이 이와 같이 등급에 맞지 않으니, 어찌 저를 이끌어 올리는 것에 급하여 짐짓 이렇게 관대하여 스스로 그 말이 과한지를 깨닫지 못한 것입니까. 요컨대 이것은 실언(失言)을 면치 못해서 장차 퇴계 어른에게 비난을 받으실 것입니다.

이어 생각해보니, 구구한 저는 재주와 자질이 낮고 약해서 도(道)에 나아가고 기국(器局)을 이룸에 모두 가망이 없었으나, 어려서 부형의 남은 가르침 덕분에 다만 크게 다른 길로 달려가는 것을 면했으나, 오직 다른 기능이 없기 때문에 성현의 언어에 대해서 기뻐할 만한 것을

이를 곳이 없음을 말한 것이다.

163 무릇……없다 : 이 내용은 《퇴계집》 권31 〈우경선에게 답함〔答禹景善〕〉에 보인다.

다소 알았습니다. 그리고 또 아침저녁으로 글을 외고 읽는 즈음에 때때로 성현(聖賢)이 후세(後世) 사람들을 가르친 진정 어린 마음을 보고서 가슴속에 감격하고 감동함이 없지 않아 종신토록 성현의 학문에 종사하겠다는 소원이 있었습니다. 다만 실제로 그 힘을 써서 제 몸에 소유하지 못하여 서리가 내리고 수위(水位)가 떨어지는 이때[164]에 이르러 몸을 돌이켜 점검해 보면 사후(死後)에 손에 들고 저세상에 돌아가서 부형과 사우(師友)를 뵐 만한 것이 아무것도 없습니다. 이 인생이 또한 구차할 뿐이니, 거의 적(賊)[165]에 가깝지 않겠습니까.

매번 자책하는 나머지 같은 세상에 사는 현자 중에 노형 같은 분에게 도움을 바라지 않을 수가 없는데, 노형은 끝내 정(情)이 의리(義理)보다 앞서서 칭찬하고 관용하는 빈말이 많고, 저를 간절하게 경계하는 실질적인 일이 적습니다. 이 축서(祝序)를 가지고 보면 그 일단(一端)을 증험할 수 있으니, 어찌 무연(憮然)히 실망하지 않을 수 있겠습니까. 한 번 살펴보면, 주자(朱子)는 붕우 간의 교제에 한결같이 책선(責善)을 주장하여 증세에 따라 약을 써서 직설적이고 통쾌하여 일호(一毫)의 고식(姑息)하는 뜻이 없으니, 이것이 참으로 우리가 마땅히 가슴에 새겨야 할 바입니다. 원컨대 지금부터는 계속해서 이와 같이 노년에 서로 힘쓰는 것이 어떻겠습니까. 보내주신 구장(鳩杖)[166]은 저처럼 어

164 서리가……이때 : 계절상 서리가 내리고 수위가 떨어지는 때는 늦가을이나 초겨울인 것에서 연유하여 노년을 비유한다.

165 적(賊) : 향원(鄕原)처럼 자기 속마음을 감추고 시류에 영합하면서 덕이 있는 사람으로 행세하며 인심을 얻는 위선자를 말한다. 공자가 "향원은 덕의 적이다.〔鄕原, 德之賊也.〕"라고 하였다. 《論語 陽貨》

166 구장(鳩杖) : 손잡이 부분에 비둘기 모양을 조각한 지팡이로, 예전에 임금이 나

두운 길을 더듬어가는 위태로운 몸을 넘어지지 않게 붙들어 줄 수 있을 듯합니다. 여기에 의탁한 뜻이 깊어서 저를 충분히 깨우치는 바가 있으니, 감히 오래도록 진귀하고 아름답게 여기지 않을 수 있겠습니까. 이만 줄입니다.

이 많은 신하에게 비둘기처럼 소화를 잘 시키라는 의미에서 내려 주었는데, '구공(鳩笻)'이라고도 한다. 《後漢書 志5 禮儀中》《呂氏春秋 仲秋記》

홍백응에게 답함

答洪伯應

말씀해주신 '돈간(敦艮)'[167]의 뜻은 세 번 반복해서 읽음에 재미가 있으니, 만약 서로 깊이 인정해주고 깊이 사랑해주지 않는다면 어떻게 이렇게 좋은 말씀을 해줄 수 있겠습니까. 스스로 생각하건대 평소 시작은 있으나 끝냄은 없는 병통이 있으니, 백발의 나이가 되도록 이룬 것이 없어 죽을 때 손에 들고 갈 수 있는 소득이 없습니다. 세상사에는 별의별 일이 많아 험난한 길을 끝까지 가기가 어렵습니다. 다만 이미 덕이 충분하지도 못한데 미래의 사변(事變)에 대응하고자 한다면 지절(志節)을 바꾸거나 상실하지 않으리라는 것을 또 어찌 보장할 수 있겠습니까. 이것은 참으로 항상 조심하고 두려워하는 것이니, 현자(賢者)가 불녕(不佞)을 위해 걱정하는 것은 지나친 염려가 아닙니다.

일찍이 선배의 말을 들으니, "만약 율옹(栗翁 이이(李珥))이 장수(長壽)를 누려 임진왜란 때 처음부터 끝까지 우계(牛溪 성혼(成渾))와 함께 일에 힘썼더라면, 우계는 틀림없이 많은 낭패를 보지 않았을 것이다."라고 하였습니다. 이것이 참으로 식견이 있는 말이니, 붕우(朋友)의 도와주는 힘이 어찌 작다고 하겠습니까. 불녕이 이미 노형(老兄)의 붕우의 대열에 끼어 있으니, 만약 정기(鼎器)[168]가 이지러졌다 하여

167 돈간(敦艮) : 《주역》 〈간괘(艮卦) 상구(上九)〉에 "멈춤에 독실함이니, 길하다.〔敦艮吉〕"라고 하고, 〈상전(象傳)〉에 "돈간의 길함은 끝마침을 돈후히 하기 때문이다.〔敦艮之吉, 以厚終也.〕"라고 하였는바, 마무리를 잘함을 뜻한다.

버리지 않는다면, 바라건대 일심(一心)의 기미(幾微)와 사위(事爲)의 득실(得失)에 대해 처하는 상황에 따라 조관(照管)하여 가르쳐 고해주기를 꺼리지 않아, 말년에 그 도움으로 문호(門戶)에 수치를 끼치거나 사우(士友)들에게 죄를 얻는 것을 면할 수 있게 해주십시오. 이것이 제가 공수(拱手)하고 기다리는 바입니다.

보여주신 글은 법도(法度)가 넉넉하니, 참으로 합작(合作 법도에 맞는 작품)입니다. 찌를 붙여 저의 견해를 보내어 애오라지 부지런한 가르침에 보답하였습니다. 그러나 모두 적합한 것은 아니니, 자세히 살펴보고 취사(取捨)하시는 것이 어떻겠습니까?

이것을 인하여 말씀드리고 싶은 것이 있습니다. 비록 심상(尋常)한 서독(書牘)을 가지고 보더라도 노형은 작은 기예인 문장(文章)에 대해 끝내 마치 마음에 잊지 못하는 것이 있는 듯하니, 이 마음은 아마도 만년의 함양(涵養)하는 공부에 방해가 될 듯합니다. 이연평(李延平)이 문자(文字)를 짓지 않은 것[169]이 참으로 좋은 법문(法門)[170]이니, 이로

168 정기(鼎器) : 원래는 단약(丹藥)을 단련하는 그릇인데, 여기서는 자신의 육체를 비유한다.

169 이연평(李延平)이……것 : 연평은 주자의 스승인 이동(李侗)의 호로, 이 내용은 《주자대전》 권97 〈연평선생이공행장(延平先生李公行狀)〉에 "독서하는 사람은 책 속에 있는 성현의 말씀이 나의 일이 아닌 것이 없음을 알아서 나의 몸에서 그것을 추구하면 성현은 도달하였으나 나는 아직 도달하지 못한 것들을 모두 노력하여 진취(進就)할 수 있다. 만약 문자만을 추구해서 글의 뜻을 좋아하여 외고 말하는 자료로만 삼는다면 완물상지에 이르지 않는 이가 거의 드물 것이다. 이 때문에 선생은 일찍이 강해(講解)하는 문장을 짓지 않았지만, 선생의 변석은 정미하여 털끝 만큼의 작은 것도 모두 살폈다.〔以故未嘗爲講解文書. 然其辨析精微, 毫釐畢察.〕"라고 보인다.

170 법문(法門) : 원래 불교 용어인바, 중생을 열반에 들게 하는 문이라는 뜻으로,

써 지극히 정(靜)한 공부를 하여 융화(融化)하고 쇄락(灑落)한 경지에 이를 수 있었습니다. 감히 이것을 외워 노형을 권면하니, 혹시 깊이 살펴 채납(採納)해주신다면 행여 간두(竿頭)의 진보(進步)[171]에 보탬이 있을 것입니다.

부처의 교법(敎法)을 비유하는데, 후세에는 성현(聖賢)의 가르침을 비유하는 말로 사용되기도 하였다.

171 간두(竿頭)의 진보(進步) : 일정한 성취를 이루었더라도 더 노력하여 진보함을 이르는바, 《주자대전》 권36 〈진동보에게 답함〔答陳同甫〕〉에 "그대는 백 척의 장대 끝에서 진일보하여, 장차 삼대 시대 이후의 인물이 되지 마십시오.〔賢者百尺竿頭進取一步, 將來不作三代以下人物.〕"라고 보인다.

홍백응에게 답함
答洪伯應

편지로 《정몽(正蒙)》의 의심스러운 뜻을 물어주시고 자강(子岡 이봉수(李鳳秀))과 문답한 편지를 아울러 보여주시니, 붕우 간의 강토(講討)가 얼마나 즐거운 일입니까. 오랫동안 적적하게 지내다가 마침내 세모(歲暮)의 음기가 가득한 중에 이 일을 보게 되었으므로 한 가닥의 미양(微陽)[172]이라고 이를 수 있으니, 저도 모르게 정신이 왕성해졌습니다.

삼가 자세히 살펴보건대 횡거(橫渠 장재(張載))가 《정몽》에서 하신 말씀은 바로 종(縱)으로 하신 말씀이지만 각각 지두(地頭)가 있습니다. 염옹(濂翁 주돈이(周敦頤))의 〈태극도(太極圖)〉와 비교해서 살펴보면, '태허(太虛)'는 곧 태극의 권(圈)이고, '기화(氣化)'는 곧 음양(陰陽)의 권(圈)이고, '허(虛)'와 '기(氣)'를 합한 것은 바로 오행(五行)의 권(圈)이고, '성(性)'과 '지각(知覺)'을 합한 것은 곧 남녀(男女)와 만물(萬物)의 권(圈)입니다.[173] 그러나 염계(濂溪)가 말씀한 '태극'은 이 이

172 미양(微陽) : 음(陰)이 왕성하던 때에 미세하게 동하는 양(陽)의 기운이라는 뜻으로, 《일주서(逸周書)》 〈주월(周月)〉에 "동짓달에 '미세한 양의 기운'이 황천에서 움직인다.〔微陽動于黃泉.〕"라고 한 데서 온 말이다.

173 태허(太虛)는……권(圈)입니다 : 이 내용은 장재(張載)의 《장자전서(張子全書)》 권2 〈정몽(正蒙) 태화편(太和篇)〉 제1에 "태허를 말미암아 천(天)이라는 명칭이 있게 되었고, 기화를 말미암아 도(道)라는 명칭이 있게 되었으며, 태허와 기화를 합해서 성(性)이라는 명칭이 있게 되었고, 성과 지각을 합해서 심(心)이라는 명칭이 있게 되었다.〔由太虛有天之名, 由氣化有道之名, 合虛與氣有性之名, 合性與知覺有心之名.〕"라고 한 것을 주돈이의 〈태극도〉에 견주어 말한 것이다.

(理)의 본연(本然)의 묘체(妙體)를 가리켜 말한 것이어서 이(理)를 주장함에 기(氣)가 바로 여기에 있습니다. 횡거가 말씀한 '태허'는 기(氣)의 본체(本體)를 가리켜 말한 것인데, 기를 주장함에 이(理)가 바로 여기에 있습니다. 이것이 입론에 차이가 생긴 까닭인데 필경에 '주재(主宰)하는 것은 이(理)이다.'라는 뜻은 애초에 차이가 없습니다. 그러므로 간혹 또한 '허(虛)'를 가리켜 '이(理)'라고 한 곳이 있으니, 여기에 이른바 "허(虛)와 기(氣)를 합한 것이다."라는 것이 이에 해당합니다. 만약 노형의 말씀처럼 이 '허(虛)' 자에 '신(神)' 자의 부위(部位)를 해당시킨다면 신(神)과 기(氣)가 비록 허(虛)와 실(實)의 구분이 있으나 모두 형이하(形而下)의 것이니, "기(氣)를 가지고 기(氣)에 합하였다."라고 의심하지 않을 수 있겠습니까. 이것은 자강(子岡)이 이른바 "이(理)이기도 하고 기(氣)이기도 함은 말미암아 말한 지점에 따라 각각 똑같지 않다."라는 것이 아마도 맞는 말인 듯합니다.

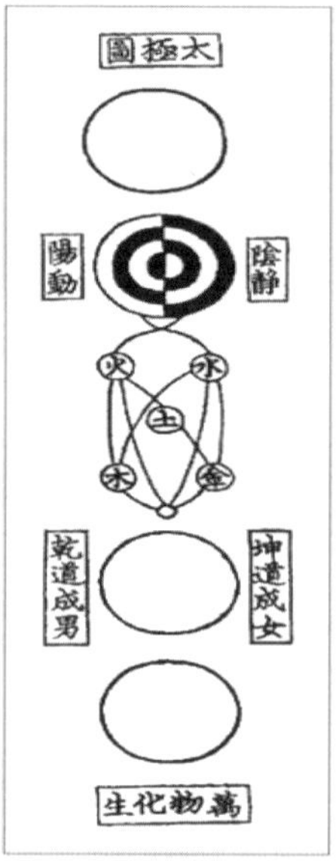

또 그 아래에 "성(性)과 지각(知覺)을 합하였다."라는 것을 살펴보면 "'심(心)'이라는 이름이 있게 되었다."의 '지각(知覺)'이 바로 고명(高明)이 이른바 "신(神)의 부위(部位)이다."라는 것입니다. 대저 횡거는 기를 말미암아 이(理)를 미루어 신(神)을 궁구하여 묘(妙)함을 지극히 하는 것을 가장 잘하여 의리(義理 성리(性理))에 대해 월등히 뛰어나니, 제자(諸子)가 미칠 수 있는 것이 아닙니다. 다만 평이(平易)함과 명백(明白)함이 부족하여 간혹 잘 살펴보지 않으면 병통이 있기 쉬우니,

한천(寒泉)의 책[174]에 이러한 말을 싣지 않은 것은 이 때문일 것입니다. 만약 합치하지 않는 뜻이 있으면 다시 가르침을 주십시오. 그리고 자강(子岡)에게 전달하여 보여주고 한 마디 비평을 부탁하시는 것이 어떻겠습니까.

'태허(太虛)'와 '귀신(鬼神)'은 기(氣)의 근본이 됨은 똑같으나, 설명은 조금 차이가 있습니다. '태허'는 오로지 본체(本體)를 가리키되 이(理)를 포함하여 말한 것이고, '귀신'은 정밀한 뜻을 뽑아내어 이(理)와 상대하여 말한 것입니다. 포함하여 말하면 기(氣)를 가리키고 이(理)를 가리키는 것이 원활하게 통할 수 있고, 상대하여 말하면 절로 도(道)와 기(器)의 구분이 있어서 뒤섞여 구별이 없을 수 없습니다.

《주자어류》에 이르기를 "기질(氣質)은 실(實)한 것이고, 혼백(魂魄)은 반은 실하고 반은 허(虛)하니, 귀신은 허(虛)한 분수(分數)가 많고 실(實)한 분수가 적다."라고 하였습니다. 이것을 가지고 살펴보면 허(虛)하고 실(實)한 분수로 형(形)·기(氣)·신(神)을 보되, 허(虛)함이 많고 실(實)함이 적은 것을 신(神)에 소속시킨다면 10분(分) 허(虛)한 것을 이(理)에 소속시킬 수 있겠습니까? 여기에 계합(契合)하는 뜻이 있으면 이른바 "허(虛)와 기(氣)를 합하다."라는 것도 거의 의심이 없을 수 있을 것입니다.

174 한천(寒泉)의 책 : 《주자대전》을 가리킨다. 주자가 1169년에 어머니 축부인(祝夫人)이 세상을 떠나자 복건성 건양현(建陽縣) 마복(馬伏) 천호(天湖) 북쪽에 장례를 지내고 그 곁에 집을 지은 것이 한천정사(寒泉精舍)인바, 이로써 주자를 '한천'이라고도 칭한다.

홍백응에게 답함

答洪伯應

《예기》〈단궁(檀弓)〉에 "연의(練衣)는 황색 천으로 안을 대고 분홍빛 천으로 옷깃과 소매에 선을 두른다.〔練衣黃裏縓緣〕"라고 하였는데, 삼가 자세히 살펴보니 소상(小祥)의 관(冠)과 최상(衰裳)을 이미 마전한 대공포(大功布)로 받았으므로 예(禮)를 기록한 자가 이것을 말하지 않았고, 다만 속에 입는 옷〔中衣〕을 말하였을 뿐입니다. 정현(鄭玄)의 주(註)에 "연관(練冠)을 하고 연중의(練中衣)를 입는다."라고 하였으니, 중의(中衣)는 참으로 이것입니다.

'관(冠)'은《예기》의 경문(經文)에 말하지 않았는데, 어찌하여 '연관'이라 칭한 것입니까? 이것이 의심스럽습니다. 공영달(孔穎達)의 소(疏)는 정현(鄭玄)의 주(註)에서 관(冠)과 중의(中衣)를 거론하였으나 오직 정복(正服)을 거론하지 않은 것을 보고서 문맥에 따라 뜻을 만들어 마침내 "정복(正服)은 바꿀 수 없다."라고 하였으니, 공영달 소의 실수는 아마 정현의 주로 말미암아 예가(禮家)가 해결하지 못할 안건을 만들어낸 듯합니다. 한탄스럽습니다. '연(練)'이라는 이름이 생긴 것은 삼베를 마전하였기 때문이니, 만약 이 설(說)과 같다면 어찌 정복(正服)에 마전을 하지 않았는데 '연(練)'이라고 칭할 수 있겠습니까. 이것은 명실상부(名實相符)하지 않습니다.

오랫동안 고명(高明)에게 한 번 질정하고 싶었으나 끝내 하지 못했던 것인데, 삼가 성대한 말씀을 듣고서 매우 분명해졌으니, 저의 마음이 매우 흡족합니다. 매우 다행스럽습니다.

홍백응에게 줌

與洪伯應

화양서원(華陽書院)[175]의 유자(儒者)들이 윤병계(尹屛溪 윤봉구(尹鳳九))가 지은 묘정비(廟庭碑)를 세우는 것을 모의하였는데 원장(院長)이 허락하여 이제 막 글자를 새기는 작업을 시작했다고 합니다. '밀기성신(蜜豈性信)'[176]이라는 구절을 장차 귀두(龜頭)에 높이 새길 것이라

175 화양서원(華陽書院) : 1696년(숙종22)에 노론의 영수인 우암 송시열을 제향하기 위해 송시열이 강학한 화양동에 설립되었는데, 1716년(숙종42) 10월에 숙종이 서원의 편액을 건 지 오래되었다 하여 직접 사액(賜額)하였다. 《肅宗實錄 42年 10月 14日》

176 밀기성신(蜜豈性信) : 이 내용은 《병계집(屛溪集)》 권47 〈화양서원묘정비명(華陽書院廟庭碑銘)〉에 "단맛이 비록 토에 속하지만 꿀이 어찌 신(信)의 성을 갖추었으랴. 종류마다 판가름하면서 명철하게 관통하였네.〔甘雖屬土, 蜜豈性信, 逐類刃解, 玲瓏穿貫.〕"라고 보인다.

《송자대전》 권101 〈정경유에게 답함〔答鄭景由〕〉의 별지를 살펴보면, 이 내용은 《대학장구》 경 1장의 소주(小註)에 주자가 "심(心)은 화(火)에 속한다.〔心屬火〕"라고 한 것에 대한 문답에서 인용한 것인바, 편지는 다음과 같다.

정찬휘(鄭纘輝)가 "오성(五性)은 오행(五行)의 이(理)이고 오행이 오장(五臟)에 속한다면 당연히 오장이 각기 하나의 성(性)을 통섭할 것입니다. 그런데 지금 오성을 모두 심(心)에 통섭시킨 것은 무엇 때문입니까?〔五性是五行之理, 五行屬乎五臟, 則宜乎五臟各統一性, 而今以五性皆統乎心者, 何耶?〕"라고 묻자, 송시열이 "천하의 만물은 오행에 배속되지 않은 것이 없네. 오행의 이(理)가 사람에게 부여되어 오성이 되었다고 이르면 괜찮지만, 모든 오행에 배속된 것들이 모두 인·의·예·지·신의 성(性)을 가지고 있다고 하면 절대 불가하네. 대체로 오행에 배속되는 것은 혹은 기(氣), 혹은 형(形), 혹은 맛, 혹은 냄새로 하는데, 지금 맛 가운데 단맛은 모두 토(土)에 속한다 하여 마침내 꿀을 가지고 신(信)의 성(性)을 갖추었다고 하면 되겠는가.〔遂以蜜爲具信

고 하니, 이 소식을 듣고서 근심과 번민을 이기지 못하였습니다. 이 문자는 당대 유선(儒先)의 의논이 일치하지 않았는데, 미로(渼老)가 더욱 강력히 주장하여 결국 세울 수 없었으니,[177] 그렇다면 사체(事體)가 중대한 것입니다. 이 노인이 이와 같이 한 것이 어찌 공연한 것이었겠습니까. 참으로 우옹(尤翁 송시열)의 공평한 마음과 간절한 정성을 위한 것입니다. 알지 못하겠습니다. 사체(事體)를 알지 못하는 어떤 유생(儒生)이 함부로 이런 계획을 내어 저절로 거리낌 없이 행동하는 죄과에 빠진단 말입니까.

돌아보건대 지금 사문(斯文)이 상망(喪亡)하여 온갖 괴이한 일들이 층층이 생기는데, 이 일이 또 마침 이러한 때에 일어났으니, 아마도 기수(氣數)가 그렇게 만든 듯합니다. 어찌합니까, 어찌합니까?

之性可乎?〕 이런 곳은 절대로 꽉 막히게 보면 안 되네."라고 대답하였다. 그러나 윤봉구가 송시열의 이 말을 인용하여 사람과 물건의 성(性)이 다른 근거로 삼았으므로 오희상을 비롯한 낙론계 학자들의 반대에 직면하여 결국 묘정비를 도암(陶菴) 이재(李縡)의 글로 다시 세웠다.

177 미로(渼老)가……없었으니 : '미로'는 미호(渼湖) 김원행(金元行)을 가리키는데, 그가 묘정비 건립을 강력히 반대한 것을 이른다. 윤봉구 사후에 화양서원의 원유(院儒)들이 윤봉구의 〈화양서원묘정비명〉으로 비를 세우려고 하자, 당시 화양서원의 원장으로 있던 김원행이 인물성동이(人物性同異)의 문제와 관련된 비문의 내용이 공론의 시비를 불러온 것을 이유로 이를 저지한 일을 이른다. 《近齋集 卷31 密菴金公墓碣銘, 卷32 渼湖金先生語錄》

홍백응에게 답함
答洪伯應

말씀해주신 정옹(貞翁)[178]과 미로(渼老 김원행) 두 현자(賢者)의 예설(禮說)은 저도 일찍이 본 적이 있는데, 미로는 평소에 담제(禫祭) 뒤의 참복(黲服)을 입는 제도를 강력히 배척하였으므로 너무 지나치게 추론하였던 것입니다. 담월(禫月)에 이르러 이미 길제(吉祭)를 지냈다면 복침(復寢)[179] 이후부터 모든 일에 복길(復吉)을 하지 않음이 없다고 한 경우는 삼가 성급하게 판단한 잘못이 있어 감히 믿을 수 없을 듯합니다. 정옹의 "담월(禫月)에 비록 길제(吉祭)를 행했더라도 길제 뒤에 대번에 상복(常服)을 입는 것이 편치 못한 점이 있으니, 제사를 지낸 뒤에 다시 미길(微吉)의 옷을 입고서 그 달을 끝마친다."라는 설이 원활하게 예(禮)의 정도(正道)를 얻었다고 이를 수 있습니다.

그러나 이것은 본가(本家)에 있는 형제가 상제(祥祭)와 담제(禫祭)에 모두 변제(變制)가 있는 경우를 위하여 말한 것입니다. 출계(出繼)한 자의 경우에는 기년복(期年服)을 입으니, 무슨 변제(變制)의 예절이 있겠습니까. 변제가 없는데 여러 예절을 억지로 만드는 것은 아마도

178 정옹(貞翁) : 민우수(閔遇洙, 1694~1756)로, 그의 호가 정암(貞菴)이기 때문에 이렇게 칭한 것이다. 민우수는 자가 사원(士元), 본관은 여흥(驪興), 시호는 문간(文簡)이며 권상하(權尙夏)의 문인이다.

179 복침(復寢) : 부부간의 잠자리를 회복함을 이르는바, 《예기》 〈상대기(喪大記)〉에 "담제를 마치면 직무에 종사하고 길제를 마치면 본래 대로 부부간의 잠자리를 회복한다.〔禫而從御, 吉祭而復寢.〕"라고 보인다.

예(禮)의 뜻이 아닐 듯합니다. 저의 생각에는 처음 심복(心服)을 입고서 곧장 길제(吉祭)를 지내는 날에 이르면 길(吉)한 예로 나아가는 것이 옳을 듯합니다. 알지 못하겠습니다. 노형의 의견은 어떻습니까. 담제를 지내는 달에 길제(吉祭)를 지냄은 정제(正祭)보다 급하기 때문이요 애초에 변제(變制)를 위한 것이 아닌데, 반드시 이날에 길복을 입는 것은 진행 절차가 있기 때문입니다.

아버지가 살아 계신데 어머니가 돌아가신 자로서 이미 길제(吉祭)를 지내는 절차가 없는 경우, 한갓 27개월의 달수 기한을 계산하여 만약 중삭(仲朔)을 만나면 '담제를 지내는 달에 길제를 지내는' 예를 원용하여 갑자기 심제(心制)를 벗고 정일(丁日)에 길복을 입고서 그 달을 끝마치지 않음[180]은 참으로 근거할 것이 없고 편리함을 따르는 일이니, 어찌 마음에 편안할 수 있겠습니까. 이것이 비록 자잘한 예절인 듯하나 또한 상기(喪紀 상례)와 관계되는데, 근일(近日)에 인가(人家)에서 행하는 것을 보면 간간이 이러한 경우가 있으니, 삼가 개탄스럽습니다.

180 한갓……않음 : 중삭(仲朔)은 사계절의 가운데 달에 해당하는 음력 2월, 5월, 8월, 11월 등을 가리키는바, 당시 심제(心制)를 행하는 자들이 1년을 채우지 않고 상복을 벗은 다음 이 시기에 흰옷을 입지 않고 곧바로 길복을 입은 것으로 보인다. 원래 부모의 상은 3년으로, 25개월이 되는 두 번째 기일(忌日)에 삼베로 만든 상복을 벗고 대상제를 지내고서, 호관(縞冠)과 흰옷을 착용하다가 27개월째가 되면 담제(禫祭)를 지내고 길제를 지내면 완전히 평상으로 돌아오는데, 부재모상(父在母喪)의 경우 11개월에 소상제를 지내고 첫 번째 기일이 되는 13개월째에 대상제를 지내며, 15개월째에 담제를 지내되, 나머지 1년 동안 심제를 행한다. 심제는 아버지에게 압존(壓尊)되어 상복을 계속 입지 못하고 심상(心喪)을 행함을 이른다.

홍백응에게 답함

答洪伯應

종자(宗子)를 위해 입는 복(服)의 경우, 《예기》〈상복소기(喪服小記〉를 살펴보건대 계고조(繼高祖)부터 계녜(繼禰)에 이르기까지 모두 소종(小宗)이 됩니다.[181] 그렇다면 계고(繼高)의 종(宗)은 아마도 갑자기 대종(大宗)의 예(禮)를 써서는 안 될 듯합니다. 대종은 바로 별도의 백세(百世) 동안 훼손하지 않을 종(宗)을 이으니, 종자(宗子)는 위로 조통(祖統)을 받들고 족인(族人)의 기강(紀綱)이 되어 군주의 도[君道]가 있습니다. 그러므로 족인이 그를 위하여 자최(齊衰) 3개월의 복을 입으니, 마치 본조(本朝)의 대군(大君)과 왕자(王子) 및 여타 불조(不祧)[182]의 집안이 대종의 칭호에 해당할 수 있습니다.

그러나 종법(宗法)을 익히지 않은 지가 오래되었는데, 지금 처음부터 종법을 강구하지 않고 오직 종사를 위해 자최(齊衰)의 제도를 행하

181 계고조(繼高祖)부터……됩니다 : '계고조'는 고조를 이어 4대를 봉사(奉祀)하는 자를 이르고, '계녜(繼禰)'는 아버지를 잇는 것으로 아버지 한 대만 봉사하는 자를 이른다. '종(宗)'은 대종(大宗)과 소종(小宗)으로 구분되는바, '대종'은 대군(大君)이나 왕자(王子), 또는 큰 공이 있어 불천위(不遷位)가 된 분을 봉사하는 대종손을 이르고, '소종'은 대종에서 분파되어 고조 또는 증조, 조고 또는 아버지만 봉사하는 집안을 이른다.

182 불조(不祧) : 묘제(廟制)에 있어서 일정한 대수(代數)가 지나면 '조(祧)'라고 하여 그 신주(神主)를 묘(墓)에 매안(埋安)하는데, 공덕이 특출한 인물의 신주는 이를 특별히 취급하여 대수가 지나도 체천하지 않는바, 이를 '불조' 또는 '불천(不遷)'이라고 한다.

고자 한다면, 삼가 반상낙하(半上落下)하여[183] 해당될 바가 없을 듯합니다. 《가례(家禮)》에 먼저 종자법(宗子法)을 드러내 보였으나 복(服)에 나열하지 않은 것은 한갓 복(服)만으로 행할 수 없어서입니다. 그러므로 사람들로 하여금 이 도리를 알아 책을 펼칠 적에 제일(第一)의 의리로 삼아 점점 연마하여 강명(講明)하게 하려는 것이 아니겠습니까. 저의 집도 불조(不祧)를 받드는데 연전(年前)에 있었던 종자(宗子)의 상(喪)에 비록 끊어진 것을 이은 자라 하더라도 모두 문(免)의 제도를 써서 약간이나마 자최(齊衰)의 뜻에 붙였습니다. 알지 못하겠습니다. 과연 어떻습니까?

183 반상락하(半上落下)하여 : 절반쯤 올라가다가 떨어진다는 말로, 처음과 끝이 일치하지 않는다는 뜻이다.

홍백응에게 답함

答洪伯應

‘혈구(絜矩)’[184]의 뜻에 대해서는 노형(老兄)이 김선비〔金士〕에게 답한 편지[185]에서 말씀하신 것이 참으로 바른 뜻이더군요. 저는 일찍이 “‘심(心)’이 ‘구(矩)’이니, 자기의 마음으로 준칙(準則)을 삼은 연후에 헤아려서 똑같게 하지 않음이 없을 수 있다.”라고 여겼습니다. 만약 범범하게 ‘물건을 헤아려 그 네모짐을 얻는다.〔度物而得其方〕’[186]라는 뜻을 ‘혈구(絜矩)’라고 한다면 이른바 ‘구(矩)’라는 것은 너무 헐후(歇後)하니, 장차 어떻게 다 똑같게 할 수 있겠습니까. 그러므로 이 ‘구(矩)’자를 반드시 ‘명덕(明德)’으로 본다면 한 편(篇)의 수미(首尾)를 관통하여 중간의 조목(條目) 공부(工夫)의 매 절(節)이 명덕(明德)을 위

184 혈구(絜矩) : 《대학장구》 전(傳) 10장에 나오는 말로, “군자는 혈구의 도(道)가 있다. 윗사람에게서 싫었던 점을 가지고 아랫사람을 부리지 말며, 아랫사람에게서 싫었던 점을 가지고 윗사람을 섬기지 말며, 앞사람에게서 싫었던 점을 가지고 뒷사람에게 가하지 말며, 뒷사람에게서 싫었던 점을 가지고 앞사람을 따르지 말며, 오른쪽 사람에게서 싫었던 점을 가지고 왼쪽 사람과 사귀지 말며, 왼쪽 사람에게서 싫었던 점을 가지고 오른쪽 사람과 사귀지 말 것이니, 이것을 일러 혈구의 도(道)라고 하는 것이다.〔此之謂絜矩之道.〕”라고 하였는데, 주자의 주에 “‘혈’은 헤아림이다. ‘구’는 네모진 것을 만드는 기구이다.〔絜, 度也. 矩, 所以爲方也.〕”라고 하였다.

185 노형(老兄)이……편지 : 홍직필이 김선비에게 답한 편지에 대한 정보는 자세하지 않다.

186 물건을……얻는다 : 이 내용은 《주자대전》 권44 〈강덕공에게 답함〔答江德功〕〉에 보인다.

주로 삼는 묘용(妙用)임을 볼 수 있습니다. 주자(朱子)의 글에 비록 두 가지의 설(說)이 있으나[187] 마땅히 《장구(章句)》에서 말씀한 것과 동일한 것을 취해야 할 것입니다.

187 주자(朱子)의……있으나 : '혈구'에 대해 바로 위에서 말한 '구(矩)로 헤아려 네모지게 하다.'와 '헤아려 네모짐을 얻다.' 두 가지 설을 가리킨다.

홍백응에게 답함

答洪伯應

문 아버지의 상(喪)에 어머니의 묘소를 개장(改葬)하여 합폄(合窆)할 경우에는 아버지 상의 졸곡(卒哭) 이후에 어머니의 사당에 고유(告由)하여 일을 마쳐야 합니까? 장례를 마치고 곡하고 고유함은 또한 흉사(凶事)이므로 굳이 졸곡을 기다릴 필요가 없으니, 아버지 상에 반우(返虞)[188]한 뒤에 곧바로 어머니의 신주를 정침(正寢)에서 내어 예를 행하는 것이 마땅합니다.

답 아버지 상에 졸곡 전에는 다른 일을 뒤섞어서는 안 될 듯하고, 또 개장(改葬)은 초장(初葬)과 달라 신(神)을 편안히 할 수 있는 일이 없습니다. 그러므로 개장의 우제(虞祭)가 애초에 고례(古禮)에 보이지 않고 《의절(儀節)》에 보이니, 때를 넘겨 지낼 수 없는 제사가 아닙니다. 저의 견해는 아버지 상의 우제를 마친 뒤에 행하는 것이 옳다고 봅니다. 알지 못하겠습니다. 어떻습니까?

188 반우(返虞) : 장례 지낸 뒤에 신주(神主)를 집으로 모셔와 우제(虞祭)를 지내는 예법이다.

노주집

제11권

書서

홍백응에게 답함
答洪伯應

보내주신 편지에 "《태극도해(太極圖解)》[1]의 '정(精)·추(粗)와 본(本)·말(末)'은 모두 음(陰)·양(陽)에 속하고 '피차(彼此)가 없다.'는 것은 태극(太極)에 속하므로 음·양의 정·추와 본·말에 이치가 있지 않은 곳이 없다고 생각한다."라고 말씀한 것은 매우 정밀한 견해입니다. 이(理)·기(氣)가 혼연히 융합하는 묘함을 범범하게 논하면 진실로 다시 평할 것이 없지만 이 《태극도해》의 경우는 본래 도설(圖說)을 끌어다 그림의 개황(概況)을 해석한 것이기 때문에 도설에서 오행(五行)으로 음양에 상대하고 음양으로 태극(太極)에 상대하여 끝에 혼연히 융합하는 묘함을 말하였습니다. 그러므로 주자(朱子) 또한 두 가닥으로 설을 세운 것이니, 그 말에 오행과 음양은 나뉘어 있으나 남거나 부족함이 없음은 똑같고, 정·추와 본·말은 -정(精)과 본(本)은 태극이고, 추(粗)와 말(末)은 음양입니다.- 나뉘어 있으나 피차가 없는 것은 똑같습니다. 이렇게 보면 어찌 가지런하여 원만하고 동장하지 않겠습니까. 그대의 말씀과 같다면 위·아래 구(句)의 말뜻이 서로 상대되지 않아 한쪽으로 기우는 것을 면할 수 없습니다. 또 "음양·오행의 정(精)을 이미 '기(氣)'라고 말하고 또 정(精)을 '태극'이라고 하면, 위·

1 태극도해(太極圖解): 염계(濂溪) 주돈이(周敦頤)가 지은 〈태극도설(太極圖說)〉은 그림인 〈태극도〉와 그에 대한 해설인 〈태극도설〉로 구성되어 있는데, 주자(朱子)가 이 〈태극도〉와 〈태극도설〉에 주석을 단 것이 〈태극도설해의(太極圖說解義)〉이다.

아래의 '정(精)' 자가 서로 어긋난다."라고 말씀한 것도 반드시 옳은지 모르겠습니다.

음양·오행의 정(精)은 《태극도설》에 나오는 말이고, 정·추와 본·말은 〈태극도〉를 하나하나 분석한 데서 나온 말이니, 응당 각각의 지점을 보아야 할 것이지 서로 뒤섞어서 볼 필요는 없습니다. 하물며 고인(古人)은 이치에 대해서 '정(精)' 자를 많이 쓰지 않았습니까? 가만히 이 편의 대의(大意)를 헤아려 보건대 "태극이 있다."고 말하면 실제에 막힐까 염려되고, "태극이 없다."고 말하면 공허한 데에 빠질까 두려운데, 유(有)·무(無)와 허(虛)·실(實)의 사이에 의견을 세운 것이 정밀한 뜻이 지극하니, 독자는 응당 이 점에 착안해야 합니다.

제1절은 '무극(無極)'으로부터 말하여 동(動)하고 정(靜)하고 변하고 합함과 음양·오행이 갖추어짐에 이르렀는데, 이는 무(無)에서부터 시작한 말이 유(有)에 돌아간 것입니다. 제3절은 '오행(五行)'으로부터 말하여 본래 극(極)이 없는 데〔무극(無極)〕에 이르렀는데, 이는 유(有)에서부터 시작한 말이 무(無)에 돌아간 것이니, 바로 반결(反結)[2]을 한 것입니다. 또 이 절은 묘합권(妙合圈)[3]을 해석한 것인데,

2 반결(反結) : 말을 뒤집어 맺는 것으로, 이 말은 《대학(大學)》 경(經) 1장의 "천자로부터 서인에 이르기까지 일체 모두 수신을 근본으로 삼는다.〔自天子以至於庶人, 壹是皆以修身爲本.〕"와 "근본(몸)이 어지러우면서 지엽〔집안, 나라, 천하〕이 다스려지는

묘합권은 제1권(第一圈)[4]과 더불어 동일한 무극의 묘합(妙合)입니다. 그런데 제1권은 음양·오행의 위에 있고 묘합권은 음양오행의 아래에 있으니, 하나는 위에 있고 하나는 아래에 있어서 없는 것으로부터 생기기도 하고 있다가도 또 없어지니, 또 순환하여 끝이 없는 지극한 묘합을 볼 수 있습니다. 구구한 제가 지난해에 이 책을 읽었을 적에 이렇게 보았는데, 과연 어떨지 모르겠습니다.

자는 없으며, 후하게 해야 할 것(집안)에 박하게 하고 박하게 할 것〔나라와 천하〕에 후하게 하는 자는 없다.〔其本亂而末治者否矣, 其所厚者薄, 而其所薄者厚, 未之有也.〕" 라는 말에 대해 원(元)나라의 학자인 운봉(雲峯) 호병문(胡炳文, 1250~1333)이 "앞 구절은 공부 중에서 수신(修身)을 끄집어내어 바르게 맺었고, 뒤 구절은 공효(功效) 중에서 자신과 집안을 끄집어내어 뒤집어 맺었다.〔前節, 於工夫中拈出修身正結; 後節, 於功效中拈出身與家反結.〕"라고 설명한 데서 온 말이다.

3 묘합권(妙合圈) : 오행(五行) 아래의 원을 가리키는바, 〈태극도설해의〉에 "이는 무극과 음양·오행이 오묘하게 결합하여 틈이 없는 것이다.〔此無極、二、五所以妙合而無間也.〕"라고 하였다.

4 제1권(第一圈) : 맨 위의 원을 가리키는바, 〈태극도설해의〉에 "'○', 이는 이른바 '무극이면서 태극이다.'라는 것이다. 움직여 양이 되고 고요하여 음이 되는 근거인 본체이다. 그러나 그것은 음양과 떨어져 있는 것이 아니고, 음양에서 그 본체를 가리키며, 음양과 섞여있지 않음을 말하고 있을 뿐이다.〔此所謂無極而太極也. 所以動而陽靜而陰之本體也. 然非有以離乎陰陽也, 卽陰陽而指其本體, 不離乎陰陽而爲言耳.〕"라고 설명하였다.

홍백응에게 줌
與洪伯應

《도규잡록(刀圭雜錄)》[5]의 경우, 근래에 한 벗을 통해 그 책에서 남당(南唐 한원진(韓元震))의 설을 변증한 것을 얻어 보았는데, 거의 법관이 옥사(獄事)를 판결하는 것처럼 하였지만 간혹 지나치게 까다롭게 한 잘못이 있는 듯합니다. 중간에 안설(按說)을 붙여두었으나 매우 소략합니다. 책에서 '선생'이라고 일컬은 말이 있으므로 안설은 아마도 오촌(梧村 미상(未詳))께서 쓰신 듯한데, 장담은 못 하겠습니다.

동상(峒相 미상(未詳))께서 끝내 세상을 떠나셨습니다. 만년의 절개가 사람들의 뜻을 크게 강하게 하였고, 또 죽음을 앞두고 올리신 상소 한 편에서는 나라를 걱정하는 충정이 뜨거웠음을 볼 수 있어서 저로 하여금 매우 애통하게 합니다.

아드님이 약속한 때에 찾아와주어 만났습니다. 돌아보건대 이 몸은 근년에 홀로 머물면서 도움받을 사람이 적었습니다. 그런데 아드님을 만나보고 매번 문자(文字)를 살펴볼 적에 새로운 생각을 일으켜주는 점이 있었으니, 노쇠한 때의 다행한 일입니다. 그리고 아드님이 가정에 있을 때 단련한 것이 평범하지 않았음을 따라 알았습니다.

5 도규잡록(刀圭雜錄) : 과재(過齋) 김정묵(金正默)의 《과재유고》에 6~9권까지 편성되어있는 《남당집차변(南塘集箚辨)》으로, 《도규잡록》은 책으로 간행되기 전의 제목인데, 《도규수록(刀圭隨錄)》이라고도 하였다. 남당 한원진(韓元震)의 학설이 율곡 이이, 우암 송시열의 취지와 어긋나는 점이 많아 후배들을 오도할 수 있다고 생각하여 조목별로 나누어 변증한 내용이 실려 있다.

홍백응에게 답함

答洪伯應

문 여기에 어떤 사람이 아버지의 상(喪)을 치르고 한 달 뒤에 어머니가 돌아가셔서 장차 같은 날에 장사지내려 하는데, 장례는 복이 가벼운 사람을 먼저 하고 무거운 사람을 뒤에 하며 우제(虞祭)는 복이 무거운 사람을 먼저 하고 가벼운 사람을 뒤에 하는 것은 이미 경전에 의거할 바가 있습니다.[6] 그렇지만 부친상은 3개월이 지나고 나서 치르게 되고 모친상은 한 달 뒤에 치르게 되니, 한 달 뒤에 장사 지내는 분은 응당 3개월을 기다려 졸곡제(卒哭祭)를 지내고 부제(祔祭)를 지내며, 3개월이 지나 장사지내는 분은 곧바로 졸곡제를 지내고 부제를 지내므로 기다릴 뒷일이 없습니다.[7] 그러나 졸곡제를 먼저 지내더라도 부제

6 장례는……있습니다 : 이 내용은 《예기》 〈증자문(曾子問)〉에 "증자가 묻기를 '부모의 상이 함께 있으면 어떻게 합니까? 어느 분을 먼저 하고 어느 분을 뒤에 합니까?'라고 하니, 공자께서 대답하시기를 '장례는 복(服)이 가벼운 사람을 먼저 하고 무거운 사람을 뒤에 하며, 전(奠)은 복이 무거운 사람을 먼저 하고 가벼운 사람을 뒤에 하는 것이 예이다. 어머니의 빈(殯)을 옮으로부터 장례에 이르기까지 아버지의 빈에 전을 올리지 않고, 장례하러 영구(靈柩)가 떠날 적에 대문 밖의 상차(喪次)에서 슬퍼하지 않으며, 장례하고 돌아와서는 아버지의 빈에 전을 올린 뒤에 빈에서 계빈(啓殯)할 시기를 고하고, 마침내 아버지 장례의 일을 준비한다. 우제(虞祭)는 지위가 높은 사람을 먼저 하고 낮은 사람을 뒤에 하는 것이 예이다.' 하였다."라고 보인다.

7 한 달 뒤에 장사……없습니다 : 이 내용은 《예기》 〈상복(喪服)〉에 "아버지와 어머니의 상(喪)을 함께 만났으면 먼저 장사 지내는 자〔어머니〕에 대해서는 우제(虞祭)와 부제(祔祭)를 지내지 않고 뒷일〔아버지의 장례와 우제·부제〕을 기다려서 지내니, 어머니를 장사 지낼 적에 참최복(斬衰服)을 입는다.〔父母之喪偕, 先葬者不虞、祔, 待後

는 진실로 빠르거나 늦음을 따질 일이 없으니, 모친상의 졸곡제를 기다려 같은 날에 앞뒤로 두 부제를 거행하는 것이 어떨지 모르겠습니다.

답 부친의 졸곡제를 이미 먼저 행했다면 부제 또한 응당 따라서 먼저 행해야 하니, 아마도 늦추어 모친상의 졸곡제를 치르고 나서 행하기를 기다릴 수 없을 듯합니다. 부제는 은(殷)나라와 주(周)나라의 예가 달라서 공자께서 비록 은나라의 부제를 좋게 여기셨지만[8] 후세에는 대부분 주나라의 부제 지내는 법을 사용하였고, 혹 연고(緣故)가 있어 날을 약간 물리면 비로소 은나라의 부제 지내는 법을 사용하였습니다. 그런데 지금 다른 단서는 없으면서 단지 부친의 부제를 모친과 같은 날에 함께 거행하기 위하여 때를 정하지 않고 날을 물리게 된다면 어찌 온당하지 않음이 없겠습니까.

事. 其葬服斬衰.〕"라는 말을 원용한 것이다.

8 부제는……여기셨지만 : 이 내용은 《예기》 〈단궁(檀弓)〉에 "은나라는 연제(練祭)를 지내고 나서 부제를 지냈고, 주나라는 졸곡제를 지내고 나서 부제를 지냈는데, 공자께서는 은나라의 부제를 좋게 여기셨다.〔殷練而祔, 周卒哭而祔, 孔子善殷.〕"라고 보인다.

홍백응에게 답함

答洪伯應

《근사록(近思錄)》의 의의(疑義)에 대해서는 지난번 자강(子岡)[9]의 질문을 통하여 그와 편지를 주고받았는데, 지금 질문을 받았으므로 이에 자강과 내가 주고받은 서신을 아울러 보여드립니다. 요컨대 자강의 설이 문리에 순하기 때문에 이미 나의 견해를 버리고 그의 견해를 따랐습니다. 《주자어류(朱子語類)》의 설의 경우는 늘 의심을 가지고 있었기 때문에 여기에 대해서도 언급한 것이 있으니, 보내드린 자강의 서신에서 살펴보시고 자세히 분석하여 보여주신다면 다행이겠습니다.

우선 이 단락에서 인용한 "덕은 외롭지 않아 반드시 이웃이 있다.〔德不孤, 必有鄰.〕"라는 문장을 정자(程子)가 다만 차용(借用)하여 '덕이 외로움〔德孤〕'을 마음이 안락하지 못한 이유로 삼고, '이웃이 있음〔有鄰〕'을 덕이 성대하여 외롭지 않은 뜻으로 삼았습니다.[10] 그런데 섭채

9 자강(子岡) : 이봉수(李鳳秀, 1778~1847)의 자로, 호는 대은(大隱)·금계(襟溪)이다. 종조부 이직보(李直輔)와 임로(任魯)·오희상 등에게 수학하였다.

10 덕은……삼았습니다 : 《근사록》 권4 〈존양(存養)〉에 실린 정자(程子)의 말은 다음과 같다. "이제 의리에 뜻을 두되 마음이 안락하지 못한 것은 어째서인가? 이는 바로 하나의 조장함이 많아서이다. 비록 마음이란 잡으면 있고 놓으면 없어지지만, 잡아 지키기를 너무 심하게 하면 이것은 반드시 일삼음을 두되 미리 효과를 기대하는 것이니, 또한 모름지기 우선 이와 같이 해야 한다. 이와 같이 되는 것은 다만 덕이 외로워서이니, 덕은 외롭지 않아 반드시 이웃이 있다. 덕이 성대한 경지에 도달한 뒤엔 자연히 막히는 것이 없어 어디에서든 그 근원을 만나게 된다.〔今志於義理而心不安樂者, 何也? 此則正是剩一箇助之長. 雖則心操之則存, 舍之則亡, 然而持之太甚, 便是必有事焉而正之也,

(葉采)의 주(註)에서는 '함양이 충실하지 못하여 의리가 고단함'을 가지고 '덕이 외로움'을 해석하고 '덕이 성대함'을 가지고 '외롭지 않음'을 해석하였으니,[11] 이것이 참으로 맞습니다. 외롭지 않으면 바로 이웃이 있으니, '이웃이 있다.'라는 것은 기류(氣類)를 말한 것이 아니고 덕의(德義)가 충분하여 머무르는 곳에 이웃이 있는 것과 같음을 말한 것입니다. 그대의 성대한 말씀에서 《논어(論語)》의 주(註)와 《주역(周易)》의 〈상(象)〉을 인용하여 뜻을 넓히고자 한 것은, 의리로 보면 나쁘지 않으나 다만 추론이 너무 지나쳐 끝내 정자가 말씀한 본의에 긴절하지 못할 듯하니, 다시 헤아려봄이 어떻겠습니까?

亦須且恁去. 如此者, 只是德孤, 德不孤, 必有鄰. 到德盛後, 自無窒礙, 左右逢其原也.〕"

11 함양이……해석하였으니 : 섭채(葉采)가 편찬한 《근사록집해(近思錄集解)》에 실린 이 대문의 주석은 다음과 같다. "'고(孤)'는 외롭고 홀로여서 도와주는 이가 없음을 이른다. 함양함이 충실하지 못하여 의리가 고단하다. 그러므로 자득하는 뜻이 없는 것이니, 덕이 성대하여 외롭지 않음에 이르면 흉중에 막힘이 없어 좌에서나 우에서나 그 근원을 만나 패연히 여유가 있을 것이니, 또 어찌 안락하지 못함이 있겠는가.〔孤謂寡特而無輔也. 涵養未充, 義理單薄, 故無自得之意, 及德盛而不孤則胸中無滯礙, 左右逢其原, 沛然有餘裕, 又何不安樂之有?〕"

홍백응에게 답함

答洪伯應

격조한 지가 오래되었습니다. 이달 초에 손수 써주신 편지를 책상 위에 두고서 때때로 펼쳐보며 답답한 생각을 달랬습니다. 다만 지난 그믐부터 담음(痰飮)이 옆구리 사이에 들어서 호흡하거나 움직일 적에 모두 결리는 통증이 있음을 깨닫습니다. 그래서 붓과 벼루를 물리고서 오래도록 답장을 보내지 못하였으니, 몹시 애통한 마음이 물건이 목구멍에 걸린 것과 같을 뿐만이 아닙니다. 가을이 되었지만 뒤늦게 장마와 더위가 찾아오니, 이러한 때에 어버이를 모시며 도리를 음미함이 더욱더 신중하십니까? 지난번 편지에서 오묘한 이치와 여러 가지 예(禮)에 대해 질문해준 것이 편지에 가득 넘치니, 탐구하는 정도(程度)가 찌는 듯한 무더위에도 멈추지 않음을 알 수 있습니다. 그러니 흠탄(欽歎)을 이루 다 말할 수 있겠습니까.

《정몽(正蒙)》[12] 〈삼양편(參兩篇)〉의 첫 번째 절에서 이른바 "땅이 둘인 것은 강(剛)·유(柔)와 남(男)·녀(女)를 나누어 본받는 것이니 바로 법이고, 하늘이 셋인 것은 태극과 양의(兩儀)를 합일하여 형상화한 것이니 바로 성(性)이다."라는 것은 법상(法象)을 주장하여 말한 것입니다. 그리고 두 번째 절에서 이른바 "한 가지 사물에 두 가지 체(體)가 있는 것이 기(氣)이니, 하나이기 때문에 신묘하고 둘이기

12 정몽(正蒙) : 북송(北宋)의 학자 장재(張載, 1020~1077)가 유가(儒家)의 학설을 이용하여 불교(佛敎)와 도교(道敎)의 사상을 비판하기 위해 지은 저서이다.

때문에 변화한다. 이것이 하늘이 셋이 되는 이유이다."라는 것은 신화(神化)를 주장하여 말한 것입니다. 두 절이 비록 앞뒤로 이어져 있으나 각각 주장하는 바가 있으니, 굳이 여기에 집착하여 볼 필요가 없습니다. 게다가 "하나이기 때문에 신묘하다.〔一故神〕"에 대해서는 자주(自註)에 "둘에 모두 있기 때문에 측량할 수 없다.〔兩在故不測〕"라고 하였으니, 이는 둘이 하나의 용(用)이 됨을 밝힌 것입니다. "둘이기 때문에 조화가 생긴다.〔兩故化〕"에 대해서는 자주에 "하나에 미루어 행한다.〔推行於一〕"라고 하였으니, 이는 하나가 둘의 체(體)가 됨을 밝힌 것입니다. 이것은 서로 말하여 그 뜻을 다한 것입니다.

《주역》〈계사전(繫辭傳)〉에서 "음(陰)하고 양(陽)하여 측량할 수 없다."[13]라고 한 것도 '용(用)'에 대하여 말한 것입니다. 그러므로 《본의(本義)》에서 다만 "둘에 모두 있기 때문에 측량할 수 없다."라는 한 구절을 취하여 해석한 것은 아마도 이 때문인 듯합니다. 《중용(中庸)》의 "그 물건 됨이 변치 않아 물건을 냄이 측량할 수 없는 것이다."[14]라는 글의 경우는 오로지 '성(誠)'의 뜻을 발명한 것입니다. 그리고 〈태극도설(太極圖說)〉에서 "음양이 변화하고 합하여 수·화·목·금·토를 낳는다."[15]라고 하였는데, 이는 다만 그림의 개황(概況)에서 오행권(五

13 음하고……없다 : 이 내용은 《주역》〈계사전 상(繫辭傳上)〉 5장의 마지막 절에 "음하고 양하여 측량할 수 없음을 '신'이라 한다.〔陰陽不測之謂神.〕"라고 보인다.

14 그 물건……것이다 : 이 내용은 《중용장구》 제26장에 "천지의 도는 한마디 말로 다할 수 있으니, 그 물건 됨이 변치 않아 물건을 냄이 측량할 수 없는 것이다.〔天地之道, 可一言而盡也, 其爲物不貳, 則其生物不測.〕"라고 보인다.

15 음양이……낳는다 : 이 내용은 〈태극도설〉에 "음양이 서로 변화하고 합하여 수·화·목·금·토를 낳으니, 다섯 가지 기운이 순조롭게 펼쳐져 사계절이 운행한다.〔陽

行圈)을 해석한 것입니다. 여기에 가탁해서 서로 엮어 말해서는 안 되는데, 어떻게 생각하실지 모르겠습니다. 만일 그대의 고견에 온당치 못하다고 여겨지시거든 다시 가르침을 주십시오.

變陰合, 而生水火木金土, 五氣順布, 四時行焉.]"라고 보인다.

홍백응에게 답함

答洪伯應

보내주신 축문(祝文)은 연옹(淵翁 김창흡(金昌翕))의 성덕(盛德)에 대해 실정(實情)을 남김없이 발휘했고 필력(筆力) 또한 부응한다고 할 수 있으니, 매우 흠탄(欽歎)합니다. 다만 글자 수가 너무 많아 체재가 도리어 어두워졌습니다. 또 이 노인의 고매한 뜻과 먼 운치는 사람들이 칭송하지 않는 이가 없고, 만년의 성덕(成德)은 실로 주자(朱子)를 독실히 믿어서 전현(前賢)을 이어 후학을 열어서 사문(斯文 유교)에 공이 있는데, 이것을 아는 사람이 적습니다. 만일 이 옹(翁)을 찬술하려고 한다면 모름지기 글자 수를 줄이고 이것을 상세히 말하는 것이 드러난 것은 은미하게 하고 숨은 것은 밝혀주는[16] 뜻에 맞을 듯합니다. 그래서 이러한 뜻으로 원본의 많은 구(句)를 함부로 산삭(刪削)했으니, 외람됨이 심합니다. 알지 못하겠습니다. 성대하신 고견은 어떠하신지요?

16 드러난……밝혀주는 : 선현의 덕과 행적을 기술하여 세상에 잘 알려지지 않은 것들을 천양(闡揚)함을 말하는바, 이때에는 '그윽함을 밝힘'에만 뜻이 있다. 《周易 繫辭傳下》

홍백응에게 답함

答洪伯應

서자(庶子)[17]가 적외당(嫡外黨)[18]을 위해 복(服)을 입는지 입지 않는지 궁금하다고 물어주셨는데, 군모(君母)[19]가 살아계신지 살아계시지 않은지를 한결같이 봐야 하니, 비록 서너 명의 적모(嫡母)가 계시더라도 현재 살아계신 적모당(嫡母黨)의 복을 입는 것이 마땅하므로 이미 돌아가신 적모당의 복을 입었다 하여 그만두어서는 안 될 듯합니다. 《통전(通典)》에 계적모당(繼嫡母黨)의 복에 대한 논의가 있으니,[20] 반

17 서자(庶子) : 적자(嫡子)와 상대되는 말로 첩에게서 난 아들을 가리키기도 하며, 중자(衆子)와 같은 말로 맏아들 외의 아들들을 가리키기도 한다.

18 적외당(嫡外黨) : 적모당(嫡母黨)은 적모의 친정부모와 형제자매를 가리키는바, 적외당은 현재 적모 외에 전적모(前嫡母)나 계적모(繼嫡母)의 친정부모와 형제자매를 가리킨다.

19 군모(君母) : 서자(庶子)가 아버지의 본부인을 칭하는 말이다.

20 통전(通典)에……있으니 : 《통전》은 당(唐)나라의 문신이자 학자인 두우(杜佑, 735~812)가 편찬한 책으로, 200권으로 되어있는데, 관련 내용은 권95 〈흉례(凶禮) 계적모당복의(繼嫡母黨服議)〉에 "진(晉)나라 차윤(車胤)이 장도(臧燾)에게 묻기를 '첩의 아들이 이미 선적모(先嫡母)의 친속[黨]에게 복을 입었는데, 또 계적모(繼嫡母)의 친속에게 복을 입는가?'라고 하니, 장도가 '서자는 천하므로 감히 종복(從服)하지 않을 수 없다. 이미 선적모의 친속에게 복을 입었다면, 후적모(後嫡母)의 친속에게도 의리상 다르게 할 수 없다.'라고 답하였다. 장도가 또다시 서조(徐藻)에게 물으니, 서조가 대답하기를 '서자가 만약 선적모가 살아계실 때 있었다면 그 친속에게 복을 입고, 살아계실 때 없었다면 후적모의 친속에게 복을 입는다. 「외복(外服)은 둘이 아니다.」라는 것은 이를 일컫는 것이다.'라고 하였다. 송(宋)나라의 유울지(庾蔚之)가 말하기를

드시 이것을 논의하였을 것입니다. 그런데 저희 집에는 《통전》이 없어서 참고하여 볼 수가 없으니, 검열해 보시고 기록해서 보여주시면 다행이겠습니다.

서자는 적모당에게 비록 종복(從服)[21]이지만 이로써 슬픈 정을 펴서 사당에 들어가는 것은 너무 지나치게 미루어간 듯합니다. 오씨(敖氏) 계공(繼公)이 말하기를 "서자(庶子)가 군모(君母)의 복[22]을 따르는 것은 이것-곤제(昆弟)를 가리킵니다.-에서 그쳐야 하고, 그 형제의 자식과 종모곤제(從母昆弟 이종사촌)에는 미치지 않아서 인모(因母 친모)[23]와 차이가 있으며, 만약 아버지의 후사가 된 경우는 복을 입으니, 예(禮)[24]

'예를 살펴보니, 「적모의 친속에게는 도종(徒從)인데, 도종은 소종(所從)이 죽으면 그만 둔다.」 고 하였으니, 적모가 비록 서넛이 있더라도 현재 남아 있는 분의 친속에게 복을 입음이 마땅하다.'〔晉車胤問臧燾曰: 妾子旣服先嫡之黨, 又服繼嫡母之黨否? 燾答曰: 庶子以賤, 不敢不從服耳. 旣服前嫡母黨, 則後嫡母黨, 義無以異. 燾又問徐藻, 藻答曰: 庶子若及先嫡母, 則服其黨, 若不及, 則服後嫡母黨, 外服無二, 此之謂也. 宋庾蔚之曰: 按禮, 嫡母之黨徒從, 徒從者, 所從亡則已, 嫡母雖有三四, 應服見在者之黨.〕"라고 보인다.

21 종복(從服) : 남을 따라서 복을 입는다는 뜻으로, 인친(姻親)이나 군상(君上) 등의 친족을 위해 입는 상복 여섯 가지를 말하는데, 《예기》〈대전(大傳)〉에 "종복에는 여섯 가지가 있으니, 친속으로 따라서 복을 입는 경우〔屬從〕가 있으며, 공연히 따라서 복을 입는 경우〔徒從〕가 있으며, 복이 있음을 따라서 복이 없는 경우가 있으며, 복이 없음을 따라서 복이 있는 경우가 있으며, 중한 복을 따라서 가볍게 복을 입는 경우가 있으며, 가벼운 복을 따라서 중하게 복을 입는 경우가 있다.〔從服有六, 有屬從, 有徒從, 有從有服而無服, 有從無服而有服, 有從重而輕, 有從輕而重.〕"라고 보인다.

22 군모(君母)의 복 : 저본에는 '군모이복(君母而服)'으로 되어있으나, 《의례(儀禮)》의 주석에 의거하여 '이(而)'를 '지(之)'로 바로잡아 번역하였다.

23 인모(因母) : 저본에는 '동모(同母)'로 되어있으나, 《의례》의 주석에 의거하여 바로잡아 번역하였다.

가 다른 사람의 후사가 된 경우와 같다."라고 하였으니, 이 말이 일리가 있습니다. 이것으로 살펴보면 서자로서 적자를 이은 자는 적모당에 대해 슬픈 정을 펴서 그 사당에 나아갈 수 있고, 단지 도종(徒從)[25]의 복을 입는 자는 할 수 없습니다. 어떨지 모르겠습니다.

24 예(禮) : 저본에는 '기례(其禮)'가 빠져있으나, 《의례》의 주석에 의거하여 보충하여 번역하였다.

25 도종(徒從) : 종복(從服)의 하나로, 자세한 내용은 171쪽 주49 참조.

홍백응에게 답함
答洪伯應

“오로지 존양(存養)[26]에 마음을 기울인다.”라는 말씀에서 근일의 진수(進修)[27]의 절도를 징험할 수 있습니다. 우리가 뜻만 있고 성취가 없는 이유는 모두 이 한 가지 존양 공부가 없기 때문이니, 보내준 편지가 저로 하여금 깊은 반성을 일으키게 합니다.

하문하신 《주자어류》의 ‘구심(句心)’[28]은 아마 ‘구(劬)’ 자의 획이 생략된 듯하니, 옛글에 이러한 예(例)가 많이 있습니다.

염옹(濂翁)이 왕안석(王安石)을 만나보지 않았는데,[29] 만일 너무 자신(自信)하여 겸허히 받아들이지 못하는 왕안석의 사람됨을 보고 그렇게 한 것이면 한 번은 괜찮으나 세 번에 이른 것은 너무 지나치지 않습니까? 아니면 별도로 이유가 있는 것입니까? 알지 못하겠습니다. 말세

26 존양(存養) : ‘존심양성(存心養性)’의 줄임말로 마음을 잘 보존하여 본성을 기르는 공부를 이른다.

27 진수(進修) : ‘진덕수업(進德修業)’의 줄임말로, 덕을 진전시키고 업(業)을 닦는다는 뜻인바, 《주역》 〈건괘(乾卦) 문언전(文言傳)〉에 보인다.

28 구심(句心) : 《주자어류》 권11 〈학(學) 독서법 하(讀書法下)〉에 보인다.

29 염옹(濂翁)이……않았는데 : 염옹은 염계(濂溪) 주돈이(周敦頤)를 가리키고, 왕안석(王安石, 1021~1086)은 북송의 정치가이며 문장가로, 왕안석이 주돈이를 세 번 찾아갔지만 주돈이가 세 번 모두 거절하고 만나주지 않았다는 내용이 《거이록(居易錄)》 권25에 보인다. 정사(正史)에서는 두 사람 간에 얽힌 내용을 찾을 수 없어 언제 있었던 일인지 자세하지 않다. 《거이록》은 명말 청초(明末淸初) 때의 문인인 왕사정(王士禎, 1634~1711)이 총34권으로 편찬한 필기잡록(筆記雜錄)이다.

를 살면서 사람을 사귈 때에 중도(中道)의 사람을 얻기가 가장 어렵습니다. 소옹(邵翁)이 장돈(章惇)과 형서(邢恕)를 대하신 것[30]을 모범으로 삼으면 혹 후회가 적겠지만, 이것도 다 그렇게 할 수 없는 점이 있습니다.

지난 그믐에 강교(江僑)에서 자강(子岡 이봉수(李鳳秀))을 찾아가 하룻밤 묵고 돌아왔는데, 곤궁하게 지내면서 이미 규모와 법도를 이루어 만나는 일마다 편안한 기미(氣味)가 있음을 알 수 있었으니, 매우 기쁩니다.

30 소옹(邵翁)이……대하신 것 : 소옹은 송나라 역학자(易學者)인 강절(康節) 소옹(邵雍)을 존칭한 것이고, 장돈(章惇)과 형서(邢恕)는 모두 송나라 철종(哲宗) 때의 간신(奸臣)들인바, 《주자어류》 권100 〈소자지서(邵子之書)〉에 장돈과 형서가 강절에게 상수학(象數學)을 배우려고 하였는데, 강절이 그들의 속내를 간파하여 함께하고자 하지 않았다는 내용이 보인다. 형서는 본래 명도(明道) 정호(程顥)의 제자로서 사마광(司馬光), 여공저(呂公著) 등의 문하에 출입하여 명성이 자자했으나, 뒤에 장돈 등과 손잡고 사마광, 여공저 등 원우(元祐) 구신(舊臣)들을 모함하여 궁지에 빠뜨렸던 인물이다. 《宋史 卷471 姦臣列傳 邢恕》

홍백응에게 답함
答洪伯應

문 '연복(練服)'에 대해서는 제가(諸家)의 설이 거의 취송(聚訟)[31]을 이루어 절충하기 어려웠습니다. 《예기(禮記)》 〈복문(服問)〉에 "삼년상에 이미 연제(練祭)를 지냈고, 다시 기년의 상이 있어서 장례를 마쳤으면 공최(功衰)를 그대로 입는다."라고 하였고, 《예기》 〈잡기(雜記)〉에 또 "삼년상에는 비록 공최를 입더라도 조문하지 않는다."라는 글과 "부모의 상이 있을 때 여전히 공최를 입는다."라는 글이 있는데, 주(註)에 "공최는 연제를 지낸 뒤의 상복이다."라고 하였으니, 그렇다면 소(疏)에 "정복(正服)은 변하지 않는다."라고 말한 것은 무엇을 말한 것입니까?

소가(疏家)[32]가 "소상(小祥)에는 연복(練服)을 입으니, 황색 천으로 안을 대고 연한 적색 천으로 가선을 두른다."[33]라는 글을 보고, 다만 중의(中衣)를 마전하는 것으로 오인했기 때문에 그렇게 말한 것입니

31 취송(聚訟) : 여러 설(說)이 있어 분분히 논쟁함을 이르는바, 《후한서(後漢書)》 권35 〈조포열전(曹褒列傳)〉에 "속담에 '길가에서 집을 지으면 3년이 지나도 완성하지 못한다.'라고 하니, 예를 아는 사람들이 명목상 모여 논쟁을 하지만 서로 의심하고 다른 의견을 내어, 붓을 들어 결론을 쓰지 못한다.〔會禮之家, 名爲聚訟, 互生疑異, 筆不得下.〕"라고 보인다.

32 소가(疏家) : 주소(註疏)를 낸 사람으로, 여기서는 《예기》에 소(疏)를 낸 공영달(孔穎達)을 가리킨다.

33 소상(小祥)에는……두른다 : 이 내용은 《예기》 〈단궁 상(檀弓上)〉에 보인다.

까? 공최를 따르지 않을 수 없다면 정복을 바꾸지 않을 수 없으니, 바꾸면 연복입니다. 이 때문에 상례 때 받는 대공의 칠승포(七升布)는 본래 다듬은 것이었습니다. 우리나라는 삼과 실의 승수(升數)가 정해진 기준이 없습니다. 그렇다면 이른바 "칠승포" 또한 다듬지 않은 것이니, 마땅히 다시 거칠게 빨아서 마전하는 뜻을 보존해야 할 뿐입니다. 궁금합니다. 어떻게 생각하십니까?

답 연복에 대해서는 일찍이 의심하였으나 아직 결정하지 못하였습니다. 소상을 '연(練)'이라 하는 것은 마전을 하기 때문인데, 중요함은 실로 정복(正服)에 달려있으니, 만일 관(冠)과 중의(中衣)만 마전을 하고 정복을 마전하지 않는다면 어디에 마전하는 뜻이 있겠습니까? 또 관만 마전을 하고 복을 마전하지 않으면 관과 옷이 서로 걸맞지 않으니, 또한 무엇을 근거하겠습니까?

이 예가 이처럼 분란(紛亂)하게 된 것은 소가(疏家)의 "정복은 변해서는 안 된다."라는 글에서 말미암은 것이지만, '변(變)' 자가 이미 '연(練)' 자가 아니니 또 어찌 마전하지 않음을 증명할 적절한 증거가 될 수 있겠습니까. 더구나 그 아래에 바로 "중의(中衣)는 정복이 아니고 다만 쇠복(衰服)을 받쳤을 뿐이다. 그러므로 소상에는 황색 천을 안에 겹쳤다."라는 내용으로 이어지니, 이른바 "정복은 바꾸지 않는다."라는 것은 혹여 부판(負版)과 벽령(辟領), 최(衰)[34]를 바꾸지 않는 것을 가

34 부판(負板)과……최(衰) : '부판'은 상복의 등 위에 붙이는 베 조각이고, '벽령(辟領)'은 '적(適)'이라고도 하는데 목 부분을 넓게 파낸 것을 어깨 부분에 덧댄 것이며, '최'는 상복의 왼쪽 가슴에 다는 작은 베 조각으로 '눈물받이'라고도 한다. 이 세 가지는 애통함을 표시하는 것인데, 소상(小祥)을 마친 후에 제거한다. 《家禮 喪禮 小祥》

리킨 것인데, 오직 중의만은 황색 천으로 안을 대고 연한 적색 천으로 가선을 두르는 변화가 있으므로 두 가지 글을 연결하여 말을 한 것이 아니겠습니까.

정복을 마전하는 것을 말하자면 경문(經文)의 장(章) 첫머리에 하나의 '연(練)' 자가 이미 총괄하니, 다시 말할 필요 없이 절로 명확합니다. 이 때문에 단지 중의만 가지고 말을 한 것입니까? 자세히 알지 못하겠습니다. 그러나 《가례(家禮)》 '진연복(陳練服)' 조에 '마전하지 않는다.'라는 글이 없으니, 이는 주자(朱子)가 소(疏)의 설을 취하지 않은 것입니다. 그리고 《상례비요(喪禮備要)》에는 비록 앞서 "의상(衣裳)을 마전하지 않는다."라고 말했지만 그 아래에 또 횡거(橫渠 장재(張載))의 말씀을 인용하였으니, 사계(沙溪 김장생(金長生)) 또한 양쪽 다 옳게 여긴 것입니다. 이를 반복해보면 취사(取捨)할 바를 알 수 있을 것입니다.

문 참최(斬衰)의 상(喪)에서 연제(練祭)를 지내고 변복(變服)할 때에 이미 공최(功衰)를 사용했다면 응당 부판(負版)과 벽령(辟領)과 최(衰)를 제거해서 일체 대공(大功)의 제도를 따라야 할 것이요, 단지 포(布)의 승(升)이 같을 뿐만이 아닙니다. 다만 공최에 비교해서 가장자리를 꿰매어서는 안 되니, 참최 삼년상은 명분과 의리가 이미 정해졌으므로 바꿔서는 안 되기 때문입니다.

유울지(庾蔚之)가 이른바 "'참소(斬疏)'라는 명칭은 처음 상복을 입는 것에 뿌리를 두고 있으니, 그 상기(喪期)를 마치도록 바꾸지 않아서는 안 된다."라는 것[35]은 따르기 어려울 듯합니다. 여러 설을 일소(一掃)하고 응당 외암(巍巖)이 "가장자리를 꿰매는 것도 이와 같이 함을 말하는 것은 아니다."라고 말한 것[36]을 정설로 삼아야 기년(期年)의 참최복을 하였다는 비판을 면할 수 있을 것입니다. 어떻게 생각하십니까?

답 "참최의 연복은 가장자리를 꿰맨다."라고 한 것은 경문(經文)에는 그 근거가 없는데 녹문(鹿門)이 강력히 주장한 것입니다.[37] 의상을 꿰매고 꿰매지 않는 것은 바로 자(齊)·참(斬)의 큰 구분이니, 슬픔이 비록 줄어들어 가벼운 쪽으로 향하더라도 큰 구분을 어찌 어지럽힐 수 있겠습니까.

이른바 "공최(功衰)"라는 것은 바로 그 포루(布縷)의 승수(升數)를 가리키는 것일 뿐이고, 부판과 벽령과 최를 제거하는 것으로 말하면, 이는 《가례(家禮)》에서 참작하여 제도를 정한 것이니, 이것으로 가장자리를 꿰매는 것의 증거로 삼을 수 있는 것은 아닙니다. 그렇다면 응당 외암의 "꿰매지 않는다."라는 설을 정설로 삼아야 할 듯합니다.

문 "조심조심 두려워하여 몸을 게을리하지 않는다.〔小心畏忌, 不惰其

35 유울지(庾蔚之)가……것 : 유울지는 남조(南朝)의 송(宋)나라 사람으로, 문집 16권과 《상복세요(喪服世要)》, 《예문답(禮問答)》, 《예론초(禮論鈔)》 등의 저서가 있었으나 모두 일실되었는바, 인용한 내용의 출처는 자세하지 않다.

36 외암(巍巖)이……것 : 외암은 이간(李柬, 1677~1727)의 호로, 인용한 내용은 그의 문집에는 보이지 않고 근재(近齋) 박윤원(朴胤源, 1734~1799)의 편지에 보인다. 《近齋集 卷8 答李善長》 이간은 자가 공거(公擧), 본관이 예안(禮安)으로, 수암(遂菴) 권상하(權尙夏)에게 수학하였고 학문적으로 명망이 높았다.

37 참최의……것입니다 : 녹문(鹿門)은 임성주(任聖周, 1711~1788)의 호로, 그가 주장한 내용은 박윤원(朴胤源)에게 보낸 편지에 보인다. 《鹿門集 卷6 答朴永叔》 임성주는 자가 중사(仲思), 본관이 풍천(豐川)으로 도암(陶菴) 이재(李縡)의 문인이다.

身.〕” 여덟 글자를 《의례(儀禮)》 〈사우례(士虞禮)〉에서 부제(祔祭)의 축문(祝文)부터 사용하였는데 《가례(家禮)》에서 소상(小祥)에 처음 사용한 것은 무슨 뜻입니까? 소상의 축문의 “새벽에 일찍 일어나고 밤에 잠들 때까지 조심조심 두려워하여 몸을 게을리하지 않고 몸이 편안하지 못하다〔夙興夜處, 小心畏忌, 不惰其身, 不寧.〕” 열네 글자는 〈사우례〉의 본문에 착오가 있는 듯하고, 《가례》에는 ‘애모(哀慕)’ 두 글자를 ‘기신(其身)’과 ‘불녕(不寧)’ 사이에 첨가하였으니, 이는 윗 구의 ‘불타기신(不惰其身)’과 문장이 이어지지 않아 뜻이 연결되지 않습니다. 도암(陶菴 이재(李縡))과 근재(近齋 박윤원(朴胤源)) 두 현자의 설을 따라 ‘소심(小心)’ 이하 여덟 글자를 삭제하면 글이 순하고 뜻이 순할 것입니다. 잘 모르겠습니다. 어떻습니까?

답 소상의 축문은 《사례편람(四禮便覽)》에서 수정한 것[38]이 매우 좋으니, 그것을 따라서 쓰는 것이 좋을 듯합니다.

38 소상의……것 : 《사례편람(四禮便覽)》은 숙종 때 이재(李縡)가 관·혼·상·제 사례(四禮)에 관한 제도와 절차를 정리한 책으로, 해당 내용은 《사례편람》 권6 〈소상(小祥) 축문식(祝文式)〉의 주에 “살펴보건대 축문식 가운데 비록 ‘조심조심 두려워하여 몸을 게을리 하지 않는다.’는 여덟 글자가 있으나, 사대부 집안에서 쓰지 않는 사람이 많고 나도 일찍이 쓴 적이 없다.〔按祝式中, 雖載小心畏忌不惰其身八字, 而士大夫家不用者居多, 鄙人曾亦不敢用矣.〕”라고 한 것을 가리킨다. 그리하여 후세에는 우제(虞祭)와 부제(祔祭), 졸곡(卒哭)과 소상·대상에 모두 ‘숙흥야처 애모불녕(夙興夜處 哀慕不寧)’으로 통일하였다.

홍백응에게 답함
答洪伯應

상중에 사망한 자의 최복(衰服)과 수질(首絰)・요질(腰絰)을 영상(靈牀) 곁에 두었다가 복이 다하는 달을 기다려서 제거하는 것은 상생(象生)[39]을 하여 차마 곧바로 제거하지 못하는 것입니다. 그러나 만일 연제(練祭)와 상제(祥祭)를 지낼 때 전고(奠告 전(奠)을 하고 고유(告由)함)와 변제(變除)를 한결같이 산 사람의 행위를 따라서 사계(沙溪 김장생)의 설과 같이 한다면 추론이 너무 지나친 듯합니다.

또 이미 우제(虞祭)를 지내어 신(神)으로 모셨다면 상생(象生)의 예는 장례를 치르기 전에 그치니, 장례를 치른 뒤에 비록 궤연(几筵)의 설치와 아침저녁의 상식(上食)이 있으나, 예의 뜻으로 헤아려보면 상생(象生)의 절차를 어찌 전부 초상(初喪)에 견줄 수 있겠습니까. 어리석은 저의 견해가 본래 이와 같았는데, 지금 그대의 가르침을 받아 보고서 부합하는 부분이 있으니, 매우 다행스럽습니다.

39 상생(象生) : '살아 있을 때를 본뜬다.'는 뜻으로, 비록 죽었으나 아직 살아 있는 것으로 여겨 모든 의식을 이에 준하여 행함을 이른다.

홍백응에게 답함

答洪伯應

문　개장(改葬)할 때 조전(祖奠)[40]과 견전(遣奠)[41]을 행한다는 의논은 유울지(庾蔚之)[42]에서 시작하였는데 대덕(戴德)[43]은 "견전하는 예(禮)가 없다."라고 하였고, 《개원례(開元禮)》[44] 에는 견전하는 예는 있는데 조전하는 예는 없었고, 《구의(丘儀)》[45]에는 비록 '견전'이라 명명하지는 않았으나 고사(告辭)에 견전하는 의식을 온전히 사용하였습니

40　조전(祖奠) : 발인 전날 저녁에 올리는 제사이다. 사람이 먼 길을 떠날 때 전별주(餞別酒)를 마시는 것을 '조(祖)'라고 한다. 이제 하루 뒤면 장지(葬地)로 떠나야 하기 때문에 전을 올려 사자(死者)를 전별하는 것이다.

41　견전(遣奠) : 발인하기 전에 문 앞에서 지내는 노제(路祭)이다. 《가례》〈상례〉'견전(遣奠)' 조에 "축관이 혼백을 받들고 수레에 올라 분향한다."라고 하였다.

42　유울지(庾蔚之) : 남조(南朝)의 송나라 학자로 예론(禮論)에 밝아서 예에 관한 주석을 많이 냈다.

43　대덕(戴德) : 전한(前漢) 선제(宣帝, 기원전74~기원전49) 때의 경학가(經學家)이다. 형의 아들 대성(戴聖)과 함께 후창(后蒼)에게 수학하였으며, 선제 때 경학 박사가 되어 대성·경보(慶普)와 함께 예학의 삼가(三家)를 이루었다. 저술로 39편의《대대례기》가 있다.

44　개원례(開元禮) : 당(唐)나라 현종(玄宗)의 개원(開元) 연간에 칙명에 의해 서견(徐堅), 소숭(蕭崇) 등이 150권으로 편찬한《대당개원례(大唐開元禮)》를 말한다. 주제가 길례(吉禮), 빈례(賓禮), 가례(嘉禮), 군례(軍禮), 흉례(凶禮) 다섯 가지로 분류되어 있다.

45　구의(丘儀) : 명(明)나라의 학자 구준(丘濬, 1421~1495)이 편찬한《가례의절(家禮儀節)》을 이른다. 이 책은《주자가례》의 주석서로,《문공가례의절(文公家禮儀節)》이라고도 한다.《常變通攷 卷29 家禮考疑上 通禮 祠堂》

다. 마땅히 무엇을 따라야 할지 모르겠습니다.

혹자는 이르기를 "'조전'은 곧 죽은 자가 비로소 길을 떠난다는 뜻이요, '견전'은 바로 상주인 아들이 어버이가 집을 떠남을 슬퍼하는 것이니, 모두 개장할 때 행할 수 있는 것이 아니다. 《가례》의 주에 온공(溫公)의 '만약 영구(靈柩)가 다른 곳으로부터 와서 장차 고향에 귀장(歸葬)하려 한다면 장지로 출발하는 날에 조전(朝奠)만 행하고 곡한 뒤에 출발한다.〔若柩自他所, 歸葬則行日, 但設朝奠, 哭而行.〕'라는 설[46]을 따라 다만 조전(朝奠)만 행하고 출발한다."라고 하였으니, 이 말이 아마도 예의 정도(正道)에 맞는 듯합니다. 만약 견전을 행하지 않는다면, 집사자가 조전(朝奠)을 치우면 축(祝)이 고사(告辭)하는 것만 쓸 따름이니,[47] 어떠한지요?

답 조전(祖奠)과 견전(遣奠)은 처음 상을 당했을 때의 예이니, 개장(改葬)할 때 행할 수 있는 것이 아닙니다. 《구의》에 나온 고사(告辭)

46 온공(溫公)의……설 : '온공'은 온국공(溫國公)에 봉해져 사마온공(司馬溫公)으로 불린 북송(北宋) 중기의 명재상 사마광(司馬光, 1019~1086)이고, '조전(朝奠)'은 상기 중에 매일 동틀 무렵에 죽은 이에게 음식을 올리는 것을 말하는바, 인용한 내용은 사마광의 《서의(書儀)》 권8 〈견전(遣奠)〉에 "만약 영구(靈柩)가 다른 곳에서 와 장차 고향에 귀장(歸葬)하려 한다면 단지 주과나 포해를 올리고서 조곡만 하고 장지로 떠난다.〔若柩自他所, 將歸葬鄕里, 但設酒果, 或脯醢, 朝哭而行.〕"는 것을 가리키는데, 《가례》 권4 〈상례〉 '조전(祖奠)' 조의 주석에는 이렇게 인용되어있다.

47 만약……따름이니 : 《가례》의 '견전(遣奠)' 조에 "이에 견전을 행한다.〔乃設遣奠節〕"는 절차 전에 행하는 것으로 "그 다음 날 영구를 옮겨서 상여로 나아간다〔厥明遷柩就輿節〕"라는 절차가 있는데, 그 절차의 내용에 "여부(輿夫)가 대여(大輿)를 뜰 안에 들이고, 기둥 위의 횡목(橫木)을 빼낸다. 집사자가 조전을 치우면, 축이 북쪽을 향해 꿇어앉아 고한다.〔輿夫納大輿於中庭, 脫柱上橫扃. 執事者徹祖奠, 祝北向跪告曰.〕"라는 말이 있는바, 홍직필이 이 절차만 행하면 되는지를 질문한 것이다.

에 대해서는 평소 의심하였으니 《가례》를 따라 다만 조전(朝奠)만 행하고 출발하는 것이 아마도 예의 뜻에 합당할 듯합니다.

문 개장(改葬) 때에 수복(受服)[48]하는 절차는 여러 설이 분분하여 하나로 정해지지 않았습니다. 제가 일찍이 잠야(潛冶)[49]의 설 중에 "널을 보고서 곡하고 널을 받들어 빈소로 나아간 이후에 시마(緦麻)를 입는다."라는 말이 단계별로 절도가 있어 따를 만하다고 여겼습니다. 그런데 지금은 참최복(斬衰服)을 입는 중이라면 참최복을 입고서 일을 하다가 내빈(內殯 돌아가신 어머니의 빈소)이 이루어진 뒤에 참최를 벗어 시마를 입습니다. 그리고 수복이 끝나면 참최로 돌아오니, 이것은 부모의 상을 함께 당했을 때에는 항상 중복(重服)을 입는 뜻입니다.[50] 그리고 궤전(饋奠)[51]을 할 때에는 각각 해당하는 복을 입고, 발인(發靷)을 따라갈 때에는 마땅히 중복(重服 무거운 상복)을 입어야 하며, 비위(妣位)에 현훈(玄纁)[52]을 넣을 때에는 마땅히 참최를 벗고 시마를

48 수복(受服) : '옷을 바꾸어 새로 지어 입는다.'는 뜻으로, 상을 치를 적에 일정한 기간이 지나면 슬픔을 줄여나가는 절차에 따라 상복을 거친 것에서 점차 고운 것으로 바꾸는 것을 이른다.

49 잠야(潛冶) : 박지계(朴知誡, 1573~1635)의 호로, 자는 인지(仁之), 본관은 함양(咸陽), 시호는 문목(文穆)이며, 《동몽선습(童蒙先習)》을 지은 박세무(朴世茂)의 손자이다. 예론(禮論)에 조예가 깊어 김장생(金長生)과 자주 논변했다. 저서로 《잠야집》이 있다.

50 이것은……뜻입니다 : 《통전(通典)》 권97 〈부모의 상에 연일에 미쳤을 경우 여막과 악실에 머무는 것에 대한 논의〔父母之喪及練日居廬堊室議〕〉에 보인다.

51 궤전(饋奠) : 거상(居喪)하는 동안 제사의 형식을 갖추지 않고 아침과 저녁에 음식을 올리는 예를 말한다.

입어야 합니다. 그러나 우옹(尤翁)이 "경황없는 중에 삽시간에 벗었다 입었다 하는 것이 어찌 거조(擧措)를 이루겠는가."라고 하신 말씀[53]을 따라야 할 듯하니, 어떠한지요?

답 개장 때 수복하는 것에 대한 설은 비록 우옹의 설이 있으나, 저 또한 일찍이 잠야의 "널을 보고서 곡하고 널을 받들어 빈소로 나아간 이후에 시마를 입는다."라는 설이 의거할 만하다고 여겼습니다. 중상(重喪)을 당한 중에 수복하고 지복(持服)하는 절차는 그대의 말이 모두 맞는 것 같습니다. 현훈을 넣을 때 참최를 벗고 시마를 입는 것은, 우옹이 비록 "삽시간에 벗었다 입었다 하는 것이 어찌 거조를 이루겠는가."라고 하셨더라도 만일 주선(周旋)할 여유가 있다면 각각 해당하는 복을 입을 수 있으니, 그렇다면 어찌 이처럼 할 수 있겠습니까.

문 개장(改葬)이 끝나고 고묘(告廟)할 때의 복색(服色)은 마땅히 "부제(祔祭)를 지낼 때 참최를 입고 사당에 들어가는" 예(例)를 적용하여 시마를 입고 예(禮)를 행해야 하니, 이렇게 하는 것이 아마도 압존(壓尊)의 혐의가 없을 듯합니다. 어떠한지요?

답 "개장이 끝나고 고묘할 때의 복색은 '부제를 지낼 때 최복을 입고 사당에 들어가는' 예(例)를 적용하여 시마를 입고 예(禮)를 행한다."라고 하신 노형의 말씀이 옳습니다.

52 현훈(玄纁) : 매장할 때 올리는 폐백으로, 광중(壙中)에 넣는 검은색에 가까운 푸른 비단과 붉은 비단을 말한다.

53 우옹(尤翁)이……말씀 : 우옹은 우암(尤菴) 송시열(宋時烈)로, 인용한 내용은 《송자대전(宋子大全)》 권98 〈송문재에게 답함〔答宋文哉〕〉에 보인다.

문 이미 개장을 하였으나 아직 고묘(告廟)하기 전이면 선친의 기제(忌祭)에 대해 행할 것인지 폐할 것인지를 어떻게 정하는지요? 삼우(三虞)를 지낸 뒤 기제를 간략하게 차려 행하는 것은 진실로 우암의 설[54]로 증명할 수 있지만, 개장을 마쳤으나 아직 고묘하지 않은 것은 곧 우제(虞祭)를 지내지 않은 것입니다. 그러니 또한 장사를 지낸 후에 묘제(墓祭), 기제를 지내는 예(例)[55]를 따라서 기제 때 예식(禮式)을 줄여 행해도 무방한지요?

답 개장하는 일을 끝마쳤으나 아직 고묘하기 전이라면 처음 상을 치를 때와 비교해봄에 비록 우제를 지내지 않았더라도 개장하고서 고묘하는 것과 처음 상을 치르고 나서 우제를 지내는 것은 예의 경중(輕重)이 현저히 차이 날 뿐만이 아닙니다. 하물며 개장하는 일을 마치는 즉시 고묘하는 것은 애초에 여러 날이 걸리는 일이 아니니, 선친께 제사하는 절차는 아마도 '처음 상을 치를 때 우제를 지내지 않았을

54 우암의 설 : 《송자대전》 권64 〈이유능에게 답함〔答李幼能〕〉의 "삼우를 지낸 뒤에도 또한 장사를 지낸 뒤라고 말할 수 있으니, 예식을 줄이는 것을 따라 행하는 것이 아마도 근거가 없지는 않을 것입니다.〔三虞之後, 亦可言葬後, 從殺行之, 恐不爲無說也.〕"라는 내용을 가리킨다. '유능(幼能)'은 이단상(李端相, 1628~1669)의 자로, 호는 정관재(靜觀齋), 시호는 문정(文貞)이다.

55 장사를……예(例) : 이단상이 '장례한 이후부터 졸곡(卒哭) 전에 묘제(墓祭)를 시행할 수 있는지'에 대해 질문했는데, 송시열이 별지에 답하기를 "율곡의 '졸곡 후 묘제와 기제를 지낸다.'라는 설은 이른바 '합당한 조처'이다. 그러나 만약 옛날 경서의 '장사지낸 후에 제사 지낸다.'라는 설을 근거해본다면 우제(虞祭)를 세 번 지낸 후에 또한 '장사지낸 후에 쇄례(殺禮)를 좇아 제사를 지낼 수 있다.'라고 하는 것도 근거 없는 설이 되지는 않을 듯하다.〔栗谷卒哭後墓祭忌祭之說, 是所謂恰好處置. 然若據古經葬而後祭之說, 則三虞之後, 亦可言葬後從殺行之, 恐不爲無說也.〕"라고 한 데에 보인다. 《宋子大全 卷64 答李幼能》

경우'의 예문을 끌어와서 갑자기 기제를 멈추거나 예식을 줄일 것을 의논해선 안 됩니다. 다만 제사는 재계(齋戒)하는 것보다 더 중한 것이 없는데, 슬프고 황망하여 분주히 움직이는 사이에 재계를 극진히 할 수 없으니, 그렇다면 형편상 예식을 줄이지 않을 수 없을 것입니다. 그러나 선배들의 의논을 보지 못했습니다. 그렇다면 이는 저의 억측이니, 어찌 감히 확언하겠습니까.

홍백응에게 답함
答洪伯應

하문(下問)하신 말씀 중에 '아내가 남편을 살해했을 적에 그 아들이 의리에 맞게 대처하는 것'에 대해 말씀드리자면, 자식으로서 어머니를 원수로 삼는 도리는 없으니, 직접 자신의 어머니에게 칼질할 수 없으며 또 스스로 관아에 고발할 수도 없습니다. 다만 마땅히 자살하여 아버지를 따라 죽을 수 있다면 어머니가 저절로 형벌을 받을 수 있을 것입니다. 이는 인륜의 큰 변고이니, 스스로 폐인이 되거나 스스로 깨끗이 하는 것만을 가지고 구경(究竟)의 법(法)[56]을 삼아서는 안 될 것입니다. 계모(繼母)가 아버지를 살해한 경우에는 계모가 그 자식에게 이미 낳아주고 길러준 은혜가 없으니, 예(禮)에서 이른바 "계모에 대해 친모와 같은 상복을 입는다.〔繼母如母〕"[57]라는 것은 아버지의 배우자가 되기 때문입니다. 아버지의 입장에서 아내로서의 도리가 이미 끊어졌다면 자식의 입장에서 어머니에게 해야 할 도리도 끊어진 것입니다. 한(漢)나라의 방년(訪年)이 아버지를 죽인 계모를 죽였으니,[58]

56 구경(究竟)의 법(法) : '구경'은 불가(佛家)의 용어로, '궁극에 이르다', '철저하게 체득하다', '완성에 이르다', '최후의 목적' 등의 뜻이 있는데, 여기의 구경의 법은 최고의 목표를 향해 나아가는 방법 혹은 최고의 원리(原理)라는 뜻으로 쓰였다.

57 계모에……입는다 : 이 내용은 《의례(儀禮)》〈상복(喪服)〉에 보인다.

58 방년(訪年)이……죽였으니 : 한(漢)나라 방년이 아버지를 살해한 계모를 죽인 일이 있었는데, 당시 태자였던 한 무제(漢武帝)가 '계모가 아버지를 죽인 날 어머니에 대한 은혜가 이미 끊어진 것이니, 이를 어머니를 죽인 죄로 처단해서는 안 된다.'고

고명하신 말씀 중에 "방년이 옳다."고 하신 것이 아마도 옳은 듯합니다. 그러나 이는 인륜의 지극한 변고와 관련되는 것이므로 또한 쉽게 말할 수 없습니다. 모르겠습니다. 어떻게 생각하는지요?

결론지은 일이 있는바, 이를 두고 한 말이다.《大學衍義補 卷108 治國平天下之要 愼刑憲 謹詳讞之議》

홍백응에게 답함
答洪伯應

하문에 "3년 내에 합장(合葬)할 때 허묘(墟墓)에 묘제 지내는 예는 궤연(几筵)[59]과는 조금 달라서 근재(近齋 박윤원(朴胤源))의 '탁자를 같이하여 합쳐 제사 지내야 한다.'라는 설을 따르고자 한다."고 하셨는데, 근재의 설에 대해서는 제가 일찍이 의심스러운 것이 많아 감히 믿지 못하겠습니다. 그 이유는 새것과 옛것을 합하여 제사 지내면 장애되는 것이 한두 가지가 아니기 때문입니다. 이른바 "허묘(墟墓)의 예가 다르다."라는 것은 실로 변통될 수 있는 사소한 절목을 가리켜 말한 것이니, 사전(祀典 제사 지낼 때의 예절)의 중함은 어찌 사당〔廟〕과 묘(墓)라고 해서 예에 차이가 있겠습니까.

또 상중에 선조를 제사 지낼 적에 '단헌(單獻)을 하여 축문(祝文)이 없음'은 예가(禮家)의 율령(律令)이 되므로 어길 수 없습니다. 만약 함께 상을 당한 것이 아니고 아버지와 어머니가 앞뒤로 이어 돌아가셨다면 합하여 제사 지내는 것은 끝내 말할 수 없습니다. 만약 어머니가 돌아가신 것이 먼저이고 아버지가 돌아가신 것이 나중이면 낮음〔어머니〕을 가지고 높음〔아버지〕을 따라서 삼헌(三獻)을 올리는 것이 형세가 편하고 순한 듯합니다.

그러나 3년 외에 단헌을 하면 간략하나 길제(吉祭)이며, 3년 내에

59 궤연(几筵) : 죽은 사람의 혼백이나 신주를 놓는 의자나 상과 그에 딸린 물건들 또는 그것들을 갖추어 차려 놓는 곳으로 영좌(靈座)를 말한다.

삼헌을 하면 성대하나 상제(喪祭)[60]입니다. 만약 반드시 합하고자 한다면 길흉을 서로 뒤섞는다는 혐의를 면하기 어려울 것입니다. 만약 아버지가 돌아가신 것이 먼저이고 어머니가 돌아가신 것이 나중이므로 무거움을 가지고 가벼움을 눌러 단헌을 올릴 경우, 3년의 제사에 단서 없이 예를 줄이는 것을 예에서 말하지 않았으니, 만약 높음을 가지고 낮음을 따라서 삼헌을 올린다면 여러 존위(尊位)에 단헌할 적에 어찌 더욱 미안하지 않겠습니까. 또 가령 어머니의 상중에 합향(合享)하게 된다면 어머니의 상복인 자최복(齊衰服)으로 아버지의 제사에 임해야 겠습니까? 아니면 자최복을 벗고 상복을 갈아입고서 제사를 받들어야 겠습니까? 두 가지 모두 예법상 크게 모순됩니다.

개제(改題)[61]하기 전에 '비(妣)'라고 칭하는 경우는 부득이한 곳에 이르러서야 비로소 쓸 수 있는 것입니다. 그렇지 않으면 신중하게 하는 뜻을 보존하지 않을 수 없습니다. 지금 아직 개제(改題)하거나 합독(合櫝)하기 전에 하나의 축문 안에 내외분을 나란히 연결해 써서 제수를 올리고 술잔 바치는 것을 예(禮)대로 하는 것은 또한 경거망동이 아니겠습니까.

저의 견해가 본래 이러합니다. 그러므로 몇 해 전에 다른 사람의 질문을 받았을 적에 답해주기를 "아버지가 먼저 돌아가시고 어머니가 나중에 돌아가신 경우에는 먼저 아버지에게 단헌으로 제사 지내고, 그 다음에 어머니에게 삼헌으로 제사 지낸다. 그리고 어머니가 먼저

60 상제(喪祭) : 상중(喪中)에 치르는 제사로, 예컨대 우제(虞祭), 부제(祔祭), 졸곡제(卒哭祭), 연제(練祭), 상제(祥祭) 등을 말한다.

61 개제(改題) : 신주(神主)를 다시 쓰는 일을 말한다.

돌아가시고 아버지가 나중에 돌아가신 경우에는 먼저 아버지에게 삼헌으로 제사 지내고, 그 다음에 어머니에게 단헌으로 제사 지내라."고 하여 한결같이 경중을 가지고 선후로 삼았습니다. 모르겠습니다. 고명하신 그대의 생각은 어떠하신지요? 부디 다시 가르침을 주시기 바랍니다.

홍백응에게 답함

答洪伯應

문 고례(古禮)의 "졸곡(卒哭)을 하고 부제(祔祭)를 하고, 부제를 지내고서 신주를 정침(正寢)으로 돌아오게 한다."라는 것[62]은 조석(朝夕)의 곡(哭)과 월삭(月朔)의 전(奠) 때문입니다. 정현(鄭玄)의 주(註)에는 비록 "졸곡을 할 때에 다시 하실(下室)에 상식(上食)을 올리지 않는다."[63]라고 하였으나 《국어(國語)》에 '일제(日祭)'의 예[64]가 있는데, 이른바 '일제'는 사당 안에 시행할 수 있는 것이 아닙니다. 그렇다면 이는 궤연(几筵)에 조석으로 상식을 올린다는 것입니다.

대상(大祥)에 상식을 올리는 것을 중지하는데 신주를 그대로 정침에 있게 하는 것은 의의가 없을 듯합니다. 고씨(高氏)가 이르기를 "궤연이 대상에 이르면 철거되니, 어찌 다시 담제(禫祭)가 끝나기를 기다린 뒤에 비로소 부묘(祔廟)하겠는가. 대상에서 영궤(靈几 궤연)를 철거한

62 고례(古禮)의……것 : 《의례》 〈사우례(士虞禮)〉 기(記)에 "졸곡의 다음날에 그 반열에 따라 부(祔)한다.〔明日以其班祔.〕"라고 하였는데, 이 조목에 대한 정현(鄭玄)의 주에 "무릇 부묘가 끝나면 신주를 침전(寢殿)의 궤연으로 다시 모시고 협제(祫祭) 이후에 신주를 도로 그 묘(廟)에 모셔두었다가 연제(練祭)가 지난 이후에 천묘한다.〔凡祔已, 復于寢, 如旣祫, 主反其廟, 練而後遷廟.〕"라고 하였는바, 이를 가리킨다.

63 졸곡(卒哭)을……않는다 : 《예기》 〈단궁 하(檀弓下)〉에 "졸곡이 되면 망자(亡者)의 이름을 휘(諱)한다. 이때부터 산 사람으로 대하는 일이 끝나고, 귀신으로 대하는 일이 시작되는 것이다.〔卒哭而諱. 生事畢而鬼事始已.〕"라고 하였는데, 이 내용은 이에 대한 정현의 주에 보인다. 《禮記註疏 卷10》

64 일제(日祭)의 예 : 이 내용은 《국어(國語)》 권18 〈초어 하(楚語下)〉에 보인다.

후에는 사당에 부묘를 하니, 차마 하루라도 신이 돌아갈 데가 없게 하지 못하기 때문이다."라고 하였으니,[65] 이 말이 예의(禮意)에 맞는 듯합니다.

임녹문(任鹿門 임성주(任聖周))과 《가례집고(家禮集考)》[66]에는 협제(祫祭)[67]를 지낸 후에 사당에 들이는 이론을 강력히 주장하였으나, 그 증명한 《춘추》의 여러 설은 모두 공조(公朝)의 예입니다. 공조는 부묘와 체천(遞遷)[68]을 두 가지의 일로 삼을 수 없기 때문에 상을 마치고 길체(吉禘)[69]를 하고 부묘를 하는 것이 마땅합니다. 대부(大夫)와 사

65 고씨(高氏)가……하였으니 : 고씨는 남송(南宋) 명주(明州) 사람인 고항(高閌, 1097~1153)이고, 인용한 내용은 《예기》 〈단궁 하(檀弓下)〉의 "졸곡제에는 축문에 '성사(成事)'라고 쓴다. 이날은 상제(喪祭)를 길제(吉祭)로 바꾸니, 다음날 할아버지나 아버지에게 부제(祔祭)한다. 변고가 있어서 길제로 갈 경우에는 부제에 이르기까지 반드시 이날에 연달아 제사를 지내야 하니, 차마 하루라도 신(神)이 돌아갈 곳이 없게 할 수가 없어서이다. 은(殷)나라는 연제(練祭)를 지내고 나서 부제를 지냈고, 주나라는 졸곡제를 지내고 나서 부제를 지냈는데, 공자께서는 은나라의 부제를 좋게 여기셨다.〔卒哭曰成事. 是日也, 以吉祭易喪祭, 明日祔于祖、父. 其變而之吉祭也, 比至於祔, 必於是日也, 接, 不忍一日未有所歸也. 殷練而祔, 周卒哭而祔, 孔子善殷.〕"라는 내용에 대한 고항의 주석이다.《禮記集說 卷21》 고항은 자가 억숭(抑崇)이고, 식재(息齋) 선생으로 불렸다. 국자 사업(國子司業), 예부 시랑(禮部侍郎) 등을 지냈다.

66 가례집고(家禮集考) : 영조(英祖) 때 김종후(金鍾厚, 1721~1780)가 엮은 책으로, 《가례》를 본문으로 삼고 《의례》·《주례》·《예기》 및 고금의 경전(經傳), 유학사상 계열의 고전, 패설류(稗說類)의 책 등에서 《가례》의 내용과 관계되는 사항을 두루 모아 편찬한 것을 김종후의 제자 임육(任焴)이 간행하였다.

67 협제(祫祭) : 조상의 신주를 조묘(祖廟)에 함께 모아 지내는 제사이다.

68 체천(遞遷) : 제사를 지낼 봉사손(奉祀孫)의 대수가 다한 신주를 종인(宗人) 중에 친진(親盡)이 되지 않은 최장방(最長房)의 집으로 옮기거나 친진(親盡)하여 신주를 묘소 앞에 매안(埋安)함을 이른다.

(士)는 부제와 체천을 응당 두 가지 일로 삼아야 하니, 대상제(大祥祭)를 지내고서 부묘를 하고 협제를 하고서 체천을 하는 것이 각기 의(義)가 있어서 바꿔서는 안 됩니다.

이러한 의논을 하는 자는 "《가례(家禮)》는 미처 완성하지 못한 책이다."라고 하여 대상을 지내고 부묘를 하는 것을 아직 결정되지 않은 사안이라고 인식합니다. 그러나 주자(朱子)가 이계선(李繼善)에게 답한 편지에 "대상제(大祥祭)를 지내고 나서 궤연을 거두면 그 신주를 우선 마땅히 조묘(祖廟)에 합부(合祔)하였다가 협제를 마치고 체천하기를 기다린다."[70]라고 한 것이 정론(定論)일 듯합니다. 오직 이것을 따른다면 거의 허물이 적을 것입니다. 밝은 가르침을 받기를 원합니다.

답 "협제를 지낸 뒤에 사당에 들인다."라는 한 절목은 임녹문이 강력히 주장하여 이미 예가(禮家)의 한 논쟁거리를 이루었습니다. 삼가 생각하건대 부(祔)의 뜻이 지극히 정미(精微)하니, 무릇 사람이 죽으면 백(魄)은 음토(陰土)로 돌아가고 신(神)은 방〔室堂〕으로 돌아가서 소속된 곳이 없을 수 없습니다. 그렇다면 어떻게 해야 하겠습니까? 반드시 위로 조고(祖考)의 소목(昭穆)의 차례에 소속시켜야 백(魄)과 신(神)이 의귀할 데가 있을 것입니다. 이에 우제(虞祭)를 지내어 신을 편안하게 하였으면 '협사(祫事)를 한다.'고 고유하고, 졸곡을 하고 장차 신으로 받들게 되면 부위(祔位)를 만들어 합하여 제향합니다. 대상

69 길체(吉禘) : 제상(除喪)한 뒤에 죽은 사람의 신주를 종묘에 모시고 제사 지내는 것을 이른다.

70 대상제(大祥祭)를……기다린다 : 이 내용은 《주자대전》 권63 〈이계선에게 답함〔答李繼善〕〉에 보인다.

후에 일제(日祭)를 파하면 할아버지의 감실에 들여 부(祔)하였다가 먼저 길제인 협제를 기다려서 번갈아 체천하는 일을 행한 뒤에 비로소 정식 감실에 오릅니다. 그래서 새 신주를 옛 신주와 합하는 즈음에 뜻을 씀이 자세하고 완곡하여 점차적인 데가 있었습니다.

신(神)의 이치가 정심(精深)하고 오묘하여 헤아릴 수 없는 점이 있으나, 이렇게 한 후에 유감이 없을 수 있습니다. 이 예를 어찌 경전에 근거가 없다고 하여 하찮게 여길 수 있겠습니까. 더구나 주자(朱子)가 이계선(李繼善)에게 답한 글에서 앞에서는 장횡거(張橫渠 장재(張載))의 설을 들어 예에 맞는 듯하다며 인정하고, 끝에서는 도리어 "우선 조묘(祖廟)에 합부(合祔)하였다가 협제를 마치고 체천하기를 기다려야 한다."라고 결정하였습니다. 이것을 반복해서 읽어보면 주자가 횡거의 설을 인정하였으나 따르지 않았던 것에는 틀림없이 헤아리고 가감한 정밀한 의(義)가 있을 것입니다. 이는 공자(孔子)가 은(殷)나라의 예법도 좋게 여기시면서 주(周)나라의 예법을 따른 것과 같습니다.

사계(沙溪 김장생)가 《춘추좌씨전(春秋左氏傳)》과 장자(張子 장재(張載))의 설[71]을 몰랐던 것이 아니나, 반드시 이 편지를 주로 삼은 것은

71 춘추좌씨전(春秋左氏傳)과……설 : '《춘추좌씨전》의 설'은 《춘추》 민공(閔公) 2년의 "여름 5월 을유일에 장공에게 길체를 지냈다.〔夏五月乙酉, 吉禘於莊公.〕"라는 경문(經文)에 대해 《춘추좌씨전》 에서 "여름에 장공에게 길체를 지냈으니, 시기가 너무 빨랐다.〔夏吉禘于莊公, 速也.〕"라고 한 것을 가리키고, '장자(張子)의 설'은 주자가 이계선에게 보낸 편지에서 언급한 것을 가리킨다. 두예(杜預)는 《춘추좌씨전》의 해당 내용에 대해 "삼년상을 마치면 망자(亡者)의 신주를 종묘로 들이고, 종묘에 있던 먼 선조의 신주를 옮겨서 조묘(祧廟)로 들여야 한다. 이 때문에 대제(大祭)를 지내어 소목(昭穆)을 살피는데, 이를 일러 '체(禘)'라고 한다. 장공(莊公)의 상제(喪制)가 아직 끝나지 않은 이때에 별도로 사당을 세우고 사당이 완성되자 길제를 지냈으며 또 태묘

주자의 뜻을 깊이 이해했다고 이를 만합니다. 그러므로 후대의 제현(諸賢)이 준수하면서도 감히 이것을 어기는 자가 없었던 것이 어찌 까닭이 없겠습니까.

임녹문이 반드시 《춘추좌씨전》과 장횡거의 말을 인용하고 《가례(家禮)》와 《상례비요(喪禮備要)》를 일소(一掃)하여 경솔하게 대절목(大節目)에 손을 대어 고친 것은 다만 그가 옛것에 얽매여서 반쯤 올라가다가 아래로 떨어진 것임을 알 수 있습니다. 예를 아는 자로 하여금 이것을 보게 한다면 어떻게 말할지 모르겠습니다. 또 《가례집고》는 임녹문의 설을 주장하였으나 '차부조(且祔祖)'의 '차(且)' 자는 확실한 것이 아님을 볼 수 있습니다. 그렇다면 '사득례(似得禮)'의 '사(似)' 자만 오직 확실한 것입니까? 예는 겸손함을 위주로 삼으므로 전대(前代)의 현인들이 예를 논할 적에 또한 겸손함을 주장하여 비록 아는 것이 통철하더라도 일찍이 확신하는 말을 한 적이 없었습니다. 이 부분들은 응당 대의(大義)를 살펴서 취사(取捨)를 정해야 하니, 만약 자구(字句)에만 급급한다면 잘못되지 않는 일이 드물 것입니다.

에서 제사를 행하지 않았기 때문에 상세히 써서 비판하는 뜻을 보인 것이다."라고 주하였다.

홍백응에게 답함
答洪伯應

말씀해주신바 '백이(伯夷)·숙제(叔齊)가 무왕(武王)의 은(殷)나라 정벌을 간하여 말린 일'에 대해 연옹(淵翁)은 "일곱 성인(聖人)이 모두 길을 잃고 헤매다가 모두 형공(荊公)의 일척안(一隻眼)에서 길을 찾았다"라고 하였습니다.[72] 삼가 형공의 의견은 지나치게 명쾌한 것이 의심스러워 감히 믿지 못하였습니다. 왕개보(王介甫 왕안석)가 두 노인〔백이·숙제〕이 거취(去就)를 함께한 것을 가지고 일필(一筆)로 결단하여 그 강상(綱常)의 대의(大義)[73]를 보이지 않게 가렸으니, 아! 또한

72 연옹(淵翁)은……하였습니다 : 연옹은 삼연(三淵) 김창흡(金昌翕)을 가리키고, 인용한 내용은 《삼연집》 권33 〈일록(日錄) 기해년 3월〔己亥三月〕〉에 보인다. 김창흡은 이 글에서 백이(伯夷)·숙제(叔齊)가 무왕(武王)의 정벌을 말린 일에 대하여 수천 년 사이에 왕안석(王安石) 한 사람만이 의심하여 〈백이론(伯夷論)〉을 지어 "이런 일이 없었다."고 단언한 것을 크게 인정하였다. '일곱 성인(聖人)'은 중국 상고(上古)시대 일곱 명의 성인으로, 황제(黃帝), 방명(方明)·창우(昌寓)·장약(張若)·습붕(謵朋)·곤혼(昆閽)·골계(滑稽)를 가리키는데, 여기서는 백이·숙제가 무왕의 정벌을 말린 일을 의심없이 받아들인 사마천(司馬遷), 한유(韓愈), 정자(程子) 등의 현인을 비유한다. '형공(荊公)'은 형국공(荊國公)에 봉해진 송나라 신종(神宗) 때의 왕안석으로, 황제를 비롯한 일곱 명의 성인이 함께 구자산(具茨山)으로 대외(大隗)를 만나러 가다가 양성(襄城)의 들판에 이르러 모두 길을 잃었는데, 마침 말먹이는 동자를 만나 구자산과 대외의 소재를 알았다고 하는바, 왕안석을 말먹이는 동자에 비유한 것이다. 《莊子 徐無鬼》

73 강상(綱常)의 대의(大義) : 강상은 삼강(三綱)과 오상(五常)으로 인간의 윤리 도덕을 가리키는바, 은(殷)나라 고죽군(孤竹君)의 아들인 백이와 숙제가 군신 간의 의리

망령되므로 배척할 만하고 족히 칭술할 것이 못됩니다.

지금 자강(子岡 이봉수(李鳳秀))의 논의를 보면 흡사 연옹의 의견을 주장하는 것처럼 하였으나, 편지에서 이른바 "맹자(孟子)가 '한 지아비 주(紂)를 주벌하였다.'[74]라고 한 말씀으로 살펴보건대, 가령 백이·숙제가 말고삐를 붙잡고 간하지 않더라도 또한 어찌 인(仁)을 구하여 인(仁)을 얻은 데에 해가 되겠는가. 성인(聖人)이 두 사람을 인(仁)으로 허여한 것[75]이 대부분 나라를 손양한 데에 있는 것이지, 정벌을 간하여 말린 한 가지 일 때문만은 아니다."라고 한 것은 미처 자세히 헤아리지 못한 듯합니다.

맹자가 하신 이 말씀은 제(齊)나라 왕의 질문으로 인하여 무왕(武王)이 권도(權道)를 행하신 것을 위주로 삼은 한 측면에서 설명한 것이니,[76] 이 말을 가지고 백이·숙제가 경도(經道)를 지킨 것에 끼워 넣어

를 지켜 주나라 무왕이 은나라를 정벌하는 것을 간하여 말렸고, 간청이 받아들여지지 않자 끝내 주나라에서 벼슬하지 않고 수양산에 들어가서 생을 마쳤던 것이 군신 간의 강상을 지킨 대의임을 이른다.

74 한……주벌하였다 : 이 내용은 《맹자》 〈양혜왕 하(梁惠王下)〉에 보인다.

75 성인(聖人)이……것 : 성인은 공자(孔子)를 가리키는바, 공자의 제자 자공(子貢)이 백이와 숙제에 대해 묻자, 공자가 "인을 구하여 인을 얻었으니, 다시 어찌 후회하였겠는가.〔求仁得仁, 而何怨?〕"라고 대답한 것을 이른다. 《論語 述而》

76 맹자가……것이니 : 이 내용은 《맹자》 〈양혜왕 하(梁惠王下)〉의 "제 선왕(齊宣王)이 말하기를 '탕왕(湯王)이 걸왕(桀王)을 방치하고, 주 무왕(周武王)이 주왕(紂王)을 정벌했다 하니 그런 일이 있습니까?……신하가 군주를 시해해도 됩니까?'라고 하자, 맹자가 대답하였다. '인(仁)을 해치는 자를 적(賊)이라 하고, 의(義)를 해치는 자를 잔(殘)이라 하며, 잔적(殘賊)한 사람을 일부(一夫)라 이르니, 일부인 주(紂)를 베었다는 말은 들었고, 군주를 시해했다는 말은 듣지 못했습니다.'"라는 것을 가리킨다.

논한다면 이미 논점을 잃은 것입니다. 또 나라를 손양하는 것이 의리가 매우 높으나, 태백(泰伯)은 백이·숙제가 정벌을 간한 마음을 가지고 나라를 손양하였기 때문에 지덕(至德)으로 일컬어졌습니다.[77] 반면에 백이·숙제가 나라를 손양한 것은 아버지의 명을 중하게 여긴 데에 지나지 않아 그 의(義)가 다소 작으니, 후세에도 이에 능한 자가 있었습니다. 그러하니 만약 정벌을 간한 한 가지 일이 없었다면 공자께서 어찌 족히 대번에 인(仁)을 얻은 것으로 허여하셨겠습니까. 또 그 아래에 곧바로 "또 어찌 원망하였겠는가?〔又何怨乎〕"라는 한 구를 이은 것을 보면, 절의를 지켜 굶어 죽은 것 때문에 발한 것임을 알 수 있는데, 다만 그 말이 은미합니다. 그대의 고명한 논의에서 이른바 "주왕(紂王)이 살아 있으면 세상을 피하고, 주왕이 죽으면 절개를 다한다."라고 한 것은 견해가 직절(直截)하고 설명이 분명합니다. 그래서 악인(惡人)의 조정에 서지 않고 올바른 임금이 아니면 섬기지 않는 성인(聖人) 가운데 청자(淸者)[78]의 심사(心事)를 크게 밝혀주었으니, 흠모와 감탄

77 태백(泰伯)은……일컬어졌습니다 : 이 내용은 《논어》 〈태백〉에 공자가 태백을 찬미하며 "태백은 지극한 덕이라고 말할 만하다. 세 번 천하를 양보하였는데, 백성들이 일컬을 만한 것이 없게 하였구나.〔泰伯, 其可謂至德也已矣! 三以天下讓, 民無得而稱焉.〕"라고 한 것을 가리키는데, 주자는 《집주(集註)》에서 "태백의 덕으로 은(殷)나라와 주(周)나라의 교체기에 참으로 제후에게 조회를 받고 천하를 소유할 수 있었는데, 마침내 버리고서 취하지 않고 또 그 자취마저 없앴으니, 그 덕의 지극함이 어떠하겠는가."라고 주하였다.

78 악인(惡人)의……청자(淸者) : 이 내용은 《맹자》 〈공손추 상(公孫丑上)〉에 맹자가 백이를 두고 말씀하기를 "올바른 임금이 아니면 섬기지 않고 올바른 벗이 아니면 사귀지 않으며 악인(惡人)과 말하지 않고 악인의 조정에 서지 않으며…악을 미워하는 마음을 미루어 시골 사람과 함께 섰을 때 그의 갓이 바르지 않으면 돌아보지 않고 떠나서

이 절로 우러납니다. 연옹이 또 《논어》와 《맹자》의 글 가운데 정벌을 간한 일에 대해서는 한마디 말씀도 없었다는 것을 가지고 하나의 큰 증거로 삼았는데, 저희 집에 선친 문집의 〈백이론(伯夷論)〉[79]에 이것을 논한 것이 있으니, 바라건대 가져다 보시는 것이 어떻겠습니까.

장차 그기 지신을 디럽히기라도 할 것처럼 내번에 떠날 것을 생각하였다."라고 한 말과 《맹자》 〈만장 하(萬章下)〉에 "백이는 성인 가운데 깨끗한 사람이고, 이윤은 성인 가운데 자임한 사람이고, 유하혜는 성인 가운데 화한 사람이다.〔伯夷, 聖之清者也; 伊尹, 聖之任者也; 柳下惠, 聖之和者也.〕"라고 한 말을 인용한 것이다.

79 선친(先親)……백이론(伯夷論) : 선친은 오희상의 친부인 오재순(吳載純, 1727~1792)으로, 〈백이론〉은 오재순의 《순암집(醇菴集)》 권9에 실려있다. 오재순은 자가 문경(文卿), 호가 순암 또는 우불급재(愚不及齋), 시호는 문정(文正)이다.

홍백응에게 답함

答洪伯應

묘소에 올라 곡하는 것을 남헌(南軒)과 송강(松江)이 행하였습니다.[80] 비록 그것이 예에 지나치다는 것을 알았을 터이지만, 어버이의 산소가 모두 멀어서 성묘를 오랫동안 하지 못하여 1년에 왕래하는 것이 한두 번에 지나지 않으므로 처음에 도착하여 살펴보고 끝에 하직하고 돌아올 때에 자기도 모르게 출연(怵然)한 마음이 가슴속에서 복받쳐 올라와 저절로 곡하지 않을 수 없었기 때문에 이렇게 하였던 것입니다. 중간에 그곳에 남아 제삿날을 기다릴 적에[81] 다만 가묘(家廟)의 신알(晨謁)의 예(例)에 따라 곡을 하지 않고 절만 하는 것은 바로 정(情)에 따라 행한 것이니, "예에 맞아서 사람들과 공유할 수 있다."라는 말이 아닙니다. 하문해주셨으므로 감히 이렇게 고하지 않을 수 없었습니다.

80 묘소에……행하였습니다 : 남헌은 남송(南宋)의 도학자이자 문신인 장식(張栻, 1133~1180)의 호이고, 송강은 조선 중기의 문신인 정철(鄭澈, 1536~1593)의 호로, 이 두 사람이 상기(喪期)를 마친 뒤에도 부모의 묘소에 가면 곡을 하였다는 말이 기암(畸菴) 정홍명(鄭弘溟, 1582~1650)의 기록과 우암 송시열의 언급 등에 보인다. 정홍명은 정철의 아들이어서 정철의 일은 실재했던 것으로 볼 수 있으나, 장식의 고사는 중국 문헌에 보이는 것이 없는바 무엇을 근거로 말했는지 자세하지 않다. 《松江別集 卷7 附錄 畸翁所錄》《宋子大全 卷103 答尹爾和》

81 기다릴 적에 : 저본에는 '시(侍)'로 되어있는데, 문맥에 의거하여 '대(待)'로 바로잡아 번역하였다.

홍백응에게 답함

答洪伯應

문 두 분의 상(喪)을 함께 당한 자는 전상(前喪)의 담제(禫祭)를 지내는 날에 제복(除服)을 하고 이후에 다시 상복을 입어 전상이 끝났음을 보이는 것이 예(禮)입니다. 국상(國喪) 중 사상(私喪)의 담제의 옷을 바꿀 적에는 응당 이 예를 원용하여 잠시 길복(吉服)을 입어야 할 듯합니다. 또 《사례집요(四禮輯要)》[82]를 검토해보면 후재(厚齋)[83]가 말하기를 "혼례를 할 때에 이미 차길(借吉)[84]을 허락했으니, 잠시 길복을 입어 상례가 끝났음을 보여야 한다. 운운"이라고 하였습니다.

답 말씀해 주신바 "두 분의 상을 함께 당한 자는 전상의 담제를 지내는 날에 제복(除服)을 하고 이후에 다시 상복을 입어 전상이 끝났음을

82 사례집요(四禮輯要) : 남인 계열의 지족당(知足堂) 권만두(權萬斗, 1674~1753)와 한주(寒洲) 이진상(李震相, 1818~1886)의 《사례집요》가 각각 있고, 지금은 전하지 않으나 후재(厚齋) 김간(金幹)의 증손인 운계(雲溪) 김종정(金鍾正, 1722~1787)이 편찬한 《사례집요》가 있었는바, 홍직필이 김종정의 책을 보았을 것으로 보인다. 김종정의 서문에 따르면 《사례집요》는 《주자가례》의 본문을 강(綱)으로 삼고 고금의 책들을 가지고 각 조항의 아래에 주를 하여 한 편(編)을 엮었다고 한다 《雲溪漫稿 卷7 四禮輯要序》

83 후재(厚齋) : 김간(金幹)의 호로, 자는 직경(直卿), 본관은 청풍(淸風)이다. 예설(禮說)에 조예가 깊어 선인들의 문집 가운데 예설을 뽑아 정리한 《동유예설(東儒禮說)》을 편찬하였다.

84 차길(借吉) : 상주(喪主)가 상중(喪中)에 임시로 길사(吉事)를 행하는 일을 말한다.

보인다."라는 것은 진실로 예에 맞는 말입니다. 그러나 이는 사상(私喪)을 함께 입은 때에 이처럼 하지 않으면 변한 것을 보일 수 없는 자를 가지고 말한 것입니다. 국상(國喪)과 사상(私喪)은 본래 뒤섞어 함께 예를 행할 수 없는 것이니, 어찌 이 예를 원용하여 근거로 삼을 수 있겠습니까. 국휼(國恤)의 방상(方喪 국왕의 상)은 온 나라가 함께 하는 것입니다. 그래서 국상 중에 사상이 있는 자는 평소 거처할 적에 사상의 상복을 입고 사상이 없는 자는 평소 거처할 적에 흰 갓과 흰 도포를 입을 뿐입니다. 흰 갓과 흰 도포는 바로 평민이 평상시에 늘 입는 옷이니, 상복에 비하면 비록 길복이라고 하더라도 가능합니다. 그렇다면 국상 중에 담제(禫祭)의 복으로 바꿀 적에 흰 갓을 쓰고 조금 가는 베로 만든 흰 도포로 바꾸어 입고서 제사를 받들고, 제사를 마친 뒤에 거친 베로 짠 깃이 빳빳한 옷을 입더라도 또한 바꾼 것을 보이기에 충분하니, 어찌 굳이 검은색으로 바꾸어야 마음에 만족할 것이 있겠습니까.

후재(厚齋)의 "혼인할 때에 차길(借吉)하는 것으로써 담제와 길제를 지낼 때에 길복을 빌려 입는 증거로 삼는다."라는 것으로 말하면 옳지 않은 듯합니다. 혼인 때의 '차길'은 이 혼례가 차길이 아니면 예가 될 수 없습니다. 또 조가(朝家)에 차길에 대한 규정이 있지만 담제와 길제의 복색은 흉한 것에서 길한 것으로 바꾸는 절차에 불과하니, 비록 차길을 하지 않더라도 변통하여 변제(變除)함으로써 절로 예의 뜻을 잃지 않을 수 있습니다. 더구나 차길의 규정이 없는데 사상(私喪)을 벗기 위하여 온 세상 사람들이 흰 삼베옷을 입는 때에 갑자기 검은색 도포와 갓과 띠 및 화려하고 고운 복색을 입는다면, 어떨지 모르겠습니다. 대저 차길(借吉)은 부득이한 경우가 아니면 할 수 없는데, 국상

중 사상의 변제의 차길이 끝내 부득이한 경우에 해당하는지 모르겠습니다. 그러므로 근래 사우(士友) 가운데 이 예를 질문하는 자에게 대부분 감히 차길을 옳다고 말하지 않았습니다.

홍백응에게 줌

與洪伯應

이번 국상(國喪) 후에 예조(禮曹)의 계령(戒令)에 "다만 국가의 대(大)·중(中)·소(小)의 제사는 공제(公除) 후에 평상시처럼 행하라."는 것만을 거론하고 사가(私家)의 제사를 행하고 폐하는 것에 대해서는 애당초 조금도 언급하지 않았습니다.[85] 그러다가 새로운 예조판서가 나온 후에 계령이 뒤따라 나온 것이 있으니, 그 계령에 "사가(私家)의 크고 작은 제사 역시 공제(公除) 후에 평상시처럼 행하는 것을 허락한다."라고 하였습니다.[86]

일찍이 기억해보건대 혜경궁(惠慶宮)의 상사 때에는 사가의 제사를 모두 졸곡(卒哭) 후에 행하는 것을 허락하였습니다.[87] 똑같이 소상(小喪)[88]인데 마침내 이와 같이 차이가 나는 것은 실로 그 연유를 모르

85 이번 국상(國喪)……않았습니다 : '이번 국상'은 경인년(1830, 순조30)에 순조의 아들인 효명세자(孝明世子)가 승하한 것을 이르고, '공제(公除)'는 왕이나 왕비가 죽은 뒤 36일 동안 일반 공무(公務)를 중지하고 조의를 표하던 일인바, 이 내용은《승정원일기》순조 30년 6월 6일 기사에 보인다.

86 새로운……하였습니다 : 이 내용은 자세하지 않다.

87 혜경궁(惠慶宮)의……허락하였습니다 : 혜경궁(1735~1815)은 조선 제21대 왕 영조의 아들 사도세자의 비인 홍씨(洪氏)로, 을해년(1815 순조15) 12월 15일에 홍(薨)하였는바, 이 내용은《순조실록》16년 1월 3일 기사에 보인다. 혜경궁은 아들 정조가 즉위하자 궁호가 '혜경(惠慶)'으로 바뀌었으며 고종 때 '헌경왕후(獻敬王后)'로 추존되었으며, 대한제국 때 '의황후(懿皇后)'로 다시 추존되었다.

88 소상(小喪) : 세자(世子)의 상으로, 효명세자의 상을 가리키는데, 여기서는 사도

겠습니다. 그러나 아랫자리에 있는 사람의 도리는 하나같이 계령을 따르는 것이 잘못을 적게 하는 방도가 됩니다. 조정의 신하로 상복을 받은 사람들은 기제(期制 기년복(期年服))에 해당되니, 사가(私家)의 기년복에 국상 전에 성제(盛祭)를 지낼 수 없는 것으로 기준을 삼으면 끝내 마음에 흡족하지 않은 점이 있습니다. 그러므로 이것을 절충하고자 하여 장례 전의 기제(忌祭)와 묘제(墓祭)는 예를 줄여서 행하고자 하는데 그대의 뜻이 또 이와 같으니, 저의 견해가 잘못되지 않았음을 매우 다행으로 여깁니다. 연제(練祭)와 상제(祥祭)의 경우는 바로 상제(喪祭)입니다. 계령이 이미 제사를 행하는 것을 허락하였고 또 예를 줄여서 행할 수 없는 것이니, 졸곡(卒哭) 이후로 미루는 것은 실로 감정을 곧바로 드러내어 스스로 멋대로 하는 혐의가 있습니다. 그러니 공제 후에 계령을 따라 행하는 것이 마땅할 듯한데, 어떨지 모르겠습니다.

세자의 빈인 혜경궁의 내소상(內小喪)을 아울러 이렇게 칭한 것이다.

홍응백에게 답함

答洪伯應

지난번에 가랑비가 내려 울타리를 때리는데도 돌아가시는 길을 만류하지 못했으니, 오래도록 여전히 가슴에 서글픈 마음이 맺혀있습니다. 그런데 어제 지나가는 인편을 통해 보내주신 편지를 받아보고서 요즘 공부하시는 체후가 더욱 편안하다는 것을 알게 되었으니, 마음이 참으로 크게 위로되었습니다. 저는 근간에 감기가 더해져 머리의 빗질도 하지 못하고 자리에 쓰러져있기 때문에 글을 배우러 온 제군(諸君)이 제가 아침과 낮 사이에도 몸을 뒤척이며 신음하고 있는 모습을 실컷 보기만 하고 공부에 대해서는 저에게 한마디 말도 하지 못하였습니다. 그들이 멀리서 배우러 온 뜻을 심하게 저버린 탓에 마치 하나의 병을 더한 듯 답답하니, 어찌하겠습니까.

보내주신 송늑천(宋櫟泉 송명흠(宋明欽))이 신사년(1761, 영조37)에 올린 글은 지성(至誠)으로 나라를 근심하여 그 내용이 정성스럽고 간곡하니, 읽을 때마다 저를 눈물 흘리게 합니다. 응당 회옹(晦翁 주희(朱熹))의 〈과궁봉사(過宮封事)〉[89]와 함께 전해져야 합니다만, 애석하게

89 과궁봉사(過宮封事) : 주자가 갑인년(1194) 5월 26일에 담주군 주사(潭州軍州事)로 있을 적에 지은 〈갑인의상봉사(甲寅擬上封事)〉이다. 당시 광종(光宗)은 부친인 효종(孝宗)과의 불화가 심하여 효종의 병이 위중하였는데도 효종이 거처하는 중화궁(重華宮)으로 문안하지 않았다. 그래서 주자가 이 상소를 초(草)하였는바, 《주자대전차의절보(朱子大全箚疑節補)》에 "선생의 연보(年譜)에 따르면 선생이 봉사(封事)를 지어 '부자(父子)간은 천성(天性)으로 맺어졌으므로 작은 혐의(嫌疑) 때문에 중화궁으

도 원집(原集)에서 누락되었습니다.

하문하신 스승에 대한 복(服)은 아직 깊이 궁구해 본 적이 없습니다. 이제 보내주신 편지로 인하여 생각해보니, 스승에 대한 복은 주공(周公)이 만든 예[90]에는 보이지 않으나 난공자(欒共子)의 "세 분의 은혜로 살아가므로 한결같이 모셔야 한다."라는 말[91]은 그가 처음 만들어낸 이야기가 아니고 반드시 옛 가르침으로부터 전하여 받은 말일 것입니다. 그리고 '치상(致喪)'·'방상(方喪)'·'심상(心喪)'은 또 모두《예기(禮記)》에 나오는데 주자(朱子)도 이것들을《소학(小學)》에 기재하였으니,[92] 이는 스승에 대한 복의 분명한 준례가 될 것입니다. 스승과

로 찾아가는 예(禮)를 폐해서는 안 된다.'고 극언(極言)하였다. 말씀이 매우 직절(直切)하였는데, 뒤에 영종(寧宗)이 즉위하여 끝내 올리지 못하였다.〔年譜: 先生草封事, 極言父子天性, 不應以小嫌廢過宮禮, 言甚切直. 後寧宗卽位, 不果上.〕"라고 보인다. 얼마 후 6월 9일에 효종이 붕어하였으나 광종 또한 병이 위독하여 상례를 집행할 수 없었으며, 7월 5일에 아들 영종에게 제위를 물려주었다.《朱子大全箚疑輯補》《朱子年譜 甲寅年》

90 주공(周公)이……예 : 주공이 주나라의 관제(官制)를 기록한 책인《주례(周禮)》를 가리키는바, 천관(天官), 지관(地官), 춘관(春官), 하관(夏官), 추관(秋官), 동관(冬官)으로 나누어 설명하였다.《의례》,《예기》와 함께 삼례(三禮)로 불린다.

91 난공자(欒共子)의……말 : '난공자'는 진(晉)나라 애후(哀侯)의 대부인 공숙성(共叔成)이고, '세 분'은 부모와 스승과 임금을 가리키는바,《국어(國語)》권7〈진어(晉語)1〉에 "진(晉)나라 무공(武公)이 애후(哀侯)를 시해하자 대부인 난공자가 애후를 따라 죽으려고 하였다. 이에 무공이 난공자에게 상경(上卿)으로 발탁할 것을 제시하며 만류하였는데, 난공자가 거절하며 말하기를 '사람은 세 분 덕분에 살아가는 것이니, 섬기기를 똑같이 해야 한다. 어버이는 낳아 주셨고, 스승은 가르쳐 주셨고, 임금은 먹여 주셨기 때문이다.〔民生於三, 事之如一. 父生之, 師敎之, 君食之.〕' 하였다."라는 내용이 보인다.

92 치상(致喪)……기재하였으니 : '치상'은 어버이의 상에 삼년상을 지극히 함을 말하

제자는 대의(大義)로 맺어진 관계이니, 의(義)가 있는 곳에는 은혜도 뒤따릅니다. 그러나 만약 정(情)의 깊이를 가지고 복(服)의 경중(輕重)을 삼는다면 대의를 주장하는 방법이 아닐 듯합니다. 정자(程子 정이(程頤))가 "스승에게 복을 확립하지 않는 것은 복을 확립할 수 없어서이니, 응당 정(情)의 깊이와 일의 크기를 가지고 대처해야 한다."[93]고 말씀한 경우는, 가리키는 범위가 넓어 아이일 때의 스승과 가숙(家塾)·향학(鄕學)에서 구두(句讀)를 가르쳐주는 스승들을 남김없이 모두 거론한 것입니다. "일의 크기〔事之大小〕"라는 네 글자를 본다면 그 말이 오로지 도(道)를 전하고 학업을 가르쳐준 스승만을 위해서 말씀한 것이 아님을 알 수 있습니다. 그렇다면 도를 전하고 학업을 가르쳐준 스승이라야 비로소 '세 분의 은혜에 의해 살므로 한결같이 모셔야 한다.'고 할 때의 스승에 포함될 수 있습니다.

공자(孔子) 문하의 여러 제자가 공자에 대해 어찌 정의(情誼)의 깊이에 차이가 없었겠습니까. 그렇지만 삼년상을 치른 뒤에 짐을 싸서 돌아갔으니,[94] 문인(門人)들이 공자의 상을 삼년상으로 치렀음을 미루

고, '방상(方喪)'은 임금의 상을 어버이의 상에 견주어 삼 년 동안 치르는 것을 말하며, '심상(心喪)'은 스승의 상에 최마(衰麻) 등의 복은 갖추지 않고 마음속으로 애척(哀戚)의 정을 갖고 삼년상을 치르는 것을 말하는바, 《예기》 〈단궁 상(檀弓上)〉의 내용인데, 《소학》 〈명륜 통론〉에도 실려있다.

93 스승에게……한다 : 《예기집설(禮記集說)》 〈단궁 상(檀弓上)〉에 실려있는 설명에 보인다.

94 삼년상을……돌아갔으니 : 옛날 공자(孔子)의 상에 제자들이 모두 심상 삼년(心喪三年)의 복을 입고 돌아간 것을 이르는데, 당시 자공(子貢)은 홀로 공자의 묘소 옆에 여막(廬幕)을 짓고 3년을 더 머물며 시묘하였다. 《史記 卷47 孔子世家》 《孟子 滕文公上》

어 알 수 있습니다. 그러나 스승에 대한 복은 이미 오복(五服)에 끼이지 못하고,[95] 공문(孔門)의 제자들이 스승을 위해 입은 복도 전하지 않습니다. 예컨대 황면재(黃勉齋 황간(黃榦)), 왕노재(王魯齋 왕백(王柏)), 김인산(金仁山 김이상(金履祥))이 스승에 대해 입은 복(服)[96]은 따라 쓰기에 가장 좋지만, 이는 모두 조복(弔服)을 입고 마질(麻絰)을 쓰는 제도에 의거하였으니, 비록 약간의 차이가 있더라도 어찌 굳이 그 옳고 그름을 따지겠습니까. 오직 후인들이 어떻게 취하여 선택하느냐에 달려있을 뿐입니다.

그러나 조복을 입고 마질을 쓰는 것은 본래 정복(正服)이 아니고 바로 복이 없는 자가 상을 당했을 적에 임시로 변통하는 제도입니다. 스승과 붕우를 막론하고 모두 복을 입는 예에서 벗어난 것이니, 이것을 법도로 삼는다면 응당 장례를 마치고 나서 벗어야 할 것이요, 더 연장하여 입을 수는 없습니다.

마질을 벗은 뒤에는 심상(心喪)으로 종사하되 가슴속에 이미 슬퍼하는 마음이 있다면 맛있는 음식을 먹어도 절로 달지 않고 음악을 들어도 절로 즐겁지 않으니, 또 어떻게 몸에 조복을 입고 마질을 쓰는 도움을 받아 상을 지를 것이 있겠습니까. 저의 의견은 이와 같은데, 어떨지 모르겠습니다. 다시 가르쳐주기를 간절히 바랍니다. 이만 줄입니다.

95 스승에……못하고 : '오복(五服)'은 참최(斬衰)·자최(齊衰)의 삼년과 기년(期年), 대공(大功), 소공(小功), 시마(緦麻)의 다섯 가지 상례의 복제를 이르는데, 스승에 대한 상복은 여기에 포함되지 않음을 이른다.

96 황면재(黃勉齋)……복(服) : 황간(黃榦), 왕백(王柏), 김이상(金履祥)이 스승의 복을 입은 일은 명나라 구준(丘濬)의 《대학연의보(大學衍義補)》 권51 〈치국평천하지요(治國平天下之要) 명예악(明禮樂) 가향지례(家鄕之禮)〉에 보인다.

홍백응에게 답함
答洪伯應

낳아 준 생부모에 대한 상복은 《의례(儀禮)》 〈상복(喪服)〉의 전(傳)에서 단지 "남의 양자가 된 자는 낳아준 부모를 위하여 상복을 불장기(不杖期)로 한다."고 하였는데[97] 정자(程子) 때에 와서 처음으로 '백숙부모(伯叔父母)'라는 칭호[98]를 썼으니, 이는 압존(壓尊)되어 굽혀서 종통(宗統)을 둘로 삼는 혐의를 피하고자 한 것입니다. 그러나 만일 이 말씀 때문에 거상(居喪)의 여러 절차를 매번 백숙부모의 상복을 기준으로 제한한다면 인정상 온당하지 않을 것으로 생각되니, 만일 종통을 둘로 삼는다는 혐의에 문제가 없다면 그 사이에 정(情)을 펴고 예(禮)를 다하는 것이 또한 천리(天理)상 그만둘 수 없는 것입니다.

최복(衰服)을 입는 한 가지 일로 말한다면 최복은 슬픔을 드러내기 위한 것이니, 본래 다만 상(喪)에 임하고 제사를 지내기 위하여 마련한 것이 아닙니다. 최복을 입고서 사당〔廟〕에 들어가고 어버이의 곁을

97 의례(儀禮)……하였는데 : 이 내용은 《의례》 〈상복〉 '불장기(不杖期)'장의 전(傳)에 보이지 않는바, '불장기'장의 본문에 "남의 양자가 된 사람은 그의 생부모를 위해 기년복(期年服)으로 보답한다.〔爲人後者, 爲其父母報.〕"라고 한 것을 두고 한 말로 보인다. '불장기'는 자최(齊衰)만 입고 상장(喪杖)은 짚지 않는 1년복으로 장기(杖期)보다 가벼운 복이다.

98 백숙부모(伯叔父母)라는 칭호 : 옛날에는 양자를 세우되 조카로 한정했기 때문에 숙부에게 출계(出系)했을 경우에는 자신의 생부모를 '백부모(伯父母)'라 칭하고, 백부에게 출계했을 경우에는 자신의 생부모를 '숙부모(叔父母)'라 칭한 것이다.

모시면 진실로 압존되어 굽힘에 방해가 되겠지만, 만일 편안히 거처하며 사실(私室)에서 손님을 대접할 때라면 비록 상측(喪側 상 치르는 곳의 주변)은 아니더라도 누구에게 압존이 되기에 탈정(奪情)[99]을 하여 최복을 벗겠습니까. 그러나 이는 곧 근거 없는 제 생각이니, 어찌 감히 질언(質言)하겠습니까. 보내주신 편지에서 "평량자(平涼子)[100]를 쓰고 심의(深衣)를 입고 조문을 받는 일이 근래 풍속에서 많이 통행한다."라고 하셨는데, 이러한 방식으로 상을 치른다면 허물을 줄이는 방도라고 할 수 있습니다.

묘제(廟祭)와 묘제(墓祭)의 경우 낳아준 생부모의 장례를 치르기 전에는 마땅히 간략히 지내되 다른 사람에게 대신하도록 하므로 제사를 몸소 드리지 못함을 염려해야 하는데, 영윤(令胤)은 제사를 맡는 주체가 아니니 더 말할 것이 있겠습니까.

제주(祭主)는 목욕재계를 하는데, 장사를 치르기 전에는 가령 몸이 정결하더라도 부모의 상을 마음에 두니, 마음에 어찌 경계를 지극하게 할 수 있겠습니까. 또 제사에서는 길(吉)·흉(凶)이 뒤섞이는 것을 가장 꺼리니, 전상(前喪)의 장례를 마치기 전에 상주의 몸으로 제사에 참여하는 것은 엄숭함을 지극히 하는 바가 아닙니다. 그대가 다만 압존되어 굽힘의 중함만을 보고 복잡한 일에 대해 상세히 살필 겨를이 없어 이런 말씀을 하신 듯합니다.

99 탈정(奪情) : 중상(重喪)과 경상(輕喪)을 동시에 당하였을 경우, 중상을 위해 경상에 대한 슬픔을 억제하고 절차를 줄이는 것을 이른다.

100 평량자(平涼子) : 평량립(平涼笠), 폐양자(蔽陽子), 차양자(遮陽子), 평량갓이라고도 하는데, 우리말로는 '패랭이'이다.《星湖僿說 卷4 萬物門 褦襶》

홍백응에게 답함
答洪伯應

문 우연히 생각해보건대, 삼주(三洲)께서 "'이(理)'라는 명칭이 본래 사물을 말미암아 세워진 것이다."라고 하셨습니다.[101] 이 말씀은 세속의 선비들이 눈을 가리고 코끼리를 더듬는 듯이 하는 데에 비할 것이 아니지만, 이와 같은 것은 즉 기(氣)로부터 이(理)를 미루어 나가는 것과 같으니, 이(理)가 기의 근본이 되는 의리에 구애됨이 없지 않겠습니까? 삼주는 또다시 "이(理)가 비록 기(氣)의 밖에 세워진 것은 아니지만 또한 바로 기를 이(理)라고 해서는 안 된다."라고 하여, 후대 사람들로 하여금 정밀히 생각하여 승습(承襲 무비판적으로 이어받음)을 면하게 하였습니다. 그러나 저는 끝내 훤히 꿰뚫어 볼 수가 없으니, 이 어른의 견해를 크게 저버린 것입니다. 삼가 생각하건대 이(理)는 편벽됨이 없이 합당하고 위아래로 관통하여 소리와 냄새도 없고 이름

101 삼주(三洲)께서……하셨습니다 : 삼주는 농암(農巖) 김창협(金昌協, 1651~1708)의 또다른 호로, 이 내용은 《농암집》 권32 〈잡지(雜識) 내편 2(內篇二)〉에 보이고, 아래에 인용한 김창협의 설도 함께 실려있다. 김창협은 주로 서울·경기 지역에 거주하며 김창흡(金昌翕), 이간(李柬) 등과 한 파를 이루어 '낙론(洛論)' 또는 '낙파'라 하였으며, 충청 지역에 사는 한원진(韓元震) 등이 또 한 파를 이루어 '호론(湖論)' 또는 '호파'라 하였다. 낙론은 본연지성(本然之性)은 이(理)와 같으므로 사람과 물(物)의 성은 같다는 인물성동론(人物性同論)과 미발(未發)의 본체에는 선악이 없다는 주장을 폈으며, 호론은 이에 반대하여 현실에 드러나는 본연지성은 기질의 맥락 속에 있을 수밖에 없으므로 사람과 물의 성은 다르다는 인물성이론(人物性異論)과 미발의 본체에도 기질의 선악이 존재한다는 주장을 폈다. 오희상과 홍직필은 낙론의 학통을 이었다.

할 수도 없는 것이지만 자연스럽게 만물의 주인이 됨이 기(氣)보다 앞서니, 이것이 기가 만들어진 이유입니다. 그렇다면 이가 기의 어머니가 되고 기가 이의 자식이 되니, 이가 기에 붙어있는 것은 어머니가 자식에게 의지하고 있는 것과 같습니다.

'어머니'라는 명칭이 세워진 것이 비록 자식을 말미암아 생긴 것이지만 자식이 아직 태어나기 전에 본래 어머니가 되는 이치가 있으니, 어찌 자식이 태어나기를 기다린 후에 '어머니'라고 이름하겠습니까. 만일 '이(理)'라는 이름이 사물을 말미암아 만들어진 것이라고 한다면 기가 주인이 되고 이(理)가 손님이 되는 것과 같으니, 정암(整菴)처럼 이(理)와 기를 뒤섞어 하나의 물건이라고 하는[102] 자가 이 말에 구실을 삼지 않을 줄을 어찌 알겠습니까.《농암집(農巖集)》〈잡지(雜識)〉 중 "세상에서 이(理)와 기(氣)가 두 가지 물건이라고 한다."라는 말 이하의 네 가지 조목[103]을 합하여 이해하면 그 뜻이 갖추어질 것인데, 다시 가르침을 받기를 원합니다.

답 보내주신 편지에서 "농암의 이기설(理氣說)이 혹 나정암(羅整菴 나흠순(羅欽順))의 주장에 가깝지 않겠습니까?"라고 하셨는데, 〈잡지〉

102 정암(整菴)처럼……하는 : 정암은 명나라 중기의 문신이자 성리학자인 나흠순(羅欽順, 1465~1547)의 호로, 원용한 내용은 나흠순의《곤지기(困知記)》 권상(上)에 "맹자가 '마음에 잊지도 말고 억지로 조장하지도 말아야 한다.'는 것을 양기(養氣)의 법으로 삼았으니, 기와 성은 한 가지 물건이다.〔孟子以勿忘勿助長爲養氣之法, 氣與性一物.〕"라고 한 말을 가리킨 것으로 보인다.

103 농암집(農巖集)……조목 :《농암집》 권32 〈잡지(雜識) 내편 2(內篇二)〉에 실려 있는 '이(理)'와 '기(氣)'의 관계를 설명한 네 조목을 가리키는데, 문집의 원문에서 '세언이기이물(世言理氣二物)'로 시작하는 조목을 포함한 네 조목이다.

의 여러 조목 때문에 그렇게 말씀하신 듯합니다. 저 역시 일찍이 〈잡지〉를 보고서 이러한 의문이 들었는데 마음을 가라앉히고 곰곰이 생각해보니, "세상에서 '이(理)와 기(氣)가 두 가지 물건이다.'라고 말한다."고 한 것 이하의 네 조목이 앞뒤로 연결되어 말은 간략하고 뜻은 심오하니, 이를 얼핏 보면 과연 중요한 뜻을 파악하기 어렵습니다. 그러나 종합하여 살펴서 의향을 찾아본다면 말씀한 뜻을 어렴풋이 알 수 있을 것입니다.

농옹(農翁)은 세상의 유자(儒者)들이 이(理)와 기를 두 물건으로 여겨 그 의미 관계를 잘못 알까 염려한 것입니다. 첫 번째 조목에서 그 폐단을 자세히 말씀하였는데, 두 번째 조목의 "이미 형체가 없다〔旣曰無形〕"라고 한 것은 윗 조목의 "이(理)는 형체가 없다〔理無形〕"는 것을 이은 것이고, "만약 물건이 있다고 하면〔若曰有物〕"은 윗 조목의 "참으로 한 가지 물건이 있다〔眞有一物〕"는 것을 이어서 형체가 없는 것〔無形〕과 물건이 있는 것〔有物〕을 가지고 상대하여 말씀해서 논란한 것입니다. 세 번째 조목에 "'이(理)'라는 이름은 본디 물건을 인하여 정립되었다.〔理之名, 本因事物而立.〕"라고 한 것은 윗 조목의 "어찌 '이(理)'라는 이름이 있겠는가.〔何以有理之名〕"를 이어 이(理)는 물건을 떠나 독립할 수 없음을 말씀한 것인바, 누차 단서를 바꾸어 반복한 것입니다. 그리고 끝에 결론짓기를 "참으로 기의 밖에 드러내어 지목할 만한 하나의 물건이 있는 것은 아니다〔非眞有一箇物事在氣外可標指也〕"라고 하였으니, 이(理)와 기(氣)가 거의 하나의 물건이 된 것입니다. 이에 네 번째 조목에서 또다시 그 뜻을 뒤집어 "이(理)가 비록 하나의 물건으로서 기 밖에 독립해 있는 것은 아니지만 또한 곧바로 기를 이(理)라고 해서는 안 된다.〔理雖非一箇物事立於氣外, 亦不可直以氣爲

理.〕"라고 하였는데, 이것으로 인하여 '하나의 물건'이라고 한 뜻이 비로소 환하게 드러났다고 할 수는 없습니다. 그러나 활시위를 당기기만 하고 발사하지는 않아[104] 사람들로 하여금 구이(口耳)의 학문[105]을 따르지 않고 체인(體認)하고 정밀히 생각하여 터득하게 하고자 했으니, 그 뜻이 은미합니다.

이(理)와 기는 원래 두 가지 물건이 아니지만 두 물건 속에 본래 기(氣)를 주재하고 관리하는 것〔이(理)〕이 있습니다. 이것이 이른바 "기인데 기가 아니고 형은 없는데 함이 있는 묘함이다.〔卽氣非氣無形有爲之妙〕"[106]라는 것입니다. 공자(孔子)께서 처음으로 《주역》〈계사전(繫辭傳)〉에서 "역(易)에는 태극(太極)이 있으니, 이것이 양의(兩儀)를 낳는다."라고 말씀하셨습니다. 그 말씀의 전말을 살펴보면 태극이 양의를 벗어난 것은 아니지만 반드시 먼저 하나의 지극한 도리가 상면(上面)에 나타나 있음을 가리켜 말씀한 것이고, "태극과 양의가 나뉘어 두 물건이 되어 이것으로써 저것을 낳았다."고 말씀하신 것이 아닙니다. 태극은 자연히 동(動)하고 정(靜)하는 도리가 있기 때문에 한 번 동(動)하고 한 번 정(靜)함에 음을 낳고 양을 낳습니다. 그런데 이미 낳은 뒤에는 또 각기 음양의 지극한 도리를 갖추어 혹시라도 빠트

104 활시위를……않아 : 이 내용은 《맹자》〈진심 상(盡心上)〉에 보이는데, 주자가 《집주》에서 "사람을 가르칠 때 다만 그것을 배우는 원칙을 전수해 주고 그것을 터득하는 묘리(妙理)는 말해 주지 않는다."라고 주하였다.

105 구이(口耳)의 학문 : 스승이나 책을 통해 배운 것을 깊이 생각하지 않고 그대로 남에게 옮기는 천박한 학문을 말한다. 《荀子 卷1 勸學》

106 기(氣)인데……묘함이다 : 이 내용은 위에 열거한 김창협의 이기설(理氣說) 네 조목 가운데 첫 번째 조목에 보인다.

리지 않으니, 기(氣)가 천지에 가득 차 움직이고 모여들어 어지러이 뒤섞여서 비록 천 번 만 번 변하더라도 그 법칙을 잃지 않는 것은 누가 그렇게 하는 것이겠습니까? 이 기(氣)를 주재(主宰)함이 있는 것 같으나 또 살필 만한 형체와 자취가 없으니, 이것이 바로 이(理)의 묘함일 뿐입니다.

자사(子思)가 성(性)과 도(道)를 논하고 맹자(孟子)가 성(性)의 선(善)함을 논할 적에 비록 이(理)를 말씀하거나 기(氣)를 말씀한 것은 아니지만 이 뜻을 발명하지 않으신 것이 아니니, 어찌 전하여 받은 바가 없겠습니까. 맹자가 별세한 뒤로 천여 년 동안 이(理)가 있음을 아는 사람이 없어서 고명(高明)한 사람들은 각기 기(氣)에서 본 것을 따라 종지(宗旨)를 세워 시끄럽게 설명하였습니다. 이에 다른 말들이 세상에 가득 차서 성인(聖人)의 도(道)가 황폐해졌는데, 낙민(洛閩)[107]의 여러 현자(賢者)가 '이(理)' 자를 뽑아내어 힘을 다해 발휘하여 그 바꿀 수 없는 본연(本然)의 묘(妙)함이 저절로 상면(上面)에 있음을 드러내고자 하였으니, 이것이 이(理)가 기의 법칙이 되는 이유입니다. 근원을 지극히 미루어 보면 이(理)와 기는 필경 한 가지 물건인바, 주자(朱子)는 이것을 통찰(洞察)하였습니다. 그러나 정암(整菴 나흠순)은 '혼벽(混闢)'[108]의 뜻을 이해하지 못하고 도리어 "주자는 평생 이(理)

107 낙민(洛閩) : 낙양(洛陽) 출신인 정호(程顥)·정이(程頤)와 민(閩)땅 출신인 주자(朱子)를 가리킨다.

108 혼벽(混闢) : '혼(混)'은 '합함'이고 '벽(闢)'은 '나뉨'으로, 주돈이(周敦頤)의 《통서(通書)》에 "합하였다가 나누어지는 것이 다함이 없다.〔混兮闢兮, 其無窮兮.〕"라고 한 데에서 온 말이다. '혼벽'은 이(理)와 기의 이합(離合)과 같은 뜻인바, '이(離)'는 분수(分殊)이고 '합(合)'은 이일(理一)인데, 분수가 된 후에 이일(理一)은 그 가운데

와 기를 두 가지 물건이라고 인식하였다."라고 하였으니, 이는 주자를 이해하지 못한 것입니다.

지금 〈잡지〉의 네 조목에서 입론(立論)한 것을 반복하여 이리저리 살펴보고 곧장 주자의 본뜻과 합치시킨다면 단지 세상 유자(儒者)들의 잘못을 배척할 뿐만 아니라 또한 정암(整菴)의 편벽된 견해를 바로잡을 수 있을 것입니다.

조금도 각각 갖추어지지 않음이 없으니, 정(靜)하면 이(理)의 체(體)가 확립되고 동(動)하면 이(理)의 용(用)이 행해지는 것을 말한다.

이자강 봉수[109] 에게 답함
答李子岡 鳳秀

지난번 편지에 "《주자어류(朱子語類)》의 '곧 천지가 번(翻)하지 못했을 것이다.'[110]라는 한 구절의 '번(翻)' 자는 '변화(變化)'의 의미이니, 만일 태극(太極)이 없다면 단지 변화하지 않는 천지일 뿐이다. 어찌 허다한 생물이 있을 수 있겠는가."라고 하셨는데, 얼핏 보면 비록 맞는 것 같지만, 주자가 말씀한 뜻으로 자세히 미루어 보면 맞지 않을 듯합니다.

삼가 생각하건대 이 한 단락은 단지 태극이 음양과 만물의 관건과 뿌리가 됨을 발명하고자 한 것입니다. 그 뜻은 "상천하지(上天下地)에 만물의 화육(化育)이 기(氣)의 행위가 아님이 없지만 절로 바르고 정(定)해져 있어 바뀌지 않는 본체가 그 가운데를 관통하여 동정(動靜)하고 합벽(闔闢)하며 승강(升降)하고 변화(變化)하면서도 떳떳한 법도를 잃지 않는 것은 다름이 아니라 바로 태극이 주재이기 때문이다. 만일 이 태극이 없다면 어찌 천지가 번복(飜覆)하지 않겠는가."라는 말일 것입니다. 그러므로 제가 일찍이 이 구절의 '불(不)' 자 위에 '기불(豈不 어찌 않겠는가)'의 뜻을 붙여 《시경(詩經)》의 '주나라가 드러나지

109 이자강(李子岡) 봉수(鳳秀) : 자강은 이봉수(1778~1852)의 자로, 호는 대은(大隱), 본관은 연안(延安)이다.

110 곧……것이다 : 이 내용은 《주자어류》 권1 〈이기 상(理氣上) 태극천지 상(太極天地上)〉에 보인다.

않을까.〔有周不顯〕'[111]의 '불(不)' 자처럼 보았습니다. 더구나 '번(飜)' 자가 '번복(飜覆)'의 뜻이 되는 것이 바로 올바른 훈(訓)인데, 지금 만일 '변화'의 뜻으로 본다면 설령 말할 때의 의미는 좋더라도 끝내 창작한 것이 되니, 부디 다시 생각하여 가르쳐 주십시오. 붕우 간에 강학하고 토론할 때에 비록 갑자기 자신의 주장을 내세워서도 안 되지만 응당 지나치게 겸퇴(謙退)하여 남에게 양보해서도 안 되니, 그대의 뜻은 어떻습니까?

111 주(周)나라가……않을까 : 이 내용은 《시경》 〈대아(大雅) 문왕(文王)〉에 보인다.

이자강에게 답함
答李子岡

이 단락[112]은 구절이 간단하여 얼핏 보고서 대번에 그 뜻을 알기 어렵습니다. 그러나 상단(上段)의 "만일 이 이치가 없다면 곧 또한 천지가 없다.〔若無此理, 便亦無天地.〕"라는 말로 미루어보면 이 단락에서 이른바 '번료(飜了)'는 '번복(飜覆)'의 의미로 볼 수 있으니, '번(飜)' 자는 단지 '없음〔無〕'을 다르게 일컬은 것입니다. 《주역(周易)》에 "천지의 도는 항상 보여주는 것이다.〔天地之道, 貞觀者也.〕"[113]라고 하였으니, '천지가 없다.〔無天地〕'라고 하고, '천지가 번복된다.〔翻了天地〕'라고 한 것은 모두 '정관(貞觀)'의 의미를 따라 말한 것이지 '변화'의 의미를 위해 말한 것이 아닙니다. 변화하고 생육(生育)하는 것은 바로 기(氣)의 능함이니, 비록 '이치〔理〕'의 범위에서 벗어나지 않지만 만일 그 전체를 찾고자 한다면 이 가운데에 나아가 '일정하여 변치 않고 진실하여 망령됨이 없어서 비록 만 번 천 번 변화하더라도 가는 곳마다 그대로인 것'을 인식해야 합니다. 이것이 바로 이른바 '이(理)'라는 것이고, 이 때문에 상하·좌우 어디든 막힘없이 통하여 양쪽 사이를 지탱하여 번복되고 무너지지 않게 되는 것입니다. 옛날부터 성현(聖賢)이 애써서 이 이치를 발명한 것은 요컨대 이 생각에서 벗어나지 않아 실로

112 이 단락 : 《주자어류》 권1 〈이기 상(理氣上) 태극천지 상(太極天地上)〉의 "만약 태극이 없다면 곧 천지가 없다.〔若無太極, 便不翻了天地.〕"라고 한 단락을 가리킨다.

113 천지(天地)의……것이다 : 이 내용은 《주역》 〈계사전 하(繫辭傳下)〉에 보인다.

정심(精深)한 뜻이 있어서였습니다. 녹문(鹿門)의 제현(諸賢)[114]의 경우에는 이 뜻을 받들어 감당할 수 없어 가려내지 못하였고, 매양 기(氣)를 주(主)로 삼아 이치를 설명하여 마침내 한쪽에 빠지는 것을 면치 못하여 변화를 중하게 본 듯하니, 제 생각에는 기(氣)를 주(主)로 삼는 데 치우쳐서인 듯합니다.

또 고명께서 "'불번료(不飜了)' 세 글자가 '천지(天地)' 두 글자의 앞에 있으므로 '번복'의 증거로 삼을 수 없다."라고 하셨는데, 이것도 반드시 옳은 것은 아니라고 생각됩니다. 대개 '지(之)', '저(底)', '료(了)' 등의 글자는 비록 모두 어조사(語助辭)이지만, 미세하게 똑같지 않은 점이 있습니다. 가령 그대의 견해대로라면 반드시 '지(之)', '저(底)'를 그 사이에 두어야 될 것이고, '료(了)' 자의 경우 위와 아래에 모두 변통하여 말할 수 있을 것입니다. 어떻게 생각하십니까?

114 녹문(鹿門)의 제현(諸賢) : 녹문은 임성주(任聖周, 1711~1788)의 호로, '제현'은 그의 학설을 따르는 아우 임정주(任靖周, 1727~1796) 및 문도(門徒)를 가리키는 것으로 보인다.

이자강에게 답함
答李子剛

지난번에 가르쳐주신 것을 지금까지 보면서 마음을 위로하고 있습니다. 하물며 보내주신 뜻이 진중하니, 더욱더 어떻게 잊을 수 있겠습니까. 세월이 빠르게 흘러 추위가 매서운 이때에 고요히 지내시는 체후가 더욱 편안하신지요? 삼여(三餘)[115]의 과업(課業)으로 무슨 책을 보고 있으신지요? 편지로 말씀해주신 것이 없으니, 몹시 답답합니다. 저는 여전히 궁벽하게 지내고 있는데, 고질병이 악화되어 침상 머리맡의 잔편(殘編)을 제대로 보지 못하고 다만 아침이나 저녁에 손으로 잡고 완상하며 암송할 뿐이니, 비록 새롭게 얻는 지식은 없으나 생각이 전과 비교했을 때 진실하고 합당해진 듯합니다. 수많은 성현이 후세 사람들을 가르쳐주신 정성스러운 마음이 서 있을 때나 수레를 탈 때에만 눈앞에 펼쳐져 있는 것이 아닌데,[116] 조금도 받들어 담당하지

115 삼여(三餘) : 학문하기에 좋은 세 가지 여가(餘暇)로, 한 해의 여가〔歲之餘〕인 겨울, 하루의 여가〔日之餘〕인 밤, 계절상의 여가〔時之餘〕인 장마철을 이르는데, 여기서는 겨울을 가리킨다. 《三國志 魏書 卷13 王肅 註》

116 수많은……아닌데 : 《논어》 〈위령공(衛靈公)〉에, 자장(子張)이 뜻을 펼칠 방도를 묻자 공자가, "말이 충신(忠信)하며 행실이 돈독하고 경건하면 야만적인 오랑캐 지역이라 하더라도 뜻을 펼칠 수 있을 것이고, 말이 충신하지 않고 행실이 돈독하고 경건하지 않으면 문화가 높은 중화 지역이라도 뜻을 펼칠 수 없을 것이다. 서 있을 때에는 그것이 앞에 참여해 있는 것을 보고 수레에 타고 있을 때에는 그것이 가로대에 기대어 있는 것을 보게 해야 하니, 그런 뒤에야 뜻을 펼칠 수 있다.〔立則見其參於前也, 在輿則見其倚於衡也, 夫然後行.〕"라고 한 데에서 온 말로, 역대의 수많은 성현의 정성

못하고 마침내 이와 같이 저버리니, 다만 자연스레 두려운 마음이 생길 뿐입니다.

지난 편지에서 논한바 '태극(太極)' 한 단락은, 애당초 실제로 견득(見得)한 것이 있지는 않고 단지 한때의 짐작으로 한 말일 뿐이니, 채택할 만한 것이 못 됩니다. 그런데 도리어 지나치게 칭찬하고 허여해 주시니, 저도 모르게 부끄러워집니다. 다만 고명께서 말씀하신바 "만약 태극이 없으면 '천지(天地)가 없다.'고 할 뿐이니, 상문(上文)에 운운한 것과 같다."는, 아직도 석연치 않은 점이 있어서 하신 말씀인 듯합니다. '이(理)'와 '태극'이 비록 하나이기는 하나 명칭이 조금 다르니, 상단에서 이(理)의 입장에서 말했을 때에는 '이(理)' 자가 범칭이기 때문에 '무(無)' 자를 놓아도 이미 충분하지만, 하단에서 태극의 입장에서 말했을 때에는 '태극'이 중심축이 되는 명칭이기 때문에 아래의 '번(飜)' 자가 합당한 것입니다. 지금 문짝이나 옷깃이 만약 문지도리나 맺는 끈이 없다면 어찌 이와 같이 뒤집히지 않겠습니까. 각각 본문을 따라서 이처럼 간파한다면 또 어찌 의심할 만한 것이 있겠습니까.

이어서 생각하건대 저는 어려서부터 부형(父兄)의 가르침을 따라 학문을 하는 길을 대강 듣고서 대충대충 인순고식(因循姑息)하여 지금에 이르렀는데, 돌이켜보면 그 가르침 중에는 실로 분명하게 의거할 수 있는 바탕이 없습니다. 비록 자잘한 지식을 가지게 되었으나 도무지 취합한 것이 없어 사용하지 못하니, 《맹자(孟子)》의 '구방심(求放心)' 한 장(章)[117]이 우리 유가의 학문에 있어서 어두운 길거리의 지남(指

스러운 가르침들은 모든 생활 공간에 깃들어 있어서 언제 어디서나 보고 느끼고 실천할 수 있는 것이라는 뜻이다.

南)임을 더욱 알겠습니다. 일찍이 이 말씀에 종사하지 못하고 어느덧 나이가 들어 병이 생겨서 지력(志力)이 강하지 못한 것이 한스러우니, 이를 어쩌면 좋겠습니까. 고명께서는 일찍부터 이 일에 뜻을 두어 정로(正路)에서 출발하였으므로 저의 이 마음이 당신에게 쏠린 지가 오래되었는데 늦게서야 비로소 함께하여 아름다운 거동과 아름다운 자태를 눈으로 보고 심취하게 되었습니다. 다만 삼가 살펴보건대 근기(根基)와 본령(本領)에 혹 이 한 단락의 공부가 조금 부족하여 제가 스스로 걱정하는 것과 비슷한 듯합니다.

간절히 바라건대 저를 보고 경계로 삼아 먼저 이 마음을 잡고 놓는 사이에서 면밀히 살피고 묵묵히 알아서 부지런히 순서대로 나아가 함양이 익숙해진 뒤에 본원이 심후(深厚)해지면 글을 읽고 이치를 궁구함에 거의 의거할 것이 있을 것입니다. 아끼고 도우려는 마음이 간절하여 부질없이 절굉(折肱)의 말[118]을 바치니, 비유하자면 같은 병을 앓고 있는 사람이 늦게 좋은 약재를 얻었으나 자신의 고황(膏肓 몸속 깊이 든 고질병)에는 미치지 못하고 다른 사람에게 먼저 시험하도록 하려는 것과 같습니다.

117 맹자(孟子)의……장(章) : '구방심(求放心)'은 놓친 마음을 찾는다는 뜻으로, 《맹자》 〈고자 상(告子上)〉의 "인(仁)은 사람의 마음이요 의(義)는 사람의 길이다.…학문의 길은 다른 것이 없다. 자기가 놓친 마음을 찾는 것일 뿐이다.〔仁, 人心也, 義, 人路也…學問之道, 無他, 求其放心而已矣.〕"라는 말을 주제로 하여 논한 장(章)을 가리키는데, 보통 '인인심장(仁人心章)'이라고 칭한다.

118 절굉(折肱)의 말 : 경험에서 우러나온 말을 뜻하는바, 《춘추좌씨전》 정공(定公) 13년에 범씨(范氏)와 중항씨(中行氏)가 군주를 치려 하자, 제(齊)나라의 고강(高彊)이 "세 차례 팔뚝이 부러지는 부상을 당하고 나서야 좋은 의사가 된다는 것을 알 수 있다.〔三折肱, 知爲良醫.〕"라고 한 데서 유래한다.

당신의 조카 종우(鍾愚)[119]가 와서 머문 지가 십수 일인데《맹자》를 대략 가르쳐서 읽게 하였습니다. 보아하니 그는 천진(天眞)이 손상되지 않아서 지체 높은 집안의 자제들과 다르니, 그 자질을 살펴보면 참으로 가르칠 만한 유자(孺子)입니다. 부디 풀무질로 단련해서[120] 그로 하여금 선(善)을 하는 한 가지 길을 미리 알게 해주시는 것이 어떻겠습니까? 이만 줄입니다.

119 종우(鍾愚) : 이봉수의 5촌 조카인 이종우(李鍾愚, 1801~?)를 가리키는바, 오희상의 아들인 오치성(吳致成, ?~1844)이 그의 장인이다. 이종우는 자가 대여(大汝), 호는 석농(石農)이다.

120 풀무질로 단련해서 : 조물주가 멈추지 않고 계속해서 만물을 만들어내는 것을 대장간의 대장장이가 풀무질을 계속해서 쇠를 단련하는 것에 빗댄 것에서 온 말로, 쉼 없이 부지런히 단련시킴을 뜻한다.《道德經 5章》

이자강에게 답함
答李子岡

지난겨울 산중으로 돌아올 때 그대가 전별하면서 "주연(胄筵)의 교육이 소략하다."라고 언급하고서 저로 하여금 훗날 사직 상소를 올릴 적에 가슴 속의 혈성(血誠)을 한 번 덧붙여 진술하여 세신(世臣)의 의리를 마치도록 권했었습니다. 그때에는 언사(言事)의 혐의가 있었기 때문에 비록 그대의 말씀을 듣고서 곧바로 알겠다고 대답하지 못했으나 또한 일찍이 마음속으로 반복해서 생각하지 않은 적이 없었습니다.

근자에 또다시 사헌부의 직임에 제수되었으니 조만간 반드시 부르시는 명이 있을 것이므로 현도(縣道)를 통해 사직을 아뢰지 않을 수 없을 것입니다. 그러나 제가 한가로이 지낸 이후로 우국애민(憂國愛民)의 일념이 항상 동위(銅闈)와 학금(鶴禁)의 사이에 매여 있었기 때문에[121] 마침 사직 상소를 작성할 때에 나도 모르게 하고 싶은 말이 쏟아져 나와 마침내 그것을 연계하여 언급했습니다.

121 동위(銅闈)와……때문에 : 동위는 동궁(東宮)의 별칭이고 학금(鶴禁)은 황태자(皇太子) 궁의 별칭으로, 모두 세자가 거처하는 궁을 가리키는바, 경신년(1800, 정조24)에 세자익위사 세마(洗馬)와 부솔(副率), 을해년(1815, 순조15)에는 세자익위사 사어(司禦), 기묘년(1819, 순조19)에는 세자시강원 진선(進善) 등에 제수되었기 때문에 이렇게 칭한 것이다. '동위'는 한(漢)나라 때 태자궁의 궁궐문을 동룡문(銅龍門)이라 한 데서 유래하였다. 태자의 궁을 '학금'이라고 함은, 주 영왕(周靈王)의 태자 진(晉)이 신선이 되어 백학(白鶴)을 타고 갔다는 설에서 유래하였다. 《錦字箋》

지금 수많은 일 중에 세자 저하(邸下)를 보양(輔養)하는 것보다 급한 것이 없는데, 돌아보건대 관리들 중에 일찍이 한 사람도 이것을 마음에 두는 자가 없었습니다. 만일 어리석은 저의 이러한 말이 조금이라도 병성(秉成)의 자리[122]에 있는 자들을 소리쳐 일깨워서 그들에게 돌아보고 서로 권면하는 바가 있게 한다면 비록 몸은 나가지 않고 말만 한다는 비판을 받더라도 진실로 달갑게 받아들일 것입니다. 그러나 어찌 기대할 수 있겠습니까. 지금 흉금의 기대가 맞는 사람이면서 이 근심을 함께할 만한 이가 그대 말고 누가 있겠습니까. 한번 초본(草本)을 보내드리니, 하나하나 잘못된 것을 고쳐서 보내주신다면 다행이겠습니다.

122 병성(秉成)의 자리 : 국정을 책임지는 최고위 관직을 가리키는바, 《시경》 〈소아(小雅) 절남산(節南山)〉의 "술병이 난 듯 근심하니, 누가 나라의 공평함을 잡고 있는가? 스스로 정사를 다스리지 아니하여 끝내 백성들을 수고롭게 하는가?〔憂心如酲, 誰秉國成? 不自爲政, 卒勞百姓?〕"라는 구절에서 온 것이다.

이자강에게 답함
答李子岡

한겨울에 문 닫고 은거할 적에 온갖 염려가 다 사라졌으나 오직 하나의 활발한 의기(意氣)가 매양 벗이 있는 곳에 매여 있을 뿐이지만, 이처럼 서로 떨어져 있기 때문에 번번이 그리워하고 개탄하였습니다. 그런데 뜻밖에도 그대의 편지가 멀리서 옴에 절절한 말씀이 편지에 가득하였고, 손에 올려 펼쳐 읽어보니 마치 백붕(百朋)[123]을 얻은 것 같았습니다. 하물며 엄동설한에 정사를 하는 체후가 건승하고 백성을 다스리는 여가에 책을 보는 취미가 넉넉함을 알았으니, 바라던 소식을 들어 더욱 흡족합니다. 우리가 평소 책을 읽었어도 일을 경험할 적에 털끝만큼도 책의 내용을 따라 쓰지 못하여 끝내 이치와 일이 일치하는 묘용(妙用)을 보지 못합니다. 이 때문에 무인(武人)과 속리(俗吏)들에게 비웃음과 모욕을 당하는 것입니다. 당신은 본래 자질과 능력이 두 바퀴와 두 날개처럼 모두 다 충분하니, 작은 고을 하나를 다스리는 데 무슨 어려움이 있겠습니까. 힘쓸 것은 오직 게으름 없이 계속하는 것뿐입니다.

그러나 돌아보건대 우리 유자(儒者)의 다스리는 방법은 마땅히 학교를 일으키는 것을 급선무로 삼아야 하는데, 현재 수령과 관찰사 중에

123 백붕(百朋) : 많은 재물을 말하는바, 《시경》 〈소아(小雅) 청청자아(菁菁者莪)〉에 "군자를 만나 보니, 나에게 백붕을 주신 듯하네.〔旣見君子, 錫我百朋.〕"라고 한 데서 온 말이다. 옛날 조개껍데기를 돈으로 사용할 때에 5패(貝)를 '붕(朋)'이라 하였다.

여기에 관심을 두는 자가 하나도 없습니다. 단지 조세(租稅) 상납을 재촉하기를 잘했냐 못했냐 하는 것으로 우열을 삼기 때문에 모두가 백성을 화천(貨泉)[124]으로 여겨 백성의 고혈(膏血)을 짜내는 짓이라면 못하는 것이 없습니다. 아, 옛날에 관직을 나누어 설치한 것이 모두 백성을 가르치고 기르려는 것이었는데, 지금은 그렇지 않아 이미 그들을 가르치지도 못하고 기르지도 못하면서 또 따라서 피해를 입히니, 전국의 팔도 360 고을의 관원이 모두 백성을 괴롭히는 관리입니다. 백성의 풍습이 어찌 날로 악(惡)으로 달려가지 않을 수 있겠으며 나라의 형세가 어찌 날로 위태로운 데에 빠지지 않을 수 있겠습니까. 몇 해 전 전야(田野)에 머물 적에 더욱 그러함을 증험하여 한밤중에 잠을 이루지 못하고 베개만 매만지며 크게 탄식했습니다. 의성(義城)[125]이 비록 작다 하더라도 오히려 그 조짐이 행해짐을 볼 수 있으니, 부디 '기괴하다〔奇怪〕'는 두 글자를 들어 배제하지 말고 조금이라도 백성을 새롭게 하는 솜씨를 시험해보시는 것이 어떻겠습니까.

백성을 새롭게 하는 것도 다른 방법이 없습니다. 주자께서 《대학장구(大學章句)》에서 매우 정밀하고 절실하게 열어 보여주셨으니, 이른

124 화천(貨泉) : '백수진인(白水眞人)'의 줄임말로, 돈을 비유한다. 왕망(王莽) 때에 전문(錢文)을 '화천'이라고 새겼는바, '천(泉)' 자를 파자(破字)하면 '백수(白水)'가 되고 '화(貨)' 자를 파자하면 '진인(眞人)'이 된다. 당시 비기(祕記)에 '백수진인이 세상에 나오면 세상이 안정된다.'는 설이 있었는데, 후한(後漢) 광무제(光武帝) 유수(劉秀)가 백수향(白水鄕) 출신으로서 왕망을 토벌하여 한나라를 회복하고 등극하였으므로 광무제를 백수진인이라고 하였으며, 후대에는 돈을 비유하기도 하였다. 《後漢書 卷1下 光武帝紀論》

125 의성(義城) : 이봉수가 경진년(1820, 순조20)에 의성 현령(義城縣令)이 되었다. 《承政院日記 純祖 20年 1月 16日》

바 "스스로 새로워지는 백성을 진작시킨다."[126]라는 것이 실로 백성을 새롭게 하는 일의 첫 단계입니다. 요컨대 먼저 경내(境內)의 질박하고 어질면서 뜻이 있는 선비를 은밀히 찾아가 그들을 선창(先唱)으로 삼으면 믿고 호응하는 효험이 역참을 두고 명(命)을 전하는 것처럼 빠름을 보게 될 것입니다. 생각하건대 고명(高明)이 부임한 지가 오래되었으므로 반드시 이것을 이해했을 것이니, 어찌 어리석은 저의 말을 필요로 하겠습니까. 그러나 아끼고 돕고 싶은 마음이 지극하여 편지를 쓰면서 자세히 말하는 것입니다.

저의 상태는 추운 날씨를 맞아 자주 신음하느라 쇠한 몰골이 날로 심해졌고, 게다가 병든 아우가 죽은 이후로 노쇠함이 한층 더 심해졌습니다. 자나 깨나 언제나 애태우느라 세상만사가 마음에 들어오지 않아서 비록 이따금 책을 읽더라도 도무지 집중하지 못하니, 먼 곳에 있는 그대에게 말씀드릴 만한 것이 없습니다. 부디 추운 날씨에 몸을 더 아끼시기를 간절히 바랍니다. 이만 줄입니다.

126 스스로……진작시킨다 : 이 내용은 《대학장구》 전(傳) 2장에서 주자가 《서경》 〈강고(康誥)〉의 '작신민(作新民)'에 대해 "스스로 새로워지는 백성들을 진작시킨다.〔振起其自新之民.〕"고 주한 것을 이른다.

이자강에게 답함

答李子岡

지난번 연서동(蓮西洞)에서 해후했을 때 바빠서 다하지 못했던 점이 있었던 것을 여태껏 안타깝게 여기고 있었는데 손수 보내주신 편지를 받았으니, 저의 위안되는 심정을 아실 것입니다. 〈태극설(太極說)〉의 경우 저번에 백응(伯應 홍직필(洪直弼))에게 질의를 받고 외람되이 그와 편지를 주고받았으나 자신할 수 없는 점이 있었습니다. 그래서 직접 뵀을 때 그 점을 들어 질문드렸는데 이처럼 분석하여 가르쳐 주고서 마침내 인정을 해주시니, 무슨 감사함이 이와 같겠습니까.

오수(五殊 오행(五行))와 이실(二實 음양(陰陽))은 둘과 다섯으로 구분되지만 남거나 모자람이 없으니, 둘로 나누어짐이 없습니다. 그리고 정(精)・추(粗)와 본(本)・말(末)은 이(理)와 기(氣)로 구분되지만 피(彼)・차(此)의 구분이 없으니 차이가 없습니다.[127] '둘로 나누어짐이 없고 차이가 없다.'는 것은 〈태극도설(太極圖說)〉의 "일음양(一陰

127 오수(五殊)와……없습니다 : 이 내용은 주돈이의 〈태극도설〉에 "오행은 한 음양이고 음양은 한 태극이니, 태극은 본래 무극이었다.〔五行, 一陰陽也, 陰陽, 一太極也, 太極, 本無極也.〕"라고 하였는데, 이에 대해 주자(朱子)가 "오행은 형질이 다르고 사시(四時)는 기운이 다르나 모두 음양을 벗어나지 못하니 다섯 가지 다른 것과 두 가지 실제가 남거나 부족함이 없으며, 음양이 자리가 다르고 동정이 때가 다르나 모두 태극을 떠나지 못하니 정・추와 본・말이 피・차의 구분이 없는 것이다.〔五行異質, 四時異氣, 而皆不能外乎陰陽, 五殊二實, 無餘欠也; 陰陽異位, 動靜異時, 而皆不能離乎太極. 精粗本末, 無彼此也.〕"라고 주한 것을 원용한 것이다. 《近思錄集解 卷1 道體》

陽)"과 "일태극(一太極)"의 '일(一)' 자를 해석한 것이니, 이것은 바로 그 혼융(渾融)의 묘리(妙理)를 밝힌 것입니다. 또 온전히 기(氣)를 가지고 말한다면 기는 본래 정(精)・추(粗)와 본(本)・말(末)이 있습니다. 기(氣)와 이(理)를 상대해서 말한다면 이(理)가 정(精)과 본(本)이 되고 기가 추(粗)와 말(末)이 됩니다. 웅씨(熊氏)가 정(精)과 본(本)은 '태극'에 소속시키고 추(粗)와 말(末)은 '음양'에 소속시킨 것[128]이 실로 주자(朱子)의 '둘로 상대하여 설명한 뜻'을 알았다고 할 수 있습니다.

율곡(栗谷)의 "하나의 '이(理)'가 정(精)도 없고 추(粗)도 없는 것에 통한다."라는 말씀의 경우에는 아마도 이 단락의 뜻을 논한 것이 아니라 이(理)와 기(氣)가 혼합되는 묘리를 범범하게 말씀하여 따로 하나의 뜻을 만든 것입니다. 그런데 사계(沙溪 김장생(金長生))가 율곡의 이 설을 인용하여 웅씨를 배척한 것은 실로 감히 알 수 없는 점이 있습니다.[129] 다만 노형의 말씀을 자세히 살펴보건대 문장과 논리가 분명하여

128 웅씨(熊氏)가……것 : '웅씨'는 송(宋)나라 문인인 웅강대(熊剛大)로, 인용한 내용은 그의 〈태극도설〉 주석에 보인다. 《性理群書句解 卷11》 웅강대는 호가 물헌(勿軒)이며, 학자들이 '고계선생(古溪先生)'이라고 불렀다. 웅절(熊節)의 《성리군서구해》에 주를 달았다.

129 율곡(栗谷)의……있습니다 : 이 내용은 《율곡전서》 권32 〈어록 하(語錄下) 우계집(牛溪集)〉에 "'오행은 하나의 음양이다[五行一陰陽]'의 주에, '정(精)・추(粗), 본(本)・말(末)이 피・차가 없다.' 하였는데, 사계가 다음과 같이 말하였다. '웅씨(熊氏)의 주에, 「태극이 정이 되고 음양이 추가 되며 태극이 본이 되고 음양이 말이 된다.」 하였는데, 이 주가 잘못된 것 같다. 율곡은 일찍이 「정・추, 본・말은 기(氣)를 가지고 말한 것이고 하나의 이치는 정도 없고 추도 없으며 본・말과 피・차도 없는 사이에 통하는 것이다.」 하였다. 이후에 주자의 글을 읽어보니 「기의 정・추를 막론하고 이

저의 마음이 기쁩니다. 단지 자구(字句)의 사이에 한두 가지 다시 헤아려 볼 만한 것이 간혹 없지 않으나 이는 사소한 잘잘못에 관계되니, 일단 차치하고 대면하여 궁구하더라도 어찌 늦을 것이 있겠습니까. 그 외에는 어지럼증이 생겨 이만 줄입니다.

이치를 가지지 않은 것이 없다.」 하였다. 율곡의 설명이 사실 여기서 나온 것이니, 웅씨의 설을 따를 수 없다.'"라고 한 내용을 가지고 말한 것이다.

이자강에게 답함

答李子剛

강가에는 세모(歲暮)에 눈바람이 아득히 날리니, 이때에 그리워하는 마음 더욱 간절하였습니다. 그런데 문득 보내주신 편지를 받고서 혹한의 계절에 고요하게 지내시며 도를 음미하는 체후가 진중(珍重)함을 알았으니, 저의 기쁨이 직접 만난 것과 맞먹습니다. 저는 묵은 병을 앓고 있는 몸이 추운 날씨를 만나 자주 괴로운 데다 마침 또 독감이 더해져 자리에 누워 신음하고 있으니, 엄자산(崦嵫山)으로 지는 석양[130]이 몹시 염려스럽습니다.

병을 앓고 있어 일과를 제대로 할 수 없으나, 때때로 《주자어류(朱子語類)》를 열람합니다. 이 책에는 비록 초년과 만년의 차이도 있고 잘못된 기록도 있으며 한만(閑漫)한 문답도 많지만, 좋은 내용들은 모두 옛 성인들을 계승하고 후학들을 개도하는 것과 관계되므로 버릴 수 없습니다. '학(學)'류, '훈문인(訓門人)'류, '논학제설(論學諸說)'류와 같은 경우 지극히 진실하고 간절하여 사람의 살갗을 찌르는 글들이 많습니다. 또 간간이 사람들과 응답할 적의 용모와 말씀을 기록한 것에서는 마치 당일에 스승을 모신 자리에서 직접 가르침을 받는 것과 같은 감동도 있었으니, 저를 놀라고 감격하게 하는 것이 도리어 서독(書牘)보다 더 좋은 듯했습니다. 젊은 날에 보았을 적에는 이러한 재미가

130 엄자산(崦嵫山)으로……석양 : '엄자산'은 옛날에 해가 들어가는 곳으로 생각했던 산의 이름인데, 만년(晩年) 또는 노년(老年)을 비유하는 말로 쓰인다.

있는 줄을 알지 못했으니, 그대도 경전을 익히는 여가에 한 번 취하여 꼼꼼히 연구해보시면 틀림없이 의사(意思)가 자별해질 것이라 생각됩니다.

올해 중간쯤에 모이자고 하셨는데, 지금의 기력으로는 실천할 계획을 세울 수 없으니, 고집하고 기필하다가 일이 틀어질 것이 분명합니다. 번거롭겠지만 저의 이러한 생각을 임장(任丈)[131]께 전달하여 공연히 기다리시지 않도록 하는 것이 어떻겠습니까. 이만 줄입니다.

131 임장(任丈) : 임로(任魯, 1755~1828)로, 본관은 풍천(豊川), 자는 득여(得汝), 호는 영서거사(潁西居士)이다.

이자강에게 줌

與李子岡

근래에 백응(伯應 홍직필)의 자제(子弟)가 와서 《근사록(近思錄)》을 읽었는데, 강토(講討)할 때에 작은 의심 거리가 있어서 이것들을 여쭈니, 분석해서 보여주시면 다행이겠습니다. 〈변이단(辨異端)〉장(章)에서 명도(明道)께서 "양씨(楊氏 양주(楊朱))는 위아(爲我)하니 인(仁)과 유사하고, 묵씨(墨氏 묵적(墨翟))는 겸애(兼愛)하니 의(義)와 유사하다."라고 하셨는데, 섭씨(葉氏)[132]가 해석하기를 "'위아'는 욕심이 없는 인(仁)과 유사하고, '겸애'는 사사로움이 없는 의(義)와 유사하다."라고 하였습니다. 이 주석을 보니, 견강부회하여 말에 따라 해석한 듯합니다. 그러므로 마침내 《맹자집주(孟子集註)》에 인용된 명도의 이 말씀[133]을 취하여 고찰해보니, '인(仁)' 자와 '의(義)' 자를 바꾸어

132 섭씨(葉氏) : 섭채(葉采)로, 자는 중규(仲圭), 호는 평암(平巖)이다. 주자(朱子)와 여조겸(呂祖謙)의 공저인 《근사록》에 최초로 주석을 달아 《근사록집해(近思錄集解)》를 완성하였다.

133 맹자집주(孟子集註)에……말씀 : 《맹자》 〈등문공 하(滕文公下)〉 9장에 대한 주자의 주에 "정자(명도 정호)가 말씀하였다. '양주(楊朱)·묵적(墨翟)의 폐해는 신불해(申不害)·한비자(韓非子)보다 심하고, 불씨(佛氏)와 노자(老子)의 폐해는 양주·묵적보다 심하다. 양씨는 자신을 위하니 의(義)인 듯하고, 묵씨는 똑같이 사랑하니 인(仁)인 듯하다.'〔程子曰: 楊、墨之害, 甚於申、韓; 佛、老之害, 甚於楊、墨. 蓋楊氏, 爲我, 疑於義; 墨氏, 兼愛, 疑於仁.〕"라고 보인다. '겸애(兼愛)'는 여러 사람을 똑같이 사랑하는 것이어서 인(仁)에 가깝고 '위아(爲我)'는 자신의 지조를 위하는 것이어서 의(義)에 가까우므로 주자가 정호의 말을 바로잡아 《맹자집주》에 위와 같이 실은

놓아서 이와 같지 않았습니다. 주자(朱子)가 일찍이 말씀하기를 "정자(程子)가 양주·묵적의 원류(源流)를 논한 것에 정밀히 상고하지 못한 것이 있다."라고 하였으니, 이는 이 글을 가리켜 말한 듯합니다. 그러나 《맹자집주》는 경서(經書)의 주해(注解)에 해당되어서 사체(事體)가 중하기 때문에 부득이하게 바꾸어 놓았고, 《근사록》은 조금 가볍고 지론(至論)이 되어 바꿀 수 없었기 때문에 뽑아 넣고서 본문을 고치지 않았으니, 읽는 자로 하여금 《맹자집주》와 서로 참고하여 가릴 바를 알게 한 것입니까.

횡거(橫渠 장재(張載))가 말씀하기를 "석씨(釋氏)는 미미한 육근(六根)을 천지(天地)에 인연한 것이라고 여겨 발명함이 다하지 못하면 천지와 일월을 허황되고 망령된 것이라고 무함한다.[134]〔六根之微, 因緣天地, 明不能盡, 則誣天地、日月爲幻妄.〕"라고 하였는데, 이 글에서 '명불능진(明不能盡)'을 어떻게 해석해야 합니까?

것이다.

134 무함한다 : 저본에는 '이(以)'로 되어있는데, 《정몽(正蒙)》과 《근사록(近思錄)》에 의거하여 '무(誣)'로 바로잡아 번역하였다.

이자강에게 답함

答李子罔

문 삼가 생각하건대 '명불능진(明不能盡)'의 '명(明)' 자는 '분명'의 뜻입니다. "석씨(釋氏)는 반드시 근진(根塵)[135]을 다 제거하려 하였으나 근진을 어찌 다 없앨 수 있겠는가. 다 없애지 못한다는 것을 분명히 안다면 바로 천지와 일월을 무함하여 허황되고 망령된 것으로 여긴다."라고 한 것입니다. 어떨지 모르겠습니다.

답 지난번에 질정을 구한 두 의문점 중에 윗 조목의 "주(主)와 객(客)의 분별을 가지고 고치는 것과 고치지 않는 것을 볼 수 있다.〔主客之別, 看得改與不改.〕"라는 것에 대한 뜻은 노형의 말씀이 매우 옳지만, 아래 조목의 '명불능진(明不能盡)'의 '명(明)' 자에 대해서는 일찍이 '발명'의 뜻으로 보고자 하여 "발명하고서 끝까지 다하지 못하면 도리어 천지와 일월을 무함하여 허황되고 망령된 것으로 여긴다."라고 생각하였습니다.

석씨의 견해가 우리 유가(儒家)의 '유물유칙(有物有則)'[136] 개념과 달라서 단지 천지로부터 형체를 받은 것만 알고 실제의 이치가 있음을

135 근진(根塵) : '진근(塵根)'과 같은 말로, 불가 용어인 육근(六根)과 육진(六塵)의 통칭이다. 육진은 색(色), 성(聲), 향(香), 미(味), 촉(觸), 법(法)으로 육근을 통해 의식을 일으키는 육경(六境)을 말한다.

136 유물유칙(有物有則) : 《시경》 〈대아(大雅) 증민(烝民)〉에 "하늘이 여러 백성을 내시니, 사물이 있으면 법칙이 있도다. 사람들이 마음에 떳떳한 본성이 있는지라, 이 아름다운 덕을 좋아한다.〔天生蒸民, 有物有則. 民之秉彝, 好是懿德.〕"라고 보인다.

알지 못하기 때문에 그 폐단이 이와 같은 지경에 이른 것입니다. 노형의 설명에 이른바 "다 없애지 못한다는 것을 분명히 안다.〔分明知其不能去盡〕"라는 것은 비록 뜻이 통할 만하지만 '명(明)'을 '분명히 안다.'라고 하고 '진(盡)'을 '다 없앤다.'라고 하는 것은 어쩌면 애써 곡해(曲解)한 것에 가깝지 않겠습니까. 또 저 석씨의 무리가 도(道)가 아닌 데로 빠진 것은 앎이 분명하지 못한 것에서 연유한 것이니, 진실로 앎이 분명했다면 또 어찌하여 미혹되어 선(善)으로 돌아오지 않았겠습니까.

이자강에게 답함

答李子剛

이 단락 위아래의 '명(明)' 자는 어조사인 듯하니 비록 '명(明)' 자가 없더라도 말의 뜻이 절로 충분합니다. 그러므로 저도 가볍게 보고자 하였고, 우선 '발명(發明)'의 뜻으로 해당시켰습니다. 그러나 '발명'이라고 한 것은 또한 말 그대로 '발명함'이 아니고, 다만 '지(知)' 자의 뜻으로 융통성 있게 설명해야 합니다. 지금 보내주신 편지에서 "저 적멸(寂滅)을 종주로 삼는 자가 어찌 발명하는 바가 있겠으며 또한 어찌 '다함'과 '다하지 않음'으로 논할 만한 것이 있겠느냐."라고 하신 것은, 아마도 저의 말을 다 이해하지 못하여 너무 한 쪽으로 치중하여 본 듯합니다. "육근(六根)이 천지(天地)에 근본한다."라는 것은 유가(儒家)와 불가(佛家)가 이견이 없습니다. 우리 유가는 육근 가운데에 위로도 곧고 아래로도 곧으며 고금에 뻗어서 항구(恒久)하여 망령됨이 없는 정해진 이(理)가 하늘과 인간 사이에 차이가 없음을 인식하였습니다. 그런데 불가는 이러한 이(理)가 있는 줄은 알지 못하고 다만 육근이 천지를 인연(因緣)함만을 알아 그 설을 궁구하고자 하였으나, 육근이 생겨나기도 하고 소멸하기도 하여 일정함이 없는 것이 곧 항상 보여주고 항상 밝은 도[137]와 단절되어 이어지지 않으니, 마침내 천지와

137 항상 보여주고……도 : 이 내용은 《주역》 〈계사전 하(繫辭傳下)〉 1장에 "천지의 도는 항상 보여주는 것이요, 일월의 도는 항상 밝은 것이다.〔天地之道, 貞觀者也; 日月之道, 貞明者也.〕"라고 보인다.

일월(日月)을 아울러 무함하여 허황되고 망령된 것으로 여겼습니다. 이는 불가가 기(氣)만 살피고 이(理)를 살피지 않아 끝내 하늘의 떳떳함을 멸하고 인륜을 무너뜨리는 데에 빠져서 그 죄가 하늘과 땅에서 용납될 수 없게 된 이유입니다.

또 '망의천성(妄意天性)'[138] 네 글자를 보면 성명(性命)의 근원을 모르고 사사로운 견해를 세우고 망령스럽게 추측하여 기(氣)를 성(性)이라고 인식한 병통을 이미 먼저 설파하였음을 알 수 있습니다. 그런데 오직 이(理)에 어둡기 때문에 끝내 범위(範圍)의 용(用)을 알지 못하여 미루어 나아가지 못하였으므로 그 설이 둔사(遁辭)로 흘러 중(中)을 잃어 공허(空虛)한 데로 빠지게 되었습니다.

보내주신 편지에서 "'천지 사이에 다할 수 없는 하나의 이(理)〔一箇理之不能盡〕'가 있다는 것은 저들 또한 분명히 알았다."라고 하였으나, 저 석씨(釋氏)의 황홀한 견해가 어찌 일찍이 하나의 이(理)와 비슷한 것을 알았겠습니까. 진실로 그대의 뜻이 우선 '다하지 않는 것〔不盡者〕'에 붙여 말하고자 했다는 것을 알 수 있습니다. 그러나 이(理)에는 두 가지 근본이 없으니, 만약 이것을 안다면 이 성(性)을 알 것입니다. 애석합니다. 이 말씀은 말할 때의 착오가 아닌 듯하니, 정확한 견해의 흠이 될까 염려됩니다. 지금 이렇게 논변이 일치하지 않는 것은 '명(明)' 자의 의미가 분명하지 못함에 있을 뿐만 아니요, 실로 '진(盡)'

138 망의천성(妄意天性) : 이 말은 《근사록집해》 권13 〈변이단(辨異端)〉에 "횡거선생이 말씀하였다. '석씨는 망령되이 천성을 뜻하면서 하늘의 용(用)에 범위를 만들 줄을 모르고 도리어 육근의 작은 것을 천지에 인연한 것으로 여겨, 밝힘이 다하지 못하면 천지와 일월을 무함하여 환망한 것으로 여긴다.'〔橫渠先生曰: 釋氏妄意天性而不知範圍天用, 反以六根之微, 因緣天地, 明不能盡, 則誣天地日月, 爲幻妄.〕"라고 보인다.

자에 대해 견해가 다른 데에서 연유합니다.

횡거(橫渠)가 또 일찍이 말씀하기를 "석씨는 천명(天命)을 알지 못하여 심법(心法)을 가지고 천지를 일으키기도 하고 소멸하기도 하여 작은 것으로 큰 것을 인연하고 말단으로써 근본을 인연하여 궁구하지 못하고〔不能窮〕 '환망(幻妄)하다.'고 한 것은 참으로 이른바 '의빙(疑氷)'이라는 것이다."[139]라고 하였습니다. 이 단락 문장의 의의(意義)는 다른 데에서 구할 것이 없고 횡거의 설을 가지고 참고하여 바로잡는다면 거의 기뻐하며 의심이 풀릴 것입니다. 이른바 '궁구하지 못했다.〔不能窮〕'라는 것은 '다하지 못했다〔不能盡〕', '연구하지 못했다.〔不能究〕'라는 것과 가리키는 뜻이 같은지요, 다른지요? 이에 대하여 다시 일전어(一轉語)[140]를 내려주시기를 바랍니다.

139 석씨는……것이다 : 이 내용은 장재(張載)의 《정몽(正蒙)》에 보인다. 《張子全書 卷2》 인용문의 '의빙(疑氷)'은 《장자(莊子)》 〈추수(秋水)〉에 "여름 벌레에게는 얼음을 말할 수 없으니, 이는 계절에 구애받기 때문이다.〔夏蟲, 不可以語於氷者, 篤於時也.〕"라고 한 데서 온 말로, 천박(淺薄)하고 무지(無知)한 자가 자신이 옳다고 여기는 것을 비유한다.

140 일전어(一轉語) : 불교에서 유래한 말로, 홀연히 크게 깨닫게 할 수 있는 한 마디 말을 뜻한다.

이자강에게 답함

答李子岡

지난번에 조카가 노형이 직접 쓴 편지를 소매에 넣어 가지고 왔는데, 지금까지 계속해서 펼쳐보고 있습니다. 그 사이 여러 날이 지났는데 기거(起居)가 더욱 좋으십니까? 저는 묵은 병이 지난해와 함께 떨어져 나가지 않아 가물거리며 나아질 기미가 없으니, 다만 제 자신을 가련하게 여길 뿐입니다.

일전에 손자 녀석으로 하여금 노형의 책상 아래에 나아가 배알하게 한 것은 일찍 문정(門庭)을 알아 진식(陳寔)과 순숙(荀淑)의 옛일을 잇게 하고자 한 것입니다.[141] 이 기회를 이어서 나아가 뵙는 때에 앞쪽 가까이에 자리를 내어주어 조용히 좋은 말씀으로 인도해주고 가르쳐주시기를 간절히 바랍니다. 천하에 할 만한 일이 없으니, 오직 가내(家內)의 후생(後生)을 선(善)으로 잘 가르쳐서 전형(典刑)을 잃지 않게 하는 것이 어느 정도 스스로 힘쓸 수 있는 것입니다. 그러나 이 또한 매우 쉽지 않은 점이 있으니, 크게 탄식할 만합니다. 나머지는 바빠서 이만 줄입니다.

141 진식(陳寔)과……것입니다 : 후한(後漢) 때의 고사(高士)인 진식이 일찍이 순숙(荀淑)의 집을 방문하여 학문과 덕행을 보고 배우고자 했던 고사를 잇고자 한다는 말이다. 진식이 순숙의 학덕을 배우고자 어느 날 순숙의 집을 방문하였는데, 순숙의 재덕(才德)이 뛰어난 여덟 아들은 학문을 토론하고 있었다. 방문한 날 밤에 덕성(德星)이 나타나자, 태사(太史)가 임금께 아뢰기를 "500리 안에 반드시 현인이 모였을 것입니다."라고 했다고 한다. 당시 사람들은 재덕이 출중한 순숙의 여덟 아들을 '순씨팔룡(荀氏八龍)'이라 칭했다고 한다. 《世說新語 德行》

이자강에게 답함

答李子岡

지난번 하룻밤에 이야기를 나눈 일이 쇠잔한 늙은 목숨을 안정시켰는데, 훗날의 기약이 또 아득하여 이별할 적에 쉬이 쓸쓸해지는 마음을 느꼈으니, 참으로 노쇠한 마음은 슬픈 감정에 빠지기 쉽습니다. 월초에 남동(南洞)에서 손수 써 보내신 편지를 받고서 크게 위안되었는데 게으른 탓에 차일피일 답장을 지체하다가 어느새 해가 다 지나고 추위가 매서워졌습니다. 이러한 때에 고요히 지내는 가운데 학문하시는 체후가 맑고 길(吉)하십니까? 즐기고 탐구하는 책은 무엇입니까? 깊이 침잠(沈潛)하고 있는 취미가 있습니까? 노형을 만나고 싶은 마음이 간절합니다.

가르쳐주신 많은 내용은 저를 매우 부끄럽게 합니다. 다만 구구한 저는 궁리(窮理)하고 격물(格物)하는 일에 대해 타고난 성품이 간혹 비슷하기도 하여 어려서 문자를 볼 때부터 심오한 내용을 연구하고 탐색하는 것을 좋아하였고, 우연히 한두 가지 비슷한 것을 엿보아 아는 것이 있기도 했습니다. 그러나 고인(古人)의 공력(功力)이 전적으로 부족하고 또 본원(本原) 공부에 대한 소양(素養)이 없어 끝내 시원하게 이해되는 곳을 보지 못하였습니다. 이 때문에 감히 자신하지 못하고 매양 도(道)가 있는 분을 찾아가 바로잡고 싶은 마음이 간절하였으나 끝내 만나보지 못하였습니다. 그리하여 매우 답답한 마음으로 세월을 보내고 있습니다. 지금은 늙고 병들어 죽을 날이 얼마 남지 않았고 노형도 두려워하고 조심하며 이리저리 떠돌고 있으므로 임하(林下)에서 모여 강학할 날을 기약할 수 없을 듯하니, 이 일이 참으로 슬픕니다.

마음속에 있는 것을 다 말씀드린 것은 나의 잘못을 말해서 가르침의 말씀을 오게 하여 편지로 강론하고 비평하는 길을 열고자 한 것이었습니다. 그런데 도착한 답장에는 한갓 장려해주고 칭찬해주시는 말씀만 많고 잘잘못에 대해서는 한마디도 언급한 것이 없으니, 이것이 어찌 우리 벗에게 바란 것이겠습니까. 이것을 가지고 다른 면들을 유추해보면 우리의 교제에는 끝내 진실한 마음과 진실한 일이 부족하니, 겉으로만 사모하는 것과 거리가 멀지 않습니다. 마음이 비탄한 나머지 저도 모르게 말을 다 쏟아 내니, 부디 서로 앞으로 경계해야 할 것을 알기를 바랍니다. 괴로운 심정을 드러내었는데 행여 노형의 마음을 거스르지 않았기를 바랍니다. 나머지는 이만 줄입니다.

이자강에게 답함

答李子岡

동정(東亭)에서 헤어진 뒤로 한 해가 지나도록 소식이 격조하였습니다. 모였다 흩어져 헤어지고 다시 만나는 것은 비록 떳떳한 이치이지만 얼마 남지 않은 생애에 서로 만나길 바랄 수 없으니, 이에 저의 노년의 회포가 어찌 서글프지 않을 수 있겠습니까. 월초에 홍우(洪友 홍직필)의 처소에서 동지(冬至)가 지난 뒤에 보내준 편지를 전해 받았습니다. 그리하여 한겨울을 지내며 학문하시는 체후가 바르고 아름다우며 고요히 지내시는 가운데의 글공부가 참으로 그 취미(趣味)가 새롭다는 것을 알아 마음속에 기쁨이 가득 차니, 직접 뵙는 기쁨과 비슷할 뿐만이 아니었습니다. 저는 삼동(三冬)에 병에 걸려 자리에 누워 정신이 가물가물한데 만약 2~3일이 지나고 나면 어느덧 일흔의 노인이 될 듯하니, 이미 애초에 생각도 못 했던 일입니다. 그리고 평생을 돌아보면 당초에 세운 뜻이 위기(爲己)와 위인(爲人)[142]의 구분을 분별하고자 하지 않은 것이 아니었으나, 끝내 말이 행실보다 지나치고 부화(浮華)함이 실제를 앞질러서 부지불식간에 저절로 자신과 남을 모두 속이는 죄과에 빠지게 된 것이 참으로 많습니다. 이 때문에 도(道)를 목표로 공부한 지 50년이 되었지만 스스로 기뻐할 만한 실제

142 위기(爲己)와 위인(爲人) : 위기는 '위기지학(爲己之學)'의 줄임말로 오직 자신의 덕성을 함양하기 위해 하는 공부를 말하고, 위인은 '위인지학(爲人之學)'의 줄임말로 위기지학과 달리 남이 알아주기를 바라서 하는 공부를 이른다.《論語 憲問》

소득이 마음속에 털끝만큼도 없습니다. 이제 서리가 내리고 수위(水位)가 낮아지는 늦가을처럼 늙은 몸이 되었으니, 후회한들 어찌 미치겠습니까. 그러나 하루 동안 세상에 살아있다면 본래 하루 동안의 도리가 있으니, 어찌 이와 같이 자포자기할 수 있겠습니까.

참으로 여러 종류의 책은 치워버리고 《논어》 한 책을 가지고 그 안에 침잠하고자 합니다. 또 횡거 장자(橫渠張子)의 "묵묵히 자신의 성(誠)을 기르라."는 가르침[143]을 가지고 죽음을 앞둔 말년에 구경(究竟)의 법[144]으로 삼고자 합니다. 그렇지만 단지 뜻이 나이를 따라 쇠퇴하여 이어갈 수 없을까 걱정될 뿐만이 아닙니다. 돌아보건대 분수에 넘치는 남의 집안 글을 지어주는 일을 지금 비록 사절하지만, 이전에 부득이하게 받아둔 것이 수십 편은 넘을 듯합니다. 이미 떨쳐버리지 못하였으니, 또 그 생각이 마음속에 드나들어 잊지 못하고 있습니다. 이 또한 젊은 날 외람되게도 문묵(文墨)으로 이름을 드러낸 소치이니, 어찌하겠습니까.

노형은 뜻과 힘이 아직 굳건하니, 저와 같은 놈이 시체처럼 누워

143 횡거 장자(橫渠張子)의……가르침 : '횡거 장자'는 호가 횡거인 장재(張載)로, 인용한 내용은 《근사록》〈위학(爲學)〉에 "내가 일찍이 공맹(孔孟)이 별세하신 뒤에 여러 유자(儒者)들이 시끄럽게 떠들어서 요약(要約)함으로 돌아와 근원을 궁구할 줄을 모르고 구차히 얻히는 데에 용감하여, 미치지 못하는 자질을 가지고 후세에 알려지는 것을 급하게 여김을 병폐로 여겼다. 현명한 자가 한 번 보면 폐간(肺肝)을 들여다보듯 환하게 알 것이니, 다만 자신의 분수를 알지 못함을 나타낼 뿐이다. 장차 이 병폐를 징계하여 묵묵히 자신의 성(誠)을 길러야 하니,〔方且創艾其弊, 默養吾誠.〕 다만 염려되는 것은 날짜가 부족하여 이것을 할 수가 없는 것이다."라고 보인다.

144 구경(究竟)의 법 : 최고의 목표를 향해 나아가는 방법 혹은 최고의 원리(原理)라는 뜻이다. 자세한 내용은 302쪽 주56 참조.

흘러가는 세월만 안타까워하는 것에 비할 바가 아닙니다. 근래에 곤궁하게 지내는 일은 아마도 하늘의 뜻이 노형을 단련하여 옥으로 만들려고 하는 것이니, 기운이 꺾여 물러나지 마시고 때를 따라 잘 수양하기를 바랍니다. 그리하여 전심(專心)으로 감당해내어 사문(斯文)의 일맥(一脈)으로 하여금 끝까지 힘입을 수 있게 하십시오. 그리하면 어찌 친애하는 저만 함께 영화로울 뿐이겠습니까. 또 후생(後生)들을 지도하는 한 가지 일에 대해서는, 농옹(農翁)께서 말씀하신 "분수에 따른다〔隨分〕"라는 두 글자[145]가 바로 바뀌지 않는 이치이니, 이는 자신을 이루고 남을 이루어 안팎을 합하는 방도[146]입니다. 비록 선후와 완급의 순서가 있다 하더라도 만약 "자신을 이룸을 다 하고 난 뒤에 비로소 남을 이룰 수 있다."고 말한다면 어찌 이와 같이 한쪽으로 치우친 학문이 있겠습니까. 비록 표방(標榜)을 세워 학도를 받지 않았더라도 모름지기 자신을 다스리고 난 여가에 후학 중 수재(秀才)로서 고해줄 만한 자가 있다면 또한 주변 사람들의 비방에 구애되지 말고 분수에 따라 유도해줘야 합니다. 지금처럼 사우(師友)의 도가 상실된 때에 이 도리

145 농옹(農翁)께서……글자 : 농옹은 농암(農巖) 김창협(金昌協)으로, 인용한 내용은 《농암집》 권13 〈임덕함에게 답함〔答林德涵〕〉에 "다만 후생을 인도하는 일은 책을 저술하는 것과 비교도 안 될 정도로 중요하므로 완전히 폐해 버리는 것도 곤란하지만 너무 확대해서도 안 될 것이며 자신의 학파를 세워 학설을 주장하려는 마음을 미리 지녀서도 안 될 것입니다. 또 분수에 따라 응대하고 보는 대로 일러주어서〔且當隨分接應, 隨見告語.〕 피차간에 오로지 진심으로 어울리고 실제적인 일을 서로 권장하여 과장과 허위의 폐단을 철저히 경계한다면 교학상장(敎學相長)의 이로움이 우두커니 혼자 앉아 있는 것보다 꼭 낫지 않다고 할 수는 없을 것입니다."라고 보인다.

146 자신을……방도 : 자신을 완성하고 그것을 바탕으로 미루어 나아가 주변의 사람을 완성하게 하는 것을 이른다. 《中庸章句 25章》

를 땅에 떨어지지 않게 한다면 어찌 훗날의 한 줄기 양기(陽氣)[147]가 되지 않을 줄 알겠습니까.

선달그믐의 소식이 멀지 않으니, 세속의 온갖 인연들이 모두 헛됨을 저절로 알 수 있습니다. 하지만 오직 도(道)를 걱정하는 일념은 자연히 사라지지 않아서 마침 편지를 보내주셨기에 답장을 보내니, 행여 이 편지에서 다 말씀드리지 못한 저의 괴로운 심정을 살펴주실 것으로 압니다. 나머지는 이만 줄입니다.

물어주신 '태허설(太虛說)'[148]에 대해서는, 그대의 의논이 문장과 조리가 간명(簡明)하면서도 풍부하며 유행(流行)과 본체(本體)를 가지고 이(理)·기(氣)를 아울러 보았습니다. 저 또한 일찍이 이렇게 보았는데, 오히려 여러 '허(虛)' 자를 분석하였어도 결국 분명히 밝히지 못하였습니다.

이제 보내준 편지를 통하여 다시 상세히 살펴보니, '태허'는 본래 기(氣)의 본체를 밝힌 것인데, 이(理)가 실제로 그 안에 포함되어 있습니다. 그러나 곳에 따라 뜻이 다르기 때문에 일률적으로 보아서는 안 됩니다. 예컨대 "기(氣)는 아득히 텅 비어 있다."고 하고 "기가 태허에서 모였다 흩어졌다 한다."고 한 것은 하늘을 가리켜 말하여 기가 하늘

147 한 줄기 양기(陽氣) : 음력 10월에 음기(陰氣)가 최고에 이르고, 11월 동지에 일양(一陽)이 처음 생기는 것을 이르는데, 양기는 선(善)을, 음기는 악(惡)을 각각 비유하기 때문에 '상실된 도(道)를 회복할 수 있는 동력'이라는 의미이다.

148 태허설(太虛說) : 장재(張載)가 우주의 본체를 '태허(太虛)'로 설정하여 기(氣), 성(性), 심(心) 등을 설명한 글로, 주요 내용은 《장자전서(張子全書)》 권2 〈정몽(正蒙) 1 태화(太和)〉에 보인다.

에 근본을 두고 있음을 밝힌 듯합니다. “태허가 곧 기이다.”라고 하고 “허공이 곧 기이다.”라고 한 것은 이(理)를 가리켜 말하여 -이는 정자(程子)가 “성(性)은 바로 기(氣)이고, 기는 바로 성이다.”라고 한 말씀의 뜻과 합치됩니다.- 이(理)와 기(氣)의 합일을 밝힌 듯합니다. “태허와 기를 합하면 ‘성(性)’이라는 명칭이 있다.”고 한 것은 곧바로 ‘허(虛)’를 ‘이(理)’로 보아 기(氣)와 상대하여 말한 것이니, -‘태허를 말미암아 천(天)이라는 명칭이 있다.’고 하였는데, 여기에서의 ‘천(天)’ 자는 순전히 이(理)를 가지고 말하였습니다.- 응당 말의 지두(地頭)를 따라 주객(主客)과 향배(向背)를 살펴 가리키는 바를 보아야지 그 뒤섞임을 의심하여 억지로 끼워 맞추고 변통하여 말해서 본의를 잃어서는 안 됩니다. 어떨지 모르겠습니다.

장횡거(張橫渠)의 ‘태허설’에서는 이 기(氣)의 본체가 지극히 공허하여 이(理)와 간격이 없으며 허(虛)와 이(理)는 모두 형체와 자취가 없으나 이(理)가 더 심함을 보았습니다. 그러므로 먼저 기(氣)를 따라 미루어 나아가 허(虛)를 들어 이(理)를 포괄하였습니다. 이는 사람들에게 이(理)가 공중에 매달린 물건이 아님을 보인 것입니다. 주염계(周濂溪)의 ‘무극설(無極說)’[149]에서는 천지 사이를 가득 채운 만사 만물(萬事萬物)의 동(動)과 정(靜)이 모두 기(氣)의 행위인데 마땅히 있어야 해서 있는 것이 아님이 없으니, 이것이 곧 한 이(理)의 본연(本然)의 오묘함임을 보았습니다. 그러므로 먼저 이(理)를 따라 미루어

149 무극설(無極說) : 주돈이(周敦頤)의 학설로, 무극(無極)인 태극에서 음양(陰陽)·오행(五行)과 만물이 생성 발전하는 과정을 설명한 〈태극도설(太極圖說)〉을 가리킨다.

나아가 기(氣)를 이(理)에 배합하였습니다. 이는 이(理)가 비록 형체가 없지만 도리어 형체가 있는 물체가 됨을 사람들에게 보인 것입니다. 두 현자(賢者)의 말씀이 비록 다른 듯하지만 이(理)의 오묘함을 밝힌 것이 결국에는 똑같습니다. 그런데 장횡거가 정밀한 것을 말씀한 것이 참으로 정밀하지만, 만일 잘 살펴보지 않으면 병통을 만들기가 쉬우니, 완전하고 순수한 주염계의 설에는 못 미칩니다.

이자강에게 답함
答李子岡

저는 이 세상을 지루하게 살다가 갑자기 장녀(長女)의 요절[150]을 보았으니, 잔인하고 참혹함을 견딜 수 없습니다. 지난번 하문하여 곡진하게 위로해주실 때 애통해하는 마음이 지극하셨습니다. 그 사이에 이미 달이 바뀌어 날씨가 매우 더워졌는데, 고요히 지내는 중에 도(道)를 음미하는 체후가 더욱 건승하십니까? 산창(山窓)에서 길어진 낮 시간을 무슨 책을 보며 보내고 있으십니까? 분명 신묘하게 부합하는 새로운 홍취가 있으실 터인데 남은 부분들을 정성껏 받들 방법이 없으니, 한스럽습니다. 저처럼 죽음을 목전에 둔 사람은 상사(喪事)와 질병에 심신이 꺾이고 손상되어 붙어있는 목숨이 위태로워서 침상에 목숨을 맡기고 지내는 탓에 마음 쓸 수 있는 곳이 없으니, 진실로 사는 것이 죽느니만 못하다고 할 수 있습니다.

돌아보건대 지금 어진 이가 멀리 사라지고 말씀이 막혀 땅에 떨어진 실마리가 아득하니, 이것을 부지할 책임이 노형을 제쳐두고서 누구에게 있겠습니까. 편지를 받아볼 때마다 말씀이 슬프고 원통하여 마치 스스로 만족하지 못하는 것이 있는 듯하시니, 어찌하여 그렇습니까? 비록 현재의 상황이 근심스럽고 두려우며 곤궁하지만 어떻게 갑자기

150 장녀(長女)의 요절 : 장녀는 여성부원군(驪城府院君) 민치록(閔致祿, 1799~1858)의 아내(1798~1833)로, 계사년(1833, 순조33) 3월 15일에 향년 36세를 일기로 세상을 떠난 것을 말한다. 《老洲集 卷16 亡女閔氏婦墓誌銘竝序》

이와 같은 것 때문에 나의 광대하고 화평한 심체(心體)를 해치겠습니까. 퇴도(退陶 이황(李滉))가 이른바 "근심스러운 가운데에 낙이 있고, 즐거운 가운데에 근심이 있다."[151]라는 것은 참으로 이 옹(翁)께서 수용(受用)한 진리이고, 우리 유가(儒家)의 터전으로 삼을 만하니, 부디 여기에 마음을 다해 체득하여 원대한 사업을 끝마쳐야 합니다.

죽은 딸은 품행이 매우 훌륭했는데 살아서는 규방(閨房)에 가려져 있었고 죽어서는 전형(典刑)을 맡길 친자식이 없어서 바다의 파도 거품처럼 사라졌으니, 지독(舐犢)[152]과 같은 나의 마음은 자식이 자취도 없이 사라진 것이 몹시 슬픕니다. 우리 자강(子岡)의 글을 얻어 깊이 숨겨진 이 아이의 자취를 드러내고자 합니다. 이미 죽은 아이에게는 도움 될 것이 없으나 제 마음이 매우 슬프기 때문이니, 바라건대 한 편의 애뢰(哀誄)를 지어서 보내주시는 것이 어떻겠습니까? 부녀자의 행적은 본가(本家) 사람의 말을 증거로 삼지 않을 수 없으므로 마침 짧게 엮은 글이 있어서 이렇게 보시도록 옮겨 적습니다.

151 근심스러운……있다 : 이 내용은 퇴계 이황이 직접 지은 자신의 묘갈명(墓碣銘)에 보인다. 《退溪年譜 卷3》

152 지독(舐犢) : '송아지를 핥아 준다.'라는 뜻으로, 자식을 몹시 사랑하는 어버이를 비유하는 말이다. 양표(楊彪)의 아들 양수(楊修)가 조조(曹操)에게 죽임을 당하였는데, 나중에 조조가 양표에게 왜 그리도 많이 야위었는지를 물으니, 양표가 "아직도 늙은 소가 송아지를 핥아 주는 애정을 품고 있어서 그렇다.〔猶懷老牛舐犢之愛〕"라고 대답한 고사에서 유래한다. 《後漢書 卷54 楊震列傳》

권경희 돈인[153] 에게 줌

與權景羲 敦仁

지난번에 경서를 끼고 서로 마주했던 일은 매우 위안이 될 만했는데 함께 살펴본 시간이 짧아 장시간 지속하지 못한 것을 한스럽게 여깁니다. 지금 매서운 추위에 부모님을 모시고 학문함이 진중합니까? 세모(歲暮)에 멀리 그리운 생각이 더욱 간절합니다. 나는 근심과 병으로 침상에 누워 지내니, 절로 슬프고 한탄스러울 뿐입니다. 그대의 훌륭한 재질(才質)은 실로 얻기 어려운 것입니다. 다만 어수선하여 안정된 뜻이 없으니, 뜻이 확립되지 않으면 일상생활에서의 언행이 자리 잡을 곳이 전혀 없어서 끝내 일을 이룰 수 없습니다.

정자(程子)가 "뜻이 있는 선비는 천하 만물에 의해 자신을 동요시키지 않는다."라고 하셨으니, 부디 지금에 이르러 뜻을 굳게 확립하여 기(氣)에 지거나 세속에 끌려다니지 않아야 비로소 근거할 만한 터전이 있을 것입니다. 또 뜻을 굳건히 하는 방법으로는 이치를 밝히는 것보다 더 좋은 것이 없으니, 성현의 말씀 중에서 참으로 자신을 속이지 않음을 보아서 순실(淳實)하게 이해하고 치밀하게 체인해야 할 것이고, 시류(時流)를 찾고 그림자를 좇는 후대 학자의 기미를 본받지 않는다면 자연히 고인(古人)의 위치에 이를 수 있을 것입니다.

153 권경희(權景羲) 돈인(敦仁) : 경희는 권돈인(1783~1859)의 자로, 호는 이재(彝齋), 우랑(又閬) 등이고, 본관은 안동(安東)이다. 수암(遂菴) 권상하(權尙夏, 1641~1721)의 5대손이며, 권중집(權中緝)의 아들이고, 오희상의 처조카이다.

세월은 나를 기다려주지 않고 훌륭한 자질은 믿기 어려우니, 매우 두려워할 만합니다. 그대에 대한 사랑이 깊어 이렇게 다 얘기하니, 부디 이해하기 바랍니다. 오직 자중자애하여 학문을 향상시키기를 바라면서 이만 줄입니다.

권경희에게 줌
與權景羲

영소(榮掃)[154]는 어느 날에 합니까? 시골로 가기 전에 한 번 만나보지 못하니, 무슨 서운함이 이와 같겠습니까. 그대가 과거에 급제한 뒤로 아끼고 도우려는 마음이 간절하여 뒤이어 근심하는 마음이 있었던 탓에 조정에서 한 영재를 얻은 것에 대해 기뻐할 겨를이 없었습니다. 돌아보건대 지금 사욕(私慾)이 온 세상을 뒤덮어 세로(世路)에서 방황할 일들이 많으니, 그대도 틀림없이 오늘의 영화(榮華)를 두려운 일로 여기리라 생각합니다.

주부자(朱夫子)께서 "공명(功名)은 얻기 쉽고 명절(名節)은 보존하기 어렵다."라고 하시지 않았습니까.[155] 그대는 본래 가학(家學)의 연

154 영소(榮掃) : 과거에 급제하거나 관직에 임명되는 등 영광스러운 일이 있을 때, 선조의 묘소에 가서 이를 고하고 제사 지내는 일을 말하는바, 권돈인이 계유년(1813, 순조13) 증광시에 급제했을 때의 일로 보인다. '영(榮)'은 영광, '소(掃)'는 소분(掃墳)의 뜻인데, 영분(榮墳)이라고도 한다.

155 주부자(朱夫子)께서……않았습니까 : 이 내용은 《주자대전》 권54 〈석응지에게 답함〔答石應之〕〉의 "부귀는 얻기 쉽고 명절은 보존하기 어렵다.〔富貴易得, 名節難保.〕"라는 구절과 권97 〈부문각직학사 진공행장(敷文閣直學士陳公行狀)〉에 "부귀는 구하기 쉽고 명절은 보존하기 어렵다.〔富貴易求, 名節難保.〕"라는 구절을 인용한 것이다. 참고로 이 내용이 〈석응지에게 답함〉에서는 주자가 한 말처럼 되어있으나, 〈부문각직학사 진공행장〉에서는 북송 영종(英宗) 때 위국공(魏國公)에 봉해진 한기(韓琦, 1008~1075)가 한 말로 기록되어 있는바, 오희상은 〈석응지에게 답함〉의 내용을 보고 주자의 말이라고 얘기한 것으로 보인다.

원이 있으니,[156] 벼슬에 나아가고 물러나며 말하고 침묵함에 법문(法門)[157]을 따르고 가까이하며, 또 모름지기 책을 읽어 덕성(德性)을 배양하고 자신을 바로잡아 함께할 사람을 선택해야 합니다. 그리하면 거의 이루는 바가 있을 것입니다.

화(禍)를 당하고 목숨을 겨우 부지하느라 인사(人事)가 모두 끊겼으니, 어찌 다른 사람을 따라 경하(慶賀)하는 말을 하겠습니까. 하지만 그대가 일찍이 나에게 하루 동안 글을 배웠던 적이 있으므로 외람되이 속마음을 말하였습니다. 가정에서 가르침을 받을 적에 춘당(椿堂)[158]께 한 번 나의 편지를 보여드리는 것이 어떻겠습니까?

156 가학(家學)의……있으니 : 권돈인이 권상하(權尙夏)의 5대손이기 때문에 이렇게 말한 것이다. 권상하는 우암 송시열의 수제자로, 청풍의 황강서원(黃岡書院) 등에 제향되었으며, 시호는 문순(文純)이다.

157 법문(法門) : 원래 불교 용어로 부처의 교법(敎法)을 이르는바, 중생(衆生)을 열반(涅槃)에 들게 하는 문에 비유하는 말인데, 여기서는 성인(聖人)의 법에 들어가는 문을 가리킨다.

158 춘당(椿堂) : 권돈인의 부친인 권중집(權中緝, 1753~1814)을 가리킨다. 권중집은 자가 경지(敬之)이다. 오희상의 처남으로, 오희상이 그에게 보낸 편지 몇 편과 그의 제문, 묘갈명이 《노주집》에 실려있다.

권경희에게 답함
答權景羲

문 "누이의 상(喪)에 남편과 자식이 없으므로 다시 본복(本服)인 기년의 제복(制服)을 입는 것"에 대해서는 지난번에 여쭌 적이 있었는데, 근자에 그것을 크게 비난하는 자가 있습니다. 그가 말하기를 "예(禮)에 논한 것[159]은 바로 '남편의 집안에 한 사람도 없고, 단지 홀로 한 명의 부인만 있다가 죽으면 부모 형제가 그 본복(本服)을 입는다.'라는 것이다. 지금 이것은 시부모가 있어 그 상을 주관하고 당장에는 비록 후사가 없더라도 형편상 응당 후사를 세워야 하는 자이니, 형제 된 자가 어찌 본복을 입을 수 있겠는가."라고 하였습니다. 알지 못하겠습니다. 혹자의 이 말이 근거하는 바가 있는 것입니까?

또 혹자의 말로 인하여 의문스러운 점이 있습니다. 만일 복(服)을 받은 뒤와 복이 다하기 전에 남편의 집안에서 후사(後嗣)를 세운다면 매우 난처합니다. 복을 그대로 입고자 할 경우 '계자(繼子)가 있으면 강복한다.'라는 가르침에 어긋나는데, 그리하지 않으면 이미 받은 복을 응당 어떻게 조처해야 합니까?

답 혹자의 말은 누구의 논의인지는 알지 못하겠으나, 아마 《의례(儀

159 예(禮)에 논한 것 : 《의례》 〈상복(喪服)〉에 "고모, 여형제, 딸이 시집을 갔으나 주인이 없는 경우에는 그들을 위하여 기년복을 입는데, 고모와 여형제에 대해서 보복(報服)으로 입어 주는 것이다.〔姑、姊妹、女子子適人無主者, 姑、姊妹報.〕"라고 한 것을 가리킨다.

禮)》〈상복(喪服)〉의 전(傳)에 "주인이 없다는 것은 제주(祭主)가 없다는 것이다."[160]라고 한 글을 근거로 말한 듯합니다. 그러나 무릇 예를 논할 때에는 응당 문자를 통하여 뜻을 구하되 문자에 얽매여 뜻을 막히게 하지 않아야 거의 예를 지은 본래의 의미를 잃지 않을 것입니다. 대저 고모·여형제·딸자식 중에 시집가서 상주가 없는 자에 대해 본복인 기년복을 입는 것은 복이 따라 끊기는 것을 불쌍히 여기는 뜻에서 나온 것입니다. 그러므로 제주(祭主)가 없다고 말한 것은 바로 남편과 자식을 가리킨 것이지, 범연히 남편 집안의 여러 친속을 가리킨 것이 아닙니다. 이 때문에 주(註)에 "제주나 후사(後嗣)가 없는 경우"라고 해석한 것이고, 소(疏)에 또 이르기를 "길 가는 사람들도 이렇게 남편도 없고 또 자식도 없으면서 재가(再嫁)하지 못한 사람을 보면 오히려 불쌍한 마음이 드는데, 그의 조카나 부모·형제야 더 말할 것이 있겠는가. 그러므로 차마 강복하지 않은 것이다."라고 하였습니다. 또《예기》에 "처상(妻喪)에 아버지가 계시면 아버지가 상주가 되고, 제사는 남편과 아들이 주관한다."라고 하였으니, 이 내용을 가지고 살펴보면 이 '제주(祭主)'의 글은 또한 남편과 자식으로 볼 수 있습니다. 이 때문에《가례(家禮)》에 곧바로 "남편과 자식이 없는"[161]이라고 말한 것이니, 선배들이 이 예를 논한 것이 많지만, 또한 일찍이 시부모가 제주가 되었을 때 본복을 입지 않는다고 말한 적은 없습니다. 혹자의 말은

160 주인이……것이다 : 바로 앞 주의 원문에 대한 전(傳)의 내용이다.

161 남편과……없는 :《가례》〈상례(喪禮)〉에 "남편과 자식이 없는 부인이 자신의 형제, 자매 및 형제의 자식을 위해서 입는다.〔婦人無夫與子者, 爲其兄弟、姊妹及兄弟之子也.〕"라고 보인다.

아마 다만 제주가 없는 것을 남편의 집안에 한 사람도 없는 것으로만 여겨 자세하게 상고하지 못한 듯합니다.

복제(服制)의 경우 마땅히 초상에 제주가 있고 없고를 보아야 할 뿐이니, 어찌 장래에 후사를 세울 때를 당하여 결정할 수 있겠습니까. 만일 남편의 집안이 복이 다 끝나기 전에 후사를 세운다면, 예에 '출가(出嫁)한 딸의 상에 복을 입을 적에 강복(降服)하지 않고 그대로 입는다.'라는 예가 있으니, 이것이 충분히 방증(傍證)할 자료가 될 수 있습니다. 본복의 개월 수를 다하고서 복을 벗는 것이 어찌 예를 크게 어기는 것이겠습니까.

권경희에게 답함
答權景羲

황량한 강가에서 궁벽하게 살면서 문밖의 일을 살피지 못했습니다. 그런데 일전에 지난 난보(爛報)를 통해 근래 조정의 신하들이 상(上)께서 백립(白笠)을 쓰고 조정에 임하신 것에 대해 교대로 소장(疏章)을 올려 바로잡았으나[162] 끝내 받아들여지지 못했다는 것을 비로소 알고는 근심스럽고 답답한 심정을 이기지 못하였습니다. 그런데 지금 보내준 여러 말씀을 받아보니, 내 마음과 매우 합치하였습니다.

심제(心制)[163]에 흰옷을 입는 것은 예에 근거할 바가 없으니, 비록 일반 백성이라 하더라도 심정대로 곧바로 행해서는 안 됩니다. 더구나 지금 나라의 예는 처음 만들어지는 것에 관계되는데 근거할 만한 조종(祖宗)의 옛 제도가 없습니다. 그렇다면 오늘날 행하는 것이 장차 한 왕조의 제도가 되므로 관련된 것이 가볍지 않으니, 어찌 심상(尋常)하

162 조정의……바로잡았으나 : 정조(正祖)의 왕비인 효의왕후 김씨(孝懿王后金氏, 1754~1821)가 신사년(1821, 순조21) 4월 10일에 후사(後嗣)가 없이 서거하자, 순조가 삼년상을 치렀는데, 상을 치르는 중에 생모인 수빈 박씨(綏嬪朴氏, 1770~1822)가 이듬해 12월 26일에 서거하였다. 수빈 박씨의 상이 친모의 상이기는 하지만 효의왕후의 상에 압존되어 심상(心喪)을 치러야 함에도 불구하고, 순조가 효의왕후의 상이 끝난 뒤에 친모의 상을 위해 상중에 착용하는 백립(白笠)을 쓰고 공사간(公私間)의 일을 처리하자, 여러 대신들이 예제(禮制)에 맞는 것으로 바꾸어야 한다고 간언한 일을 말한다. 《純祖實錄 23年 5月 25日》

163 심제(心制) : 예법상 상복은 벗었으나 슬픔이 가시지 않아 심상(心喪)으로 삼년상을 치름을 말한다.

게 보아 넘길 수 있겠습니까.

당초 하순(下詢)하셨을 때에 아래에서 분명하게 대양(對揚)하지 못하여 이렇게 어그러지게 된 것입니다. 천신(賤臣)인 나도 그 당시 순문(詢問)하셨던 사람들 속에 포함되니, 황송하고 부끄러운 마음이 다른 사람들보다 못하지 않습니다. 간소(諫疏)에 대한 비지(批旨)를 삼가 읽어보니, "구구(區區)함을 혐의하지 않고 이렇게 누누이 간언을 하니, 만약 옛날의 예법과 국가의 제도를 참고하여 반드시 의심할 것 없는 증거를 얻는다면 나 또한 고치는 것을 꺼리지 않겠다."[164]라고 하셨으니, 임금님의 말씀이 위대하십니다. 선입견을 가지지 않고 오직 옳은 것만을 찾겠다는 성상의 뜻이 말씀 밖에 성대하게 넘쳐납니다. 이는 참으로 머지않아 돌아오는[165] 기미인데, 전부터 의논하는 자들이 범범하게 '혐의를 분별함〔別嫌〕'과 '압존(壓尊)하는 것〔壓屈〕'을 말하기만 하고[166] 끝내 성상의 뜻을 한마디 말로 분명하게 설파함은 없으니, 보내온 편지에서 이른바 "단지 두 가지 의리에 치우쳐있다."라고 한 말씀이 참으로 옳습니다.

164 구구(區區)함을……않겠다 : 이 내용은 《순조실록》 23년 5월 28일 기사에 보인다. 아래에 보이는 간소(諫疏)에 대한 비지(批旨)의 내용도 출처가 동일하다.

165 머지않아 돌아오는 : 머지않아 잘못을 깨닫고 곧장 바른 곳으로 돌아옴을 말하는 바, 《주역》 〈복괘(復卦) 초구(初九)〉의 "머지않아 되돌아오니 후회하는 일이 없을 것이요, 크게 좋을 것이다.〔不遠復, 无祇悔, 元吉.〕"라는 구절에서 온 말이다.

166 혐의를……하고 : 이 내용은 영부사 김재찬(金載瓚), 판부사 한용귀(韓用龜)·김사목(金思穆), 영의정 남공철(南公轍), 판부사 임한호(林漢浩) 등이 연명으로 올린 차자 및 대사간 박종기(朴宗琦)가 올린 상소 등에 보인다. 《純祖實錄 23年 5月 26日, 27日》

오늘날 만약 고금의 예악(禮樂)을 제정한 근본에 대해 명백하게 분석하는 이가 있다면 성상의 마음이 응당 하루가 다 가기 전에 깨달으실 것입니다. 그러나 군주를 바로잡는 도는 밝은 부분부터 인도하여 들이는 것[167]에 있으니, 장황하게 말하기보다는 성상의 하교에 맞추어 간요(簡要)하게 반복하는 것이 낫습니다.

간소(諫疏)에 대한 비답에 "삼년의 상복은 대상(大祥)에서 끝이 나지만 효자의 마음은 차마 곧바로 길복(吉服)을 입을 수 없기 때문에 그대로 흰색 의관을 입는 것이지 대상이 끝난 뒤에도 미진(未盡)한 상이 있어서 그렇게 한 것이 아니다."라고 하셨습니다. 삼가 살펴보건대 《예기》〈단궁(檀弓)〉에 "대상(大祥)을 지내고서 호관(縞冠)을 착용한다.〔祥而縞〕"라고 하였고, 《예기》〈간전(間傳)〉에 "담제(禫祭)를 지내고서 섬(纖)을 착용한다.〔禫而纖〕"라고 하였는데, '호(縞)'는 약간 흉한 복이고 '섬(纖)'은 약간 길한 복입니다. 대상을 지내면 궤연(几筵)을 비록 거두지만 상사(喪事)가 아직 끝나지 않아서 반드시 27개월의 기한이 지나야 비로소 상기(喪紀)가 끝나는 것입니다. 그러므로 비록 최질(衰絰)을 벗더라도 약간 흉한 복을 착용하여 여전히 문 안의 곡을 남겨두고 '고애(孤哀)'라는 칭호를 버리지 않는 것입니다. 그렇다면 대상이 지난 것을 상이 끝난 것으로 여겨서는 안 되며, 흰 의관은 상중의 복색이 아니라고 해서는 안 되니, 어찌 이것을 갑자기 심제(心制)의

167 밝은……것 : 신하가 군주를 깨우칠 때에는 극진한 충성과 옳은 방법으로 군주의 마음을 유도하되, 반드시 군주가 잘 알 수 있는 것부터 시작하여야 한다는 뜻으로, 《주역》〈감괘(坎卦) 육사(六四)〉의 "맺음을 들이되 통한 곳으로부터 하면 끝내 허물이 없으리라.〔納約自牖, 終无咎.〕"에서 온 말이다.

복에 쓸 수 있겠습니까.

간소(諫疏)에 대한 비답에 또 이르시기를 "국가의 제도에는 내·외의 상을 막론하고 성복(成服) 후부터 공제(公除) 전까지 정사를 살필 때에는 이 복색을 사용한다고 되어있다."라고 하셨는데, 내 생각에는 정사를 살필 때에 최복(衰服)을 사용해서는 안 될 듯합니다. 왕조(王朝)에서는 더욱 선비와 일반 백성이 사용하는 속제(俗制)의 방립(方笠)을 사용할 수 없기 때문에 이런 임시적인 제도를 만든 것이지, 경전에 보이는 것은 없습니다. 그러나 성복 후부터 공제 전까지 사용한다면 왕조에 있어서는 곧 상중에 착용하는 것이니, 복이 끝난 뒤 심상(心喪)에 사용할 수 없는 것이 어찌 더욱 분명한 것이 아니겠습니까.

참제(黲制)[168]의 경우 송(宋)나라 제도에는 담복(禫服)을 검푸르죽죽한 색〔黲〕을 가지고 고운 베를 대신하였고, 주자(朱子)께서 또 상여(喪餘)[169]의 뜻을 미루어 이것을 기제(忌祭)에 사용하셨고, 퇴계(退溪), 사계(沙溪) 두 선정(先正)께서 또 인하여 심상(心喪) 때 통행하는 제도로 삼으셨는데, 다만 우리나라는 먹색으로 검푸르죽죽한 색을 대신하였습니다. 그러나 검푸르죽죽한 색과 먹색은 명칭은 비록 다르나 색은 서로 비슷하므로 똑같이 《예기》 〈간전(間傳)〉의 "담제(禫祭)를 지내고서 섬(纖)을 착용한다.〔禫而纖〕"라는 글에 준하여 절로 그 사이에 정밀한 의리를 두어 후현(後賢)들이 그것을 고치지 않았으니, 지금 어찌 그 사이에 다른 의논을 할 수 있겠습니까.

168 참제(黲制) : 검푸르죽죽한 색의 옷을 입는 복제를 말한다.

169 상여(喪餘) : 거상(居喪)을 마치고 난 나머지라는 뜻으로, 삼년상을 넘기고 지내는 기제(忌祭)를 가리킨다.

간소(諫疏)에 대한 비답에 또 이르시기를 "짐이 만약 이 복색을 하고서 궁문(宮門) 밖으로 한 발자국이라도 나가거나 조정에 나올 때 사용한다면 조정의 신하가 그것을 간하는 것이 옳다."라고 하셨는데, 아마도 상을 치르는 예절은 조정에 나오실 때와 편안히 거처하실 때로 양분하여 보아서는 안 될 듯합니다. 예컨대 "옛날에 궁중에서 삼년상을 행했다."는 경우는 바로 후세에 단상(短喪)[170]을 할 때 임금이 혹 밖에서는 공제(公除)를 하고 안에서는 상을 행함이 있음을 말하니, 오늘날에 끌어와 논할 만한 것이 아닙니다. 또 예컨대 《의례(儀禮)》〈상복(喪服) 기(記)〉에서 말한 "공자(公子)는 자기 생모를 위해 연관(練冠)를 쓰고 전연(縓緣 옅은 분홍색의 가선)을 한다."라는 것은 공자(公子)가 후사(後嗣)가 된 자인지 아닌지를 막론하고 군부인(君夫人)에게 압존되어 펼 수 없어서 임시로 이 복제를 만든 것인데, 소(疏) -《예기》〈증자문(曾子問)〉의 소입니다.- 에 이르기를 "다른 시대의 법이다."라고 하였습니다. 《주례(周禮)》에 따르면 모든 서자(庶子)가 적모(嫡母)에게 압존되는 예(禮)는 없고 오직 아버지의 후사가 되는 자만 복을 낮추어 시마(緦麻)를 입었으니, 이를 통해 《의례》〈상복 기〉의 내용은 주나라 이전의 법이 됨을 알 수 있습니다. 그리고 그 아래에 또 이르기를 "이미 장사(葬事)를 지냈으면 복을 벗는다.〔既葬而除之〕"라고 하였습니다. 이는 바로 장사 지내기 전 상에 임할 때의 복이니, 장사 지낸 후 심상의 제도에 끌어다 쓰는 것은 또한 잘못이 아니겠습니까. 다만 생각하건대 이번 일은 그대로 끝나서는 안 됩니다. 만약 차질이 생기면 틀림없이

170 단상(短喪) : 하루를 한 달로 계산하는 이일역월제(以日易月制)로 고쳐서 복상(服喪)을 단축하는 것을 말한다.

장차 후세의 비난을 크게 받을 것입니다. 알지 못하겠습니다. 조정에 있는 현능(賢能)한 신하들이 기필코 간쟁(諫爭)하기로 마음을 먹었습니까? 아니면 아직 그렇지 못합니까?

성상의 하교에 이미 "고례(古禮)를 상고하고 국제(國制)를 참고하는 것으로 구경(究竟)의 법[171]을 삼겠다."라고 하셨으니, 그렇다면 우러러 아뢸 만한 것이 있습니다. 고례를 가지고 상고해보면 심제 때 검푸르죽죽한 색을 입는 것은 비록 경문(經文)에 보이지는 않으나 이미 선현이 정한 의논이 있으니, 어겨서는 안 될 것입니다. 그리고 국제를 참고해보면 비록 오늘날 바른 근거는 없으나 내상(內喪)이 먼저 있을 경우 세자의 심제 때의 복색이 《상례보편(喪禮補編)》[172]에 분명하게 실려 있으니, 대체할 수 있는 근거가 되어 현혹되지 않을 것입니다. 오늘을 위한 계책을 세워보건대 이 두 가지 단서를 가지고 다시 성상의 앞에서 상세히 진달하는 것보다 좋은 것이 없습니다. 이렇게 한다면 어찌 성상께서 마음을 돌이켜 살펴보지 않으시겠습니까.

칩거하고 있는 처지인 내가 어찌 말석의 의논을 참여하여 들을 수 있겠습니까마는 그대가 말씀해줌으로 인해 파계(破戒)하여 입을 놀림을 면치 못했으니, 이는 졸렬한 나의 본분이 전혀 아닙니다. 부디 남에게 말씀하지 않는 것이 어떻겠습니까?

171 구경(究竟)의 법 : 최고의 목표를 향해 나아가는 방법 혹은 최고의 원리(原理)라는 뜻이다. 자세한 내용은 302쪽 주56 참조.

172 상례보편(喪禮補編) : 1758년(영조34)에 간행된 《국조상례보편(國朝喪禮補編)》을 가리키는데, 일명 《상례보편》, 또는 《보편(補編)》으로 칭한다.

권경희에게 답함
答權景羲

일찍이 심(沈) 아무개가 지은 산수헌(山水軒)[173]의 묘지(墓誌)는 글이 선장(先丈)[174]에 의해 쓰여졌습니다. 처음 그것을 보고 크게 놀라 변론하여 밝히는 일을 하려고 했지만 당시의 의논이 막 커지고 있었으니, 선장을 아는 사람 중에 누군들 만류하지 않았겠습니까. 하지만 선장께서는 의연(毅然)하여 조금도 동요하지 않았으며, 끝내 그대의 종친(宗親)인 참판(參判) 공에게 편지를 보내어 그것이 위본(僞本)임을 통렬히 밝히면서 말씀하기를 "나는 내 숙부께 부사(父師)의 의리가 있으니, 이렇게 하지 않으면 내 숙부를 저버리게 된다."라고 하였습니다. 이로써 마침내 의심과 비방이 세상에 가득하여 감당할 수 없을 정도로 유언비어가 난무하였고 심지어는 "사주(使嗾)를 받았다."라는 말이 나오기까지 하였으니, 사람들이 모두 선장을 위해 위태롭게 여겼지만 선장은 태연할 뿐이었습니다.

대저 일에 임할 적에 그고 직은 일을 막론하고 의리가 있는 곳만 보고 이해(利害)와 화복(禍福)을 살펴 주저하고 망설이는 바가 없는 것은 진실로 선장의 평소 거룩하신 절조이니, 내가 일찍이 흠복(欽服)

173 산수헌(山水軒) : 권진응(權震應, 1711~1775)의 호로, 자는 형숙(亨叔)이다. 권상하(權尙夏)의 증손이며 남당 한원진의 문인이다.

174 선장(先丈) : 권돈인의 부친인 권중집(權中緝, 1753~1814)을 가리키는데, 오희상의 처남으로서 함께 오랫동안 교유하였다. 당숙(堂叔)인 권진응(權震應)을 스승으로 섬겼다.

하였던 바인데, 이 일은 더 어려운 점이 있습니다. 그러므로 지금 선장의 생애를 찬술하는 일에 있어서 이 사실을 전부 빠뜨려서는 안 됩니다. 비석에 새기는 글은 장차 백세(百世) 뒤의 사람들에게 신빙할 자료를 주려는 것이니, 더 말할 것이 있겠습니까. 글 속에 몇 구절의 말을 엮어서 그 대강을 드러내어 후대의 덕을 아는 분으로 하여금 상고하게 하려는데, 대감은 어떻게 생각합니까?

노주집

제12권

書서

심치중 의도[1] 에게 답함

答沈稚中 宜度

문 선친(先親)을 장례하는 3개월 제도가 마침 윤달 초하루를 만났으므로 이미 윤달에 장례를 행하였는데, 혹자가 말하기를 "장례는 비록 윤달을 쓰더라도 졸곡(卒哭)은 마땅히 다음 달을 기다려 정삭(正朔)에 제사를 지내는 것이 바른 예가 된다."라고 하니, 알지 못하겠습니다. 이 말이 어떻습니까?

답 물으신바 "윤달에 장례하는 자가 졸곡을 윤달에 지내서는 안 되어서 장차 다음 달 정삭(正朔)을 기다려 행해야 한다."라는 설은 저의 소견으로는 심히 이해할 수 없는 바입니다. 삼가 이 예는 마땅히 윤달에 장례하는 것이 바른가 바르지 않은가를 이해한 뒤에야 비로소 졸곡을 앞으로 당길 것인가 뒤로 물릴 것인가의 득실을 말할 수 있을 듯합니다.

윤달의 장례에 대해 《춘추공양전(春秋公羊傳)》과 《춘추곡량전(春秋穀梁傳)》 두 선(傳)에서 허여하고 폄하한 것이 똑같지 않습니다. 《춘추공양전》에는 "《춘추》에 '윤달에 제(齊)나라 경공(景公)을 장례하였다.'라고 하였다. 윤달은 원래 쓰지 않는데 여기에서는 어찌하여 썼는가? 초상은 윤달로 헤아리기 때문이다."라고 하였는데, 주(註)에 이르기를 "장례에 윤달을 쓴 것은 장례 또한 달수를 세는 일이기 때문이다."라고 하였습니다.[2] 그리고 《춘추곡량전》에는 "《춘추》에 '윤달에 제

1 심치중(沈稚中) 의도(宜度) : 인물 정보가 자세하지 않다.

(齊)나라 경공(景公)을 장례하였다.'라고 하였는데, 윤달을 바로잡지 않은 것이다."라고 하였는데,[3] 주(註)에 "'윤(閏)'은 바로 남은 날짜를 모은 수이고 달의 정수(正數)가 아니니, 길흉(吉凶)의 큰일에 모두 쓰지 않는다."라고 했습니다.[4] 오늘날 장례에는 〈춘추공양전〉의 윤달을 세는 뜻을 따르고, 졸곡에는 〈춘추곡량전〉의 "큰일은 윤달을 쓰지 않는다."라는 설을 따른다면 어찌 크게 모순되는 것이 아니겠습니까.

일찍이 우옹(尤翁 송시열)의 문집을 보았는데, 어떤 사람이 "인가(人家)에 장례 시기를 윤달을 써서는 안 된다."라는 것에 대해 묻자, "길흉의 큰일에 윤달을 쓸 수 없다는 말은 옳지 않다."라고 답하셨으니,[5] 근세에 예를 아는 집안들이 대체로 우옹의 정론이 있다 하여 장례 시기를 윤달에 구애받지 않습니다. 이미 윤달에 구애받지 않고 장례를 치른다면 '갈장(渴葬)'이라고 논할 수 없으니, 혹자가 "물려서 졸곡을 행해야 한다. 운운"이라고 한 것은 끝내 무엇을 근거한 것인지 알지 못하겠습니다.

2 춘추공양전에는……하였습니다 : 이 내용은 《춘추공양전》 노 애공(魯哀公) 5년조에 보인다. 《春秋公羊傳注疏 卷27》

3 춘추곡량전에는……하였는데 : 이 내용은 《춘추곡량전》 노 애공(魯哀公) 5년조에 보인다. 《春秋穀梁傳注疏 卷20》

4 주(註)에……했습니다 : 이 내용은 《춘추곡량전》 노 애공 5년조에 보이지 않고, 《춘추》 노 문공(魯文公) 6년조의 "윤월에 곡삭(告朔)은 하지 않지만 오히려 종묘에 알현은 하였다.〔閏月不告月, 猶朝于廟.〕"에 대한 범녕(范甯)의 주에 보인다. 《春秋穀梁傳注疏 卷10》

5 어떤 사람이……답하셨으니 : 이 내용은 《송자대전(宋子大全)》 권118 〈최유화에게 답함〔答崔有華〕〉에 보인다.

심치중에게 답함
答沈稚中

문 《상례비요(喪禮備要)》에는 담제(禫祭)에 길복(吉服)을 진열하였으므로 김씨(金氏)의 여러 사람은 담제 뒤에 즉시 검은 관과 도포(道袍)를 착용하고 조관(朝官)들은 금관자(金貫子)와 옥관자(玉貫子)를 답니다.[6] 그런데 《사례편람(四禮便覽)》에는 담제에 삼포립(黲布笠)과 삼포삼(黲布衫), 직령(直領)의 옷을 진열하니, 어느 것이 바른 예인지 알지 못하겠습니다. 어르신 댁에서는 일찍이 어떤 제도를 따르셨습니까?

답 《예기(禮記)》〈단궁(檀弓)〉에 "대상제를 지내고 호(縞)를 한다."라고 하였고, -주(註)에 "'호(縞)'는 흰색으로 선을 두르는 것이다."라고 하였습니다.- 《예기》〈간전(間傳)〉에 "담제를 지내고 섬(纖)을 한다."라고 하였는데, -주에 "날줄은 검고 씨줄은 흰 것을 '섬(纖)'이라 한다."라고 하였습니다.- 소(疏)에 이르기를 "담제 때에 검은색 관을 쓰고 조복(朝服)을 입고, 담제가 끝났으면 머리에 섬관(纖冠)을 쓰고 몸에 끝이 흰색으로 된 황상(黃裳)을 입는다."라고 하였습니다. 고인(古人)이 담제를 제정한 것이 비록 '담담하여 평안하다.'라는 뜻을 취한 것이나, 그 상(喪)이 장차 끝나려 하지만 아직 슬픈 마음이 없어지지 아니하여 -《의례(儀禮)》

6 상례비요(喪禮備要)에는……답니다 : 《상례비요》는 광산 김씨(光山金氏) 김장생(金長生)의 저술인바, 이 내용은 광산 김씨 집안 사람들이 《상례비요》의 내용을 따라 예를 행한다는 말이다.

〈사우례(士虞禮)〉 기(記)에 말하기를 "한 달을 건너뛰어 담제를 지내고 이 달의 길제에는 여전히 배위(配位)를 배향(配享)하지 않는다."라고 하였는데, 주에 "아직도 배향하지 않는 것은 슬픈 마음을 잊지 못해서이다."라고 하였습니다.- 흉(凶)에서 길(吉)로 나아가는 즈음에 정성이 간곡하여 점진적으로 함을 볼 수 있습니다.

그런데 《상례비요》에 길복(吉服)을 〈담제(禫祭)〉 장에 곧바로 진열한 것은 삼가 제 마음에 의심스러웠습니다. 《가례》에는 '길제(吉祭)' 한 절(節)이 없기 때문이었습니다. 그러므로 〈간전〉의 "담제를 지내고 섬(纖)을 한다", "담제하고 술을 마신다", "길제를 지내고서 복침(復寢)한다."라는 글을 모두 거두어 〈대상(大祥)〉 장에 기재한 것은 참으로 아직 수정하지 못한 것입니다. 《상례비요》가 한결같이 고례(古禮)를 따라 음주(飮酒)를 담제로 옮기고 복침을 길제로 옮겨서 절문(節文)이 질서정연하여 《가례》의 잘못을 보충할 수가 있었으나, 다만 '진담복(陳禫服)' 세 글자를 고치지 아니하여 그대로 상복(祥服)이 빠져 있는 것은 어찌 불순(不純)함이 아니겠습니까. 고금의 의복 제도가 전혀 똑같지 않으니, 어찌 여기에 일일이 구애할 수 있겠습니까.

다만 그 의의(意義)를 취하면, 이 또한 괜찮습니다. 《사례편람》의 참포립(黲布笠)과 참포삼(黲布衫)은 비록 근거가 없는 듯하나, 고례(古禮)에 "섬(纖)을 입는다."라는 글과 "슬픔을 아직 잊지 못한다."라는 뜻에 은연중 부합합니다. 그러므로 저희 집에서는 이전부터 참포립과 참포대(黲布帶)로 종사하였습니다. 예를 아는 분들이 어떻게 생각할지 알지 못하겠습니다.

일찍이 한 사우(士友)의 말을 들으니, "참포립과 참포삼은 바로 아버지가 살아계실 때 어머니가 돌아가신 자의 의복이니, 만약 담제에 참포를 입으면 도리어 대상(大祥)에 호의(縞衣)를 입는 것보다 중하다." 라고 하니, 이 말은 아마도 과한 듯합니다. 섬(纖)의 예제(禮制)를 지금 행하는 자가 없기 때문에 참(黲)으로 대신하니, 최복이나 삼베옷이 없으나 마음에 남은 슬픔이 보존되어서 평인(平人)들과 똑같은 복색을 할 수 없는 것을 표시함에 지나지 않으니, 어찌 이것을 '복(服)'이라고 말할 수 있겠습니까. 또 아버지가 살아계시고 어머니가 돌아가신 자는 감히 호복(縞服)을 입지 못하여 참복(黲服)을 입으니, 그렇다면 '참(黲)'이 '호(縞)'보다 가볍다는 것을 알 수 있습니다. 혹자가 또 말하기를 "'참(黲)'은 심상(心喪)의 복색이니, 이것을 '약간 흉하다.〔微凶〕'라고 말하는 것은 괜찮지만 '약간 길하다.〔微吉〕'라고 말하는 것은 옳지 않다."라고 하니, 이 말이 옳은 듯합니다.

그러나 심상(心喪)과 대상(大祥) 이후를 막론하고 '참(黲)'은 본래 복제(服制)가 아닙니다만 슬픔을 잊지 못하는 뜻을 붙인 것은 똑같습니다. 심상의 측면에서 말하면 '미흉(微凶)'이라고 말하는 것도 괜찮고, 호(縞)에서 섬(纖)까지의 측면에서 말하면 '미길(微吉)'이라고 하는 것도 괜찮으니, 때에 따라 다르게 보아도 무방합니다. 그러나 이 예(禮)는 이론(異論)이 분분(紛紛)하니, 삼가 생각하건대 송사(訟事 논쟁)를 이루기 쉬울 듯합니다.

심치중에게 답함

答沈稚中

모든 상복은 출계(出繼)하거나 입양되어 강복(降服)한 자는 자기 상복을 벗은 뒤에 흰 띠로써 본복(本服)의 월수(月數)를 맞추고, 강등(降等)하여 복(服)이 없는 자도 이것을 따라야 하니, 이는 후(厚)함을 따르는 방도입니다.

이정하[7]에게 답함
答李正夏

지난번에 너무 급하게 헤어졌으니, 아직도 남은 회포가 가슴속에 가득함을 깨닫습니다. 그런데 이번에 수찰(手札)을 저에게 먼저 베풀어 간곡한 마음을 지극히 하시니, 이 뜻을 어찌 잊을 수 있겠습니까. 구구한 나는 민장(閔丈)[8]을 곡하여 떠나보낸 뒤로부터 이 인생이 외롭습니다. 허전하여 인간 세상에 대해 아무런 생각이 없고, 오직 한 가지 일이 마음속에 잊히지 않는 것이 있습니다. 바로 민장이 단명(短命)하여 이와 같은 뜻과 사업을 끝마치지 못해서 조금도 세상에 드러낸 것이 없으니, 이것은 실로 천고(千古)의 지사(志士)들의 한입니다. 오직 가르친 한 맥이 우리 경인(敬人 이정하(李正夏))과 그 큰아들[9]에게 있으니, 그렇다면 내가 죽기 전에 함께 손잡고서 허물이 적은 경지에 이르게 한다면 민장과 서로 알아주었던 깊은 정(情)을 거의 다소나마 바칠 수가 있을 것입니다. 그러나 돌아보건대 이 몸이 연래(年來)에 노쇠하여 폐물이 되어서 남을 위하여 도모할 겨를이 없으니, 일찍이 창연(悵

7 이정하(李正夏) : 1791～? 자는 경인(敬人), 본관은 전주(全州)이다. 음관으로 벼슬하여 별공작 가감역(別工作假監役), 삼가 현감(三嘉縣監) 등을 지냈다.

8 민장(閔丈) : 이정하의 이모부인 민치복(閔致福, 1766～1814)으로, 자는 원리(元履), 호는 확재(擴齋), 본관은 여흥(驪興)이다. 오희상과 친분이 두터웠는바, 《노주집》에 민치복에게 보낸 편지 36편을 비롯하여 그와 관련한 글이 여러 편 보인다.

9 그 큰아들 : 민치복의 큰아들인 민태용(閔泰鏞, 1791～1840)으로, 자는 자형(子亨)이다. 1829년(순조29) 정시에 급제하고 벼슬이 이조 참의에 이르렀다.

然)히 슬퍼하지 않은 적이 없습니다.

그러나 경인(敬人)은 자품이 인후(仁厚)하고 온화하고 깨끗해서 이미 아름다운 자질을 가지고 있습니다. 다만 사학(斯學 유학(儒學))에 있어서 아직 탁연(卓然)한 뜻이 있지 않으니, 모름지기 율곡(栗谷 이이(李珥)) 선생의 "사람이 이 세상에 살아감에 학문이 아니면 사람이 될 수 없다."[10]는 한 구의 말씀을 편액 위에 걸어두고서 조차간(造次間)에도 잃지 말아야 합니다. 이로 말미암아 폐물이 되어 쓰러져 지내는 나의 몸을 부축하여 일으킨다면 장차 무한한 좋은 소식이 있을 것입니다. 알지 못하겠습니다. 고상한 그대의 생각은 어떻습니까?

소식을 들은 뒤에 날씨가 추워지는 이때에 기거하는 몸이 보중(保重)합니까? 나는 외로이 빈 산중에 깃들어 살면서 하루 종일 주선(周旋)하는 것이라고는 오직 시냇가와 언덕의 솔바람뿐입니다. 의연(依然)히 좌선(坐禪)을 하여 생계(生計)에서 세상의 시끄러움을 잊을 수 있을 듯하나, 다만 내가 받은 임금님의 잘못된 은혜[11]가 오랜 시간이 지나도록 여전히 두려우니, 어찌한단 말입니까. 마침 해수(咳嗽)와 현운(眩暈)을 앓아서 가진 생각을 다 쓰지 못합니다. 부디 몸을 더 단련하기를 바랍니다.

10 사람이 이 세상에……없다 : 이 내용은 〈격몽요결(擊蒙要訣)〉 서문에 보인다. 《栗谷全書 卷27》

11 내가 받은……은혜 : 오희상이 관직을 제수받은 것들을 가리키는데, 생전에 10차례 이상 관직을 제수받을 때 거의 매번 사직 상소를 올렸는바, 구체적으로 언제 때의 일인지는 자세하지 않다.

이정하에게 답함
答李正夏

그동안 함께 지내며 이 담박한 취미를 공유하였으니, 외로이 떨어져 지내는 저의 회포가 크게 위로되었습니다. 그런데 승상(升庠)[12]이 사람의 의사를 무너뜨려 대번에 헤어지니, 이 마음은 오래되어도 여전히 서글픕니다. 인편을 통해서 보내주신 편지를 받아 삼가 한겨울에 편안히 거처하는 몸이 진중함을 알았으니, 어찌 위로되고 감사한 마음을 다 말하겠습니까. 졸렬한 이 몸은 치통(齒痛)이 근간에 다시 더 심해져서 한 해가 저물어가는 광음(光陰)을 모두 신음(呻吟) 속에서 보내고 있으니, 다만 개탄(慨歎)을 더할 뿐입니다. 그대는 문호(門戶)를 지켜야 하는 책임과 가난을 해결할 계책 때문에 과거 공부에서 벗어나지 못하니, 나 또한 감히 과거 공부를 하지 말라고 권하지는 못합니다.

그러나 삼가 들려줄 만한 한마디 말이 있습니다. 횡거(橫渠) 장자(張子 장재(張載))가 말씀하시기를 "사람이 비록 다른 일이 있어서 학문을 할 수 없더라도 마음에서는 또한 학문을 잊지 않아야 한다. 마음에 진실로 잊지 않으면 비록 사람의 일을 접하더라도 이것은 실제 배움을 행하는 일이므로 도(道) 아님이 없다. 그러나 마음에 만약 학문을 잊는다면 종신토록 행하는 것이 다만 세속의 일이다."[13]라고 하셨으니, 이

12 승상(升庠) : 상(庠)은 옛날의 상급 교육 기관의 이름으로, 조선 시대에는 성균관을 여기에 빗대어 칭하였는바, 사마시(司馬試)에 합격하여 성균관에 들어감을 이른다.

13 사람이……일이다 : 이 내용은 《장자전서(張子全書)》 권6 〈의리(義理)〉에 보인다.

말씀이 참으로 좋습니다. 부디 '잊지 않는다.〔不忘〕' 두 글자를 가지고서 일상의 일에서 지켜 잃지 않는다면 비록 능히 과거 공부를 폐하고 도를 구하지는 못하더라도 오래되면 응당 저절로 특별한 효험이 있을 것입니다. 내가 지금 이렇게 말하는 것에서 노파(老婆)의 괴로운 심정을 알 수 있을 것입니다.

또 지난날 함께 강론하고 토론하던 증전(曾傳)[14]을 때때로 반복하여 생각해서 새로운 지식을 찾고 세속의 잡다한 일 때문에 완전히 포기하지 않는다면 이 또한 잊지 않는 공부 중의 하나이니, 특별히 더 유념하기 바랍니다. 나머지는 어지럼증이 심하여 다 말하지 않습니다.

14 증전(曾傳) : 증자(曾子)가 공자의 가르침을 전한 것이라는 뜻으로, 《대학(大學)》을 가리킨다.

이정하에게 답함

答李正夏

문 '어머니 상(喪)에 대해 아버지 사당에도 고유하는 말이 없을 수 없다.'는 뜻으로는 우옹(尤翁 송시열)이 "부모의 상이 아울러 있을 적에 아버지의 궤연(几筵)에 뵌다. 운운"이라고 하셨는데, 신재(愼齋 김집(金集))도 일찍이 이 말씀을 인정하셨습니다. 지금 또한 이것을 따라 행하나, 다만 '조조(朝祖)' 두 글자를 고쳐서 '조묘(朝廟)'라고 하거나 혹은 '사당(祠堂)'이라고 하는 것이 어떻겠습니까?

답 부인을 장차 장례할 적에 남편의 사당에 하직하는 것을 옛날에 근재(近齋) 박장(朴丈 박윤원(朴胤源))이 '조벽(朝辟 남편에게 뵘)'이라고 개칭(改稱)하고자 하여 편지로 선형(先兄 오윤상(吳允常))에게 묻자, 선형이 답하시기를 "'조벽(朝辟)' 두 글자는 의리에 입각하여 새로 만든 것〔義起〕에 해당하는 듯한데, 일찍이 아버지 사당에 뵙는 것을 또한 '조조(朝祖)'라고 칭한 것을 보았으니, 부인이 남편에 대해서 또 굳이 '조(祖)' 자를 고칠 필요가 없습니다."라고 하시자, 박장(朴丈)도 이 말씀을 옳다 하셨습니다. 대저 '조(祖)' 자는 바로 '조종(祖宗)'이라고 할 때의 '조' 자입니다. 그렇다면 바로 사당에 대한 칭호이니, 굳이 여기에 너무 구애하여 볼 필요는 없습니다. 어떻게 생각할지 모르겠습니다.

민태용[15]에게 줌

與閔泰鏞

상주의 서조모(庶祖母)에 대한 복제는 돌아와서 생각해보니, 끝내 의심이 없지 못합니다. 예서(禮書)를 상고해 보았으나, 예서에 분명한 글이 없으니, 선배 때부터 이미 이러한 의심이 있었습니다. 황후천(黃朽淺)[16]은 이르기를 "첩(妾)은 여군(女君 정실부인)과 신분의 높낮이가 똑같지 않으니, 남편의 친족에 대한 복(服)을 입을 적에 어찌 감히 여군과 똑같게 하겠는가. 복이 다만 남편과 정실부인과 남편의 장자와 중자(衆子)에게만 그치고 장자의 처에게 미치지 않은 이유는 예문(禮文)에 글이 빠져 있어서가 아니다."라고 하였고, 도암(陶菴 이재(李縡))은 말씀하기를 "부인은 남편의 서모(庶母)를 위해 입는 복이 없으니, 그렇다면 첩도 남편의 자부(子婦)를 위해 입는 복이 없을 듯하다."[17]라고 하였으니, 예에 근거할 만한 글이 없다는 것은 아마도 이 때문일 듯합니다. 후천(朽淺)이 존비(尊卑)를 위주하여 말한 것은 반드시 옳은지를 알지 못하겠고, 도암이 서로 보답하는 것을 위주하여 말씀한 것도 자세히 헤아려 보아야 합니다.

15 민태용(閔泰鏞) : 1791~1840. 자는 자형(子亨), 본관은 여흥(驪興)으로, 확재(擴齋) 민치복(閔致福)의 아들이다.

16 황후천(黃朽淺) : 후천은 황종해(黃宗海, 1579~1642)의 호로, 자는 대진(大進), 본관은 회덕(懷德)이다. 한강(寒岡) 정구(鄭逑)의 문인으로 예학에 조예가 깊었다. 저서에 《후천집》이 있다.

17 부인은……듯하다 : 이 내용은 출처가 자세하지 않다.

그러나 《의례(儀禮)》 〈상복(喪服)〉에 이미 "첩이 남편의 친족을 위해 복 입는 것을 여군과 똑같이 한다."[18]라는 글이 있습니다. 이것은 비록 경문(經文)이 아니고 소가(疏家)의 설(說)이나, 이것을 가지고 미루어 보면 순한 이치가 되기에 무방할 듯합니다. 이 편지를 쓴 뒤에 다시 우옹(尤翁 송시열)의 한 가지 설을 다시 상고해 보았는데, 여기에 이르기를 "방친(傍親)의 기년복 이하는 비록 서로 보답하는 의리가 없으나, 여군(女君)이 이미 남편을 따라 복을 입으면 첩이 또 어찌 감히 여군보다 더 줄일 수 있겠는가. 마땅히 《의례》를 위주해야 할 듯하다."[19]라고 하셨습니다. 이것을 보면 우옹 또한 소(疏)의 설을 위주하여 말씀한 것입니다. 이 한 단락을 얻으니, 더욱 근거로 삼을 만합니다.

18 첩이……한다 : 이 내용은 《의례주소(儀禮注疏)》 권11 〈상복(喪服)〉의 주에 보인다.

19 방친(傍親)의……듯하다 : 이 내용은 《송자대전》 권59 〈민대수에게 답함〔答閔大受〕〉에 보인다.

민태용에게 답함

答閔泰鏞

문 기제(忌祭)에 술잔을 올리기를 한 번만 하면 적(炙)을 올리는 것이 마땅히 어느 때에 있어야 합니까? 어물과 육류와 간(肝)과 닭을 마땅히 합하여 한 그릇에 담아 3년 내에 새 초상에 적(炙)을 합하는 준례와 같이 해야 합니까? 아니면 혹 고기나 어물을 장만해서 다만 단헌(單獻)의 적(炙)만 구비합니까?

답 제사의 적(炙)은 오직 술잔을 올리는 수(數)에 견주니, 단헌(單獻)이면 다만 단적(單炙)을 장만해서 진찬(進饌)할 때 함께 진설하는 것이 마땅할 듯합니다. 3년 안에 새 초상에 적(炙)을 합하는 것은 매우 의심스럽습니다. 우제(虞祭)로부터 담제(禫祭)에 이르기까지 이미 삼헌을 갖추었는데, 적(炙)은 합하여 한 그릇에 담아서 술잔을 올리기 전에 진열하는 것은 《의례》〈사우례(士虞禮)〉의 "매번 술잔을 올릴 때마다 각기 간(肝)이나 구운 고기〔燔〕를 따라 올린다."라는 글과는 같지 않습니다.

민태용에게 답함
答閔泰鏞

바위와 언덕에 바람과 서리가 몰아치는 이때에 외롭게 지내는 나의 회포가 무료하였는데 뜻밖에 편지를 먼 곳으로 보내주었군요. 이것을 펼쳐보고서 갑자기 석년(昔年)에 왕복한 것을 생각하니, 나도 모르게 한참 동안 서글펐는데, 근래의 추운 날씨에 상중(喪中)인 그대가 몸을 잘 지탱하고 있다는 소식에 기뻤습니다. 지금 하고 있는 공부가 《논어》라는 것을 알았으니, 슬프고 괴로워 담박하게 지내는 가운데에 몸에 돌이켜 체인(體認)하는 취미가 있습니까? 이것은 바로 농암(農巖 김창협(金昌協))이 거상 중에 효력을 얻었던 것입니다. 그때 차록(箚錄)한 것이 본집(本集)에 실려 있어[20] 하나하나 매우 정밀하니, 한 번 가져다 검사해보면 짐작하건대 많은 개발이 있을 것입니다.

나는 분수에 맞게 생활하고 있으나, 친구들이 다 돌아가시고 뜻과 기운이 저상(沮喪)되어 끝내 남은 생을 헛되이 저버릴 듯하니, 어찌한 딘 말입니까. 그대처럼 좋은 자실은 잠으로 후래(後來)의 수재(秀才)입니다. 옛사람이 말하기를 "아름다운 자질은 얻기 쉽고 지극한 도(道)는 듣기 어렵다."라고 했습니다. 더구나 그대의 신상에는 또 선친의

20 그때……있어 : 농암 김창협이 기사년(1689 숙종15) 4월 9일에 부친인 문곡(文谷) 김수항(金壽恒)이 사약을 받고 졸하여 삼년상을 치를 적에 날마다 《논어》를 외우고 《주자대전차의(朱子大全箚疑)》를 꼼꼼히 교정하였는데, 이때 《논어》에 대해 차기(箚記)한 것이 《농암집》 권33 〈잡지(雜識) 내편3(內篇三) 논어설(論語說)〉이다.

뜻과 일을 계술(繼述)할 책임이 있으니, 간절히 원하건대 제때 노력하여 가학(家學)을 능히 밝힌다면 거의 전인(前人)의 영혼을 크게 위로할 것이요, 나와 같이 노둔(老鈍)하여 동반자가 적은 자도 여생에 의뢰할 수 있을 것입니다. 현운증(眩暈症)을 무릅쓰고 적었습니다. 이만 줄입니다.

민태용에게 답함

答閔泰鏞

《선고잡록(先稿雜錄)》[21]을 삼가 받았으니, 마땅히 조만간에 교열(校閱)하여 한번 더 정돈(整頓)을 해서 올리겠습니다. 선친은 이기(理氣)의 근원에 대해 식견이 매우 탁월해서 논저(論著)하고자 한 것이 많았는데, 이 《잡록(雜錄)》에 보이는 것은 이 가운데 한두 가지일 뿐입니다. 예전 사람의 말을 답습하지 않고 발명(發明)한 것이 참되고 심도 있으니, 비록 유수(有數)의 글이라고 말하더라도 지나치지 않을 것입니다. 후세의 자운(子雲)[22]이 결코 글의 내용이 적다고 하여 하찮게 여기지 않을 것입니다. 또 그 사이에 쓸데없는 기운이 한 점도 없으니, 또 수양한 바가 정심(精深)함을 볼 수 있어 더욱 나로 하여금 공경심을 일으키게 합니다. 불초와 같은 자는 일찍 아끼고 인정해줌을 받아 외람되이 옛 도(道)를 가지고 교유하였습니다. 그러나 만약 재주의 있고 없음을 논한다면 나는 십가(十駕)[23]를 따라가지 못할 뿐

21 선고잡록(先稿雜錄) : 민태용의 부친인 민지복의 잡록을 가리키는데, 현재는 전하지 않는다.

22 후세의 자운(子雲) : 자운은 한나라 때의 유학자인 양웅(揚雄)의 자로, 올바르게 평가할 수 있는 안목을 갖춘 후세 사람을 비유하는바, 양웅이 《태현경(太玄經)》을 지었을 때 사람들이 모두 그것을 비웃자, "세상이 나를 믿어주지 않아도 상관없다. 후세에 다시 양자운이 있다면 반드시 이 책을 좋아할 것이다."라고 한 데서 연유한다. 《五百家注昌黎文集 卷17 與馮宿論文書》

23 십가(十駕) : 보통사람이 재주가 뛰어난 사람보다 10배 노력하는 것을 뜻하는바,

만이 아닙니다.

지금 나를 알아주는 사람이 없어진 뒤에 홀로 이승에 남았으니, 돌아보건대 곁에는 나의 그림자만 외로이 있어서 일찍이 경전의 의리를 강론하고 토론하였던 것을 끝마칠 자리가 없습니다. 이렇게 답답한 마음을 안고 있으니, 뒤에 죽는 자가 슬프다는 것을 더욱 알 수 있습니다.

자세한 내용은 238쪽 주147 참조.

민태용에게 줌

與閔泰鏞

내가 농암(農巖 김창협(金昌協)) 선생을 문묘에 종향(從享)하자는 상소문[24]을 지었는데, 짐작하건대 우리 아이를 통해서 보았을 것입니다. 큰 문자를 병중에 구성하였으므로 필시 잘못 조검(照檢)한 곳이 많을 것이니, 부디 하나하나 세세히 검토해서 지적하여 보내주면 다행이겠습니다.

지난번에 아이의 편지를 보니, 내가 이 문자를 지은 것을 그대 또한 석연치 않게 여긴다 하니, 내가 한 번 자세히 말해보겠습니다. 지난번에 이미 승낙했다가 곧바로 사양한 것은 부득이해서였고, 이번에 사양했다가 또다시 지은 것도 부득이해서이니, 이는 사리(事理)가 때에 따라 달라져 형세에 차이가 있었기 때문입니다. 당초에 이 일을 사양하던 때에는 "내가 비록 짓지 않더라도 사우(士友) 중에 마땅히 이 일을 성취할 사람이 있을 것이니, 나는 두려워하고 조심하는 졸렬한 분수를 지키는 것이 옳다."라고 여겼는데, 그 뒤에 일이 생각대로 되지 않아서 지을 만한 사우들 대부분이 굳이 사양하고 나를 가지고 화두로 삼지 않는 이가 없어서 사체(事體)가 점점 어긋나게 되었습니다. 오랜만에 처음 나온 의논이 이미 1년이 지나서 장차 정지될 지경에 이르니, 이것을 생각함에 가슴속이 나도 모르게 심란해졌습니다. 그런데 필경에

24 농암(農巖)……상소문 : 오희상이 지은 〈농암 김 문간공의 문묘 배향을 청하는 소〔請農巖金文簡公從祀文廟疏〕〉를 가리킨다. 《老洲集 卷1》

급히 부응하려는 계책이 다른 사람에게 돌아가지 않고 내 족제(族弟)에게 돌아갔으니, 그 뜻을 알 만하였습니다.

심히 구차하고 간략해서 사체(事體)를 이루지 못하니, 이때에 농암 선생의 덕을 아는 자들은 속으로 깊이 생각하면서 의심하지 않는 이가 없었습니다. 그리고 선생의 덕을 알지 못하는 자들은 또 종사에 대해 왈가왈부하는 사이에서 떠들어대지 않을 줄을 어찌 알겠습니까. 이러한 지경에 이르게 되면 이 일이 제대로 성취되지 못하는 것이 내 한 몸이 구설(口舌)에 오르는 것보다 더 중요해질 뿐만이 아닙니다. 그러므로 반복하여 상량(商量)해서 앞뒤가 전도됨을 따지지 않고 짓기로 결심하였습니다. 대체로 매우 철저하게 삼가야 할 곳에서는 비록 철저하게 삼가야 하나, 한결같이 이 뜻에 무게가 쏠리면 도리어 대체(大體)를 손상하니, 나를 알아주고 나에게 죄를 주는 것은 아득한 하늘의 뜻에 맡깁니다.

또 비방을 그치는 방도를 가지고 말하면 만일 이 상소문이 족제(族弟)의 손에서 나올 경우 이 글을 보는 사람 중에 누구인들 내가 글을 짓는 데 참여하여 알지 않았다고 말하겠습니까. 그래서 만약 귀를 막고 방울을 도둑질한다는 비난을 당한다면 또한 장차 무슨 말로 해명하겠습니까. 그러므로 모든 일에 득실(得失)과 훼예(毁譽)를 막론하고 귀하게 여길 것은 '직절(直截)함' 한 가지이니, 앞을 돌아보고 뒤를 헤아려서 자기의 잘못을 덮어 가리고 방편(方便)을 써서 은폐하는 것은 한갓 마음을 지루하게 쓰고 있음을 보일 뿐입니다. 우리 자형(子亨)과 같은 젊은이들은 이후로 장차 사변(事變)에 응할 일이 무궁할 것이니, 여기에 경계할 줄을 알아야 합니다.

민태용에게 답함

答閔泰鏞

상중(喪中)에 제사하는 예는 이미 "다른 집에서 살고 있으면 비록 기년복(期年服)과 대공복(大功服)이라도 성복(成服)한 뒤에 제사를 행한다."라는 선현(先賢)의 정론(定論)이 있습니다. 그러나 삼가 이것은 대강(大綱)의 설이지, "오늘 성복하고서 다음 날 반드시 제사를 지낼 수 있다."라는 말은 아닌 듯합니다. 제사는 재계(齋戒)보다 더 중한 것이 없어서 성인(聖人)이 삼가신 것이니,[25] 재계하지 않고 제사함은 제사 지내지 않는 것만 못합니다. 지금 기년복과 대공복의 상에 제사를 당하여 초상집에 달려가지 않을 수 없고, 또 초상에 달려가면 이미 치재(致齋)하는 기한 안에 부정을 범하여 초상과 제사가 어지럽게 뒤섞이게 됨을 면치 못하니, 장차 어떻게 마음을 텅 비워 생각하여 이루는 재계[26]를 지극히 할 수 있겠습니까.

25 성인(聖人)이……것이니 : 성인은 공자(孔子)로, 이 내용은 《논어》 〈술이(述而)〉에 "공자께서 조심하신 것은 재계와 전쟁과 질병이었다.〔子之所愼, 齊、戰、疾.〕" 라고 보인다.

26 마음을……재계 : 마음속에 아무런 잡념이 없도록 정성을 다 쏟는 재계를 이르는 바, 《장자》 〈인간세(人間世)〉의 "오직 도는 텅 빈 곳에 모이나니, 텅 비게 하는 것이 바로 심재이다.〔唯道集虛, 虛者心齋也.〕"라는 말과 《시경》 〈상송(商頌) 나(那)〉의 "탕임금의 자손이 연주하여 조고(祖考)께 이르니, 우리를 편안하게 하되 생각하여 이룸으로써 하셨다.〔湯孫奏假, 綏我思成.〕"라는 말을 원용한 것이다. '생각하여 이룬다〔思成〕'는 것은 제사에 앞서 며칠 동안 재계하면서 제사하는 조상을 생각하면 제사할 때 조상을 어렴풋이 뵙게 됨을 이른다.

그러므로 내가 일찍이 "성복일로부터 재계하는 일수를 분명하게 꽉 채워야 -예컨대 '큰 제사에는 7일 동안 재계하고, 중간의 제사에는 5일 동안 재계하고, 작은 제사에는 하루 동안 재계한다.'는 따위입니다.- 비로소 제사를 지낼 수 있다."라고 여겼으니, 이와 같이 한 뒤에야 상(喪)에 정(情)을 다할 수가 있고 제사에 엄숙함을 다할 수 있기 때문입니다. 만일 밖에서 상을 들었다면 이러한 기한에 맞추지 않고 다만 성복(成服)하는 날짜를 계산해서 비록 성복한 다음 날이라 하더라도 제사를 지낼 수 있습니다. 그리고 삭망(朔望)의 참례(參禮)의 경우에는 작은 제사에 해당하므로 하루의 재계를 행하면 되니, 어찌 이것까지도 함께 폐할 수 있겠습니까.

민태용에게 줌
與閔泰鏞

근간에 우연히 옛 상자를 뒤져보다가 선친께서 손수 쓰신 왕심보(王深父)가 친구에게 고한 글[27] 및 선친이 남기신 편지 한 장을 얻었습니다. 나는 상(喪)을 겪은 뒤로부터 생각이 처량하고 고통스러워 더욱더 예전에 종유(從遊)하던 친구들에게 정(情)을 두고 있었는데, 갑자기 이 편지를 친구가 작고한 뒤에 얻고 보니, 묵적(墨跡)이 새롭고 심획(心畫)[28]이 완연(宛然)합니다. 이것을 만져봄에 눈물이 흘러 감회를 가눌 수가 없습니다. 이어서 편지글을 자세히 읽어보니, 하신 말씀은 몇 마디에 불과하지만 자연스럽게 무한한 의사(意思)를 종이와 먹 밖에서 얻을 수가 있었습니다. 그리고 후인(後人)에게 친구의 도리를 되새기라고 한 뜻이 더욱더 간절하고 지극함을 볼 수 있으니, 이 때문에 세 번 반복하여 읽고 나서 남은 감회가 있었습니다.

돌아보건대 이렇게 사우들이 모두 별세하여 나만 외로이 홀로 살고 있으니, 뜻이 꺾이고 기(氣)가 흩어져 옛 학업이 황폐하여 이미 상유

27 왕심보(王深父)가……글 : '심보'는 북송 초기의 문신인 왕회(王回, 1023~1065)의 자이고, '친구에게 고한 글'은 왕회가 지은 〈고우(告友)〉를 가리킨다. 왕회는 인종(仁宗) 가우(嘉祐) 2년(1057) 진사가 되어 위진현 주부(衛眞縣主簿)를 지냈는데, 뜻에 맞지 않자 병을 이유로 그만두고 물러나 영주(潁州)에서 살았다. 《宋史 卷432 儒林列傳》《宋文鑑 卷127 雜著》

28 심획(心畫) : 문자 또는 편지를 비유한 말로, 양웅(揚雄)의 《법언(法言)》〈문신(問神)〉에 "말은 마음의 소리요, 글은 마음의 획이다.〔言心聲也, 書心畫也.〕"라는 데서 온 말이다.

(桑楡)에서 거둘[29] 가망이 없습니다. 또 나는 젊은 친구들을 이끌어 함께 선(善)에 이르지도 못합니다. 그렇다면 내가 살아가는 것은 구차할 뿐이니, 먼저 서거한 분들에게 많이 부끄럽습니다. 아! 붕우(朋友)가 오륜(五倫)에 나열되어있는데, 오륜은 붕우를 통해 성립됩니다. 그런데 성인(聖人)의 시대가 멀어지고 가르침이 해이해져 벗을 사귀는 도(道)가 점점 쇠하여 근일에 이르러서는 거의 없어지고 말았습니다. 심보(深父)의 〈고우(告友)〉라는 글에 이른바 "사람에게 있어 사지(四肢)는 몸을 이루는 것인데, 한 지체(肢體)가 갖춰지지 못하면 이것을 '폐질(廢疾)'이라고 하니, 오륜 중에 '붕우유신(朋友有信)' 한 인륜이 빠진다면 어찌 세상에서 살아갈 수 있겠는가."라는 것을 읽어보니, 통절(痛切)하여 나로 하여금 경계하고 두렵게 하기에 충분하였습니다.

그러나 늙은 나는 이미 끝났지만 우리 자형(子亨)과 같은 이는 일찍이 예전에 가정에서 부친의 훌륭한 가르침을 들었으니, 원컨대 우리 집안 후손들과 더불어 이 의리를 깊이 강론해서 땅에 떨어지지 않게 하기를 바랍니다. 그리하면 한갓 이 세상에 도움이 될 뿐만 아니라 선친의 뜻과 일을 계술(繼述)함에 있어서도 또한 어찌 작다고 말하겠습니까. 원지(原紙)를 싸서 보내는데, 보고 나서 다시 돌려주는 것이 어떻겠습니까? 이것을 자리 곁에다 두고 아침저녁으로 보면서 뒤에 죽는 나의 슬픔을 위로하고자 해서입니다.

29 상유(桑楡)에서 거둘 : 후한(後漢) 광 무제(光武帝) 때의 복파장군(伏波將軍) 마원(馬援)이 "처음에는 비록 회계에서 날개를 드리웠지만 마침내 민지에서 날개를 떨칠 수 있었으니, 초년(初年)에는 잃었지만 만년(晩年)에 거두었다 이를 만하다.〔始雖垂翅回谿, 終能奮翼黽池, 可謂失之東隅, 收之桑楡.〕"라고 한 데서 온 말로, 초년의 실수를 만년에 만회한다는 뜻이다. 《後漢書 卷24 馬援列傳》

민태용에게 답함
答閔泰鏞

보내준 이씨(李氏)의 글을 보고서 나도 모르게 놀랐습니다. 이러한 의리는 많은 선배가 노심초사하며 부지(扶持)하여 세워서 오늘날에 이르렀는데, 하루아침에 이 집안의 사람이 붓 하나로 논파하기를 이와 같이 할 줄은 생각하지 못했습니다. 포의(布衣)의 천한 신분으로 조정(朝廷)의 대사(大事)에 관여하여 지위를 벗어난 생각을 가지고 분수가 아닌 짓을 범한 것은 진실로 선비의 떳떳한 행실과 예절이 아닙니다.

그러나 국가의 안위(安危)와 존망(存亡)이 달린 시기를 당하여 세록(世祿)의 후손이 자기 지위와 신분을 잊고서 기울어가고 위태로운 나라를 붙들고 유지함에 힘을 바치고자 함은 혹 한 가지의 도리가 될 수 있습니다. 그러므로 임인년(壬寅年) 옥사(獄事)[30]에 여러 사람이 다 순수하지도 못하였고 당시에 한 일도 반드시 다 정도(正道)를 얻은 것이 아니었습니다. 그러나 다만 소론(少論)에서 교묘하게 죄명(罪名)을 꾸며 죄에 빠트려 나란히 혹독한 화를 입었던 것은 다른 이유가 아닙니다. 실로 세자(世子)를 세워 대리(代理)한[31] 데에서 연유하였으

30 임인년(壬寅年) 옥사(獄事) : 신축년(1721 경종1)과 임인년(1722)에 걸쳐 훗날 영조(英祖)인 연잉군(延礽君) 이금(李昑)을 왕세제(王世弟)로 책봉하는 문제로 소론과 노론이 부딪쳐 노론 사대신(老論四大臣)인 김창집(金昌集), 이건명(李健命), 이이명(李頤命), 조태채(趙泰采)가 처형되고 많은 선비가 참화를 당한 사건이다.

31 세자(世子)를……대리(代理)한 : 1721년에 노론인 김창집, 이이명, 이건명, 조태

니, 그 무함(誣陷)은 영묘(英廟 영조(英祖))에 관계된 것이었습니다. 이 때문에 선배 중에 지식과 사려(思慮)가 있는 분이 일찍이 그 행적을 까다롭게 논하지 않고 다만 그 충성을 인정하였으니, 이것은 동류(同類) 여러 사람의 자리를 위하고자 한 것이 아니었습니다. 만약 지엽(枝葉)적인 것에 급급하면 대체(大體)를 손상시킬까 두렵습니다. 더구나 국시(國是)가 크게 정해진 뒤에 한 쪽의 흉도(凶徒)가 한두 사람을 물고 늘어져 그 마음이 어디에 있는가를 길 가는 사람도 아는 경우에 있어서이겠습니까.

독대(獨對)해서 사람을 천거한 것[32] 및 어제시(御製詩)에 관한 일[33]로 말하면 지극히 엄하고 매우 비밀스러워 자세히 알 수가 없고 또한

채 등이 경종이 후사가 없으므로 당시 연잉군이었던 영조를 세제로 책봉하여 대리청정(代理聽政)하도록 건의한 일을 말한다.《국역경종실록 1년 8월 20일》

32 독대(獨對)해서……것 : 1717년에 좌의정 이이명(李頤命)이 숙종의 뒤를 이을 후계자 문제로 숙종과 단독 면대하였던 정유독대(丁酉獨對) 직후, 그의 종제인 이건명(李健命)이 특별히 우의정에 발탁되어 훗날 영조가 될 연잉군의 보호를 부탁받았는데, 이 일을 가리킨다.《肅宗實錄 43年 7月 19日》

33 어제시(御製詩)에 관한 일 : 정암(貞菴) 민우수(閔遇洙)의 친형인 민익수(閔翼洙, 1690~1742)가 연루된 이른바 '위시사건(僞詩事件)'을 말한다. 1740년(영조16)에 민익수의 사촌 아우 민형수(閔亨洙)가 신임사화(辛壬士禍)로 죽은 김용택(金龍澤)이 1740년의 경신처분(庚申處分) 때도 여전히 신원되지 못한 것을 원통하게 생각했는데, 김용택의 집에 숙종이 내린 어제시(御製詩)가 있다는 말을 듣고 조현명(趙顯命)과 함께 이 일을 발론(發論)하였다. 이 시는 백망(白望)이 김용택에게 전한 것으로, 김용택의 아들 김원재(金遠材)가 보관하고 있다가 민익수에게 보여주었고, 민익수가 다시 민형수에게 보여주어 드러나게 되었다. 하지만 이 시는 위시(僞詩)로 판명이 났고, 이에 연루된 민익수는 삭직(削職)되었다.《국역영조실록 16년 10월 25일, 29일, 11월 5일》

감히 자세히 알아서도 안 되니, 지금은 다만 의심스러운 것은 남겨두고 더욱 원두(原頭)의 대의(大義)를 강명(講明)할 뿐입니다. 어찌 무안(誣案 무옥(誣獄)의 죄안)의 단락이 여기에 있음을 생각하지 않고 대번에 백 년의 국론(國論)이 정해진 뒤에 그 허실(虛實)과 유무(有無)를 분별하고 질정하고자 하여 단점과 장점을 비교하고 다투어 이미 꺼진 불씨를 다시 불어서 도리어 선(善)한 이를 중상(中傷)하고 해치는 일에 구실이 되게 할 수 있겠습니까.

내가 생각하건대 이 글은 《정헌편(靖獻篇)》[34]의 서너 구(句)의 말이 그 당시 일을 담당했던 조정의 대신들을 나무란 데에서 연유하여 나온 듯하니, 애석합니다. 이것은 참으로 한문공(韓文公)의 이른바 "두 집안의 자제들이 재주와 지혜가 낮았다."라는 것입니다.[35] 저 한문공이 말한 것은 다만 장씨(張氏)와 허씨(許氏) 집안의 일이나, 이 일은 의리의 밝고 어두움에 관여되니, 어찌 통탄(痛歎)함을 다 말하겠습니까.

또 내가 일찍이 장로(長老)에게 들으니, "다섯 분[36]을 사대신(四大

34 정헌편(靖獻篇) : 정암 민우수의 외손인 김헌재(金獻材)가 지은 것으로, 1753년(영조29)에 이 책을 저술하여 노론의 입장에서 신임사화의 경과를 밝혔다.

35 한문공(韓文公)의……것입니다 : 한문공은 한유(韓愈)이고, '두 집안의 자제들'은 당나라 안녹산(安祿山)의 난에 수양(睢陽)을 고수하며 끝까지 항거하다가 순절한 장순(張巡)과 허원(許遠)의 집안 자제들을 가리킨다. 장순과 허원이 수양에서 항거할 때에 장순은 성이 함락되고서 바로 죽었고 허원은 포로로 잡혀 굴복하지 않다가 죽었는데, 이와 관련하여 한유가 〈장중승전후서(張中丞傳後敍)〉에서, 허원은 성이 함락되었을 때 포로가 되었다가 죽었으니 장순과는 단지 선후의 차이가 있을 뿐인데 두 집안의 자제가 두 부친의 뜻을 제대로 알지 못하고 서로 자기 아버지가 더 의롭게 죽었다고 주장하며 다투는 것은 재지(才智)가 부족한 아이들의 견해와 다를 바 없다고 비판하였는바, 이것을 이른다. 《舊唐書 卷187下 忠義列傳下 張巡》《唐宋八大家文鈔 卷10》

臣)과 나누어 떼어 놓을 수 없음은 그 의논이 실로 숙야재(夙夜齋) 형제[37]로부터 시작되어 한 무리의 사류(士類)가 흡연(翕然)히 그 말에 경도(傾倒)하고 높였기 때문이다."라고 하였는데, 이것은 자형(子亨)의 입장에서 심상(尋常)하게 볼 수 없는 것일 듯합니다.[38]

내가 이미 물음을 받았기에 감히 말을 다 하지 않을 수 없고, 이 몸은 본래 남에게 좋은 소리를 못 듣고 있어서 남의 구설을 야기하지 않을까 하는 염려를 또한 헤아릴 겨를이 없으므로 이렇게 속마음을 다 털어놓는 것입니다.

36 다섯 분 : 누구인지 자세하지 않다.

37 숙야재(夙夜齋) 형제 : '숙야재'는 민익수(閔翼洙)의 호인바, 형제는 그와 그의 아우 정암 민우수를 가리킨다. 민익수는 자는 사위(士衛), 시호는 문충(文忠)이다.

38 이것은……듯합니다 : 민우수가 민태용의 고조(高祖)이기 때문에 이렇게 말한 것이다.

민태용에게 답함

答閔泰鏞

그리운 마음이 적지 않았는데 근래 자주 병이 들어 온갖 일이 황폐해져 붓을 잡는 일이 큰 솥을 드는 것보다 더 심하게 어렵습니다. 그래서 한 통의 편지로 문안하는 것을 마음만 먹고 실행하지는 못하였는데, 그사이에 어느덧 해가 바뀌었습니다. 갑자기 먼저 보내준 편지를 받고서 봄추위에 거상(居喪)하는 몸을 잘 지탱하고 있다는 것을 알고 마음이 매우 위로되었습니다. 다만 신년이 되어 효심이 망극하다고 하니, 어찌 그렇지 않을 수 있겠습니까. 이 때문에 마음이 슬픕니다.

나는 삼동(三冬)을 늙고 병든 몸으로 신음하며 지냈는데, 봄이 되어도 그러하여 더욱더 노쇠하고 병약한 늙은이 꼴이 되었으니, 목전의 여생이 얼마 남지 않았음을 점점 알아가고 있습니다. 또 이치를 궁구하고 몸을 닦음에 있어 모두 볼만한 공효가 없습니다. 옛날에 품었던 뜻을 회고하노라면 나도 모르게 개연(慨然)히 큰 탄식이 나옵니다.

이어 생각하건대 우리 자형(子亨 민태용)은 타고난 자품이 본래 밝고 순수한 데다가 훌륭한 가정 교육에 영향을 받았으므로 학문이 우리가 종신토록 해야 할 사업임을 일찍부터 알고 있습니다. 다만 집안이 가난하고 어버이가 연로하여 머리 숙여 과거 공부하는 것을 면치 못하였으니, 나 또한 과거 공부를 그만두고 학문하는 일에 전심(專心)하라고 권하지 못하였습니다. 그러나 평소 내 마음속에 민망하고 애석하게 여겼는데, 이제 불행하게도 외로이 상중(喪中)에 있으니, 바로 궁하여 근본으로 돌아가게 되었습니다.[39] 한 가지 생각을 내면으로 향하게 하여 마음을 바꾸어 이 뜻을 굳게 정하여 분발하고 채워서 선친이 끝마치지 못한 뜻과 사업을 계술(繼述)해야 합니다. 덕을 진전시키고 학업을 닦는〔進德修業〕 절도(節度)는 마음을 경(敬)에 두어 근본을 세우고 이치를 연구하여 지식을 지극히 향상시키고 힘써 행하여 그 실제를 실천하는 것이니,[40] 이것은 바로 주자(朱子) 문하의 지극히 훌륭한 말씀입니다. 구구한 나는 그대가 충성스럽게 학문하기를 바라기 때문에 애오라지 이 글을 바치는 바입니다.

또 한 가지 일을 삼가 그대에게 말해 주고자 하였으나 아직 결행하지 못한 것이 있습니다. 이번에 이것과 연관시켜 언급하니, 부디 살펴주기를 바랍니다. 지난 겨울에 그대에게서 온 우리 아이를 통해 들으니, 그대의 책상 위에 《한서(漢書)》 몇 권이 있다고 하였습니다. 이것이 삼여(三餘)의 공과(工課)[41]인지 궁금합니다. 옛사람은 슬퍼하고 괴로

39 궁하여……되었습니다 : 곤궁한 상황이 되어 부모를 찾고 하늘에 하소연하게 되었다는 말로, 《사기》 권84 〈굴원가생열전(屈原賈生列傳)〉에 "하늘은 인간의 기원이고 부모는 인간의 근본이니, 사람이 곤궁하면 근본으로 돌아가게 된다.〔人窮則反本.〕 그러므로 힘들고 피곤함이 극에 다다르면 일찍이 하늘을 부르지 않은 사람이 없었고, 몸이 괴롭고 마음이 참담하면 일찍이 부모를 부르지 않은 사람이 없었던 것이다."라고 한 데서 온 말이다.

40 경(敬)에……것이니 : 송(宋)나라 때 학자 이유무(李幼武)가 찬(撰)한 《송조명신언행록(宋朝名臣言行錄)》 외집(外集) 권12 〈주희 회암선생 휘국 문공(朱熹晦菴先生徽國文公)〉에 "선생의 지극한 도(道)가 이러한 경지에 이른 방법을 궁구해보면 다른 것이 없다. 또한 경(敬)을 주장하여 근본을 세우고 이치를 궁구하여 지식을 지극히 하고 자신의 몸에 돌이켜 실제를 행한 것일 뿐이다.〔主敬以立其本, 窮理以致其知, 反躬以踐其實.〕 경(敬)은 또 이 세 가지 사이를 관통하니, 끝을 이루고 시작을 이루는 것이다."라고 한 말을 원용한 것이다.

41 삼여(三餘)의 공과(工課) : '삼여'는 학문하기에 좋은 세 가지 여가(餘暇)로, 해의

위하며 담박(淡泊)하게 지내는 상중(喪中)에 긴요한 공부를 많이 하였습니다. 지금 자형(子亨)은 이러한 때에 일반 경서(經書)를 읽지 않고 도리어 번잡한 역사책[42]을 취해서 심심풀이나 소일(消日)의 자료로 삼으니, 자형의 마음 씀이 긴요하지 않음이 마침내 이와 같을 줄을 헤아리지 못했습니다. 또한 평소에 마음에 주장하는 것이 분명하지 못해서 냉담한 것과 번잡한 것이 서로 대항하지 못하고,[43] 생소한 것과 익숙한 것이 서로 맞지 않아서 이렇게 된 것임을 징험할 수 있으니, 삼가 개탄스럽고 안타까운 마음을 이길 수가 없습니다.

자형은 명성과 이익을 다투는 가운데에 있어서 물정(物情)과 세태(世態)에 마음과 생각이 이미 익숙합니다. 그래서 비록 스스로 내면으로 향하고 외면을 저버릴 줄 안다고 말하더라도 만일 엄격한 법도와 우뚝하게 확립된 지조가 있지 않으면 빠르게 흘러가는 세월에 점점 물들어 결국에는 단지 속류(俗流)가 되어 스스로 빠져나오지 못할 것입니다. 이것은 내가 일찍이 경험하여 아는 것이니, 자형을 위해 근심

여가〔歲之餘〕인 겨울, 하루의 여가〔日之餘〕인 밤, 계절의 여가〔時之餘〕인 장마철을 이르는데, 여기서는 계절상 겨울 동안 할 공부 과정을 말한다.

42 번잡한 역사책 : 여조겸(呂祖謙)이 학자들에게 경전(經傳)과 사서(史書)를 겸하여 보게 한다고 하자, 주자가 그에게 보낸 편지에 "역사책은 번잡하고 경서는 냉담하니, 후생들은 마음과 뜻이 아직 안정되지 않아 외면으로 향하지 않는 이가 적습니다.〔史書鬧熱, 經書冷淡, 後生心志未定, 少有不偏向外去者.〕"라고 한 데서 온 말이다. 《朱子大全 卷33 答呂伯恭》

43 냉담한……못하고 : 냉담한 것은 재미가 없어 마음이 쉽게 가라앉는 경학 공부에 빗대었고, 번잡한 것은 마음이 쉽게 뜨거워져 열심히 하게 되는 역사 공부에 빗대었는바, 경학 공부와 역사 공부를 병행하려고 하면 자연스럽게 역사 공부에 더 치중하게 됨을 말한 것이다.

하지 않을 수가 없습니다.

지금은 법문(法門 성인(聖人)의 가르침)이 무너져 실추된 학풍의 실마리가 망망하고 아득하니, 한 가닥의 맥을 붙들어 이어가는 것이 오직 독서하는 종자에게 달려있는데, 이 독서하는 종자도 끊긴 지 오래되었습니다. 매번 마음이 몹시 근심스럽고 답답할 때마다 일찍이 자형에게 관심을 두지 않은 적이 없었습니다. 그런데 나 또한 늙었으니, 이 몸이 죽고 나면 다시 어떤 사람이 이러한 괴로운 심정을 자형에게 말하겠습니까. 그대에게 바라는 것이 간절해서 나도 모르게 속마음을 다 쏟아놓았으니, 부디 살펴주기를 바랍니다. 나머지는 이만 줄입니다.

민태용에게 답함
答閔泰鏞

문 증조(曾祖)의 종(宗)을 이었습니다. 운운.

답 이 예(禮)에 대해서는 일찍이 어떤 사람의 질문을 받고서《상례비요》에 실려 있는 혹자의 말을 인용해서 "동쪽 벽 아래의 자리에 임시로 부(祔)하는 것이 마땅하다."라고 답을 했지만 지금 그대가 만난 상황은 이것과 크게 다릅니다. 그대는 바로 승중(承重)의 몸이므로 증조의 종통을 이었으니, 실로 마땅히 부(祔)할 자리가 없습니다. 그대의 선친이 먼저 이미 바른 신위로 들어갔으니, 존조비(尊祖妣)를 마땅히 부(祔)할 자리가 없다 해서 동쪽 벽 아래에 임시로 부(祔)하는 것은 매우 위태롭고 불안합니다. 그 형세가 부득불 각각의 독(櫝)을 존조고(尊祖考) 신위에 함께 봉안하고 각각의 탁자에 제찬(祭饌)을 나누어서 협제(祫祭)가 끝나기를 기다려 배향해야 합니다.

문 남제(禫祭)에 참색(黲色)으로 관대(冠帶)를 합니다. 운운.

답 담제의 참복(黲服)은《예기》〈간전(間傳)〉의 "담제를 지내고 섬(纖)을 착용한다."라는 글에서 근본하였으니, 새로이 막 상복을 벗었는데 마음에 남은 슬픔을 잊지 못해서 협제(祫祭)가 끝나고서야 복길(復吉)을 하는 것입니다. 심상(心喪)의 복색(服色)의 경우 경전(經傳)에 보이는 것이 없고, 참색(黲色)을 사용한 것은 선현(先賢)들이 의리에 입각하여 새로 만든 예이니, 실로 담복(禫服)을 모방한 것입니다. 심상과 담복은 비록 그 경중(輕重)이 똑같지 않을 듯하나 뜻을 취한 것은 같으니, 만약 심상과 담복의 구별이 없음을 혐의해서 대번에 담복의 기간을 줄인다면 어찌 두찬(杜撰)[44]을 심하게 한 것이 아니겠습니까. 나는 그대가 본래 가정에서 이미 행한 제도가 있어서 전수받은 바가 있음을 아니, 지금 어찌 행할 것에 의혹을 가질 것이 있겠습니까.

44 두찬(杜撰) : 전고(典故)도 없이 저술(著述)이나 예식(禮式)을 마음대로 짓거나 행하는 것을 의미한다.

민태용에게 줌

與閔泰鏞

일찍이 함군(咸君)을 통해 "김사심(金士心)[45]이 아들의 혼례를 장차 신부(新婦)가 기년복(朞年服)의 상을 치르는 중에 행하려 한다."라는 말을 들고서 나도 모르게 놀라며 탄식하였습니다. 나는 비록 사세(事勢)가 어떠한지는 모르겠으나, 이것은 예(禮)의 대방(大防)[46]에 관계됩니다. 방친(旁親)의 기년복(期年服)을 입을 때에도 혼례를 행할 수가 없는데, 더구나 할아버지 상(喪)에 있어서이겠습니까.

돌아보건대 지금 상례(喪禮)가 무너져 수습할 수가 없으니, 사심(士心)의 집안처럼 시(詩)와 예(禮)를 배우는 훌륭한 가문에서 예를 훼손하고 경솔하게 실행하는 것을 어렵게 여기지 않는다면 다른 사람은 더 말할 것이 있겠습니까. 이것은 다만 사심(士心)의 한두 집안의 잘잘못에 관여될 뿐만 아니고 또한 충분히 세상의 교화를 살펴볼 수 있는 것입니다. 이 때문에 마음속에 끊임없이 떠올라 대번에 떨쳐낼 수가 없습니다.

더구나 구구한 나는 김(金)·임(任) 두 친구에 대해서 서로 아끼는 정이 모두 심상(尋常)하게 교유하며 알고 지내는 사람과 다르니, 내가

45 김사심(金士心) : '사심'은 김인근(金仁根, 1791~?)의 자로, 본관은 안동(安東)이다. 지암(止菴) 김양행(金亮行, 1715~1779)의 증손이다. 음관으로 벼슬하여 단양군수(丹陽郡守), 경연관(經筵官) 등을 지냈다.

46 대방(大防) : 중요한 일이나 어떤 원칙의 넘지 못할 한계를 이르는 말인데, 흔히 예법(禮法)의 중요성을 애기할 때 비유로 사용한다.

마음속에 고해주고 싶은 말이 있는데도 고하지 않는 것은 스스로 외면하는 것입니다. 그러니 내가 막 함생(咸生)에게 나의 뜻을 상중(喪中)인 임(任)에게 가서 전하도록 하였습니다. 그리고 사심(士心)에게는 자형(子亨)을 통해 내 뜻을 대신 전하고자 하니, 그가 다시 헤아려 재결(裁決)하기를 바랍니다.

이때 나의 졸필(拙筆)로 혼서(婚書)를 써줄 것을 요구하니, 내가 어찌 써서 보내는 것을 어렵게 여기겠습니까. 다만 이미 혼인을 하지 말라고 만류(挽留)하고서 그 혼서지를 쓰는 것은 매우 모순된 처사입니다. 그러므로 어제 우리 집 아이를 시켜 보내온 종이를 되돌려 보내게 하였는데, 사심(士心)이 혹시라도 나의 뜻을 깊이 헤아리지 못할까 해서 그대에게 이처럼 번거롭게 당부하니, 두 사람이 서로 만나보게 되면 부디 내 뜻을 자세히 전달해주는 것이 어떻겠습니까?

민태용에게 답함
答閔泰鏞

구구한 내가 지난번에 의견을 올린 것은 어찌 다른 이유가 있어서였겠습니까. 다만 《상례보편(喪禮補編)》[47]의 글에 "장자(長子)는 참최복(斬衰服)을 입는다."라고 한 내용을 보건대 천고(千古)의 잘못된 제도들 깨끗이 씻어서 저절로 한 시대의 제도를 이루어 충분히 천하 후세에 할 말이 있게 되었습니다.

이번 춘궁(春宮)의 복제(服制)는 이미 선왕조(先王朝)의 병오년[48]과는 똑같지 않으니, 나는 마땅히 《상례보편》을 따라 행하여도 다른 의논이 없을 듯하다고 여겼습니다. 그런데 대신(大臣)의 수의(收議)가 나온 뒤에 그들이 말한 뜻을 보니, 마치 군상(君上)은 지존(至尊)이어서 참최의 중한 제도를 가볍게 입어서는 안 되는 것처럼 말하였습니다. 만약 그렇다면 제왕가(帝王家)에는 마침내 장자를 위하여 참최복을 입는 제도가 없어져서 《상례보편》의 글은 곧 빈말을 기재한 것과 똑같게 될 것이니, 이 글을 보면서 나도 모르게 마음이 서글퍼졌습니다. 그래서 조정에서 내 말을 따를 것인가의 여부는 따지지 않고 망령되이

47 상례보편(喪禮補編) : 《국조상례보편(國朝喪禮補編)》의 줄임 말로, 영조 34년(1758)에 홍계희(洪啓禧) 등이 왕명을 받고《국조오례의(國朝五禮儀)》의 상례에 관한 부분을 보충하고 개편하여 완성한 책이다.

48 선왕조(先王朝)의 병오년 : '선왕조'는 정조(正祖)이고 '병오년'은 정조의 첫아들 문효세자(文孝世子)가 병사(病死)한 1786년을 말한다. 문효세자는 2살 때 왕세자로 책봉되었으나 5살 때 죽었다.

삼년복을 가지고 의견을 올리면서 이러한 의논을 그 글 속에 담고자 하였습니다.

그런데 예조(禮曹)에서 참최복으로 결정해서 계하(啓下)한 것이 이미 나의 의논보다 먼저 나왔습니다. 만약 내가 진즉에 이와 같을 줄을 알았더라면 비록 말하지 않아도 괜찮았을 것입니다. 듣자 하니 근일에 내가 의견을 올린 것을 가지고 비방(誹謗)이 분분(紛紛)하여 심지어는 "우암(尤菴 송시열)과 배치된다."고 말하기도 하니, 나를 황공(惶恐)하게 합니다.

기해년 예론(禮論)[49]은 우암의 설이 압도적으로 존중되어 사람들이 우암의 사종설(四種說)[50]에 대해 감히 옳은가 그른가 하는 의심을 두지

49 기해년 예론(禮論) : 기해년은 1659년(효종10)으로, 이때 효종이 승하하자 인조(仁祖)의 계비(繼妃)인 자의대비(慈懿大妃)의 복제(服制)를 기년(朞年)으로 할 것인가 아니면 3년으로 할 것인가를 놓고 벌어진 논쟁을 가리키는바, 이를 '기해예송(己亥禮訟)'이라고 한다. 윤선도(尹善道)와 윤휴(尹鑴)를 비롯한 남인(南人)들은 왕통을 우선시하여 효종을 적자(嫡子)로 간주해 삼년복을 주장하였고, 송시열(宋時烈)을 비롯한 서인(西人)들은 효종이 인조의 차적장자(次適長子)이므로 '차적정자는 기년의 복을 입는다〔次適朞制〕'는 예제를 적용하여 기년복을 주장하였는데, 이때 정태화(鄭太和)의 조정에 따라 국제(國制)대로 기년복이 채택되었다. 이때 윤휴는 아들이 어머니를 신하로 삼을 수 있다는 '신모설(臣母說)'을 주창하여 삼년복을 주장하였다.

50 우암의 사종설(四種說) : '사종설'은 승중(承重)한 아들이라 하더라도 부모가 그를 위해 삼년복을 입지 않는 네 가지 경우에 대한 설로, 송시열은 이 사종설 가운데 세 번째인 '서자(庶子)를 세워 후사로 삼은 경우〔體而不正〕'가 효종에게 해당한다고 하여, 인조의 계비(繼妃)인 자의대비(慈懿大妃) 조씨(趙氏)가 기년복(期年服)을 입어야 함을 주장하였다. '사종설'은 가공언(賈公彦)의 《의례소(儀禮疏)》 권29 〈상복(喪服)〉에 "비록 승중(承重)을 했어도 삼년복을 입지 않는 네 가지 종류가 있다. 첫째는 정(正)·체(體)이기는 하나 전중을 하지 못한 것이니〔正體不得傳重〕 적자(嫡子)에게 폐질이 있어서 종묘를 주관할 수 없는 경우이고, 둘째는 전중은 했으나 정·체가 아닌 것이니

못하여 애당초 곡절(曲折)을 자세히 연구하지 못하였고, 비록 우암의 설이라 하더라도 또한 사람들이 그 본말(本末)을 자세히 아는 이가 적었으니, 의견이 분분했던 것이 당연합니다. 우암은 비록 사종설에 근거해서 차적(次適)이라고 하여 효종(孝宗)의 복제를 기년(朞年)으로 정했으나, 소현세자(昭顯世子)의 복제에는 일찍이 삼년을 해야 한다고 말씀하지 않은 적이 없으셨으니, 그 말씀이 〈복제변(服制辨)〉[51]에 실려 있습니다. 동춘(同春)은 기해년 복제에 대해 또한 사종설을 원용(援用)하여 우암과 똑같이 말씀하셨습니다.[52] 그러나 소현세자의 상에는 참최 제도를 강력히 주장해서 심지어는 추후에 다시 고칠 것을 청하기까지 하셨습니다.[53] 두 선정(先正)이 체이부정(體而不正)을 논한 것이 비록 가공언(賈公彦)의 사종설(四種說)을 취한 것이나, '정체(正體)' 두 글자는 다 장자(長子)의 몸을 위주하여 보았으니, -소현세자는 인묘(仁廟 인조(仁祖))의 정체(正體)이고 인묘는 원묘(元廟)[54]의 정체이나 원묘는

〔傳重非正體〕 서손(庶孫)이 뒤를 이은 경우이고, 셋째는 체이기는 하나 정이 아닌 것이니〔體而不正〕 서자(庶子)를 세워 후사로 삼은 경우이고, 넷째는 정이기는 하나 체가 아닌 것이니〔正而不體〕 적손(嫡孫)을 세워 후사로 삼은 경우이다."라고 보인다.

51 복제변(服制辨) : 송시열이 경자년〔1660〕 3월 23일에 지은 〈대왕대비 복제에 대한 의〔大王大妃服制議〕〉를 가리킨다. 《宋子大全 卷26 獻議》

52 동춘(同春)은……말씀하셨습니다 : 동춘은 송준길(宋浚吉)의 호인데, 사종설(四種說)을 원용하여 송시열과 똑같은 말을 하였다는 것은 출전이 자세하지 않다.

53 소현세자의……하셨습니다 : 이 내용은 《동춘당집(同春堂集)》 권9 〈사정을 아뢰면서 아울러 소회를 아뢴 소〔陳情辭職兼陳所懷疏〕〉에 보인다.

54 원묘(元廟) : 인조(仁祖)의 생부(生父)인 정원군(定遠君) 이부(李琈, 1580~1619)로, 선조(宣祖)와 인빈 김씨(仁嬪金氏, 1555~1613) 사이에서 태어났다. 뒤에 인조가 원종(元宗)으로 추존하였기 때문에 '원묘'라고 한 것이다.

선조(宣祖)의 정체가 아니니, 그렇다면 소현세자는 4대의 적자(適子)가 되지 못합니다. 소(疏)의 설로 헤아려보면 3년복을 할 수가 없는데, 두 송선생(宋先生)이 3년복을 주장했으니, 여기에서 두 송선생이 정체를 아들의 몸으로 본 것임을 알 수 있습니다.- 어찌 분명하지 않습니까.

대저 이 예는 경문(經文)이 본래 절로 명백(明白)하고 정현(鄭玄)의 주(註)에도 이미 분명하게 말했으니, 가공언의 소(疏)는 가지를 더하고 잎을 더해서 취송(聚訟)하게 됨을 면치 못하였습니다. 정현은 경문의 '정체어상(正體於上)' 한 구를 장자(長子)에게 소속시켰고, 가공언은 이것을 할아버지와 아버지에게 소속시켰습니다.[55] 이것이 바로 취송(聚訟)한 단서인데, 이로부터 여러 학자 중에 예를 전공한 자들이 정현의 설을 취하기도 하고 가공언의 설을 취하기도 하였습니다. 그러나 초주(譙周)의 설[56]이 가장 좋은데, 우리나라 제현(諸賢)의 경우도

55 정현은……소속시켰습니다 : 이 내용은 《의례주소》 권11 〈상복(喪服) 참최(斬衰)〉의 전(傳)에 "어찌하여 3년으로 하는가? 위에 정체가 되고, 또 장차 전중(傳重)하려는 바이기 때문이다. 서자가 장자를 위하여 삼년복을 입지 못하는 것은 할아버지를 잇지 않았기 때문이다.〔何以三年也? 正體於上, 又乃將所傳重也. 庶子不得爲長子三年, 不繼祖也.〕"라고 한 것에 대한 정현의 주와 가공언의 소에 보인다.

56 초주(譙周)의 설 : 초주(201~270)는 자가 윤남(允南)으로, 삼국시대 촉한(蜀漢)에서 벼슬하고 육경(六經)과 천문(天文)을 많이 연구한 인물이다. 그의 설은 《의례주소》에는 인용된 것이 보이지 않고, 《통전》 권88 〈예(禮) 참최삼년(斬縗三年)〉의 주에서 《의례》의 '서자가 장자를 위하여 삼년복을 입지 못하는 것은 할아버지를 잇지 않았기 때문이다.〔庶子不得爲長子三年, 不繼祖也.〕'를 설명한 곳에 "초주가 말하였다. '할아버지와 아버지를 잇지 않은 자를 서자라고 이르니, 몸이 아버지를 잇지 않았기 때문에 그 장자가 할아버지를 잇지 않는 것이다.'〔譙周曰: 不繼祖與禰者, 謂庶子, 身不繼禰, 故其長子爲不繼祖.〕"라고 인용되어있다. 초주는 《오경연부론(五經然否論)》, 《논어주(論語注)》 등 많은 저술을 남겼는데, 저술 대부분이 일실(逸失)되어 전하지 않고, 몇몇

가공언의 소를 취하기도 하고 취하지 않기도 해서 어긋난 의논이 많이 있으니, 여기에서 사종설이 경문의 올바른 뜻을 다 얻어서 바꿀 수 없는 정론이 되는 것이 아님을 볼 수 있습니다.

그러나 사계(沙溪 김장생(金長生))가 이미 이것을 《상례비요(喪禮備要)》에 채택해 넣어 마침내 온 세상에 통행하는 예가 되었습니다. 비록 그 사이에 의심스러운 것이 있더라도 행한 지가 이미 오래되어 대번에 이것을 분별하여 버리기가 어렵다면 마땅히 "감히 자신의 소견을 믿지 않고 스승을 믿는다.〔不敢自信, 而信其師.〕"[57]라는 의리로 마음속에 의심스러운 것을 보존할 뿐입니다.

그러나 《의례(儀禮)》의 글은 비록 신분의 고하(高下)를 통틀어 쓴 것이지만 《상례비요》는 선비의 예입니다. 지금 만약 왕조(王朝)의 예를 논할 경우에는 마땅히 명백한 경문(經文)을 위주로 삼아야 하니, 어찌 선비의 예를 끌어와 말할 수 있겠습니까. 이것이 바로 내 소견의 본말(本末)입니다.

물음을 받았기에 감히 다 고하지 않을 수가 없어서 이처럼 마음속에 있는 말을 다 쏟아놓았습니다. 그러나 자취가 남의 비방을 변론하는 일에 해당되니, 부디 남의 안목을 번거롭게 하지 않는 것이 어떻겠습니까.

내용만 다른 문헌에 산발적으로 인용되어 전한다.

57 감히……믿는다 : 이것은 이천(伊川) 정이(程頤)가 한 말로, 성현의 경지에 이르지 못한 사람은 통상 성현의 도리에 대해 이해되지 않는 것이 많지만 자신의 소견을 굽히고 그것을 믿고 따라야 한다는 말이다. 《近思錄 卷3 致知》

민태용에게 답함
答閔泰鏞

편지로 많은 내용을 보여주니, 나를 외면하지 않음이 매우 고맙습니다. 돌아보건대 지금 세자 저하를 가르치는 한 가지 일은 실로 국가의 안위와 흥망에 관계됩니다. 그러므로 코로 숨 쉬고 발돋움할 수 있는 온 나라의 사람들이 목을 늘이고 두 손을 모아 오직 춘궁(春宮)을 일찍 가르치기를 바라지 않는 이가 없습니다. 그렇다면 사람의 마음을 결속시키는 것 또한 오직 여기에 달려있어서 실로 잠시도 지체할 수가 없습니다. 만일 혹시라도 의복의 색깔과 의절(儀節)의 사이에 구애되어 망설이면서 일을 결행하지 아니하여 시일(時日)을 넘긴다면, 어찌 크게 민망할 만하지 않겠습니까. 무릇 이 중에 결단하기 어려운 일은 경중(輕重)을 헤아려 취사선택하는 것보다 더 나은 것이 없으니, 한번 물어보겠습니다. 현재의 사안에서는 세자를 일찍 가르치는 것이 더 중요합니까? 의절(儀節)이 더 중요합니까? 또 예령(睿齡 세자의 나이)이 지금 5살이 되었으니, 정자(程子)의 이른바 "능히 밥 먹고 능히 말한다."[58]라는 때에 비하면 이미 때가 지났습니다. 만약 고인(古人)이 이 일을 당했다면 반드시 많은 말을 할 필요 없이 대처할 바를 알았을 것입니다.

58 능히 밥……말한다 : 이 내용은 이천 정이가 원우(元祐) 원년(元年, 1086)에 〈태황태후에게 올린 글〔上太皇太后書〕〉에 "옛사람들은 자식을 낳아 밥을 먹고 말을 할 줄 알면 가르쳤다.〔古人生子, 能食能言, 而教之.〕"라고 보인다. 《二程文集 卷7》

그대가 말한바 “참최복과 띠, 직령(直領) 등의 복장을 완전히 폐할 수 없다.”라는 것은 비록 옳을 듯하나, 나의 의견은 그렇지 않다고 봅니다. 예에 “상주(喪主)가 어린 아들일 경우 최복(衰服)으로 그 아이를 싸서 안고 다른 사람이 대신 빈객에게 절한다.〔子幼, 則以衰抱之, 人爲之拜.〕”[59]라는 글이 있고, 또 “선생을 뵐 적에는 남을 따라서 들어간다.〔見先生, 從人而入.〕”[60]라는 예가 있습니다. 오늘날 보도(輔導)하는 의식에서는 간략히 이 예를 따라야 하니, 최대(衰帶)와 직령을 비록 상방(尙方 상의원(尙衣院))에서 만들어 들였더라도 굳이 이 옷을 입은 뒤에야 만족할 필요는 없습니다. 당(堂)에 앉았을 때에는 이 상복을 함(函)에 담아 뒤따르게 하고 평상시의 의복을 입고 빈료(賓僚)를 들어오게 하여 접견하는 것이 예법 밖의 뜻이 됨에 무방할 듯하고, 또한 간략하여 계속하고 자주할 수 있는 방도가 될 수 있습니다.

만약 나의 말이 근거가 없다고 생각되지 않는다면 그대가 지금 동궁(東宮)의 직함을 맡고 있으니,[61] 말할 수 있지 않겠습니까. 물음을 받고서 마음이 저절로 격해져 나도 모르게 속에 있는 말을 다 쏟아놓았습니다. 그러나 참람하고 외람됨이 심하니, 양찰해 주기를 바랍니다.

59 상주(喪主)가……절한다 : 이 내용은 《예기》 〈상대기(喪大記)〉에 보인다.

60 선생을……들어간다 : 이 내용은 《예기》 〈옥조(玉藻)〉에 보인다.

61 동궁(東宮)의……있으니 : 민태용이 1832년 5월에 세자시강원(世子侍講院) 필선(弼善)이 되었는바, 이 무렵의 일로 보인다. 《承政院日記 純祖 32年 5月 6日》

홍대심 종원[62] 에게 줌
與洪大深 鍾遠

지금 날씨가 청화(淸和)한데 기거하는 형편이 신(神)의 도움을 받고 있습니까? 공조(公朝)에서 훌륭한 선비를 얻은 것이 기쁜데, 우연이 아닌 것처럼 자형(子亨)과 발걸음을 이어 과거에 급제하였으니,[63] 더 말할 것이 있겠습니까. 외롭지 않고 이웃이 있으므로 서로 의리로써 붙들어주어 도도하게 쇠퇴하는 세파(世波)에 휩쓸려 변해가지 말고 신(信)을 행하고 어진 이를 높여서[64] 함께 왕사(王事)를 바로잡는다면 거의 이 세상에 도움을 주게 될 것이니, 어찌 내가 크게 바라지 않겠습니까.

다만 이 늙은이는 함께 할 무리가 적어서 때때로 마음을 쏟아놓을 수 있는 이가 한두 명의 젊은 친구뿐이었습니다. 그런데 조정에서 아침에 한 사람을 뽑아가고 저녁에 한 사람을 뽑아간 탓에 지금은 아무도 없으므로 적막한 강가에서 다만 물고기나 새와 더불어 무리 지어 지냄을 좋아할 뿐입니다. 나머지는 이만 줄입니다.

62 홍대심(洪大深) 종원(鍾遠) : '대심(大深)'은 홍종원(1787~?)의 자로, 본관은 남양(南陽)이다. 음관으로 벼슬하여 감찰, 임실 현감(任實縣監) 등으로 지내고, 신묘년(1831 순조31) 식년시에 급제하여 동부승지, 이조 참의 등을 지냈다.

63 자형(子亨)과……급제하였으니 : '자형'은 민태용(閔泰鏞)의 자로, 그가 기축년(1829 순조29) 정시에 급제하였기 때문에 이렇게 말한 것이다.

64 신(信)을……높여서 : 하늘의 도움을 받아 길(吉)할 수 있도록 당연히 실천해야 할 덕목을 이르는바, 《주역》〈대유괘(大有卦) 상구(上九)〉의 "하늘로부터 도우므로 길(吉)하여 이롭지 않음이 없다."에 대한 〈계사전(繫辭傳)〉에 보인다.

김사심 인근[65] 에게 줌

與金士心 仁根

달포 전에 왕림해 주었는데, 나를 비루하게 여기지 않고 찾아준 것이 고맙습니다. 돌아보건대 나는 몸이 황폐하고 마음이 꽉 막혀서 부끄럽게도 터놓고 깊은 대화를 하지 못하니, 오래도록 여전히 마음이 서글픕니다. 작별한 뒤에 하늘 높푸른 가을이 되었는데 고요하게 지내는 가운데 기체(氣體)가 맑고 좋습니까? 갈대가 하얗게 변하고 하얀 이슬 내리는 이때에 물결을 거슬러 올라가는 생각을 더욱더 금할 수가 없습니다.[66] 나는 병든 몸이 차가운 기후를 만난 탓에 해수(咳嗽)와 현훈증(眩暈症)이 거듭 심해져 책상 앞에 있는 남은 책도 마음대로 읽지 못하니, 하물며 이보다 더한 것에 있어서이겠습니까.

구구한 나는 선장(先丈 김인근의 부친)과 동시대에 살면서 그 덕행을 본 것이 비록 두서너 번에 불과하였으나, 매번 민장(閔丈)을 통하여 선장의 학문을 진전하는 절도(節度)와 강론(講論)한 실마리를 들어서

65 김사심(金士心) 인근(仁根) : '사심'은 김인근(1791~?)의 자로, 자세한 내용은 421쪽 주45 참조.

66 갈대가……없습니다 : 깊어가는 가을에 그리운 사람이 생각나 찾아가고자 하는 마음을 금할 수 없다는 말로, 《시경》 〈진풍(秦風) 겸가(蒹葭)〉에 "갈대가 하얗게 변하니, 하얀 이슬이 서리가 되도다. 이른바 저분, 이 물가 한쪽에 있도다. 물결을 거슬러 올라 따르려 해도, 길이 막히고 멀며, 물결을 따라 내려가 따르려 해도, 완연히 물의 중앙에 있도다.〔蒹葭蒼蒼, 白露爲霜. 所謂伊人, 在水一方. 溯洄從之, 道阻且長. 溯游從之, 宛在水中央.〕"라고 한 구절을 원용한 것이다.

흠모의 마음을 달랬었는데, 뜻밖에 선장과 민공(閔公 민치복(閔致福))이 연이어 별세해서 이 세상이 외롭게 되었습니다. 매번 스스로 사념(思念)에 젖어 서글피 한탄합니다. 지금 다행히 그대와 교분을 맺고서 직접 볼 때면 완연히 선친의 전형(典型)이 있어서 훌륭한 모습과 바른 의표(儀表)가 나로 하여금 심취(心醉)하게 합니다.

그러나 아름다운 자질은 믿기가 어렵고 세월은 흘러가기 쉬우니, 제 때에 분발하고 힘써서 가학(家學)을 빛나게 계승하기를 간절히 원합니다. 그리고 때때로 덕음(德音)을 보내주어 나를 경계하고 가르쳐서 예전에 의리를 사모했던 나로 하여금 끝내 금일에 도움 받을 것이 있게 하는 것이 어떻겠습니까, 어떻겠습니까? 하고 싶은 말은 많지만 이만 줄입니다.

김사심에게 답함

答金士心

여러 해 동안 격조(隔阻)한 탓에 훌륭한 얼굴 모습을 거의 기억 못할 지경이 되었으니, 어찌 같은 세상에서 함께 살고 있다고 할 수 있겠습니까. 매번 편지로 소식을 전하고자 하였으나 또한 마음만 먹고 이루지 못했는데, 갑자기 지난 초순(初旬)에 보내준 편지를 받고서 한겨울 추위에 기거(起居)가 건승함을 삼가 알았으니, 마음이 놀랍고 기뻐서 한 번 만남을 가진 것에 필적할 만했습니다.

나는 종전에 영화롭게 발탁되었는데, 오래되어도 더욱 마음이 두려워 깊은 못에 임하거나 높은 나무 위에 올라앉은 것처럼 불안할 뿐만이 아닙니다. 우리처럼 흉금(胸襟)에 기약함이 있는 자들은 마땅히 서로 민망히 여기고 염려해야 하는데, 마침내 도리어 실정보다 더 크게 나를 장려하고 칭찬하니, 나는 이미 서로 아껴주는 사람이 없음을 스스로 서글퍼하고, 이어서 또 현자가 실언(失言)한 것을 애석히 여깁니다. 그러나 이것이 어찌 현사(賢者)의 잘못이겠습니까. 아마도 불초가 세상 사람들을 많이 속여왔기 때문일 것입니다.

이어 생각하니, 불초는 어려서 부형의 남은 가르침을 따라서 성현(聖賢)의 문정(門庭)이 있음을 대강 알았습니다. 그러나 기질(氣質)에 꺾이고 습관에 압도되어 성실한 공부를 하지 못하여 외우고 말하는 것이 귀로 듣고 입으로 말하는 공부를 벗어나지 못했는데, 세월은 덧없이 흘러가 어느새 노쇠한 늙은이가 되었습니다. 비록 내가 예전의 잘못을 참회하여 고치고자 하나 앞으로 남은 시간이 매우 짧으니, 옛날을 되돌아봄에 망연(惘然)해서 스스로 구제할 바를 알지 못합니다. 이와 같은 자가 어떻게 남의 향도(嚮導)가 될 수 있겠습니까. 그러나 자나 깨나 어질고 호걸스러운 그대를 생각하노라면 감히 이것을 이유로 곧바로 그만둘 수가 없습니다.

온 세상을 둘러봄에 명예나 이익을 찾으려는 사람들이 하늘을 뒤덮고 바른길이 황폐해져서 거의 한 사람도 공손히 머리를 숙이고 바른길로 나아가는 이가 없는 탓에 사문(斯文)과 세도(世道)가 날로 혼란한 암흑(暗黑)으로 들어가니, 매번 근심하고 고민하는 틈틈이 고개를 빼고 현자에게 관심을 두지 않을 수가 없습니다. 현자는 여러 대(代)에 걸쳐 훌륭한 연원(淵源)이 있는 가문에서 태어나 조기에 공거(公車 과거 공부(科擧工夫))를 사절하고 오로지 이 일에 전념해서 충분히 선인(先人)의 뜻과 일을 빛나게 계승할 수가 있습니다. 그런데 멀리 떨어져 있는 것이 마침내 이와 같아서 연래(年來)에 덕을 진전시키고 학업을 닦는〔進德修業〕 절도(節度)와 학업의 조예(造詣)를 들을 길이 없으니, 또 서글픈 생각을 이길 수가 없습니다.

구구한 나는 어진 그대와 몇 번 대면(對面)한 정분이 비록 매우 얕으나 사랑해서 돕고자 하는 마음이 간절해서 삼가 마음속으로 헤아린 바가 있으니, 그대는 온화하고 순수하고 인자하고 진실한 자품은 유여(有餘)하나, 강의(剛毅)하고 격양(激揚)하는 덕이 부족한 듯합니다. 궁금합니다. 그대는 자신이 어떠하다고 알고 있습니까?

《사전(思傳)》의 '삼달덕(三達德)'[67] 중에 '지(智)'와 '인(仁)'은 절로

67 사전(思傳)의 삼달덕(三達德) : 《사전》은 자사(子思)가 지은 책이란 뜻으로 《중용(中庸)》을 이르고, '삼달덕'은 누구나 마음속에 간직하고 있는 세 가지의 덕인 지(智)

지(知)와 행(行)으로 나뉘고 '용(勇)'은 지와 행을 꿰뚫어 그 밑바닥을 다지는 역할을 하므로 지(智)와 인(仁)이 모두 용(勇)을 기다려 이루어지니, 우리 유가(儒家)의 학문이 필경 성취됨은 오로지 용(勇)에 달려있습니다. 부디 현자(賢者)는 모름지기 이에 대해 더 깊이 체첩(體帖)하여 넉넉한 부분에서 덜어내어 부족한 부분에 더해주어 신속히 책임을 담당해서 대업(大業)을 빨리 끝마치는 것이 어떻겠습니까?

학문은 제때 하는 것이 중요하니, 때를 놓쳐서는 안 됩니다. 지체하여 후일을 기다리면 세월은 그대로 흘러가 버립니다. 이는 내가 경험해서 아는 것입니다. 주자(朱子)가 일찍이 배우는 자들이 그럭저럭 세월을 보내는 것을 경계하시기를 "인생에서 몇 번의 3~5년을 가질 수 있겠는가."[68]라고 하셨는데, 이 말씀이 경계시킴이 간절하여 나에게 반성을 유발하게 하니, 애오라지 다시 그대를 위해서 외워봅니다.

우리의 덧없는 인생은 꿈이나 환상, 물거품이나 그림자와 같을 뿐이니, 만일 한 번 서로 만나서 의리를 토론할 수 있다면 실로 노년의 다행이 될 것이나, 또 어찌 이것을 기대할 수 있겠습니까. 나는 가을과 겨울 이후로 병을 앓지 않는 날이 없어서 몸이 늙고 삐쩍 말라 더이상 예전의 상대가 아니니, 천운(天運)에 맡겨둘 뿐입니다. 다만 이름이 알려지지 않고 세상을 끝마치는 것이 부끄러울 만한 일입니다. 하고 싶은 말은 많지만 부디 날씨 추운 세모(歲暮)에 몸을 더 아끼기를 바라며 이만 줄입니다.

· 인(仁) · 용(勇)을 이른다. 《中庸 20章》

68 인생에서……있겠는가 : 이 내용은 《주자어류(朱子語類)》 권121 〈훈문인 9(訓門人九)〉에 보인다.

김사심에게 답함
答金士心

보내준 편지에서 "남을 이기려는 마음과 객기(客氣)를 염려한다."라는 말에서 자신을 치밀하게 반성하고 검속하고 있음을 알 수 있으니, 깊이 공경하고 감탄합니다. 구구한 나도 일찍이 이러한 병통이 있어서 교정하고 다스릴 방법을 생각하였으나, 지금 백발(白髮)의 노년에도 여전히 병 뿌리가 남아 있으니, 어떻게 그대를 위해 도모할 수 있겠습니까. 그러나 배우는 자들에게는 대체로 인(仁)의 체(體)를 살피고 아는 것이 가장 중요합니다. 그런데 이 인(仁)에 대해 살펴본 것이 없기 때문에 능히 내(內)와 외(外)를 합하고 남과 나를 공평하게 하지 못하여 스스로 허다한 울타리를 만들어내는 것입니다. 이 때문에 남을 이기려는 마음과 객기를 제거하기 어려운 것입니다. 정자(程子)가 "공자(孔子)와 맹자(孟子)가 '인(仁)'을 말씀한 곳을 종합하여 연구하면 2, 3년이면 그것을 알 수 있다."[69]라고 말씀하셨으니, 이 말씀에 따라 치밀하고 간절하게 공부하면 거의 단서를 찾을 수 있을 것입니다. 도움을 구하는 간곡함에 감동해서 애오라지 내가 미치지 못하는 말을 외우니, 참으로 부끄럽습니다.

우리가 서로 멀리 떨어져 있어서 한자리에 모일 기회가 없는 탓에 동시대를 같이 살면서 마음을 내보일 수 있는 방법은 오직 편지를 교환

69 공자(孔子)와……있다 : 이 내용은 《이정유서(二程遺書)》 권24 〈추덕구본(鄒德久本)〉에 보인다.

하는 것뿐이니, 부디 내가 답장을 늦게 한다고 하여 허물하지 말고 때때로 덕과 학문을 닦은 절도(節度)를 가지고 흐리멍덩하고 태만한 나를 경계해 주기를 삼가 크게 바랍니다. 나는 항상 홀로 외롭게 거처하면서 책을 보는 것과 몸을 검속하는 것 두 가지를 모두 폐하거나 태만히 하니, 끝내 아는 것이 없이 죽을까 두렵습니다. 그래서 다만 스스로 서글퍼하고 부끄러워합니다.

이심부 정리[70] 에게 답함

答李審夫 正履

지난번 은혜롭게 보내준 소(疏)[71]에 대해서는 묵은 병으로 정신이 희미해서 대충 답장을 한 탓에 마음속에 품고 있는 생각을 다 말하지 못했으니, 지금까지도 마음속에 잊지 못하고 있습니다. 보내주신 그대의 글은 고아하고 바르고 깨끗하고 넉넉하고 통창해서 법도가 있습니다. 비록 크고 무성한 기운은 부족하나 글이 이만하면 충분하니, 하필 이보다 더 잘하기를 구할 것이 있겠습니까. 그리고 내가 일찍이 계씨(季氏 이정리의 막내아우)의 글도 보았는데, 재주가 넉넉하고 기운이 넘쳐나서 남의 글을 인습하는 것을 싫어하고 자신의 재능을 펼치는 것을 좋아하여 남의 안목을 열어주는 부분이 매우 많았습니다. 그러나 장점이 도리어 단점이 되어 끝내 문아(文雅)한 본색이 부족합니다. 이에 대해서는 틀림없이 누구에게 지적받은 적이 있을 것이니, 아마도 스스로 알고 있을 것입니다.

불초는 평소 문장 짓는 방법에 어두우나 나를 너그럽게 허여해준 것에 감동해서 함부로 논평을 하였습니다. 이는 참으로 봉사가 색깔을 구별한 격이니, 도리어 부끄럽습니다. 불초는 상주(喪主) 형제〔이정리 형제〕와는 만년에 친분을 맺었으나, 마음속으로 쏠리고 향했던 것은

70 이심부(李審夫) 정리(正履) : '심부'는 이정리(1783~1843)의 자로, 호는 순계(醇溪), 본관은 전주(全州)이다. 《梅山集 卷43 醇溪李公墓誌銘》

71 소(疏) : 상대방이 상중에 있을 경우의 편지를 가리킨다.

바로 처음 봤을 때의 면모 때문이었으니, 구구한 내가 기대한 것은 참으로 문장 짓는 작은 기예에 있지 않았습니다.

돌아보건대 지금 명예와 이익을 추구하는 생각이 세상에 가득하여 유학(儒學)이 완전히 끊겨서 세계가 점점 긴 밤 속으로 접어드니, 참으로 두렵고 한심스럽습니다. 생각하건대 상주(喪主)인 그대는 타고난 자품이 순수하게 아름다운 데다 어렸을 때부터 학문을 쌓아서 육경(六經)을 널리 배우고 여러 책을 두루 통달하였으니, 만일 유학에 뜻을 둔다면 일은 반(半)만 하고도 이루는 공(功)은 배(倍)가 될 것인데, 다만 자신을 위하는 한 가지 뜻[72]이 부족할 뿐입니다.

또 그대는 가학(家學)의 연원이 오랜 전통이 있으니, 만약 지금 세상에서 선비를 찾고자 한다면 그대 말고 누가 있겠습니까. 이는 불초가 자나 깨나 생각하고 생각해서 대번에 가슴속에서 떨쳐버리지 못하는 이유입니다. 지금 그대가 서글피 상중에 있으니, 슬퍼하고 괴로워하며 담박하게 지내는 중에 궁하여 근본으로 돌아가면[73] 틀림없이 참되고 간절하게 내면으로 향하는 일념(一念)이 있을 것이니, 이것이 바로 예전 모습으로 전환하는 일대(一大) 기회입니다. 부디 형제가 서로 권면해서 마음을 돌려 화려함을 버리고 실질(實質)을 좇아 덕을 진전시키고 업(業)을 닦기를 바랍니다. "하루에 새벽이 두 번 찾아오기 어

72 자신을……뜻 : 오직 자신의 덕성을 함양하기 위해서 하는 공부인 위기지학(爲己之學)에 대한 뜻을 이르는바, 명예와 이익을 좇아 남이 알아주기를 바라서 하는 공부인 '위인지학(爲人之學)'에 대한 뜻과 상대되는 말이다.

73 궁하여……돌아가면 : 사람이 곤궁에 처하게 되면 부모를 찾고 하늘에 하소연한다는 말로, 《사기》 권84 〈굴원가생열전(屈原賈生列傳)〉에서 온 말이다. 자세한 내용은 416쪽 주39 참조.

럽다.〔一日難再晨〕"[74]라는 것이 옛사람이 탄식한 것이니, 기필코 이때를 놓치지 않는 것이 어떻겠습니까, 어떻겠습니까?

내가 일찍이 "학문은 애초에 별다른 일이 아니다."라고 생각했습니다. 내 한 몸은 바로 천명(天命)이 깃들어 있는 곳이니, 내가 사사로이 할 수 있는 것이 아닙니다.[75] 요컨대 태어날 때부터 죽을 때까지 그 가운데에서 본분을 다하여 하늘이 명한 바를 저버리지 않을 뿐이니, 만일 이와 같이 하고자 한다면 학문을 버리고 어떻게 하겠습니까. 율곡(栗谷 이이(李珥)) 선생의 "사람이 이 세상에 태어나서 학문이 아니면 사람이 될 수 없다."[76]라는 말씀이 훌륭하니, 이 말씀이 명백하고 통절해서 천년 동안 몽매했던 여러 사람을 불러 깨웠습니다. 내가 진심을 다 쏟아놓고자 하는 마음이 커서 애오라지 이 글을 외워 적었으니, 부디 이것이 고심(苦心)에서 나온 것임을 양찰해주기를 바랍니다.

74 하루에……어렵다 : 이 내용은 도잠(陶潛)이 지은 〈잡시(雜詩)〉 12수(首) 가운데 첫 번째 시에 보인다. 《古文眞寶前集 卷2》

75 내 한……아닙니다 : '내 한 몸은 바로 천명(天命)이 깃들어 있는 곳'이란 《중용》 제1장의 "하늘이 명하신 것을 성(性)이라 이른다.〔天命之謂性〕"라는 말을 원용한 것으로, 사람의 몸에는 하늘이 명한 성이 있는데, 그 '성'은 특정 개인이 사사로이 받거나 버릴 수 있는 것이 아니라는 말이다. 이 내용은 횡거(橫渠) 장재(張載)가 "성은 만물의 똑같은 근원이니 내가 사사로이 할 수 있는 것이 아니다.〔性者, 萬物之一源, 非有我之得私也.〕 오직 대인(大人)이라야 그 도리를 다할 수 있으니, 이 때문에 자신이 서면 반드시 남과 함께 서고, 자신이 알면 반드시 남과 두루 알고, 자신이 사랑하면 남과 겸하여 사랑하고, 자신이 이루면 혼자만 이루지 않는 것이다. 저 스스로 가리고 막혀서 자신의 성을 순히 따를 줄 모르는 자는 또한 어쩔 수가 없는 것이다."라고 한 말에서 온 것이다. 《近思錄 卷1 道體》《張子全書 卷2 正蒙一》

76 사람이……없다 : 이 내용은 《격몽요결(擊蒙要訣)》의 서문에 보인다. 《栗谷全書 卷27》

이심부에게 줌

與李審夫

도암(陶菴)의 묘표(墓表)[77]는 내가 얼굴에 땀을 뻘뻘 흘리며 대신 지었으나, 정신이 소모되고 문장력이 떨어져 하자가 많을 것이라 생각했습니다. 그러므로 고명(高明)의 안목에 도움을 구하였는데, 쪽지로 보여준 여러 조항은 참으로 법도에 맞는 것이 많아서 그대로 받아 쓸 수가 있으니, 참으로 다행입니다. 다만 문자는 각각 체재(體裁)가 있으니, 묘표는 단지 대강만을 써서 한결같이 간략함을 위주로 삼습니다. 그런데 도암의 본손(本孫) 집안에서는 사실을 기록한 다른 글이 없다 해서 사실을 골고루 다 기재하고자 하기 때문에 저절로 번다하더라도 줄이지 못하게 되니, 이미 묘표의 본색을 잃었습니다. 만일 또다시 당신의 쪽지 내용을 따라 총론(總論)에 허다한 어구(語句)를 첨가한다면 너무 장황(張皇)해서 풍비(豐碑)[78]의 체단(體段)과 같게 됩니다.

또 유가(儒家)의 비문에는 도통 연원(道統淵源)이 들어가는 것이 곧 투식(套式)이 되었는데, 나도 평소 인습하여 쓰는 것을 달갑게 여기지 않았습니다. 선조를 받들고 종족을 결속시키고 집과 고을에서 거처할 때의 아름다운 행실의 경우 보통 사람에게는 진실로 이것이 기록할

77 도암(陶菴)의 묘표(墓表) : '도암'은 이재(李縡, 1680~1746)의 호로, 오희상이 지은 〈도암 이선생 묘표(陶菴李先生墓表)〉가 《노주집》 권18에 실려있다.

78 풍비(豐碑) : 공적을 적고 덕업을 기리는 거대한 석비(石碑)로, 주로 신도비(神道碑)를 말한다.

만한 것입니다. 그러나 대현(大賢)의 신분상에서는 본래 성대한 덕을 미루어 간 것이니, 어찌 낱낱이 나열할 필요가 있겠습니까. 만일 이것을 빠트림 없이 다 수록하고자 한다면 대절(大節)을 지킨 곳에 도리어 정신(精神)과 생색(生色)이 없게 됩니다.

치서(稚舒)[79]의 쪽지에 "《소희행례기(紹熙行禮記)》[80]의 발문이 도암의 문집에서 누락되었으니, 마땅히 이것을 묘표의 글에 수록해야 한다."라고 하였는데, 도암이 당시에 정청(庭請)에 참여하지 않아 삭출(削黜)을 당하기까지 하였으니,[81] 이 한 가지 일은 그 절개가 보통사람보다 한 등급이 높아서 후세에 말할 수 있는 것입니다. 그러므로 내가 이미 자세히 기록해서 사실을 서술하는 데에 뜻을 다하였으니, 굳이 또 이 발문을 기재하여 충당할 필요가 있겠습니까. 나의 견해는 이와 같은데, 고견은 어떻게 생각합니까?

79 치서(稚舒) : 이정리의 아우인 이정관(李正觀, 1792~?)의 자이다. 신묘년(1831 순조31) 식년시에 합격하고 장릉참봉, 예산 현감(禮山縣監) 등을 지냈다.

80 소희행례기(紹熙行禮記) : 겸재(謙齋) 박성원(朴聖源, 1697~1757)이 스승인 도암(陶菴) 이재(李縡)의 학문적 입장을 옹호하는 글을 모아 만든 책인 《불이언(不易言)》 제1권에 실려 있는 글로, 이재가 발문을 지었다. '소희'는 남송(南宋) 광종(光宗)의 연호이다.

81 도암이……하였으니 : 이재(李縡)의 숙부인 이만성(李晩成, 1659~1722)이 신축년(1721 경종1)에 병조 판서에 올라 노론 대신들과 함께 연잉군의 세제 책봉을 주청해 실현시켰으나 소론이 일으킨 사화에 연루되어 임인년(1722 경종2)에 전라도 부안에 유배되었다가 다시 서울로 불려 와서 국문을 받았는데, 이재가 당시 부제학으로서 정청(庭請)에 참여하지 않은 죄로 삭출(削黜)된 것을 이른다.《老洲集 卷18 陶菴李先生墓表》

박명벽[82]에게 답함

答朴命壁

지난번에 보내준 편지에 대해서 질병과 잡무가 있어 답장을 지체하였으니, 크게 죄송하게 생각하였습니다. 그런데 근자에 거듭 손수 써 보내준 편지에서 나에게 마음을 쏟은 것이 더욱더 간절하니, 편지를 반복하여 읽어보고 감사함과 부끄러운 마음이 모두 지극하였습니다. 가을이 깊어진 근간에 벼슬하며 지내는 몸이 더 좋고 상대(霜臺 사헌부(司憲府))에서 독서함에 참으로 새로운 의취(意趣)가 있을 줄을 아니, 함께 하지 못하는 것이 한스럽습니다.

그대가 말씀한 '성명(性命)'의 설(說)은 바로 의리(義理)의 지극히 정밀하고 지극히 은미한 것이어서 예로부터 성현(聖賢)들이 입이 닳도록 발명(發明)한 것이니, 어찌 단지 그러할 뿐이겠습니까. 사람들로 하여금 심(心)을 다하여 성(性)을 알아[83] 상천(上天)이 우리 인간에게

82 박명벽(朴命壁) : 1773~1827. 자는 계립(季立), 호는 금호(錦湖), 본관은 영해(寧海)이다. 근재(近齋) 박윤원(朴胤源)의 문인이 되어 매산(梅山) 홍직필(洪直弼)과도 절친하였는바, 홍직필이 찬한 묘갈명이 《매산집》 제35권에 실려 있다.

83 심(心)을……알아 : 이 내용은 《맹자(孟子)》 〈진심 상(盡心上)〉의 "그 심을 다하는 자는 그 성을 아니, 성을 알면 하늘을 알게 된다. 심을 보존하여 그 성을 기름은 하늘을 섬기는 것이다.〔盡其心者, 知其性也. 知其性, 則知天矣. 存其心, 養其性, 所以事天也.〕"라는 구절에서 온 것인데, 주자의 주석에 의하면, '심(心)'은 사람의 신명(神明)으로서 모든 이(理)를 갖추어 만사(萬事)에 응하는 것이며, '성(性)'은 심에 갖추어져 있는 이(理)이고, '천(天)'은 이(理)가 말미암아 나오는 것이다. 사람이 가지고 있는 마음이 바로 그 전체(全體)이므로 심(心)의 전체를 다하면 이(理)를 알게 되고, 이(理)

부여해준 중한 책임을 저버리지 않게 하고자 해서입니다. 예컨대 한갓 성리(性理)의 명목(名目)만 알고서 이야깃거리로 삼는 자는 이미 매우 수치스러울 만한데, 더구나 이것이 천하의 공론(公論)이 됨을 알지 못해서 이것을 가계(家計 자신의 주장)로 삼아 남을 이기려는 마음을 드러내고 편견을 고수합니다. 바로 이것은 본령(本領)이 옳은 것이 없어서 성인(聖人)의 문하에 죄를 얻는 것이니, 이러고도 어찌 학문(學問)하였다고 말할 수 있겠습니까.

불초는 어릴 때부터 아버님과 스승께 들은 것이 이와 같으므로 매번 스스로 자기를 반성하고 두려워해서 비록 경전 속에서 한두 가지 어렴풋이 엿보고 헤아린 것이 있지만 일찍이 감히 대번에 자신하지 못하였으니, 어찌 감히 남이 나를 믿어주기를 바라겠습니까. 지난번 족하(足下)가 방문했을 적에 마침 질문을 해줌으로 인해서 내가 들은 바를 일러주었는데, 뜻밖에 내가 말하는 즉시 족하가 그 말을 받아들여 마치 메아리처럼 호응하였습니다.

지금 또다시 긴 편지를 써 보내어 남은 뜻을 발명함이 매우 친절하고 주밀(周密)하여 절도에 맞지 않는 바가 없고, 자신의 의견을 버리고 남을 따르는 것을 꺼리지 않았습니다. 이는 족하의 가슴속에 이미 옳은 것을 찾겠다는 한 가지 노선을 지키고 있는 것입니다. 한 번 남의 말을 듣게 되면 멋대로 가로막고 저지해서 반드시 자기 소견을 고집하여 여러 설을 폐지하고자 하는 여느 사람들에 비하면 어질다고 말할 수 있습니다. 게다가 문장과 논리가 모두 주도(周到)해서 대부분 일시적으로 마련한 것이 아님에 있어서이겠습니까.

를 알면 천(天)도 알게 된다.

그러나 농옹(農翁 김창협(金昌協))이 말씀하기를 "'이기설(理氣說)'은 모름지기 이것을 제목으로 삼아 생각하고 헤아려 10~20년의 체인(體認)하는 공부를 쌓아서 터득해야 한다."[84]라고 하셨으니, 이 어른이 이치의 묘함을 통찰(洞察)하여 참으로 그 어려움을 아셨기 때문에 말씀이 이와 같았던 것입니다. 우리는 이러한 공부가 없으니, 비록 본 바가 있으나 이것은 참으로 형상 밖의 그림자를 더듬어 형상을 알려는 것입니다. 하나의 근원에 몇 겹의 관문과 산이 막혀 있는지를 알지 못하니, 어찌 이것을 근거로 정견(定見)이라고 하여 자신을 그르치고 남을 그르칠 수 있겠습니까. 부디 족하는 대번에 내 말을 믿지 말고 다시 농옹의 이 말씀에 뜻을 다해서 체인하는 공부를 몇 년간 더 쓰는 것이 어떻겠습니까, 어떻겠습니까?

편지의 끝에 "맞지 않다. 운운〔不中云云〕"이라고 한 말의 경우 내가 그때에는 '명덕(明德)'에 분수(分數 사람마다의 차이)가 없음을 힘을 다하여 말하였습니다. 이어서 또 미루어 나아가 말하기를 "'기(氣)'의 일원(一原)도 -"기(氣)가 근원이 똑같다."라는 말은 비록 독창적인 말인 듯하나, 실제를 근거해서 말한다면 이치가 근원이 하나이면 기 또한 근원이 하나입니다.- 사람과 동물 사이에 차이가 없다."라고 하고, 정자(程子)의 "자신의 마음이 바로 초목과 금수의 마음이다."[85]라는 말씀을 인용하여 증명하였습니다. 다만 내가 그 곡절을 자세히 말하지 않아서 족하로 하여금 의혹(疑惑)하게 한 것입니다.

84 이기설(理氣說)은……한다 : 이 내용은 《농암집(農巖集)》 권32 〈잡지(雜識) 내편 2(內篇二)〉에 보인다.

85 자신의……마음이다 : 이 내용은 명도(明道) 정호(程顥)가 한 말로, 《이정유서(二程遺書)》 권1에 보인다.

'무극(無極)'과 '이오(二五 음양(陰陽)과 오행(五行))'가 묘하게 합하여 만물에 부여되는데, '이(理)'는 본(本)과 말(末)의 차이가 없고 '기(氣)'는 본과 말의 차이가 있으니, 말(末)은 비록 만 가지로 다르나 본(本)은 하나일 뿐입니다. '하나'라는 것은 무엇입니까? '신(神)'이 이것입니다. 신(神)과 이(理)가 뒤섞여 간격이 없으므로 이러한 이(理)가 있으면 이러한 신(神)이 있고, 이러한 신이 없으면 이러한 이도 없으니, 정자의 이 말씀은 또한 하나의 본원(本原)인 곳에서 기(氣)가 같음을 말한 것입니다. '명덕(明德)'은 사람을 통해 명칭을 세운 것이니, 비록 이것을 미루어갈 수 없는 동물이나 식물에까지 칭(稱)할 수 없으나, 그것이 기의 근본이 됨은 똑같습니다. 사람에게 있을 때에는 '명덕'이라 하고 물건에 있을 때에는 '신(神)'이라 하는데, 편벽됨과 바름〔偏正〕의 구분은 다만 형기(形氣)에서 논할 수 있을 뿐입니다.

또 '신(神)'이라는 것은 비록 청(淸)·탁(濁)과 편(偏)·정(正)의 구분이 없어서 거의 이(理)와 차이가 없으나, 다만 신(神)의 순수하고 한결같아 잡(雜)되지 않음이 애초에 아무런 작용이 없는 이(理)와 같을 수 없을 뿐입니다. 그러므로 '본성(本性)'을 말하면서 미발(未發)의 본체(本體)만 가리키면 물건과 겸해서 말할 수 있지만, '본심(本心)'을 말하면서 체(體)·용(用)과 동(動)·정(靜)을 아울러 거론한다면 물건을 겸하여 말할 수가 없습니다. 그러나 이것은 처지에 따라서 이(理)를 주장함과 기(氣)를 주장함의 구분이 있음에 불과하고, 두 가지로 나눌 수 있는 것이 아닙니다. 만약 족하의 설(說)과 같다면 심(心)과 성(性)이 두 가지 물건으로 나누어져 끝내 심성(心性)이 일치되는 묘함을 볼 수 없으니, 부디 한 번 생각해보는 것이 어떻겠습니까? 이만 줄입니다.

박명벽에게 답함
答朴命壁

거듭해서 보내준 편지를 받아보니, 내가 반복해서 정성스럽고 간절하게 말하여 '이(異)와 동(同)'을 강명(講明)한 것에 대해 겸허하게 받아들이는 그대의 거룩한 덕을 더욱더 우러러보게 되었습니다. 그러나 다만 내가 한 말 가운데 "'편(偏)'·'전(全)'은 형기(形氣)에 대해서만 말할 수 있다."라는 것에 대해서는 끝내 석연치 못한 점이 있는 듯합니다. 이것은 삼가 기(氣)의 본(本)·말(末)을 분명하게 분석하지 못한 데에서 연유한 듯하니, 청컨대 이에 대해 다시 나의 어리석은 소견을 거듭 피력하여 두 사람의 의견이 합치되기를 구해도 되겠습니까?

장자(張子 장재(張載))가 말씀하기를 "분요(紛擾)하게 떠돌아다니는 기운〔游氣〕들이 합하여 물질을 만드는 것이 천차만별의 사람과 물건을 만들어 내고, -여기서의 '음양(陰陽)'은 떠돌아다니는 기운과 상대하는 것이니, 이는 바로 기운의 신령스러움〔靈〕과 양능(良能)을 가리킵니다.- 끊임없이 순환하는 음(陰)과 양(陽) 두 단서가 천지의 대의(大義)를 확립한다."[86]라고 하셨고, 주자(朱子)가 말씀하기를 "음과 양이 순환하는 것은 돌아가는 맷돌과 같고 분요(紛擾)하게 떠돌아다니는 기운은 맷돌에서 나오는 가루와 같다."[87]라고 하셨습니다. 그렇다면 음양과 유기(游氣 떠돌아다니는 기운)

86 분요(紛擾)하게……확립한다 : 이 내용은 《장자전서(張子全書)》〈정몽(正蒙) 태화(太和)〉에 보인다.

87 음과……같다 : 이 내용은 《주자어류》 권98 〈장자의 글 중에 첫 번째〔張子書之

는 애당초 두 가지의 기운이 아니고 '본(本)'과 '말(末)'의 차이가 있을 뿐입니다.

《대학혹문(大學或問)》에 이른바 "바르고 통하고 편벽되고 막혔다.〔正通偏塞〕"[88]라는 것은 유기(游氣)를 가리켜 말한 것이니, 기운의 바르고도 통(通)한 것을 얻어 형체가 바르고 기운이 통한 것은 사람이 되고, 기운이 편벽되고도 막힌 것을 얻어 형체가 편벽되고 기운이 막힌 것은 물건이 됩니다. 《대학혹문》 하단의 글에 "통하기는 하는데 청(淸)·탁(濁)의 차이가 없지 않고, 바르기는 한데 미(美)·악(惡)의 차이가 없지 않다."라고 한 것을 보면 이것이 형(形)과 기(氣)를 나누어 말한 것임을 알 수 있습니다. -'형기(形氣)'의 기(氣)는 비어 있으므로 '청·탁'으로 말하였고, '형(形)'은 꽉 차 있으므로 '미·악'으로 말한 것입니다.- 이른바 '신(神)'은 바로 천지의 대의(大義)이면서 사람과 물건을 낳는 근본이니, 편(偏)·전(全)과 대(大)·소(小)의 차이가 없고 정(精)·추(粗)와 피(彼)·차(此)의 구별이 없으므로 이(理)에 배합되어 아무런 차이가 없습니다. 이 '신(神)'과 '이(理)'가 천지에 있으면 천지에 충만하고 사람과 물건에 있으면 사람과 물건에 충만하므로 비록 횡(橫)으로 사는 금수(禽獸)와 거꾸로 사는 초목이라 하더라도 원래 절로 충족합니다.

一]〉에 보이는데, 〈정몽(正蒙) 태화(太和)〉의 주석에도 실려있다.

88 바르고……막혔다 : 이 내용은 《대학혹문》 권1 〈경일장(經一章)〉의 "이(理)로써 말하면 만물에 근원이 하나여서 본디 인(人)과 물(物), 귀(貴)와 천(賤)의 다름이 없다. 그러나 기(氣)로써 말할 경우 바르고 통한 기를 얻으면 인(人)이 되고, 편벽되고 막힌 기를 얻으면 물(物)이 된다. 이 때문에 귀해지기도 하고 천해지기도 하여 똑같지 못한 것이다.〔以其理而言之, 則萬物一原, 固無人物貴賤之殊, 以其氣而言之, 則得其正且通者爲人, 得其偏且塞者爲物, 是以或貴或賤而不能齊也.〕"에서 뽑아온 것이다.

그러니 만약 "'이(理)'에서는 같고 '신(神)'에서는 다르다."라고 한다면 조화(造化)롭게 물건을 생성(生成)하는 도구에 두 근본이 있는 것입니다. -신(神)을 만약 편(偏)·전(全)에 따라 차이가 있다고 한다면 또 어떻게 청(淸)·탁(濁)에 따라 분수가 있지 않겠습니까. 그러므로 여기에서 고명(高明)이 회통(會通)함을 보지 못하는 것입니다. 고명은 비록 스스로 "명덕(明德)에 분수(分數)가 없다는 것에 대해서 나는 이견이 없다."라고 말하나, 다만 이것은 헷갈려하고 모호하게 여기는 것이니, 직절(直截)하게 아는 것이 아닌 듯합니다.- 다만 형체에 구애되고 기에 막혀서 운용(運用)하는 바가 없을 뿐입니다. 그러나 혹 한 점의 밝은 곳이 있으면 본체가 갖추어졌음을 볼 수 있습니다.

정자(程子)의 이른바 "자신의 마음이 바로 초목이나 조수(鳥獸)의 마음이다."[89]라는 것은 바로 이것을 가리켜 말한 것입니다. 그러나 물건은 비록 마음 구멍에 신령스러운 곳이 있지만, 능히 알고 또 충족시켜 본성을 회복하지는 못합니다. 그러므로 다만 이것을 '신(神)'이라고 말할 수는 있어도 '명덕(明德)'이라고 말할 수는 없습니다. 이것이 사람과 물건의 다른 점인데, 《대학》 책은 사람으로 하여금 본성을 회복하게 하는 것이니, 그렇다면 책에서 금수에 대해 언급하지 않는 것이 과연 바랑하지 않습니까. 무릇 천지간의 사물이 형체가 있으면 기(氣)가 있고, 기가 있으면 신(神)이 있고, 신이 있으면 이(理)가 있습니다. 형(形)은 편벽됨이 있고 바름이 있으며, 아름다움이 있고 추악함이

89 자신의……마음이다 : 명도 정호의 "천지 사이에 사람만 지극히 신령스러운 것이 아니다. 나의 마음이 바로 초목이나 조수의 마음인데, 다만 사람은 천지의 중(中)을 받아서 태어난 것일 뿐이다.〔天地之間, 非獨人爲至靈. 自家心便是草木鳥獸之心也, 但人受天地之中以生爾.〕"라는 말에 보인다. 《二程遺書 卷1》

있습니다. 기(氣)는 통함이 있고 막힘이 있으며, 깨끗함이 있고 탁함이 있습니다. 신(神)은 지극히 묘하고 지극히 신령스럽습니다. 이(理)는 망령됨이 없을 뿐입니다.

황면재(黃勉齋)의 "'기(氣)'가 형(形)보다 정(精)하고, '신(神)'이 기보다 정(精)하고, '이(理)'가 신(神)보다 정(精)하다."라는 말씀[90]이 훌륭합니다. 한 번 이 말씀을 가지고 마음속에 담아 생각하고 헤아려 여러 성현의 말씀에 절충해서 '성(性)'이라 하고 '심(心)'이라 하고 '기질(氣質)'이라 한 것이 모두 소속되어 서로 통하는 바가 있게 된다면 비로소 이 말씀을 바꿀 수 없음을 알 것입니다.

90 황면재(黃勉齋)의……말씀 : '면재'는 남송의 학자인 황간(黃幹, 1152~1221)의 호로, 인용한 내용은《면재집》권13〈복양지인서(復楊志仁書)〉에 보인다. 황간은 자가 직경(直卿)으로, 주자의 제자이자 사위이다. 주자가 위독했을 때 자신의 저서를 모두 황간에게 남겨 학문을 잇도록 하였다.

박명벽에게 답함
答朴命壁

'이(理)'와 '기(氣)'는 뒤섞여 있어서 둘로 나눌 수가 없으니, 참으로 선(先)·후(後)로 말할 만한 것이 없습니다. 그러나 이 속에 본래 형체가 없고 조짐이 없으면서 기(氣)를 주재하는 것이 있으니, 이것이 바로 이(理)인데, 기 또한 이것을 기다려 성립하게 됩니다. 그러므로 만일 근본을 지극히 하고 근원을 다하여 말하고자 하면 글 쓰는 순서상 이(理)부터 말을 시작하지 않을 수 없는 것입니다. 《주역》〈계사전(繫辭傳)〉에 이른바 "역(易)에 태극(太極)이 있으니, 이것이 양의(兩儀)를 낳는다."라는 것이 실로 이러한 뜻입니다. 이 말씀이 어찌 태극과 양의를 아주 분명하게 선·후로 나누어 태극으로써 음양(陰陽)을 낳는다고 말한 것이겠습니까. 정자(程子)와 주자(朱子) 제현(諸賢)이 '이(理)'를 발명하면서 기(氣)와 구별하여 천지 사이의 사사물물(事事物物)을 모두 이(理)를 따라 미루어 간 것은 비록 하나의 '이(理)' 자가 많은 것 같으나, 이것은 선수 받은 바가 있는 것입니다.

그리고 요컨대 또한 사람들에게 본(本)과 말(末)을 보여주어 그 경(輕)·중(重)을 알게 한 것이니, 그 뜻이 은미(隱微)합니다. 배우는 자가 마땅히 이러한 깊은 뜻을 삼가 지켜 잃지 말아야 거의 성인(聖人)의 문정(門庭)을 저버리지 않을 것입니다. 새로운 것을 숭상하고 기이한 것을 좋아해서 성현(聖賢)이 이루어 놓은 가르침과 다른 설(說)을 내세워서 전인(前人)보다 더 훌륭하기를 구하는 자는 유가(儒家)의 모적(蟊賊 해충)입니다.

박명벽에게 답함
答朴命壁

문 녹문(鹿門)이 말씀하기를 "'태극(太極)'은 원기(元氣)이다."라고 하였으니,[91] 이 말씀이 매우 의심스럽습니다. 이것은 '기(氣)'를 '이(理)'라고 인식하는 병통이 없겠습니까?

답 이 어른이 어찌 '기(氣)'를 '이(理)'로 인식하는 것이 병통이 됨을 몰랐겠습니까. 다만 '기'를 위주하여 '이(理)'를 설명하고자 하였기 때문에 말씀이 자연스럽게 이와 같이 된 것이니, 이는 끝내 성인(聖人)이 글을 쓸 때의 본의(本意)가 아닐 듯합니다. '태극'이라는 것은 원기(元氣) 중에 천(天)・지(地)・인(人) 삼재(三才)를 관통하는 지극한 도리를 표준으로 삼아 종지(宗旨)를 세워 만세 사람들의 안목(眼目)을 열어준 것입니다.

문 녹문이 또 "사람의 성(性)이 선(善)함은 바로 기질이 선하기 때문이다."[92]라고 하셨습니다. 기질은 바로 선(善)과 악(惡)이 있는 물건인데, 이와 같이 말씀한다면 '성선설(性善說)'에 폐해가 되지 않겠습니까?

91 녹문(鹿門)이……하였으니 : 녹문은 임성주(任聖周, 1711~1788)의 호로, 이 내용은《녹문집》권19〈녹려잡지(鹿廬雜識)〉에 보인다. 임성주는 도암(陶菴) 이재(李縡)에게 수학하여 초년에는 인물성동론(人物性同論)을 주장하는 낙학계(洛學系) 학자였으나, 중년에 이르러 기존의 학설을 비판하고 호락(湖洛)의 양론을 기일원론적(氣一元論的) 입장에서 종합하여 자신의 학설을 수립하였다.

92 사람의……때문이다 : 이 내용도《녹문집》권19〈녹려잡지〉에 보인다.

답 녹문은 기를 중요하게 보았기 때문에 기가 본래 선함을 따라 말씀하여 심성(心性)이 일치되는 묘함을 드러내려고 한 것이나, 자세한 정황이 너무 부족하여 병패(病敗)가 생기기 쉬울 듯합니다.

박명벽에게 답함

答朴命壁

멀리 떨어진 강가에서 외로이 거주하여 서로 간의 거리가 묘연(渺然)하니, 비록 그리워하고 우러르는 사사로운 마음이 있으나, 이것 또한 스스로 드러낼 수 없었습니다. 그런데 뜻밖에 윤군(尹君)이 와서 소매 속에서 그대의 소(疏)를 꺼내주니, 펼쳐보고서 마치 대면하여 가르침을 들은 것처럼 놀랍고 기뻐서 노량진(鷺梁津) 가와 금호(錦湖)의 거리가 멀다는 생각이 홀연히 사라졌습니다.

소식을 들은 뒤에 가을이 되었습니다. 멀리서 생각하건대 기거하는 몸이 진중함을 보존하고 있겠지요? 주자(朱子)는 거상(居喪) 중에도 강학(講學)을 폐하지 않으셨는데, 근일에 궤전(饋奠)하는 여가에 무슨 책을 공부하고 있는지 궁금합니다. 날로 새로워지는 실제적인 공효가 있습니까?

돌아보건대 지금 사문(斯文)의 학문이 끊기고 있으니, 그대처럼 지상(志尙)이 높고 문로(門路)가 바른 사람은 당세에 찾아보면 많이 얻기가 어렵습니다. 그러나 이 일은 사체(事體)가 크므로 작은 것을 얻었다고 해서 만족해서는 안 되니, 다시 바라건대 백척간두(百尺竿頭)에서 힘써 진일보(進一步)하여 대업(大業)을 끝마치는 것이 어떻겠습니까, 어떻겠습니까?

구구한 나는 그대와 만났던 날은 비록 매우 적으나, 한 마디 말에 서로 마음이 계합(契合)하여 흠모하는 마음을 갖게 되었으니, 실로 늦게 만난 것을 한스럽게 여겼습니다. 삼가 이 노년의 여생이 우리 그대의 경계와 가르침에 큰 도움을 받아 비루하게 되는 것을 면할 수 있기를 원했습니다. 그런데 매번 보내온 편지를 받을 때마다 실정보다 너무 지나치게 추앙하고 칭찬을 해주어 끝내 나의 병통에 침을 놓아주고 미치지 못하는 것을 권면하는 뜻이 없으니, 나로 하여금 어찌할 바를 몰라 나도 모르게 부끄럽게 하였습니다. 이는 허식(虛飾)은 지나치고 실심(實心)은 적어서이니, 어찌 내가 어진 그대에게 바란 것이겠습니까. 이 편지 이후에 계속해서 편지를 주고받을 때에는 부디 과분한 말을 절제해 주기를 바랍니다.

나는 선민(鮮民)[93]의 신세로 오직 한 아우를 의지하여 살았습니다. 일찍이 "조만간에 저 아우가 나의 뼈를 수습해 줄 것이다."라고 여겼는데, 지금 마침내 어긋남이 이러한 지경에 이르니,[94] 정리(情理)상 날이 갈수록 더욱더 칼로 베인 듯이 몹시 원통합니다. 금년 여름 습한 무더위에 거듭 몸이 상하였는데, 온갖 병이 교대로 공격하여 갑절이나 쇠약해지니, 이와 같은 상태로 어찌 인간 세상에서 오래 살아갈 수 있겠습니까.

계추(季秋)에 방문하겠다는 말을 해주었으니, 내가 기쁜 마음으로

93 선민(鮮民) : 부모를 여의고 의지할 곳 없이 사는 외로운 백성을 비유하는 말인데, 여기서는 오희상 자신을 여기에 빗대었다. 《시경》 〈소아(小雅) 육아(蓼莪)〉의 "작은 병이 텅 빔이여 큰 병의 수치로다. 과약(寡弱)한 백성이 삶이여 죽음만 같지 못한 지가 오래되었도다. 아버지가 없으면 누구를 믿으며 어머니가 없으면 누구를 믿을까. 나가면 근심을 품고 들어오면 이를 곳이 없어라.〔甁之罄矣, 維罍之恥. 鮮民之生, 不如死之久矣. 無父何怙, 無母何恃? 出則銜恤, 入則靡至.〕"는 데서 유래한 것이다.

94 어긋남이……이르니 : 오희상의 아우인 오연상(吳淵常, 1765~1821)이 신사년(1821 순조21) 3월 12일에 졸한 것을 두고 한 말이다. 《臺山集 卷11 吏曹參判吳公墓誌銘》

기다리지 않는 것은 아니나, 흉년에는 미리 기대할 수 없는 일입니다. 매번 연전(年前)에 운니동(雲泥洞) 서쪽에서 수십 일 동안 즐겁게 강습(講習)하고 토론하였던 일이 마치 1겁(劫)의 오래전 일인 것 같다는 생각을 할 때마다 번번이 그대가 있는 곳을 바라보며 서글프고 암담한 마음을 금하지 못합니다. 나머지는 이만 줄입니다.

박명벽에게 답함

答朴命壁

문 여아(女兒)의 혼사가 이미 때가 지났는데, 이 중제(重制)[95]를 만나서 혼례를 행하지 못하였습니다. 내년 가을 소상(小祥) 이후에 행해도 되겠습니까?

답 《가례(家禮)》〈혼례장(婚禮章)〉에 "혼인하는 본인과 주혼자(主婚者)가 기년복(期年服) 이상의 상(喪)이 없어야 비로소 혼례를 할 수 있다."라고 하였으니, 이것은 〈관례장(冠禮章)〉의 글[96]과는 조금 다릅니다. 우옹(尤翁 송시열)과 도암(陶菴 이재(李縡))은 "두 가지가 호문(互文)이어서 마땅히 통틀어 보아야 한다."라고 하셨고, 현석(玄石 박세채(朴世采))은 "각각 하나의 뜻이다."라고 하였습니다.[97] 《가례》는 실로

95 중제(重制) : 대공(大功) 이상의 중한 상복을 입는 예제(禮制)이다.

96 관례장(冠禮章)의 글 : 《가례》 권2 〈관례(冠禮)〉에 "반드시 부모가 기년복 이상의 상이 없어야 비로소 행할 수 있다."라고 되어있다.

97 우옹(尤翁)과……하였습니다 : '호문(互文)'은 아랫글과 윗글의 어구가 서로 연결되어 의미를 보충하는 것을 말하는바, 송시열의 말은, 박세채(朴世采)가 "〈관례〉에 '부모에게 기년 이상의 상이 없어야 한다.'라고 하였고, 〈혼례〉에 '자신과 혼사를 주관하는 사람에게 기년(期年) 이상의 상이 없어야 한다.'라고 하였는데, 이는 모르겠지만 호문의 뜻이 됩니까? 아니면 다른 까닭이 있는 것입니까?"라고 묻자, 송시열이 "이는 호문인 듯합니다. 혼례는 관례보다 중하니, 어찌 부모에게 무거운 상이 있는데 이를 행할 수 있겠습니까."라고 대답한 것을 가리킨다. 《宋子大全 卷65 答朴和叔》 이 내용은 이재(李縡)의 《사례편람(四禮便覽)》 권1 〈관례(冠禮)〉의 주에 인용되어있는데, 박세채의 말은 출처가 자세하지 않다.

《서의(書儀)》[98]를 인습(因襲)하였는데, 《서의》의 본문 안의 자주(自註)[99]를 가지고 상고해보면 현석의 "각각 별개의 한 뜻이다."라는 말이 맞는 듯합니다.

혼례는 관례와 달라 양가(兩家)에서 서로 연고(緣故)가 있어서 차질(蹉跌)이 반복되어 때를 놓쳐 낭패하게 되면, 실로 주자(朱子)의 편지글에 이계선(李繼善)이 물은바[100]와 같은 점이 있을 것입니다. 그러므

98 서의(書儀) : 송나라 사마광(司馬光, 1019~1086)이 고례(古禮)에 근본하고 당시의 행할 만한 것을 참작하여 만든 예서(禮書)이다. 표주(表奏)·공문(公文)·사서(私書)·가서(家書)의 서식(書式) 1권, 관의(冠儀) 1권, 혼의(婚儀) 2권, 상의(喪儀) 6권 등 모두 10권이다. 《사마씨서의(司馬氏書儀)》라고도 한다.

99 서의의……자주(自註) : 《서의》 권3 〈혼의 상(婚儀上)〉에 "혼인하는 본인과 주혼자(主婚者)가 기년복 이상의 상이 없어야 비로소 혼례를 할 수 있다."라고 하였는데, 사마광의 자주에 "〈사혼례(士昏禮)〉의 '청기(請期)'란 말은 삼족에게 예기치 못한 상사(喪事)가 있을까 해서이니, 삼족(三族)이란 부친의 형제, 자신의 형제, 자식의 형제이다. 이 경우는 기년복에 해당하여 모두 혼인할 수 없다. 《예기》 〈잡기(雜記)〉에 '대공(大功)의 복이 끝날 때에는 딸을 시집보내도 된다.'라고 하였으니, 그렇다면 대공복의 장례를 치르기 전에는 혼인을 주관할 수 없는 것이다. 이제 율문(律文)에 따라 간이한 쪽을 따른다."라고 하였다.

100 주자(朱子)의……물은바 : '계선(繼善)'은 주자의 제자인 이효술(李孝述)의 자로, 《주자대전》 속집 권10 〈이효술 계선의 문목에 답함[答李孝述繼善問目]〉에 이효술이 "제가 혼사를 의논한 지 10년이 되었는데도 이런저런 일에 견제되어서 아직까지 혼사를 치르지 못하여 노모(老母)께서는 이번 겨울에 혼사를 매듭짓고자 하십니다. 그런데 돌아가신 형님의 궤연(几筵)을 아직 철거하지 않아 노모께서 자최 삼년복을 입고 계시는 탓에 다시 구애되는 점이 있습니다. 그러나 혼사를 주관하는 사람이 숙부라서 우선 마을의 풍속에 따라 혼례를 치르고자 하는데, 옳은 일인지 모르겠습니다."라고 물은 것을 가리키는데, 이에 대해 주자가 "숙부가 혼사를 주관한다면 곧 장가들어도 무방하니, 예(禮)와 율(律)에서 모두 상고할 수 있다. 다만 어머니가 계신데 숙부가 혼사를 주관한다면 또한 온당하지 않을 듯하니 다시 상세하게 고찰해보아야 한다."라고

로 《서의》에서 쓴 글에 차이가 있는 것도 아마 이것을 우려해서인 듯합니다. 《서의》의 주(註)에서 이미 고례(古禮)를 인용하고 또 당대의 율(律)을 달아놓아 임시방편의 한 가지 길을 조금 열어놓고자 하였는데, 《가례》에서 이것을 그대로 이어 쓴 것은 또한 이러한 뜻인 듯하니, 호문(互文)으로 볼 수 있는 것이 아닙니다.

그러므로 선배들의 의논도 그사이에 변동이 많았으나, 우암과 도암 양현(兩賢)의 의논이 실로 고례(古禮)에 부합하니, 만일 부득이하게 절박한 경우가 아니면 이것을 대번에 어겨서는 안 될 듯합니다.

답하였다.

박명벽에게 답함

答朴命璧

문 인산(因山)의 졸곡(卒哭) 전에 대(大)·중(中)·소(小)의 제사를 다 폐해야 한다면 선비(先妣)의 소상(小祥)을 9월에 뒤미처 거행해야 할 듯합니다. 추후에 날짜를 점치게 되면 날짜를 점치게 된 이유를 고해야 하고, 본래의 기일(期日)에는 간략히 제수를 진설하여 정(情)을 펴되 또한 추후에 소상제를 행한다는 이유를 고하지 않을 수가 없으니, 두 편의 고유문(告由文)을 지어서 제게 보내주시기를 삼가 바랍니다.

답 선배들이 혹 "본래의 대상일(大祥日)에 술잔을 한 번 올린다."라는 의논을 한 것이 있으나, 나의 소견으로는 이것은 사가(私家)의 상(喪)에 제사를 폐하고 본래 날짜에 간략히 진설하는 것과는 차이가 있습니다. 그러니 사가의 상에 제사를 폐하고 간략히 제수를 올리는 것은 나라에서 금하는 바가 없으나, 이것에 대해서는 금하는 조항이 계령(戒令)에 분명히 실려 있습니다. 일헌(一獻) 또한 법을 무릅쓰고 금하는 것이니, 비록 서운하기는 하지만 제사를 물려 행하는 이유만 고하는 것이 올바를 듯합니다. 두 가지의 고유하는 글을 지어 올리니, 부디 보고서 취사(取捨)하는 것이 어떻겠습니까?

【오희상이 지은 고유문】 왕대비(王大妃)의 재궁(梓宮)[101]이 빈소에

101 재궁(梓宮) : 왕이나 왕후 등의 유해를 안치한 관을 이른다.

있어서 내일 소상제(小祥祭)를 삼가 계령(戒令)에 따라 장차 졸곡 이후로 물려 행하려 하므로 감히 고합니다. -이것은 본래 소상제를 지내는 날 하루 전에 고하는 말입니다.- 왕대비의 졸곡이 이미 지나가서 장차 내일 소상제를 뒤미처 행하려고 하므로 감히 고합니다. -이것은 소상제를 뒤미처 행하는 날 하루 전에 고하는 글입니다.-

박명벽에게 답함
答朴命璧

작별하고 나서 이미 절기가 바뀌어 한 해가 저물었습니다. 먼 곳에서 그리운 마음 간절하여 꿈속에서도 그대가 나타나려고 하였는데, 뜻밖에 어떤 곳을 통해 온 것인지 알 수 없는 그대의 편지가 나의 손에 들어왔습니다. 편지를 펼쳐보고 근래 독서하는 기미(氣味)가 깨끗하고 건승함을 알았으니, 너무나 기쁜 나머지 편지를 단번에 손에서 내려놓을 수가 없었습니다.

나는 지난 가을 음식에 염증(厭症)이 생기고부터 원기가 아직 회복되지 못하였고, 이번 월초(月初)에는 또 관격(關格)[102]을 앓았습니다. 그 뒤로 줄곧 밥 먹는 것에 어려움을 겪은 탓에 음식물을 보거나 음식 냄새를 맡으면 모두 싫증이 생겨 날이 갈수록 기운이 더 쇠진(衰盡)해지고 있습니다. 이것은 아마도 하늘이 나를 폐기(廢棄)하려는 것이니, 어찌 능히 이승에서 오랫동안 살 수 있겠습니까. 낮과 밤의 이치[103]를

102 관격(關格) : 한의학 용어로, '관(關)'은 대소변이 통하지 않는 것이고 '격(格)'은 음식을 먹으면 토하는 것으로, 이러한 증상이 복합적으로 생기는 병증을 '토사곽란(吐瀉癨亂)'이라 하는데, 대소변이 통하지 않는 것만을 가리키기도 한다.

103 낮과……이치 : 죽고 사는 이치를 비유하는바, 《장자(莊子)》 〈외편(外篇) 지락(至樂)〉에 "지리숙(支離叔)과 활개숙(滑介叔)이 옛날 황제(黃帝)가 놀던 명백(冥伯)의 언덕과 곤륜산(崑崙山)으로 놀러 갔는데, 갑자기 활개숙의 왼쪽 팔꿈치에 큰 혹이 생기니, 활개숙은 마음속으로 놀라면서 언짢게 생각하는 듯하였다. 지리숙이 '자네는 그것이 언짢은가?' 하니, 활개숙이 대답하기를 '아닐세, 내가 어찌 이것을 언짢아하겠는가. 사람의 생명이란 빌린 것과 같네. 빌려서 살고 있으니 생명이란 먼지나 몸의 때와

다만 하늘에 맡겨 둘 뿐인데, 오직 이 인생을 헛되이 저버리는 것이 부끄러울 뿐입니다.

이러한 중에 간혹 두서너 인사(人士)가 우리집에 와서 공부하는 자가 있습니다. 내가 비록 병으로 인해 제대로 지도하지는 못하나, 대체로 모두 산만(散漫)하고 노쇠해서 세운 뜻이 견고하여 크게 믿을 만한 자가 없습니다. 내 몸을 돌아보건대 무식하고 무식해서 실제는 없고 명예만 훔쳤으니, 의기(意氣)에 감응(感應)하는 것이 이와 같음이 마땅합니다. 구구한 나의 부끄러운 마음을 또 어찌 이루 다 말하겠습니까.

그곳은 배우는 자들이 자못 많아 쓸쓸하지는 않다 하였는데, 다만 그들에게 용진(勇進)하고 정진(精進)하는 뜻이 없다면 또한 여기와 별반 다를 것 없는 증후(證候)입니다. 이미 여러 사람의 모범으로 삼을 만한 현자(賢者)를 얻었다면 모쪼록 이들을 앞으로 향하도록 교도(教導)해서 퇴보(退步)하지 않게 하여 한 줄기의 기운(氣運)이 이에 힘입어 단절(斷絶)되지 않기를 깊이 바랍니다.

주자(朱子)가 일찍이 말씀하시기를 "금일에는 할 만한 일이 없고, 오직 후생들을 수습(收拾)해서 단련시키고 성취시키는 것이 힘을 얻을 수 있는 곳이다."[104]라고 하셨습니다. 내가 늙고 병들어서 죽게 되자, 더욱 이 말씀이 의미(意味)가 있음을 깨닫습니다. 그러니 스스로 몸을

같은 것이네. 죽음과 삶은 낮과 밤이 교대하는 것과 같은 것이네.〔死生爲晝夜〕 더구나 나는 그대와 함께 만물의 변화를 보고 있는데 마침 변화가 나에게 미쳤으니, 내 어찌 싫어할 것인가.' 하였다."라고 한 데서 온 말이다.

104 금일에는……곳이다 : 이 내용은 《주자대전》 권35 〈유자징에게 줌〔與劉子澄〕〉에 보인다.

아끼고 학문을 진전시키기를 바랍니다.

동음(峒陰)의 이대감(李臺監)[105]의 〈명덕설(明德說)〉은 석씨(釋氏 불교(佛敎))가 말하는 '본심(本心 마음에 근본함)'에 가까워질까 우려해서 지은 것이니, '이(理)'를 위주하여 보고자 한다면 이러한 의사(意思) 또한 절로 좋습니다.

다만 여기에서 인용한 《주역》 〈진괘(晉卦)〉의 주설(註說)의 "'명덕(明德)'은 천리(天理)가 마음에 갖추어져 밝아서 어둡지 않은 것이다.〔明德者, 天理之具於心而昭明不昧者.〕"[106]라는 것은 《주역》의 전(傳)과 의(義)[107]에 보이지 않으며, 소주(小註)에 있는 여러 유자(儒者)의 설도 이 말과 비슷한 것이 없습니다. 어느 책에서 나온 것인지는 알 수 없으나 이렇게 본다면 주자의 《대학장구(大學章句)》의 뜻과 빈(賓)·주(主)가 뒤바뀌어 서로 크게 같지 않습니다.

대저 '명덕'의 뜻은 모름지기 내 마음을 가지고 오랫동안 체인(體認)해서 참으로 마음의 본체가 이치와 딱 합하여 조금의 간격도 없음을 알아야 합니다. 그리하여 조금이라도 본체를 말하면 이치가 곧 저절로

105 동음(峒陰)의 이대감(李台監) : 누구인지 자세하지 않다.

106 주역……것이다 : 인용한 내용은 《주역》 〈진괘(晉卦) 상(象)〉의 "밝음이 지상으로 나오는 것이 진이니, 군자가 이를 본받아 스스로 밝은 덕을 밝힌다.〔明出地上, 晉. 君子以, 自昭明德.〕"는 것에 대한 주석으로, 청나라 학자인 이광지(李光地, 1642~1718)의 《주역관단(周易觀彖)》 권6에 보인다. 이광지는 자가 진경(晉卿), 호가 용촌(榕村) 또는 후암(厚菴)이다.

107 주역의……의(義) : 《주역》에 대한 이천 정이의 해설서인 《주역전(周易傳)》과 주자(朱子)의 해설서인 《주역본의(周易本義)》를 가리킨다.

온전히 이해되어 이것의 묘(妙)함을 거의 알게 될 것입니다. 만약 한갓 언어나 문자에서 찾기만 한다면 기름 덩이에 그림을 그리거나 얼음에 조각을 하는 것[108]과 같을 뿐입니다.

우리는 이 한 가지 의미에 대해 스스로 "익숙히 강론하여 깨달았다."라고 생각하는데, 지금 또다시 금주(金注)의 의혹[109]이 생겨 남의 말을 좇아서 올라가면 따라 올라가고 내려가면 따라 내려간다면 완결할 기약이 없습니다. 부디 마음을 비우고서 다시 주자가 이른바 "본체(本體)의 전(全)과 본명(本明)의 체(體)"라는 등의 가르침과 또 《대학혹문》의 "명덕이 허령(虛靈)하고 통철(洞徹)해서 만리(萬理)가 다 갖추어져 있다."라는 말씀[110]을 가지고 침잠(沈潛)하고 반복해서 자기 몸에 징험하는 것이 어떻겠습니까, 어떻겠습니까?

108 기름……것 : 헛수고만 하고 보람이 없음을 뜻하는바, 한(漢)나라 환관(桓寬)의 《염철론(鹽鐵論)》에 "안으로 바탕이 없이 겉으로 문만 배운다면, 아무리 어진 스승이나 훌륭한 벗이 있더라도 마치 기름 덩이에 그림을 그리거나 얼음에 조각하는 것과 같아서 시간만 허비하고 보람은 없을 것이다「內無其質而外學其文, 雖有賢師良友, 若畫脂鏤氷, 費日損功.」"라고 보인다.

109 금주(金注)의 의혹 : '금주'는 황금을 내기의 담보로 건다는 뜻으로, 담보로 건 물건이 황금처럼 귀중한 것일수록 의혹된 마음이 커져 평정심을 유지하기 어렵다는 말인바, 《장자》 〈달생편(達生篇)〉에서 유래한다.

110 주자가……말씀 : 인용한 내용들은 모두 '명덕(明德)'을 설명한 것으로, 《대학혹문》 권1 〈경1장(經一章)〉에 보인다.

박명벽에게 답함

答朴命璧

《대학(大學)》의 '삼강령(三綱領)'과 '팔조목(八條目)'[111]에는 모두 이 이치가 들어있는데, 중리(衆理)를 갖추고 만사(萬事)를 응하는 기틀로 말하면 마음에 달려있고 -마음은 비록 똑같지만 또한 본연(本然)의 마음과 기질(氣質)의 마음이 있으니, 본체(本體)를 가리켜 '본연(本然)'이라 하고, 가리워짐이 있음을 가리켜 '기질(氣質)'이라 합니다.- 성(性)에 달려있지 않습니다. 그러므로 공부하는 방도를 말할 것 같으면 반드시 마음에서 찾아야 비로소 본성(本性)을 회복할 수 있으니. 이것이 바로 장자(張子 장재(張載))의 이른바 "마음이 능히 성(性)을 다할 수 있다."[112]라는 것입니다. 만약 곧바로 성(性)에서 찾고자 하면 성은 형체도 없고 행위도 없어서 어두움 속에서 형상를 더듬어 알려는 것과 같으니, 어디에서 힘을 쓸 수가 있겠습니까. 이는 '명덕'이 마음을 위주로 삼으나 '성(性)'이 절로 이 가운데에 갖추어져서 팔조목의 공부를 일관되게 미루어 갈 수 있는 이유이니, 실로 이것이 《대학》 한 편의 체요(體要)가 됩니다. 《대학장구(大學章句)》에서 해석한 것을 보면 뜻이 매우 곡진하니, 여기에서

111 대학(大學)의……팔조목(八條目) : 《대학》의 기본인 세 강령〔三綱領〕과 여덟 조목〔八條目〕을 말하는바, '삼강령'은 명덕을 밝히는 것〔明明德〕, 백성을 새롭게 하는 것〔新民〕, 지선에 머무는 것〔止於至善〕인데, 이에 따른 구체적 덕목인 '팔조목'은 사물의 이치를 연구하는 것〔格物〕, 지식을 지극히 하는 것〔致知〕, 뜻을 성실히 하는 것〔誠意〕, 마음을 바루는 것〔正心〕, 몸을 닦는 것〔修身〕, 집안을 가지런히 하는 것〔齊家〕, 나라를 다스리는 것〔治國〕, 천하를 고르게 하는 것〔平天下〕을 이른다.

112 마음이……있다 : 이 내용은 《장자전서(張子全書)》 권2 〈정몽(正蒙)〉에 보인다.

주자의 뜻을 알 수 있습니다.

석씨(釋氏)가 이른바 '마음[心]'은, 마음의 본체가 이치와 짝함을 버리고서 다만 마음의 정백(精魄)과 광경(光景)을 얼핏 보고 이것을 조작(造作)하여 스스로 "소리를 듣고서 도를 깨닫고 색(色)을 보고서 마음을 밝힌다.[聞聲悟道 見色明心]"[113]라고 하였으니, 우리 유가(儒家)에서 '격물(格物)·치지(致知)'와 '성의(誠意)·정심(正心)'을 차례로 축적하여 전체와 대용(大用)을 지극히 하는 것과 어찌 같은 자리에 놓고 말할 수 있겠습니까. 그러므로 석씨가 이단(異端)이 되는 이유는 단지 이치를 보지 못해서일 뿐만 아니고 또한 마음을 알지 못해서입니다. 지금 여기에서 애당초 그 차이를 정밀하게 상고하지 않고, 다만 "마음을 주장한다.[主心]" 두 글자를 따라서 곧 석씨의 학문에 해당한다고 의심하여 물리친다면 아마도 너무 엉성할 듯합니다. 이것은 성문(聖門)의 공부 본령에 해당하니, 다만 문자의 득실일 뿐만이 아닙니다. 정자(程子)가 말씀하기를 "경문(經文)의 해석이 틀리다 해서 크게 해로울 것은 없다. 하지만 긴요한 대목의 해석만은 똑같지 않으면 안 된다."[114]라고 하셨으니, 다시 마음에 담아 생각하고 헤아려 다시 가르쳐 주기를 비랍니다.

113 소리를……밝힌다 : 일상생활에서 보는 것과 듣는 것을 통해 심성(心性)이나 본성(本性)을 통찰한다는 뜻으로, 선종(禪宗)의 공안(公案)이다. 당나라의 승려 향엄지한(香嚴智閑)과 영운지근(靈雲志勤)의 일화에서 온 말인바, 향엄지한은 대나무가 쪼개지는 소리를 듣고 도를 깨달았고, 영운지근은 복사꽃을 보고 도를 깨달았다 한다.《五燈會元 卷5, 卷9》

114 경문(經文)의……된다 : 이 내용은《근사록(近思錄)》권3〈치지류(致知類)〉에 보인다.

남대임[115]에게 답함

答南大任

지난번에 〈녹명(鹿鳴)〉장을 읊으러 갈 적[116]에 한형주(韓荊州)를 알고 싶은 소원[117]을 이루게 되었으니, 아마도 하늘이 적당한 기회를 빌려준 듯하였습니다. 그런데 뜻하지 않게 전염병의 기운이 사람들의 바람을 무너트려 돌아가는 말을 재촉하는 것을 만류하지도 못하고, 강론을 시작하자마자 곧바로 폐하였으니, 또 그 사이에 마귀의 장난이 있는 듯하였습니다. 그리하여 나로 하여금 사람이 모이고 흩어지는 것에 연연하여 오래도록 잊지 못하게 하였습니다.

115 남대임(南大任) : 1782~1854. 자는 천강(天降), 본관은 의령(宜寧)이다. 조선 개국공신 남재(南在)의 후손으로, 함경도 종성(鍾城) 출신이다. 서울에 와서 오희상을 찾아가 배운 뒤에 고향으로 돌아가서 평생 학문에만 전념하였다. 여러 번 관찰사의 천거를 받았으나, 끝까지 응하지 않았다. 《梣溪遺稿 卷9 南涪菴墓碣銘》

116 녹명(鹿鳴)장을……적 : 녹명연(鹿鳴宴)에 갔을 때를 이른다. 녹명연은 과거가 끝나고 주현(州縣)의 장관(長官)이 주고관(主考官 과거의 주임 시험관), 학정(學政) 그리고 급제한 수험생들을 초청하여 베푸는 연회이다. 연회석상에서 《시경(詩經)》〈녹명〉을 노래하기 때문에 '녹명연'이라고 일컬었다. 《星湖僿說 卷14 人事門 鹿鳴宴》 본래 〈녹명〉은 임금이 신하들 및 빈객들에게 연회를 베푸는 내용의 시이다.

117 한형주(韓荊州)를……소원 : '훌륭한 사람과 서로 인사를 나누어 면식(面識)을 갖고 싶은 바람'이란 뜻인데, 여기서는 남대임을 만나고 싶은 소원을 빗댄 것이다. 당나라 때 이백(李白)이 형주 자사(荊州刺史) 한조종(韓朝宗)에게 보낸 편지인 〈여한형주서(與韓荊州書)〉에서 "생전에 만호후에 봉해질 필요 없고, 오직 한 번 한형주를 만나는 것이 소원이다.〔生不用封萬戶侯, 但願一識韓荊州.〕"라고 한 데서 온 말이다. 《古文眞寶後集 卷2》

초여름에 박계립(朴季立)[118]을 통해서 지난해 가을과 금년 봄에 보내 준 두 통의 편지를 받았는데, 편지 봉함을 뜯어보니 내용이 통창(通暢)해서 다시 그대의 깨끗한 모습을 접하는 것과 다름이 없었습니다. 다만 천박하고 고루한 나에 대해 마음 써 준 것이 정중하고 의리를 개진한 것이 지나치게 성대하니, 내가 뒤이어 부끄러운 마음에 땀을 줄줄 흘렸습니다.

그러나 현재 풍속이 나빠져서 사우(師友)의 도가 상실되어 '학문(學問)'이라는 명칭이 세상 사람들에게 듣기 싫어하는 바가 되었습니다. 그런데도 족하(足下)는 먼 지방에서 태어나 우뚝이 이 일에 뜻을 두었고, 자질이 아름답고 부지런히 학식을 쌓았으니, 또 그 뜻을 충분히 이룰 만합니다. 이는 구구한 내가 한 번 보고 흠모하는 마음이 일어나 더불어 기꺼이 사귀려고 하였던 이유입니다. 다만 거처가 멀어서 서로 자주 만나 볼 방법이 없음이 한스럽습니다.

그러나 도가 천하에 있는 것은 물이 땅에 있는 것과 같아서 거리의 원근(遠近)에 관계되지 않고 풍기(風氣)에 얽매이지 않습니다. 더구나 성인(聖人)께서 이루어 놓은 가르침이 전적(典籍)에 실려 있어서 문로(門路)와 등급을 열어 보여 가르쳐주신 것이 마치 손바닥을 가리키는 듯, 귀에 입을 대고 말씀하는 듯이 명백하고 친절하니, 사람들이 제대로 찾아 배우지 못하는 것이 걱정일 뿐입니다. 만일 능히 진실한 마음으로 도를 구한다면 무슨 높은 것인들 올라가지 못하겠습니까. 부디 족하는 궁벽한 시골에서 홀로 학문하는 것을 핑계로 삼지 말고 더욱 스스로 분발해서 그 발걸음을 발전시키되, 행하기 어려운 일을 먼저

118 박계립(朴季立) : '계립'은 박명벽(朴命璧, 1773~1827)의 자이다.

실천하고 그 소득은 뒤에 생각하며, 마음속에서 잊지도 말고 빨리 이루려고 조장(助長)하지도 말아서 능히 성취하는 바가 있게 하십시오. 그리하면 비록 천애(天涯)의 먼 거리에서 서로 바라보고 살아가더라도 소리와 기운이 서로 통하는 것이 장차 아침저녁으로 만나는 것과 다름이 없게 될 것입니다.

편지를 보낸 뒤에 어느덧 여름이 지나고 가을이 되었습니다. 이때에 생각하건대 부모님 모시며 학문하는 몸이 길(吉)합니까? 나는 나이가 한 갑자(甲子)를 일주(一周)하였는데, 도를 배움은 이미 초심과 어긋나고 노쇠한 병이 점점 고황(膏肓)에 들고 있습니다. 이는 참으로 살아서는 유익함이 없고 죽어서는 알려짐이 없다는 것이니, 한밤중에 일어나면 개탄스러운 마음을 이길 수가 없습니다. 오직 계립(季立)이 책상을 지고 와서 상대해주어 나의 쓸쓸한 회포를 크게 위로했는데, 지금 또다시 작별하고 가니, 서로의 시름과 서글픔을 알 수 있습니다. 그가 갈 때에 이 편지를 써주면서 족하에게 전달해달라고 부탁하였는데, 족하가 어느 때나 이것을 볼 수 있을지 모르겠습니다.

하고 싶은 많은 말들은 글로 다 말할 수 없습니다. 오직 학문을 진전하고 몸가짐을 조심하여 나의 소원에 부응해주기를 바랍니다.

남대임에게 줌

與南大任

내가 지난가을에 박계립(朴季立 박명벽(朴命璧))이 고향으로 돌아가는 편에 편지 한 통을 써 보냈습니다. 족하(足下)에게 전달해주기를 부탁했는데, 차질 없이 받아보았습니까? 그 뒤에 예전처럼 소식이 격조하였고, 또다시 그렇게 한 해가 지났습니다. 멀리서 생각하건대 부모님 모시고 학문하는 몸이 건승할 것인데, 반복해서 하는 공부를 지금은 무슨 책으로 하고 있습니까? 또 새롭게 알아가는 취미가 있습니까?

족하는 '격물치지(格物致知)'[119] 한 가지 일에 대해서는 학문하는 방법이 이미 익숙해져 점진(漸進)시키지 못할 근심이 없을 것이니, 모쪼록 다시 본원(本原 마음) 공부로 나아가 장엄(莊嚴)하고 공경하는 자세로 본원을 붙잡아 함양하여 배양하는 것이 어떻겠습니까, 어떻겠습니까?

후세의 배우는 자들은 대부분 한갓 구이(口耳)의 학문[120]을 숭상해서

119 격물치지(格物致知) : 《대학장구》 경문(經文) 1장에 "그 뜻을 성실히 하고자 하는 자는 먼저 그 지식을 지극히 하였으니, 지식을 지극히 함은 사물의 이치를 궁구함에 있다.〔欲誠其意者, 先致其知, 致知在格物.〕"라는 데에서 온 말로, 사물의 이치를 연구하여 지식을 지극하게 하는 것을 말한다. 한편, 《대학혹문》에 주자가 "본원(마음)을 함양하는 공부가 격물치지의 근본이 된다.〔涵養本原之功, 所以爲格物致知之本者也.〕"라고 한 말이 보인다.

120 구이(口耳)의 학문 : 마음속에 깊이 체인(體認)하지 않고, 그저 귀로 들은 것을 입으로 말하는 천박한 학문을 가리키는바, 《순자(荀子)》 〈권학편(勸學篇)〉의 "소인의 학문은 귀로 들어와 입으로 나간다. 입과 귀의 사이는 4치밖에 안 되니, 어떻게 7척의 몸을 아름답게 할 수 있겠는가.〔小人之學也, 入乎耳, 出乎口, 口耳之間則四寸耳, 曷足

듣고 본 것을 답습함으로써 스스로 기뻐할 뿐이고, 성인(聖人)의 학문을 참되고 절실하게 원망(願望)하는 자는 적습니다. 이와 같은 자는 끝내 성취하는 것이 다만 지리멸렬(支離滅裂)한 것일 뿐입니다.

정자(程子)가 말씀하기를 "보통 사람이 능히 할 수 없는 것을 성인은 하지 않는다.〔凡人之所不能爲, 聖人不爲也.〕"[121]라고 하셨고, 연평(延平)이 또 말씀하기를 "사람의 몸가짐을 마땅히 공자로 법을 삼아야 한다.〔人之持身, 當以孔子爲法也.〕"라고 하였으니,[122] 그렇다면 학문하면서 성인(聖人)이 되는 것을 스스로 기약하지 않는 것은 또한 자포자기(自暴自棄)일 뿐입니다. 그러나 또한 고원(高遠)한 것을 탐하고 사모해서 상상(像想)하고 모의(模擬)하여 실제의 일을 빠트려서는 안 됩니다.

주자(朱子)가 일찍이 《중용》의 크고 작은 것을 논하여 말씀하기를 "작은 것은 바로 큰 것의 징험이니, 모름지기 행실과 말을 삼가서 작은 곳부터 공부하여야 비로소 능히 큰 것을 채울 수 있다."[123]라고 하셨으

以美七尺之軀哉?〕"라는 구절에서 연유하였다.

121 보통……않는다 : 이 내용은 《이정수언(二程粹言)》 권하(下) 〈성현편(聖賢篇)〉의 "보통 사람이 할 수 없는 것을 성인은 하지 않으신다.〔人所不可能者, 聖人不爲也.〕"라는 말을 인용한 것이다.

122 연평(延平)이……하였으니 : 연평은 주자의 스승인 이통(李侗)의 호인바, 인용한 내용은 《논어집주대전(論語集註大全)》 〈서설(序說)〉의 "정자(程子)가 말씀하였다. '나는 나이 17, 18세 때부터 《논어》를 읽었는데, 당시에도 이미 글 뜻을 알고 있었지만, 읽기를 더욱 오래할수록 다만 의미가 심장(深長)함을 느꼈다.'"라는 구절에 대한 세주(細註)에 보인다.

123 작은 것은……있다 : 이 내용은 《주자어류》 권8 〈학2(學二) 총론위학지방(總論爲學之方)〉에 보인다.

니, 참으로 뜻깊은 말씀입니다. 이것은 우리 유자(儒者)들이 서로 전하는 안장(眼藏)[124]이 될 수 있는데, 족하와 같은 이는 스스로 멀고 궁벽한 곳에 거처하여 친구가 적고 누추하다는 것을 병으로 여겨서 의사(意思)가 위로 천리(天理)를 통달하는 데에 치우치면 아래로 인사(人事)를 배우는 일에 소략(疏略)하기 쉬울 듯하니, 더욱 주자의 이 가르침을 가슴속에 간직하고 지켜서 힘쓰고 힘써야 합니다.

나는 병과 노쇠함이 겹쳐서 뜻과 힘이 강하지 못하여 책을 읽는 것과 몸을 검속하는 것 두 가지를 모두 폐하니, 부끄러워 친구들을 만나볼 수가 없습니다. 근래 다행히 계립(季立)이 와서 머물면서 서로 대면하여 이렇게 궁벽하고 누추하게 지내는 나를 크게 위로해주었는데, 매번 책을 대하여 토론할 때마다 족하와 더불어 함께 하지 못하는 것을 한스럽게 여겼습니다. 내가 생각하건대 이 말을 듣게 되면 그대 또한 한 번 서글퍼할 것입니다.

《중용》에서 의심스러운 것을 질문해주었는데, 돌아보건대 이 몸이 연래에 응답하는 데에 게을러서 한 해가 지나고서 늦게 답장을 보내니, 이와 같이 하고서도 오히려 어찌 강론(講論)하는 도움을 받을 수 있겠습니까. 심히 부끄럽습니다. 겨우 계립과 함께 수정해서 찌를 붙여서 올려보내니, 알지 못하겠습니다. 고상한 뜻에는 어떻게 생각합니까? 만약 나의 견해와 합하지 않는 것이 있거든 답장을 늦게 했다는 것을 이유로 망설이지 말고 다시 물어주십시오. 이 밖에는 오직 몸을 보존하고 학문을 연마하기를 바랍니다. 이만 줄입니다.

124 안장(眼藏) : 불가(佛家) 용어인 '정법안장(正法眼藏)'의 줄임말로, 석가가 깨달은 최고의 묘리를 가리키는데, 여기서는 학문의 핵심이자 정수(精髓)를 의미한다.

남대임에게 답함
答南大任

시험에 올렸던 공거문(公車文)을 불 속에 던진 것은 "이미 이루어진 일이라 말하지 않고 기왕(旣往)의 일이라 허물하지 않는다."[125]라는 것이라 이를 수 있으나, 우리 사람이 일을 처리하는 것은 원만함을 귀하게 여기는데, 어찌 이와 같이 원만함과 괴리되게 한단 말입니까? 비록 부모가 작고해서 지극히 애통하고 비통한 마음에서 나온 처사인 줄은 알겠으나 여기에 만약 남들에게 드러내고자 하는 마음이 일호(一毫)라도 있었다면 마음 씀이 이미 절로 좋지 않은 것입니다.

대저 사물에 대응할 때에는 내 마음으로 하여금 주재(主宰)가 분명해서 사물에 꺾이지 않게 하면 자연히 털끝만큼의 기력을 허비하지 않고도 절도(節度)에 맞아 잘못되는 일이 없을 것입니다. 그러나 조금이라도 사물에 부려지면 바로 이것은 정자(程子)의 이른바 "사물에 의해 변화된다.〔化物〕"[126]는 것입니다. 상주(喪主)인 그대의 이 일은, 어

125 이미……않는다 : 이미 지나간 일은 어찌할 수 없기 때문에 더 이상 왈가왈부하지 않는다는 뜻으로, 이 내용은 《논어》 〈팔일(八佾)〉에 "이루어진 일이라 말하지 않으며, 다 된 일이라 간하지 않으며, 이미 지나간 일이라 탓하지 않는다.〔成事不說, 遂事不諫, 旣往不咎.〕"라고 한 말을 원용한 것이다.

126 사물에 의해 변화된다 : 이천 정이가 "《주역》 〈몽괘(蒙卦) 육삼(六三)〉에 '자신의 몸을 보유하지 못하니, 이로운 바가 없다.〔不有躬, 无攸利.〕' 하였으니, 자기 자신을 확립하지 못하면 비록 좋은 일을 하려고 해도 사물에 의해 변화되어 버린다.〔雖向好事, 猶爲化物.〕 천하 만물로써 자기 자신을 어지럽혀서는 안 된다. 자기 자신을 확립한 뒤에야 천하의 만물을 스스로 감당할 수 있다."라고 한 데에 보인다. 《近思錄 論存養》

리석은 나의 소견으로는 마음이 과거를 포기하는 것에 부려짐을 면치 못해서 빚어진 일인 듯합니다. 또 무릇 세상의 연고(緣故)에 대해 그 자취를 감추면 감출수록 더욱더 좋습니다만, 만일 "이것 때문에 함부로 과거에 응시하고 싶지 않다."라는 마음을 가지고 있다면 훗날의 과거 시험 때에 응시하지 않으면 될 뿐이니, 하필 이와 같이 할 필요가 있겠습니까.

허여해주는 후의(厚誼)에 감사해서 애오라지 내 심정을 말하였는데, 만약 내 말을 채택해 준다면 덕을 진전하는 데 반드시 보탬이 없지는 않을 것입니다.

남대임에게 답함
答南大任

사람은 빼어난 기운을 받아서 형체가 바르고 기(氣)가 통하기 때문에 마음이 텅 비고 영명(靈明)하고 살아 움직여 이(理)가 곧 절로 온전하니, 이에 마음의 본체를 가리켜 '명덕(明德)'이라고 하는 것입니다. 그런데 물건〔동물〕은 편벽된 기운을 받아서 형체가 편벽되고 기가 막혔기 때문에 비록 마음 구멍은 있으나 능히 사람처럼 텅 비지 못해서 여기에 있는 신(神)과 이(理)의 본체가 이미 어둡게 가려져서 "명덕"이라고 부를 수가 없는 것입니다. 그러므로 "명덕"이라는 칭호는 진실로 사람을 따라 만들어진 것입니다. 그러나 부여받은 신(神)과 이(理)의 원초(原初)를 궁구해보면 어찌 사람과 물건에 정(精)·추(粗)와 피(彼)·차(此)의 구분이 있겠습니까. 다만 형기(形氣) 때문에 구별이 있을 뿐입니다. 그렇다면 이른바 "빼어난 기운〔秀氣〕" 또는 "편벽된 기운〔偏氣〕"이라는 것은 바로 횡거(橫渠 장재(張載))가 말씀하신 "유기(游氣)"[127]라는 것이고, "신(神)"이라는 것은 유기(游氣)의 근본은 담일(湛一)하여[128] 이치와 차이가 없는 것이니, 이 부분에 대해서는 잡념

127 유기(游氣) : 인간과 만물을 생성하는 기운으로, 《정몽(正蒙)》 〈태화(太和)〉에 "유기가 어지러이 뒤섞이며 합쳐서 형질(形質)을 이루는데, 이것이 만 가지로 다른 인과 물을 나오게 한다.〔游氣紛擾, 合而成質者, 生人、物之萬殊.〕"라고 보인다.

128 담일(湛一)하여 : 담연(湛然)하고 순일(純一)하다는 뜻으로, 장재(張載)가 "'담일'은 기의 근본이고, '공취'는 기의 욕구이다.〔湛一, 氣之本; 攻取, 氣之欲.〕"라고 하였는데, 주자가 "담일이란 외물에 감촉하기 전의 담연하고 순일한 상태이니, 이는 기의

을 씻어내고서 생각하여 헤아리는 것이 가장 좋습니다.

정자(程子)가 말씀하기를 "자신의 마음이 초목(草木)이나 조수(鳥獸)의 마음이다."[129]라고 하셨으니, 이것을 가지고 말하면 사람과 물건은 다만 성(性)이 같을 뿐만 아니라 마음 또한 같습니다. 다만 명덕(明德)은 물건에 칭할 수는 없으니, 그 까닭은 무엇이겠습니까? 요컨대 모름지기 자신의 마음에서 체득하고 연구해서 참으로 물건과 다른 소이(所以)를 알아야 비로소 이해할 수 있습니다. 다만 언어와 문자를 가지고 찾는 것은 형상 밖의 그림자를 더듬어 형상을 알려는 것과 같습니다.

근본이다.〔湛一是未感物之時湛然純一, 此是氣之本.〕"라고 설명하였다. 《張子全書 卷2 正蒙》《朱子語類 卷98》

129 자신의……마음이다 : 명도 정호가 "천지 사이에 사람만 지극히 신령스러운 것이 아니다. 자신의 마음이 바로 초목이나 조수의 마음인데, 다만 사람은 천지의 중(中)을 받아서 태어난 것일 뿐이다.〔天地之間, 非獨人爲至靈. 自家心, 便是草木鳥獸之心也, 但人受天地之中以生爾.〕"라고 한 데에 보인다. 《二程遺書 卷1》

임좌랑 효헌[130] 에게 답함

答林佐郎 孝憲

편지에서 말씀한 사상채(謝上蔡)의 "명리(名利)의 관문을 통과하여야 비로소 다소 편안히 처할 수 있다."라는 말[131]은 지극히 절실한 말이어서 나를 경계하고 감동하게 하였습니다. 구구한 나도 일찍이 이 말을 외고 완미(玩味)하였습니다. 그러나 예로부터 어진 이와 호걸들이 이 관문을 통과한 자가 거의 없습니다. 예컨대 한퇴지(韓退之 한유(韓愈))와 같이 무겁게 도(道)를 자임(自任)한 사람도 오히려 옥(玉)을 상자에 넣어두고 값을 기다리지 못해서[132] 유식(有識)한 분의 비난을 면치

130 임좌랑(林佐郎) 효헌(孝憲) : 임효헌(1784~?)이 계미년(1823, 순조23)에 예조 좌랑을 지냈기 때문에 이렇게 칭한 것이다. 임효헌은 자가 학경(學卿), 본관은 옥야(沃野)이다. 병자년(1816 순조16) 정시(庭試)에 급제하고, 예조 좌랑, 월성 부사(寧越府使) 등을 지냈다.

131 사상채(謝上蔡)의……말 : '상채'는 이천 정이의 문인인 사양좌(謝良佐)의 호로, 인용한 내용은 그가 "명리의 관문을 통과해야만 비로소 다소 편안히 처할 수 있는데, 오늘날의 사대부들은 족히 말할 만한 것이 있겠는가. 말만 잘하는 것이 참으로 앵무새와 같을 뿐이다.〔透得名利關, 方是小歇處, 今之士大夫, 何足道? 能言, 眞如鸚鵡也.〕"라고 한 것을 가리킨다. '명리의 관문을 통과한다.'는 것은 명리를 초탈하는 것을 의미한다. 《心經附註 卷4 鷄鳴而起章》

132 옥(玉)을……못해서 : 자기의 학문과 덕행을 남들에게 인정받기를 바라서 스스로 나서서 자랑한다는 말로, 《논어》〈자한(子罕)〉에 공자의 제자 자공(子貢)이 공자에게 묻기를 "여기에 아름다운 옥이 있다면 상자에 감추어 간직할 것입니까? 좋은 값을 기다려 팔 것입니까?〔有美玉於斯, 韞櫝而藏諸? 求善賈而沽諸?〕"라고 하자, 공자가 "팔기는 팔 것이지만 나는 값을 기다리겠다.〔沽之哉, 沽之哉, 我待賈者也.〕"라고 답한

못했는데,[133] 하물며 그보다 수준이 낮은 자들은 더 말할 것이 있겠습니까.

그대는 이미 통적(通籍)하여[134] 조정의 관직을 맡았는데 마침내 벼슬을 진취(進取)하는 길에 있으면서 이 말을 가지고 자신을 깊이 경계하고 살피고자 하니, 이 뜻이 참으로 좋고 참으로 좋습니다. 그러나 이것은 마음에 맹세하여 억지로 제재해서 될 수 있는 것이 아닙니다. 명도(明道 정호(程顥)) 선생이 말씀하기를 "내면(內面)이 진중하면 외물의 가벼움을 이길 수 있고, 체득한 것이 깊으면 유혹이 작음을 알 수 있다."[135]라고 하셨으니, 요컨대 모름지기 안에 충신(忠信)을 쌓고 힘써 배워 그것을 충적(充積)해서 외물(外物)의 유혹이 나의 충신(忠信)을 빼앗지 못하게 하여야 거의 이룰 수 있습니다. 간곡히 하문해준 것에 감동해서 나의 어리석은 정성을 바쳤습니다. 알지 못하겠습니다. 고견은 어떻게 생각합니까?

말을 원용한 것이다.

133 유식(有識)한……못했는데 : 당나라 때의 한유(韓愈)가 당시 불교와 노장(老莊)을 배척하고 유교를 일으키려고 노력하였으나, 한편으로는 벼슬을 얻기 위해 재상들에게 청탁하는 글을 여러 번 보냈다. 이 때문에 주자(朱子)가 "비록 급급하게 도(道)를 행하여 세상을 구제하고 간사함을 억제하고 정도(正道)를 붙드는 것을 일삼았으나, 끝내 사사로이 벼슬을 탐하고 녹봉을 사모하는 일을 면치 못하였다."라고 비판하였는바, 이를 두고 한 말이다. 주자의 비판은《고문진보대전 후집(古文眞寶大全後集)》〈원도(原道)〉의 소주(小註)에 보인다.

134 통적(通籍)하여 : 문표(門標)에 이름을 올리면 궁문의 출입을 허락하던 명패를 '통적'이라고 하는데, 여기서는 처음 벼슬아치가 된 것을 의미한다.

135 내면(內面)이……있다 : 이 내용은《이정유서(二程遺書)》권6에 보인다.

정생 재경[136]에게 답함
答鄭生在絅

나는 문을 닫고서 고단(孤單)하고 졸렬(拙劣)하게 지내어 내 자신을 남에게 드러내 보인 적이 있지 않았는데, 뜻밖에 지난번 족하(足下)가 길을 우회(迂廻)하여 거듭 방문해서 장차 옛 도를 가지고 서로 기약할 수 있을 듯하였으니, 매우 거룩한 뜻이었습니다. 다만 너무 바빠서 내 마음을 정성껏 쏟지 못한 것이 한스러우나, 이미 족하가 속된 사람이 아님을 알았습니다. 그래서 족하의 덕과 의리를 연모(戀慕)하여 왕왕 꿈속에도 나타나곤 하였는데, 갑자기 지난 섣달에 보내준 편지를 받으니, 편폭에 가득한 내용이 소상하였고 문장과 예는 더욱더 정중하고 간곡하였습니다. 편지를 여러 번 반복해 읽어보고 마음이 송연(竦然)해져 족하의 말에 뭐라고 대답해야 할지를 몰랐습니다.

다만 이 불녕(不佞)은 노둔해서 "잘한다"거나 "못한다"고 할 것이 없으나 오직 부형의 남은 가르침을 통해 학문을 그쳐서는 안 된다는 것을 일찍부터 알았습니다. 그러나 힘써 학문하지 못해서 늙어서도 성취한 것이 없으니, 매번 자신을 돌아보면 근본의 아주 치밀하고 간절한 곳에 대해 끝내 한 단계의 직절(直切)한 공부가 부족합니다. 그래서 이치를 공부하고 일을 행하는 것이 겨우 귀로 듣고 입으로 말하는 공부[137]에서

136 정생 재경(鄭生在絅) : 정재경(1782～?)이 아직 벼슬하지 않은 유생(儒生)이기 때문에 이렇게 칭한 것이다. 정재경은 자가 혜재(惠哉), 본관은 영일(迎日)이다. 병자년(1816 순조16) 식년시에 급제하고, 가주서, 수찬 등을 지냈다.

벗어나지 못하여 드러난 과실만을 구차히 면한 탓에 한갓 도를 배운다는 명목만 있고 실질적인 소득이 없습니다.

그런데 족하가 나에게 무슨 취할 것이 있다고 욕되이 하문한 것입니까? 족하는 나이가 젊어서 뜻과 힘이 한창 강하니, 원컨대 이 사람을 보고 경계를 삼아서 학문이 끊어진 온 세상 가운데에서 일찍 스스로 꼿꼿이 서서 조금도 구차하게 세속을 따르지 말고 도학(道學)을 담당(擔當)하여 분발해서 유학(儒學)에 보탬이 되게 하십시오.

물어준 '명덕(明德)'은 바로 우리 유가(儒家)의 안장(眼藏)[138]인데 천하의 의리 중에 이보다 정밀한 것이 없으니, 이에 대해 털끝만큼의 착오라도 있으면 남(南)과 북(北)의 거리만큼이나 크게 어긋나게 됩니다. 구구한 나 또한 일찍이 이에 대해 대강 강구(講究)한 것이 있었으나, 감히 자신할 수가 없어서 경솔히 말하는 것을 경계하였습니다. 그러니 조만간 대면하여 토론할 때를 기다려 마땅히 내 마음을 다 쏟아 나열하여 밝은 가르침을 따르려고 하였습니다.

그러나 보내온 편지를 자세히 살펴보니, 자못 후래(後來)의 여러 설(說)에 얽매인 듯합니다. 혹시라도 한결같이 이와 같이 탐구하면 비록 명리(名理 성리(性理))에 대해 대략적으로 두서(頭緖)를 안다 하더라도 이것은 다만 옛사람이 이른바 "길에서 듣고 길에서 말한다.〔道聽而塗說〕"[139]라는 것입니다. 부디 수많은 설(說)을 가슴속에서 털끝만큼

137 귀로……공부 : 마음속에 깊이 체인(體認)하지 않고, 그저 귀로 들은 것을 입으로 말하는 천박한 학문을 가리킨다. 《荀子 勸學篇》

138 안장(眼藏) : 학문의 핵심이자 정수(精髓)를 의미한다. 자세한 내용은 473쪽 주 124 참조.

도 남지 않도록 다 내려놓고서 곧바로 《대학장구(大學章句)》와 《대학혹문(大學或問)》을 평담(平淡)한 마음으로 살펴보고 체인(體認)하십시오. 또 "격물치지(格物致知)"와 "성의정심(誠意正心)" 및 마지막 장의 "혈구(絜矩)" 두 글자를 취하여 계속 반복해 읽어 통관(通貫)해서 이 가운데 하나라도 마음 본체의 묘함에 뿌리를 두고 있지 않음이 없음을 알아내십시오. 그리하면 명덕의 올바른 뜻이 자연히 눈앞에 생생하게 나타날 것이고, 성(性)과 심(心), 기질(氣質)의 개념에 대해 의심했던 것들도 순차적으로 풀릴 것입니다. 그런 뒤에 이것을 가지고 여러 말을 절충하면 거의 참작하고 종합하여 두루 통달해서 취사선택(取捨選擇)할 바를 알 수 있을 것입니다. 이것은 바로 구구한 내가 종사하려고 한 졸렬한 방법이었으나, 아직 얻은 것이 없습니다. 겨우 이렇게 써서 바치니, 고명(高明)이 어떻게 생각할지 모르겠습니다.

139 길에서……말한다 : 마음속에 깊이 체인(體認)하지 않고, 귀로 들은 것을 그대로 말하는 천박한 학문을 뜻한다. 《論語 陽貨》

정생 재경에게 답함
答鄭生在絅

지난번 우연히 만난 이후로 어느덧 3년이 흘렀습니다. 멀리서 족하의 훌륭한 모습을 그리워하며 마음만 수고로웠는데, 월전(月前)에 갑자기 양성(陽城) 고을에서 초여름에 보내준 편지를 받아보았습니다. 편지를 보내준 지가 비록 오래되었으나, 나의 마음이 매우 기쁘고 위로되어 다시 만난 듯하였습니다. 더구나 한 번 대면(對面)한 정분이 지극히 얕지만 정성스럽게 친애하는 뜻이 이처럼 깊고 절실하여 한갓 안부를 묻고 살펴줄 뿐만이 아니니, 어리석고 고루한 내가 어떻게 해서 그대에게 이런 대우를 받게 되었는지 알지 못하겠습니다. 진실로 감사하고 부끄러운 마음을 이길 수가 없습니다.

근간에 이미 여름이 지나고 가을이 깊어졌는데, 부모님 모시고 학문하는 몸이 진중하고 길합니까? 나는 질병으로 쇠약해져 뜻과 사업에 차질이 생겨 다만 세모(歲暮)에 금단(金丹)을 그리워하는 감회가 있으니,[140] 어쩌겠습니까, 어쩌겠습니까.

140 세모(歲暮)에……있으니 : 아무런 소득 없이 노년에 이른 것을 탄식하는 말이다. 주자(朱子)가 《참동계(參同契)》에 대한 발문에서 "나는 지난번에 순창(順昌)을 지나면서 운당포(篔簹舖)에서 쉬었는데, 벽 위에 써 놓은 글에 '빛나는 영지는 한 해에 세 번 꽃 피건만, 나는 유독 어찌하여 뜻이 있어도 성취하지 못하는가.'라고 하였기에, 그 글을 거듭 읽으며 슬퍼하였다. 뒤에 다시 그곳을 지나니 옛글이 보이지 않았고 세월을 헤아려 보니 어느새 40년 전 일이었기에 감회가 일어 다음과 같이 시를 지었다. '백년 세월 얼마나 되나. 영지 세 번 꽃핀들 무엇하랴. 금단은 노년에 소식 없으니,

편지로 해준 많은 말 속에서 도(道)를 이루려는 뜻이 간절함을 우러러 알았습니다. 다만 가난하게 살면서 온갖 근심으로 이 일에 전념하지 못하니, 그대의 처지가 개탄스럽습니다. 그러나 사람이 세상을 살아가노라면 자연스레 잡된 일과 근심이 없을 수가 없으니, 만일 온전히 한가한 시간을 갖고자 한다면 참으로 많이 갖기가 어렵습니다. 그러므로 예로부터 어진 이와 호걸들이 모두 잡된 일과 우환 속에서 공부를 하셨는데, 다만 도를 이루고자 하는 뜻을 확립하지 못하는 것을 근심하였습니다. 이 뜻이 진실로 확립된다면 때와 장소를 불문하고 어디를 가더라도 공부할 수 있는 자리가 아님이 없을 것입니다. 더구나 일반 사람들이 견디지 못하는 상황에서 마음을 단련해간다면 그 공효는 더욱 숙달(熟達)하고 정밀해질 것입니다. 궁금합니다. 어진 그대는 어떻게 생각합니까?

"명덕(明德)"의 설에 대해서 지난번에 하문해주었으나, 돌아보건대 이미 스스로 내 소견을 자신할 수가 없습니다. 그렇다면 말을 장황하게 늘어놓을 수가 없으므로 대략 화두를 잡아 평소 사색하여 정리한 졸렬한 방법을 말해 주었는데, 마침내 그 말을 버리지 않은 덕분에 편지로 반복하여 말하였습니다. 그리고 "옥계(玉溪)가 명덕을 본심(本心)이라고 설명한 것[141]이 적당함이 된다."고 말한 것에서는 족하의 훌륭한

운당포 벽 위의 시에 거듭 탄식한다네.〔冉冉百年能幾何? 靈芝三秀欲何爲. 金丹歲暮無消息, 重歎篔簹壁上詩.〕'"라고 한 데서 온 말이다.

141 옥계(玉溪)가……것 : 옥계는 옥계 노씨(玉溪盧氏)로 불리는 노효손(盧孝孫)의 자로, 《대학장구》 경(經) 1장 '대학지도재명덕(大學之道在明德)'의 소주에 실려있는 옥계 노씨의 설을 가리키는바, "명덕은 본심이다.〔明德只是本心〕"라고 실려있는데, 율곡 이이가 이것을 《성학집요(聖學輯要)》에 다시 수록하였다.

뜻이 있는 곳을 볼 수가 있으니, 나의 마음에 매우 만족스럽습니다.

"명덕"이라는 것은 -"명(明)" 자를 살펴보면 마땅히 마음에 써야 하는 것이고 성(性)에는 부합하지 않는 것입니다.- 다만 본연(本然)의 마음입니다. 하늘에서 얻은 것인 마음의 본체가 이와 같이 허령(虛靈)하고 통철(洞徹)하기 때문에 능히 그것을 가지고 여러 이치를 갖추고 만사에 응(應)할 수 있습니다. 후세에 유자(儒者)들은 자기 견해를 따라 해석해서 혹은 '성(性)'을 가지고 말하기도 하고 혹은 '심(心)'과 '성(性)'을 합한 것으로 말하기도 하며, 혹은 '심(心)'을 가지고 말하기도 합니다. '성(性)'으로 말한 것은 참으로 잘못 본 것이고, '심'과 '성'을 합한 것은 비록 말이 좋기는 하나 주(主)·객(客)의 구분이 크게 없습니다. '심'으로 말한 것은 가장 알맞은 것이 되지만 이 또한 곡절(曲折)이 부족합니다.

마음에는 본(本)과 말(末)이 있으니, '본'과 '말'을 들어 말하면 마음을 선(善)하다고 할 수가 없고, -정자(程子)의 이른바 "마음이 본래 선하나 사려(思慮)에서 발하면 선(善)도 있고 악(惡)도 있다."[142]라는 것과 주자(朱子)가 이른바 "마음은 본래 선하나 또한 능히 악으로 흘러간다."[143]라는 것은 모두 마음의 본과 말을 가리켜 말씀한 것입니다.- 반드시 그 본체를 가리켜야 비로소 명덕이 지극히 허(虛)하고 지극히 신령스러워서 분수(分數)가 없고 우열(優劣)이 없는 실제를 볼 수 있으니, 이것이 이른바 "명덕"입니다. 그러므로 주자가 《대학장구(大學章句)》와 《대학혹문(大學或問)》에서 "본체(本體)" 두 글자를 제시해서 간곡하고 친절하게 반복하였을 뿐만이 아

142 마음이……있다 : 이 내용은 《근사록》 권1 〈도체(道體)〉에 보인다.

143 마음은……흘러간다 : 이 내용은 《주자어류》 권95 〈정자의 글〔程子之書〕〉에 보인다.

니었습니다. 그리하여 후인(後人)으로 하여금 혼미하지 않게 하셨는데, 애석하게도 후래(後來)의 여러 설이 도리어 주자의 설을 어지럽히고 있습니다.

그러나 이러한 정밀한 의리에 대해서는 자기 신상(身上)에서 돌이켜 징험하는 것보다 참되고 간절한 것이 없습니다. 이렇게 하지 않으면 비록 말한 것이 서로 비슷하더라도 다만 금을 구경해본 적이 없는 가난한 사람이 금을 말하는 것과 같을 뿐이므로 참으로 이 의리와 연관이 없으니, 어진 그대가 여기에 더 유의하기를 거듭 바랍니다.

우리가 같은 세상에 살면서 서로 간의 거리가 아득히 머니, 비록 때때로 편지를 가지고 마음을 나타내지만 옛사람이 "편지가 끝내 대면하는 것만 못하다."라고 하였으니, 어이하면 한 번 만나서 서로 모여 강습(講習)하고 연구해서 이 보답하고자 하는 마음을 이룰 수 있겠습니까? 스스로 생각하건대 나는 서산(西山)에 걸린 해와 같아서 언제 죽을지 모르니, 매번 이것을 생각할 때마다 나도 모르게 크게 한탄합니다. 나머지 말들은 이만 줄입니다.

정생 재경에게 답함
答鄭生在絅

문 관례(冠禮)에서 삼가(三加)할 때와 초례(醮禮)할 때에 빈(賓)과 관자(冠者)가 반드시 서로 마주하는데, 관자에게 자(字)를 지어 줄 때에 관자는 반드시 남향(南向)을 하고 빈은 동향(東向)을 하는 것은 또 무슨 의리입니까?

답 삼가와 초례를 할 때에는 모두 관을 씌어주는 자와 관자에게 술 따라주는 예절이 있기 때문에 형세상 반드시 서로 마주하여 축사를 합니다. 그러나 관자에게 자(字)를 지어 줄 때에는 관례가 이미 다 이루어져 위의 두 가지 절차가 없으니, 다만 축사를 전달할 뿐입니다. 그러므로 각각의 위치를 따르는 것이니, 빈은 동향했던 맨 처음의 의식을 따르고 관자는 남면(南面)하는 의식을 따른 것입니다.

문 빈(賓)이 축사를 읽을 때에 반드시 앞을 향해 서서 읽는데, 관자는 높은 분이 말하는데도 "기립(起立)한다."라는 글이 없으니, 글이 빠진 것입니까? 빈이 서 있는데 관자가 그대로 앉아서 일어나지 않는 것은 빈의 축사를 듣는 모양새가 아닐 듯하니, 이는 매우 의심스럽습니다.

답 삼가를 할 때에는 모두 관을 벗고 다시 빗질하고, 빗질을 한 뒤에는 다만 비녀와 싸개를 더 착용합니다. 이때에는 아직 용의(容儀)가 갖추어지지 못한 데다 또 막 관례할 일이 있기 때문에 앉아있는 상태 그대로 축사를 전하니, 이는 진실로 마땅한 형세입니다. 초례 때의 축사와 자(字)를 지을 때의 축사는 삼가(三加)의 예가 끝난 뒤에 있으므로 의용(儀容)이 갖추어지고 나서야 비로소 서서 들을 수가 있는 것이니, 《의례(儀禮)》〈사관례(士冠禮)〉를 살펴보면 이것을 알 수 있습니다. -〈사관례〉에 "단술을 따라줄 때에는 자리로 나아간다."라는 글은 있고 "앉는다."라는 말은 없으니, 그때 서있는 것임을 알 수 있습니다. 자를 지어 줄 때에는 "서쪽 계단에 서있는다."라는 글이 있습니다.-

윤종섭[144]에게 답함

答尹鍾燮

편지를 보내준 것은 나에게 정중하게 마음 써준 것입니다. 편지를 여러 번 반복해 읽어보고 마음이 송연(竦然)해져 무슨 말을 해야 할지 자못 알 수 없었습니다. 불녕(不佞)은 어렸을 때 부형의 남은 가르침으로 강충(降衷)과 병이(秉彝)[145]의 소중함을 대강 알아서 유가(儒家)의 학문에 완전히 무관심한 자는 아니었습니다. 다만 이것을 힘써 행하지 않아서 습관이 항상 뜻을 빼앗고 기(氣)가 항상 이(理)를 가린 탓에 지금 백발노인이 되어 올연(兀然)히 알려진 것 없이 곤궁한 집에 사는 사람이 되었습니다. 친구들과 소년들은 이와 같은 사람인줄 모르고서 밥 한 끼를 먼저 먹은 것이 있다고 생각하여, 혹 먼저 통달한 자로 기대하려는 사람이 있으면 일찍이 겸손한 말로 그치게 하지 않음이 없었습니다. 종전에 족하가 근거 없는 말을 잘못 듣고서 편지를 폐백으로 삼아 실정보다 과하게 나를 칭송하니, 참으로 나처럼 어리석

144 윤종섭(尹鍾燮) : 1791~1870. 자는 양백(陽伯), 호는 온유재(溫裕齋), 본관은 파평(坡平)이다. 1837년(헌종3) 유일(遺逸)로 천거되어 화릉참봉(和陵參奉)에 제수되었으며 장수하여 통정대부(通政大夫)의 품계에 올랐다. 《溫裕齋集 卷6 行狀》

145 강충(降衷)과 병이(秉彝) : 두 가지는 인간의 선(善)한 본성을 회복하는 것을 목표로 하는 성리학(性理學)의 중요 개념어인바, '강충'은 인간이 태어날 때 하늘로부터 편벽되거나 치우친 바 없는 인의예지신(仁義禮智信)의 이치를 부여받는다는 뜻이고, '병이'는 인간이 하늘로부터 타고난 아름다운 본성을 이른다. 《書經 湯誥》《詩經 大雅 烝民》

고 누추한 자가 감당할 수 있는 것이 아닙니다. 그러나 백응(伯應 홍직필(洪直弼))이 이미 족하에게 나를 소개하였고 또 족하가 그 얘기를 듣고서 먼 곳에서 찾아왔으니, 마음속으로 감동하지 않을 수 없었습니다. 비록 처음에 군이 사양하지는 못했으나 우리가 이미 도(道)를 공부하는 것으로 상대한다면 마땅히 매사를 실제에 의거해야 할 것이요, 굳이 외면의 허례허식에 급급할 필요가 없으니, 나도 일찍이 이렇게 말했었습니다.

지금 보내준 편지를 받아보니, '선생(先生)'이라는 칭호를 삭제해주지 않아 더욱더 나를 부끄럽고 무안하게 하였습니다. 이어 생각하건대 구구한 나는 '자신을 위하는 학문과 남을 위하는 학문'[146]의 구분을 능히 못이나 쇳조각을 딱 부러뜨리듯 과단(果斷)하지 못하였습니다. 그리하여 평생의 기량이 주부자(朱夫子)의 이른바 "헛된 이름을 가지고 도(道)로 향하니, 참으로 세속의 범인들이 하는 것으로부터 자신을 빼낼 수 없게 된다."[147]라는 것을 면치 못하였습니다. 이러한 나를 가지고 남에게 미친다면 다만 남을 그르치기에 충분하니, 족하가 어찌 이것을 취하겠습니까.

원컨대 나를 스승으로 삼지 말고 나를 경계로 삼아서 처음 시작할 때에 후세 사람들의 지류(支流)를 찾고 그림자를 쫓는 습관[148]을 깊이

146 자신을……학문 : '자기를 위한 학문'은 오직 자신의 덕성을 닦기 위해 하는 공부를 이르고, '남을 위한 학문'은 남이 알아주기를 바라면서 하는 공부를 이르는바, 《논어》 〈헌문(憲問)〉의 "옛날의 학자들은 자신을 위한 공부를 하였는데, 지금의 학자들은 남을 위한 공부만 한다.〔古之學者爲己, 今之學者爲人.〕"라는 말에서 온 것이다.

147 헛된……된다 : 이 내용은 《주자대전》 권59 〈진사성에게 답함〔答陳思誠〕〉에 보인다.

징계하십시오. 그리고 실학(實學)에 마음을 다해서 어려운 일을 먼저 하고 이득이 되는 것을 뒤에 하며, 또 종유(從遊)하는 자리에까지 미루어가서 실제의 일을 가지고 강마(講劘)하고 절차(切磋)하십시오. 그러면 불녕(不佞)이 비록 노쇠하였으나, 감히 여생(餘生)에 힘을 다하여 족하의 지극한 뜻을 받들지 않겠습니까.

148 지류(支流)를……습관 : '지류'나 '그림자'는 본원(本源)이나 실체(實體)와 반대되는 것으로, 말단(末端)을 비유하는바, 근본적인 것을 버려두고 말단적인 것을 쫓는 습관을 이른다.

윤종섭에게 답함

答尹鍾燮

지난번에 강론하였던 《대학》과 《중용》은 추후에 생각해보니 거칠고 간략하였습니다. 먼 곳까지 와서 종유(從遊)하는 성실한 뜻을 저버린 것이 크게 부끄럽습니다. 듣건대 아직도 옛날에 공부하던 것을 그치지 않는다 하니, 과연 온고지신(溫故知新)하는 취미가 있습니까?

대저 유가(儒家)의 학문은 우리가 종신토록 종사해야 할 것인데 처음 시작할 때 비롯되지 않음이 없으니, 모름지기 하늘이 나에게 주신 것이 소중해서 내가 이렇게 하지 않을 수 없음을 알고서 너무 속히 하려고 하여 조장하는 일도 없어야 하고 어려움을 꺼려 잊는 일도 없어야 합니다.

그리고 마음을 바르게 세우는 것은 제갈무후(諸葛武侯 제갈량(諸葛亮))의 "온갖 정성을 다하여 몸을 바쳐서 죽은 뒤에야 그만둘 것이니, 성패(成敗)와 이해(利害)는 미리 볼 수 있는 바가 아니다."[149]라는 것을 가지고 법으로 삼으십시오. 진수(進修)[150]를 용맹하게 하는 것은 항우(項羽)가 거처하는 막사(幕舍)를 불태우고 가마솥과 시루를 깨뜨리고서 3일 동안의 양식만을 가지고서 사졸(士卒)들에게 되돌아갈 마음이

149 온갖……아니다 : 이 내용은 제갈량의 〈후출사표(後出師表)〉에 보인다. 《古文眞寶後集 卷1》

150 진수(進修) : 《주역》 〈건괘(乾卦) 문언(文言)〉에 보이는 '진덕수업(進德修業)'의 줄임말로, 덕을 향상시키고 학업을 닦는다는 뜻이다.

없음을 보여준 것[151]으로 기준을 삼아야 합니다.

그리고 공부하는 순서로 말하면 또 《대학》 책보다 상세한 것이 없으니, 만일 《대학》을 따라서 공부한다면 성현(聖賢)의 경지에 이르지 못함을 어찌 근심하겠습니까. 나를 간절하게 인정해주므로 어리석은 정성을 이와 같이 바쳤는데, 혹시라도 자신이 실천하지 못할 말이라고 생각해서 버리지 말기를 바랍니다. 그리하면 거의 덕을 진전시키는 데에 도움이 될 것입니다.

151 항우(項羽)가……것 : 항우가 해하(垓下)의 싸움에서 병졸들에게 필사(必死)의 뜻을 보였던 고사를 말한다. 《史記 卷7 項羽本紀》

윤종섭에게 답함

答尹鍾燮

눈을 들어 눈이 쌓인 산을 바라보노라니 아득히 멀고 광활해서 천리 먼 곳의 그대를 그리워하였습니다. 이때 편지를 받고서 위안이 되었는데, 한겨울에 부모님 모시고 학문하는 몸이 안녕하다는 것을 알았고, 또 상주(喪主)인 박계립(朴季立 박명벽(朴命壁))과 왕래하며 강설(講說)해서 서로 개발하는 유익함이 크다는 것을 알았으니, 더욱 반가운 소식입니다. 다만 내가 그곳에 가서 참여하여 명리(名理 성리(性理))에 대해 듣지 못하는 것이 한스럽습니다.

그러나 우리가 걱정해야 할 바는, 매번 고상하게 성명(性命)을 논하면서 아래로 인사(人事)를 배우는 데에는 소홀하다는 것입니다. 주부자(朱夫子)가 처음 연평(延平 이통(李侗)) 선생을 뵈었을 적에 선생이 주부자에게 말씀하기를 "공(公)은 이와 같이 허다한 도리(道理)를 공중에 매달아 놓고 이해하나, 면전(面前)의 인사(人事)에 대해서는 도리어 이해하지 못하는군요. 도(道) 또한 달리 현묘(玄妙)한 것에 있는 것이 아니라 다만 일상생활 속의 실제적인 공부에 있습니다."[152]라고 하셨습니다. 내가 삼가 원하건대 양백(陽伯 윤종섭의 자(字))은 이 말씀을 외고 음미해서 주의(注意)하여 지키고 따르십시오. 그리하면 후일 다시 만날 때에 참으로 이것을 가지고 서로 뜻을 맞추기가 좋을 것입니다.

152 공(公)은……있습니다 : 이 내용은 《주자어류》 권101 〈정자문인(程子門人) 양중립(楊中立)〉에 보인다.

상중(喪中)인 나는 근간에 독감을 치르면서 쇠비(衰憊)함이 더욱 심해져 책상머리에 있는 남은 책도 살펴보지 못하여 그냥 올연(兀然)히 앉아서 세월을 보내니, 흘러가는 세월이 참으로 애석합니다. 오직 학문을 힘쓰고 자신을 아끼기를 간절히 바랍니다. 이만 줄입니다.

박정록[153]에게 답함

答朴鼎祿

갑자기 가을이 되어 그리워하는 마음이 더욱 깊어졌는데, 이때 편지를 받으니 내 마음에 위로됨을 어찌 다 말할 수 있겠습니까. 하물며 근일에 부모님 모시고 학문하는 몸이 더 평안하다는 것을 안 경우이겠습니까. 나는 초상과 질병으로 쇠약한 기운이 훼손되어 목숨을 침상에 맡기고 있으니, 이것은 다만 시음(視蔭)[154]을 하는 사람의 일일 뿐입니다.

편지의 서면(書面)에 나를 "선생(先生)"이라고 칭(稱)하였는데, 이 글을 보고서 두렵고 부끄러웠습니다. 어진 그대가 나를 만나본 것이 겨우 한 번뿐이었으므로 피차(彼此)가 서로 가슴속에 보존하고 있는 것을 아직 자세히 알지 못하는데, 무엇을 근거로 대번에 이 "선생"이라는 말을 나에게 덧붙이는 것입니까? 옛날 농암(農巖 김창협(金昌協))의 문인 중에 황주하(黃柱河)라는 분이 있었는데, 농암의 문하에 왕래한 지 몇 년 만에 마음속으로 농암을 스승 삼을 만하다는 것을 알았습니다. 그런 뒤에 비로소 제자의 예(禮)를 행할 것을 청하였으니, 이 분이 스승을 따를 때에 정중하여 구차하지 않았던 것을 참으로 본받을 만합니다.

153 박정록(朴鼎祿) : 인물 정보가 자세하지 않다. 참고로 윤종섭(尹鍾燮)이 지은 박정록의 부친에 대한 행장에서 윤종섭이 그를 '동문(同門)'이라고 칭한 것이 보인다. 《溫裕齋集 卷5 學生朴公文鑽行狀》

154 시음(視蔭) : '시음개일(視蔭愒日)'의 줄임말로, 하는 일 없이 시간을 보내면서 날짜가 가는 것을 아까워한다는 뜻이다. 《春秋左氏傳 昭公元年》

근세에 유문(儒門) 가운데 도도(滔滔)히 지류(支流)를 찾고 그림자를 쫓으면서 "스승"이라 말하고 "제자"라 말하는 자들이 있는데, 평소 그들의 실상을 살펴보면 옳은 것이 하나도 없습니다. '스승'과 '학생'이라는 칭호가 이 때문에 더욱 가벼워지고 설만(褻慢)해져서 유문이 세속의 범인(凡人)들에게 비웃음과 손가락질을 당한 지가 오래되었습니다.

구구한 나는 평소 이에 대해서 삼가 일찍이 개탄하여 몸소 전철을 밟고자 하지 않았으니, 이후로는 편지를 보낼 때에 이 "선생" 두 글자를 삭제하기를 깊이 바랍니다. 또 족하는 가문 안에 본래 선각자(先覺者)가 있으니, 굳이 멀리 다른 사람을 찾아서 충당하려고 할 필요가 있겠습니까.

학문을 함에 실제를 힘써야 할 것이고 명예를 가까이하고자 해서는 안 되므로 겨우 이러한 말을 가지고 나를 허여해주는 후의(厚意)에 사례하니, 현명한 족하가 어떻게 생각할지 모르겠습니다. 이만 줄입니다.

지은이 **오희상(吳熙常)**

1763년(영조39) 5월 10일 유시에 서울 경행방(慶幸坊) 사저에서 태어나 1833년(순조33) 10월 7일 유시에 향년 71세로 별세하였다. 자는 사경(士敬), 호는 노주(老洲), 본관은 해주(海州)이며, 시호는 문원(文元)이다. 증조부 오태주(吳泰周)가 명안공주(明安公主)와 혼인함으로써 왕의 인척이 된 집안이자 재상과 문형 등을 배출한 명문가의 자제로 태어났다. 1800년(정조24) 천거로 세자익위사 세마(世子翊衛司洗馬)에 제수된 이래 평생 끊임없이 벼슬에 제수되었으나 몇 번 출사한 것을 제외하고는 번번이 사직을 청하고 학문 강학에 종사하였다. 가형인 오윤상(吳允常)에게 학문을 배워, 김창협(金昌協)에서 김원행(金元行)으로 이어지는 학맥의 전통을 잇고 이를 후대에 전한 노론 낙론의 핵심 사상가이자 문인 교육자이다. 매산(梅山) 홍직필(洪直弼), 숙재(肅齋) 조병덕(趙秉悳) 등이 그의 학문에 영향을 받았다.

옮긴이 **김창효(金昌孝)**

1956년 전남 장흥에서 태어났다. 고려대학교 행정학과를 졸업하였다. 민족문화추진회 국역연수원 연수부 및 일반연구부를 졸업하였으며, 현재 해동경사연구소 선임연구원으로 재직하고 있다. 번역서로는 《도곡집》(공역)이 있다.

옮긴이 **연석환(延錫煥)**

1977년 경북 봉화에서 태어났다. 계명대학교 한문교육과를 졸업하고 고려대학교 대학원 고전번역협동과정학과에서 석사학위와 박사학위를 취득하였다. 한국고전번역원 부설 고전번역교육원의 연수과정과 전문과정 제1과정을 마쳤다. 현재 해동경사연구소 연구원으로 재직하고 있다. 논문으로는 〈회은 남학명의 잡설 연구〉, 〈남학명의 회은집 역주〉가 있다.

※ 각 권별 옮긴이는 권9 김창효, 권10・11・12 연석환이다.

권역별거점연구소협동번역사업 연구진

연구책임자 **류준경**(성신여자대학교 한문교육과 교수)
공동연구원 **김용재**(성신여자대학교 한문교육과 교수)
신영주(성신여자대학교 한문교육과 교수)
책임연구원 **성백효**
연 구 원 **김창효** **연석환**
신상후 **이영준**
이정은 **김성은**
윤 문 **윤은숙**

노주집 3

오희상 지음 | 김창효 · 연석환 옮김
2021년 12월 31일 초판 1쇄 발행
편집 · 발행 학자원
등록 2011.4.6 제2011-14호

주소 (05355) 서울시 강동구 전호내로 1121
전화 02-6403-1000 | 팩스 02-6338-1001 | 이메일 hakjaone@daum.net

값 40,000원
ISBN 979-11-6247-251-4 94810
979-11-6247-248-4 (세트)